广视角·全方位·多品种

权威·前沿·原创

皮书系列为
"十二五"国家重点图书出版规划项目

中国社会科学院创新工程学术出版资助项目

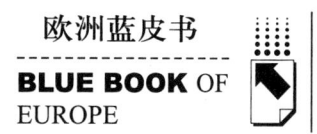

欧洲蓝皮书
BLUE BOOK OF EUROPE

欧洲发展报告
（2013~2014）

ANNUAL DEVELOPMENT REPORT OF EUROPE
Vol.18 (2013-2014)

欧盟东扩10年：成就、意义及影响
A Decade After EU Eastern Enlargement: Achievements, Significance and Impacts

中国社会科学院欧洲研究所　中国欧洲学会
主　编／周　弘
副主编／江时学

社会科学文献出版社
SOCIAL SCIENCES ACADEMIC PRESS (CHINA)

图书在版编目(CIP)数据

欧洲发展报告. 2013~2014,欧盟东扩10年：成就、意义及影响/周弘主编. —北京：社会科学文献出版社，2014.6
（欧洲蓝皮书）
ISBN 978-7-5097-5853-3

Ⅰ.①欧… Ⅱ.①周… Ⅲ.①政治-概况-欧洲-2013~2014 ②欧洲经济-经济发展-2013~2014 ③欧洲联盟-经济发展-研究-2013~2014 Ⅳ.①D750.0 ②F150.4

中国版本图书馆 CIP 数据核字（2014）第 067211 号

欧洲蓝皮书
欧洲发展报告（2013~2014）
——欧盟东扩10年：成就、意义及影响

主　编 / 周　弘
副 主 编 / 江时学

出 版 人 / 谢寿光
出 版 者 / 社会科学文献出版社
地　　址 / 北京市西城区北三环中路甲29号院3号楼华龙大厦
邮政编码 / 100029

责任部门 / 全球与地区问题出版中心（010）59367004　　责任编辑 / 王晓卿　莫　伟
电子信箱 / bianyibu@ssap.cn　　　　　　　　　　　　　　责任校对 / 白　雪
项目统筹 / 祝得彬　王晓卿　　　　　　　　　　　　　　　责任印制 / 岳　阳
经　　销 / 社会科学文献出版社市场营销中心（010）59367081　59367089
读者服务 / 读者服务中心（010）59367028

印　　装 / 北京季蜂印刷有限公司
开　　本 / 787mm×1092mm　1/16　　　　　　　　印　张 / 30.5
版　　次 / 2014年6月第1版　　　　　　　　　　　字　数 / 491千字
印　　次 / 2014年6月第1次印刷
书　　号 / ISBN 978-7-5097-5853-3
定　　价 / 89.00元

本书如有破损、缺页、装订错误，请与本社读者服务中心联系更换
▲ 版权所有　翻印必究

欧洲蓝皮书编委会

主　　编　周　弘

副 主 编　江时学

编　　委　（按姓氏笔画顺序）

　　　　　　孔田平　田德文　江时学　陈　新　李靖堃

　　　　　　沈雁南　宋晓敏　张　敏　周　弘　程卫东

　　　　　　裘元伦

主编简介

周　弘　中国社会科学院学部委员，国际学部副主任。中国社会科学院欧洲研究所研究员、所长，中国欧洲学会会长，中国社会科学院研究生院博士生导师，美国布兰代斯大学博士。主要著作有：《中国与欧洲关系60年》（论文，《欧洲研究》2009年第5期）、《全球化条件下"中国道路"的世界意义》（论文，《中国社会科学》2009年第5期）、《欧盟是怎样的力量》（主编，2008）、《欧盟治理模式》（合编，2008）、《中欧关系——观念、政策与前景》（英文，合编，2008）、《外援在中国》（合著，2007）、《民族建设、国家转型与欧洲一体化》（论文，《欧洲研究》2007年第5期）、《福利国家向何处去》（专著，2006）、《中欧关系：共同性与差异性》（主编，2004）、《国外社会福利制度》（主编，2003）、《对外援助与国际关系》（主编，2002）、《欧洲文明的进程》（合著，2002）、《福利的解析》（专著，1996）。

江时学　1980年毕业于上海外国语学院，现任中国社会科学院欧洲研究所副所长，研究员，博士生导师。主要科研成果包括：《冰岛危机刍议》（《欧洲研究》2009年第3期）、《论英国的金融监管》（《欧洲研究》2009年第6期）、《希腊债务危机十问》（《中国战略观察》2010年第7期）、《爱尔兰房地产泡沫解析》（《欧洲研究》2011年第3期）、《对欧洲债务危机的认识》（《新战略研究》2012年第2期）、《欧洲债务危机中的政府更迭》（《中国战略观察》2012年第1/2期）、"Coping with the International Financial Crisis: Europe and China Compared"（IES Working Paper Series on *European Studies*, Vol. 4, No. 1, 2010）、"China and the EU in the G20"（IES Working Paper Series on *European Studies*, Vol. 5, No. 1, 2011）、"The European Debt Crisis in a Chinese Perspective"（IES Working Paper Series on *European Studies*, Vol. 6, No. 3, 2012）。

摘 要

自2004年5月1日以来,欧盟已完成了三次扩大,成员国从15个扩大到28个。本年度的蓝皮书将《欧盟东扩10年:成就、意义及影响》作为主题报告。该报告认为,"入盟"有助于新成员国巩固民主进程,有助于推动其经济发展,有助于提升其国际地位,也有助于维护地区和平和安全。但是,新成员国的增加也导致欧盟内部的差异性更为突出,政策协调的难度加大。

除主题报告以外,本年度的蓝皮书还设立了六个专题报告,深入探讨中欧光伏产品贸易争端、欧洲银行业联盟的构建、克罗地亚加入欧盟、欧盟的青年失业、欧洲的新能源产业以及欧盟航空碳税的新动向与未来走向。

与以往蓝皮书相同的是,本年度的"欧洲联盟篇"仍然从六个层面(政治、经济、外交、社会、法制进程和科技政策)入手,分析欧盟的内政外交。"国别篇"反映的是2013年不同国家的政治形势、经济形势、社会形势和对外关系。

目录

前　言 ………………………………………………………… 江时学 / 001

B Ⅰ　主题报告

B.1　欧盟东扩10年：成就、意义及影响 …………… 孔田平　刘作奎 / 001

B Ⅱ　专题篇

B.2　中欧光伏产品贸易争端 ………………………………… 陈　新 / 037
B.3　欧盟的青年失业：问题与对策 ………………………… 田德文 / 050
B.4　欧盟银行业联盟建设 …………………………………… 胡　琨 / 061
B.5　欧洲新能源产业的发展及其特点 ……………………… 薛彦平 / 073
B.6　从"疑欧主义"到"融入欧盟"：克罗地亚的
　　 转型进程 ………………………………………………… 刘作奎 / 083
B.7　欧盟航空碳税的新动向与未来走向 …………………… 刘　衡 / 093

B Ⅲ　欧洲联盟篇

B.8　欧盟政治 ………………………………………………… 张　磊 / 103
B.9　欧盟经济 ………………………………………………… 李　罡 / 113

B.10 欧盟外交 …………………………………………… 曹　慧 / 123

B.11 欧盟社会形势 ………………………………………… 郭灵凤 / 133

B.12 欧盟法制进程 ………………………………………… 叶　斌 / 142

B.13 欧盟科技 ……………………………………………… 赵俊杰 / 156

BⅣ 国别篇

B.14 阿尔巴尼亚 …………………………………………… 刘作奎 / 164

B.15 爱尔兰 ………………………………………………… 李靖堃 / 169

B.16 爱沙尼亚 ……………………………………………… 孔田平 / 174

B.17 奥地利 ………………………………………………… 孙莹炜 / 179

B.18 保加利亚 ……………………………………………… 贾瑞霞 / 184

B.19 比利时 ………………………………………………… 张金岭 / 189

B.20 冰岛 …………………………………………………… 秦爱华 / 195

B.21 波斯尼亚和黑塞哥维那 ……………………………… 刘作奎 / 200

B.22 波兰 …………………………………………………… 傅　聪 / 204

B.23 丹麦 …………………………………………………… 秦爱华 / 211

B.24 德国 …………………………………………………… 杨解朴 / 216

B.25 法国 …………………………………………………… 彭姝祎 / 227

B.26 芬兰 …………………………………………………… 秦爱华 / 236

B.27 荷兰 …………………………………………………… 张金岭 / 240

B.28 黑山 …………………………………………………… 刘作奎 / 248

B.29 捷克 …………………………………………………… 傅　聪 / 252

B.30 克罗地亚 ……………………………………………… 刘作奎 / 257

B.31 拉脱维亚 ……………………………………………… 孔田平 / 261

B.32 立陶宛 ………………………………………………… 孔田平 / 265

B.33 卢森堡 ………………………………………………… 张金岭 / 269

B.34 罗马尼亚 ……………………………………………… 贾瑞霞 / 275

- B.35 马耳他 ······ 宋晓敏 / 280
- B.36 马其顿 ······ 刘作奎 / 285
- B.37 挪威 ······ 秦爱华 / 289
- B.38 葡萄牙 ······ 张　敏 / 293
- B.39 瑞典 ······ 秦爱华 / 298
- B.40 瑞士 ······ 孙莹炜 / 303
- B.41 塞尔维亚 ······ 刘作奎 / 308
- B.42 塞浦路斯 ······ 宋晓敏 / 313
- B.43 斯洛伐克 ······ 傅　聪 / 318
- B.44 斯洛文尼亚 ······ 刘作奎 / 323
- B.45 西班牙 ······ 张　敏 / 327
- B.46 希腊 ······ 宋晓敏 / 334
- B.47 匈牙利 ······ 傅　聪 / 341
- B.48 意大利 ······ 孙彦红 / 348
- B.49 英国 ······ 李靖堃 / 357

BⅤ 资料篇

- B.50 统计资料 ······ 钱小平 / 368
- B.51 欧洲大事记（2013年1月1日~12月31日） ······ 牟　薇 / 403

- B.52 后记 ······ / 419

- Abstract ······ / 420
- Foreword ······ / 421
- Contents ······ / 432

皮书数据库阅读**使用指南**

前　言

江时学

2013年的欧洲经济终于出现了复苏的迹象。2013年11月5日，欧盟委员会发布的《2013年秋季欧洲经济预测》认为："今年春天出现的充满希望的迹象终于变成了实实在在的现实。经过连续6个季度的停滞或萎缩之后，欧盟经济终于在2013年第二季度出现了增长。"

更为令人欣慰的是，欧盟委员会认为，这一复苏将会持续，并在2014年加快增长速度。[①] 2013年12月4日，欧洲统计局发表的公报显示，2013年第三季度，欧元区17国和欧盟28国的GDP分别增长了0.1%和0.2%。[②] 这是久拖不决的欧洲债务危机爆发以来连续两个季度出现增长。

2014年欧洲经济形势有望进一步好转。国际货币基金组织在2014年1月21日发表的《世界经济最新预测》中指出，"欧元区经济正在从萧条走向复苏"。根据该机构的预测，2014年欧元区的经济增长率能达到1%，2015年有望上升到1.4%。[③]

爱尔兰率先走出了欧洲债务危机阴影。2013年11月14日，爱尔兰政府宣布，爱尔兰将按计划在12月15日退出"三驾马车"的纾困，即不再需要新的资金援助。欧盟委员会副主席兼经济与货币事务委员雷恩在当天发表的声明中说："对于爱尔兰来说，今天是一个好日子。这一天表明，坚定不移地实施全方位的改革日程能改变一个国家的经济，能使它走上可持续的增长之路和

[①] http://ec.europa.eu/economy_finance/publications/european_economy/2013/pdf/ee7_en.pdf.
[②] http://epp.eurostat.ec.europa.eu/cache/ITY_PUBLIC/2-04122013-BP/EN/2-04122013-BP-EN.PDF.
[③] IMF, *World Economic Outlook*: *Update*, January 21, 2014. http://www.imf.org/external/pubs/ft/weo/2014/update/01/pdf/0114.pdf.

增加就业之路。"①

诚然,国际上对"何谓解决欧洲债务危机"这一问题无明确而公认的答案,而且,欧盟成员国的负债率依然较高,财政赤字依然较大;但是当前欧洲经济形势的种种迹象表明,这一持续时间超过三年的危机已基本得到解决,至少"最危险的时刻"(即对希腊债务违约或退出欧元区导致整个欧元区崩溃的担忧)早已不复存在。

但欧洲债务危机的后遗症不容忽视,其中最突出的是失业问题。根据欧洲统计局在2014年1月31日发表的统计公报,2013年12月欧元区和欧盟的失业率分别为12.0%和10.7%,与2012年12月的11.9%和10.8%相差无几;10个国家高于欧元区的平均水平,12个国家高于欧盟的平均水平。希腊和西班牙的失业率分别高达27.8%和25.8%。② 青年失业问题尤为令人忧虑。

近几年,欧洲政治舞台上各派力量的对比出现了显著的变化,其重要特征之一就是那些反对财政紧缩、反对欧洲一体化、反对欧元、反对外国移民或反对伊斯兰教的政党获得了许多人的支持。

在国际上,这些政党有多个标签,如右翼政党、极右翼政党、"反体制"(anti-establishment)政党、非主流政党或非传统政党。英国《经济学家》杂志甚至将其称作"民粹党"(populist parties)、"欧洲的茶党"(Europe's Tea Parties)、"疑欧党"(Eurosceptics parties)和"反叛党"(insurgent parties)。③

2013年,这些政党的影响力似乎在进一步扩大,其原因是多方面的:第一,2014年将是欧洲议会的选举年,因此各种政党都会竭尽所能地获取更大的势力范围;第二,受经济不景气的影响,选民的政治理智弱化,极易被各种华丽的辞藻和口号所蛊惑;第三,左翼政党和其他一些传统政党或主流政党的业绩乏善可陈;第四,欧洲政治生态的多元化趋势为持有不同立场的政治力量提供了足够的活动空间。

目前,来自奥地利、比利时、英国、保加利亚、克罗地亚、丹麦、芬兰、

---

① http://europa.eu/rapid/press-release_MEMO-13-997_en.htm.
② http://epp.eurostat.ec.europa.eu/cache/ITY_PUBLIC/3-31012014-AP/EN/3-31012014-AP-EN.PDF.
③ "Europe's Tea Parties," *The Economist*, January 4, 2014, p. 7.

法国、希腊、匈牙利、意大利、立陶宛、荷兰、挪威、波兰、罗马尼亚和斯洛伐克等国的右翼政党在欧洲议会中都拥有席位。① 这一影响力在欧洲议会选举后可能会继续上升。

政局稳定是欧洲的常态,但每年总有少数几个国家出现引人注目的政治困局,2013年亦非例外。2月19日,保加利亚首都索菲亚等地爆发的抗议电力公司提高电费的反政府活动升级。2月21日,保加利亚国民议会通过了总理鲍里索夫递交的内阁总辞呈。2月27日,斯洛文尼亚国民议会通过不信任投票,宣布解散保守党领导的联合政府。8月20日,捷克众议院以压倒性多数的表决结果,决定解散议会并提前举行大选。这是20世纪90年代捷克实行议会制以来众议院第一次"自我解散"。7月10日,卢森堡首相容克因情报部门的丑闻暴露而辞职,议会解散。这是以政局稳定著称的卢森堡自第二次世界大战结束以来首次发生的内阁倒台。

2013年,欧洲一体化进程在不同的声音中继续向前推进。1月23日,英国首相卡梅伦发表了关于英国与欧盟关系的重要讲话。他说,欧盟面临三种挑战:欧元区的问题正在促使欧洲发生根本性的变化;欧洲的竞争力在下降;欧盟与公民之间缺乏民主责任感。因此,如果他领导的保守党在2015年再次当选,英国将于2017年底之前就是否退出欧盟进行全民公决。他认为,英国之所以要举行这个公决,是因为英国人认为欧盟正朝着一个"英国从未签字认可"的方向发展,因此他们不愿意看到自己的生活受欧盟的一些不必要的规则和条例的约束。卡梅伦的判断是,英国人对欧盟的失望与日俱增,所以,今后仅仅要求英国接受欧盟作出的所有决定,无异于加快英国离开欧盟的步伐。②

挪威在2013年9月9日举行大选。而国际社会关注的似乎并非这一大选的结果,而是大选之前在全国范围内举行的一次关于挪威是否应该加入欧盟的民意测验。根据这一民意测验,不足20%的受访者赞同挪威"入盟",反对"入盟"的却接近80%,大大高于1994年的52.2%和1972年的53.5%。③

---

① "Turning Right," *The Economist*, January 4, 2014, p. 17.
② http://www.number10.gov.uk/news/david-cameron-eu-speech/.
③ http://www.euractiv.com/enlargement/norwegians-eu-membership-ahead-g-news-529950.

冰岛在2009年7月16日正式提出"入盟"的申请。但是，2013年4月冰岛大选后产生的新政府表示，在举行是否"入盟"的全民公决之前，冰岛将暂停与欧盟展开"入盟"谈判。然而，这一公决将在未来四年内举行，这意味着冰岛的"入盟"谈判变得遥遥无期了。①

但欧洲一体化进程似乎并未因卡梅伦的讲话或挪威和冰岛对欧盟的态度而停滞不前。事实上，欧洲债务危机爆发后，默克尔提出的"欧洲需要更多的一体化而非削弱一体化"（More Europe, not less）这一主张已成为绝大多数欧洲政治家的共识。② 而且，这一共识已转化为以下成就。

第一，2013年3月26日，欧盟委员会通过了有关克罗地亚加入欧盟的最后一个监测报告（Monitoring Report on Croatia's Accession Preparations），认为克罗地亚完成了入盟谈判时承诺的所有条件。③ 经过10年的努力，克罗地亚终于在2013年7月1日加入欧盟，成为这个大家庭的第28个成员国，欧盟因此而实现了第七次扩大。

第二，2013年6月5日，欧盟委员会作出最后决定，同意拉脱维亚在2014年1月1日加入欧元区。7月3日，欧洲议会批准拉脱维亚加入欧元区。7月9日，欧盟财政经济理事会也正式予以批准。这意味着拉脱维亚将成为加入欧元区的第二个波罗的海国家（爱沙尼亚于2011年1月1日加入欧元区），也将是欧元区第18个成员国。2014年元旦，欧元取代拉脱维亚货币拉特，成为这个波罗的海国家的新货币。

第三，2013年10月15日，欧盟理事会通过决议，批准欧洲中央银行自2014年11月4日起承担单一监管的职能。④ 12月18日，欧盟财政部长会议决定，由银行业在未来的10年时间内用自有资金构建一个总额为550亿欧元的单一清算基金，以拯救今后可能会陷入困境的银行。翌日举行的欧盟峰会通过了这一决定。

---

① http://www.euractiv.com/enlargement/iceland-quits-eu-talks-news-529923.
② http://www.spiegel.de/international/germany/merkel-accused-of-campaigning-for-reelection-at-eu-expense-a-908789.html.
③ http://ec.europa.eu/commission_2010-2014/fule/docs/news/20130326_report_final.pdf.
④ http://www.ecb.europa.eu/ssm/establish/html/index.en.html.

2013年欧盟事务中另一引人注目的成就与欧盟的财政预算有关。2月7～8日召开的欧盟峰会在经过长达26个小时的讨论和磋商后通过了《2014～2020年多年度财政框架》（Multiannual Financial Framework for 2014－20）。此后，欧洲议会、欧洲理事会、欧盟委员会及有关成员国为一些开支项目展开了艰难而旷日持久的博弈。11月19日，欧洲议会终于以537票赞成、126票反对和19票弃权的结果通过了这一预算。12月2日，欧盟理事会也予以通过。①

2013年，欧盟继续在国际舞台上发挥重要作用。如在解决伊朗核问题的过程中，德国、法国和英国与美国、俄罗斯和中国展开了富有成效的合作，成功地在11月24日凌晨就第一阶段的措施达成协议。欧盟称上述六个国家的合作为"E3＋3"合作（即欧盟三国与美、俄、中三国）。欧盟外交与安全政策高级代表阿什顿与伊朗外交部长扎里夫在11月24日发表的共同声明中说，该协议是欧盟与伊朗"以一种更为建设性的方式发展双边关系的重要一步"。②

欧美关系在2013年可谓喜忧参半。7月12日，"跨大西洋贸易和投资伙伴关系协定"（TTIP）的第一轮谈判在华盛顿结束，第二轮和第三轮分别于11月15日和12月20日在布鲁塞尔和华盛顿结束。据报道，经过三轮的谈判，双方在市场准入和规则等核心问题上已取得了一定程度的共识。但也有分析人士认为，未来的谈判进程不会一帆风顺，能否按期完成谈判尚不得而知。

美国情报部门监听欧洲民众和德国总理默克尔等欧洲国家领导人的做法引起了欧洲人的极度反感，因而极为不利于欧美关系的发展。10月24～25日的欧盟峰会发表了一个200字的声明。该声明写道，欧美之间的密切关系及其价值是重要的，但这一伙伴关系必须建立在相互尊重和信任的基础上。③ 默克尔总理更是直截了当地对媒体说，监听朋友的行为是难以接受的。④ 欧洲议会的议员更是对美国的这一行为表示强烈不满。欧洲议会甚至成立了一个特别工作组，以调查美国的不端行为。

---

① http：//europa. eu/newsroom/highlights/multiannual－financial－framework－2014－2020/index_en. htm.
② http：//www. eeas. europa. eu/statements/docs/2013/131124_02_en. pdf.
③ http：//www. consilium. europa. eu/uedocs/cms_data/docs/pressdata/en/ec/139197. pdf.
④ 转引自 http：//www. telegraph. co. uk/news/worldnews/europe/germany/10402570/Angela－Merkel－spying－between－friends－is－unacceptable. html。

欧盟的"东部伙伴关系"（Eastern Partnership）在 2013 年取得了一定的进展。11 月 28 日，第三届欧盟与东部伙伴关系峰会在立陶宛首都维尔纽斯开幕。会议的重大成果之一是欧盟与格鲁吉亚和摩尔多瓦草签了联系国协定（association agreement）。但是，乌克兰却在 11 月 21 日宣布停止与欧盟签署联系国协定及"深入而全面的自由贸易协定"（Deep and Comprehensive Free Trade Agreement）的准备工作。欧盟认为，乌克兰的决定与俄罗斯有关。因此，巴罗佐和范龙佩在 11 月 25 日发表的联合声明中指出，欧盟对俄罗斯在欧乌关系上的"立场"和"行为"表示强烈的不满。① 事实上，早在 2013 年 9 月 12 日，欧洲议会就通过决议，要求俄罗斯不要对"东部伙伴关系"国家施加压力。②

2013 年是中国新领导集体上任的第一年，也是中国与欧洲共同体正式宣布全面建交 30 周年、中欧建立全面战略伙伴关系 10 周年以及中国发表首份对欧盟政策文件 10 周年。5 月，李克强总理访问瑞士和德国。这是他就任国务院总理后的首次出访。多位欧洲国家领导人也访问中国，其中尤为引人注目的就是英国首相卡梅伦。他的访问意味着中英关系在因英国领导人会见达赖而蒙受重创后回到了正轨。

应李克强总理邀请，欧洲理事会主席范龙佩和欧盟委员会主席巴罗佐于 2013 年 11 月 20～21 日来京出席第十六次中欧领导人会晤，双方共同发表了《中欧合作 2020 战略规划》。这一规划由"和平与安全"、"繁荣"、"可持续发展"和"人文交流"四部分组成，涵盖近百个领域的合作。这是中欧首次制定中长期战略合作规划，对未来中欧关系的发展必将产生重大影响。

中欧关系在 2013 年取得的另一个重要进展是启动中欧投资协定谈判。中国几乎与所有欧盟成员国都签署了投资协定，但这些协定的许多内容已难以满足目前双方快速发展的经贸关系的需求。例如，中国近几年既接受了欧洲国家的投资，也在实施"走出去"战略的过程中对欧洲进行大量投资。但是现有的中欧投资协定对中国投资的保护和鼓励措施不足。因此，新的中欧投资协定

---

① http：//europa.eu/rapid/press-release_MEMO-13-1052_en.htm.
② http：//www.europarl.europa.eu/sides/getDoc.do?type=MOTION&reference=P7-RC-2013-0389&language=EN.

有利于促进中欧双向投资增长,有利于为双方投资者提供稳定、透明、可预期和开放的法律环境,有利于深化中欧全面战略伙伴关系。

毋庸讳言,2013年中欧经贸关系也经受了巨大的考验。6月4日,欧盟委员会贸易委员德古赫特宣布,经过长达9个月的调查,欧盟决定自6月6日起对产自中国的光伏产品征收11.8%的临时反倾销税,自8月6日起税率上升到47.6%。他还说:"这不是保护主义,而是为了确保中国企业同样遵从国际贸易规则。"① 翌日,中国商务部新闻发言人沈丹阳说,中国政府和产业对通过对话磋商解决问题表现了极大诚意,做出了巨大努力,但是欧方仍执意对中国输欧光伏产品采取不公正的征税措施,中方表示坚决反对。他说,中方决定启动对欧盟葡萄酒反倾销和反补贴调查程序。②

令人欣慰的是,经过数周的谈判,这一争端终于以可被双方接受的方式得到了解决。7月27日,中国机电产品进出口商会宣布,中国光伏产业与欧盟委员会就中国输欧光伏产品贸易争端达成价格承诺安排。③ 同日,德古赫特在布鲁塞尔发表声明,说他对中方提出的价格承诺表示满意,甚至认为这是双方都在寻求的"友好的解决"(amicable solution)。④

应该指出的是,不承认侵略战争罪行和敢于挑战战后国际秩序的日本在千方百计地为中欧关系设置障碍。11月19日,日本首相安倍晋三在其官邸与范龙佩和巴罗佐举行第21次日欧领导人会晤,并发表了联合声明。该声明写道,欧盟与日本确认在实施制裁政策(sanction policies)时加强合作的重要性,并再次确认,为了维护地区和平、安全和稳定,双方将负责任地控制武器出口和双用途(dual-use)产品及技术的出口。⑤ 欧日领导人所说的"制裁政策",显然是业已延续了20多年的欧盟对华武器禁运。

自2004年5月1日以来,欧盟已完成了三次扩大,成员国从15个扩大到28个。今天,从大西洋到黑海,从地中海到北极,欧盟在这一广袤地域上拥

---

① http://europa.eu/rapid/press-release_ MEMO-13-499_ en.htm.
② http://news.xinhuanet.com/fortune/2013-06/05/c_ 116041603.htm.
③ http://www.gov.cn/gzdt/2013-07/27/content_ 2456527.htm.
④ http://europa.eu/rapid/press-release_ MEMO-13-729_ en.htm.
⑤ http://europa.eu/rapid/press-release_ MEMO-13-1015_ en.htm.

有的人口已是1957年的3倍。且不论"扩大疲乏症"（enlargement fatigue）是否属实，可以断言的是，欧盟的扩大对世界格局及欧盟自身的发展进程产生了极为重要的影响。因此，本年度的蓝皮书将《欧盟东扩10年：成就、意义及影响》作为主题报告。该报告的结论是："入盟"有助于新成员国巩固民主进程，有助于推动其经济发展，有助于提升其国际地位，也有助于维护地区和平和安全。但是，新成员国的增加也导致欧盟内部的差异性更为突出，政策协调的难度加大。

除主题报告以外，本年度的蓝皮书还设立了六个专题报告，深入探讨中欧光伏产品贸易争端、欧盟银行业联盟的构建、克罗地亚加入欧盟、欧盟的青年失业、欧洲的新能源产业以及欧盟航空碳税的新动向与未来走向。在《中欧光伏产品贸易争端》一文中，作者客观地描述了这一贸易争端的来龙去脉，并归纳出有益的启示：一是需要改进中欧之间的对话机制；二是要尽早建立贸易争端的预警机制；三是尽量不要诉诸贸易保护主义手段，用协商的方式妥善解决贸易争端。

如何降低居高不下的青年失业率是欧盟近年来面临的难题之一。《欧盟的青年失业：问题与对策》一文认为，受经济不景气的影响，南欧重债国的青年失业问题尤为严重；相比之下，德国、荷兰、卢森堡和奥地利等国的青年就业状况较好。2013年，欧盟推出了"青年保证"和"青年就业倡议"计划。这些计划的实施有望降低欧盟各成员国的青年失业率。

构建银行业联盟是欧盟为进一步完善经济与货币联盟和强化经济治理而采取的重要措施。《欧盟银行业联盟建设》一文分析了欧洲债务危机之前欧盟银行业市场的一体化进程及欧盟银行监管体系的特点，并从欧盟银行监管的"三元悖论"（Trilemma）入手，阐述了欧盟银行业联盟的组成部分及其意义。

新能源产业是相对于传统能源产业而言的。欧盟非常注重新能源的研发、生产和销售，已形成一定规模的产业集群。《欧洲新能源产业的发展及其特点》一文探讨了欧盟大力发展新能源产业的动因和特点，并分析了这一产业未来发展遇到的挑战。

在《从"疑欧主义"到"融入欧盟"：克罗地亚的转型进程》一文中，作者阐述了克罗地亚"国家之父"图季曼的疑欧主义及其对克罗地亚转型的影响，梳理了克罗地亚"疑欧主义"和"欧洲主义"两种思潮的争论，剖析了克罗地亚社会民主党的欧洲化政策，并介绍了克罗地亚入盟的谈判进程。作者认为，克罗地亚"入盟"的意义是不容低估的。"入盟"提高了克罗地亚的国际地位和国际影响力。此外，"入盟"后，克罗地亚获得了更多的发展机遇，更直接地得到了来自欧盟的资金和技术援助。同样重要的是，克罗地亚将成为沟通欧盟与西巴尔干国家关系的又一根"纽带"，并为其他希望"入盟"的国家树立了一个"样板"。

2008年11月19日，欧盟通过法案，决定自2012年1月1日起将国际航空纳入欧盟碳排放交易体系（ETS）。面对许多国家的强烈反对，欧盟在2013年4月做出了暂停征收"航空碳税"的决定。《欧盟航空碳税的新动向与未来走向》一文分析了2013年10月4日国际民航组织第38届成员国大会为全球航空减排设计的"路线图"及欧盟的立场。作者认为，由于欧盟坚持将国际航班在欧盟领空内的排放纳入ETS，"航空碳税"问题再次引起争议。事实上，无论欧盟如何修法，2013年的新动向表明，在欧盟不愿意立即终止"航空碳税"的前提下，最现实的出路是等待全球方案的出台。

与以往的蓝皮书相同的是，本年度的"欧洲联盟篇"仍然从六个层面（政治、经济、法制进程、社会、科技政策和外交）入手，分析欧盟的内政外交。"国别篇"反映的是36个欧洲国家在2013年的政治、经济和社会形势以及对外关系。

主题报告

Keynote Report

欧盟东扩10年：成就、意义及影响[*]

孔田平 刘作奎[**]

摘 要： 2004年5月1日，欧盟经历了史无前例、最大规模的扩大。欧盟东扩不仅对中东欧新成员国，而且对欧盟本身产生了深刻影响。入盟有助于新成员国的民主巩固，然而匈牙利案例表明，欧盟对成员国的政治影响有限。入盟促进了新成员国的经济发展，提升了新成员国的经济潜力。新成员国的国际地位也因此得到提升。东扩对欧盟有着积极和消极两方面影响，主要体现在政治与安全、经济与社会、决策体制和对外关系几个领域。在政治与安全方面，东扩扩展了欧洲的和平、安全与价值共同体，但由此也导致"扩大疲乏症"问题；在经济与社会方面，东

---

[*] 本报告中"欧盟扩大对中东欧成员国的影响"部分由孔田平撰写，"扩大对欧盟的影响"部分由刘作奎撰写。

[**] 孔田平，博士，中国社会科学院欧洲研究所中东欧室主任、研究员；刘作奎，博士，中国社会科学院欧洲研究所中东欧室副主任、副研究员。

扩对整个欧盟经济增长、提高经济竞争力和促进劳动力自由流动等有积极作用,但东西差异问题没有从根本上得到解决;在决策体制方面,东扩推进决策朝着灵活、富有效率方向发展,但决策透明度缺乏;在对外关系上,东扩使得欧盟对外政策涉及的领域更加丰富和广泛,但成员国利益偏好多元化导致决策协调困难。

关键词:

欧盟扩大　中东欧国家　政治与安全　经济与社会　决策体制　对外关系

欧盟东扩无疑是冷战后欧洲最重要的事件之一。2004年5月1日,波兰、捷克、斯洛伐克、斯洛文尼亚、匈牙利、爱沙尼亚、拉脱维亚、立陶宛、马耳他和塞浦路斯加入欧盟,这是欧盟历史上最大规模的扩大。欧盟从15国扩大到25国,欧盟人口从3.75亿增加到4.59亿,因而欧盟成为全球政治和经济一体化程度最高的行为体。在经历了2004年"大爆炸"式的扩大后,欧盟扩大的进程并未停顿。2007年1月,罗马尼亚和保加利亚加入欧盟,欧盟成员国增加到27国,人口增加到4.95亿。2013年7月,克罗地亚加入欧盟,欧盟成员国增加到28国,人口增加到5.05亿。迄今为止,欧盟东扩已有10年,欧盟扩大对中东欧新成员国和欧盟有何影响呢?本报告将就此做出探讨。

一　欧盟扩大对中东欧成员国的影响

(一)欧盟扩大对中东欧新成员国政治的影响

自2004年以来,新成员国的议会选举和总统选举顺利举行,中东欧国家的政治体制日益欧洲化。然而,部分中东欧国家的民主制度并不完善,转型25年来稳定的政党政治尚未形成。一般而论,中东欧国家入盟有助于中东欧民主制度的巩固。但是从入盟后的现实看,欧盟成员国地位对中东欧国家的政党政治以及政治生态没有实质性影响。保加利亚与罗马尼亚于2007年入盟后,一直受欧盟合作与核查机制（Cooperation and Verification Mechanism）的约束。欧盟对保加利亚和罗马尼亚在司法改革以及打击腐败和有组织犯罪领域的进展进行监督，并定期发布评估报告。加入欧盟后，欧盟对成员国政府的决策也不可避免地产生影响。新成员国必须执行欧盟既有法规（acquis communautaire），而欧盟既有法规处在动态变化中。新成员国作为欧盟大家庭的成员参与部长理事会会议，政府日常的运作与欧盟层面的政治难以脱节。新成员国政府与欧盟机构的互动也对政府的决策产生影响。最近几年欧盟指责个别欧盟成员国的民主政治出现逆转，新成员国的"民主倒退"日益引起欧盟的关注。而在国际金融危机爆发之前，新成员国并未出现"政治倒退"。① 入盟后新成员国的政治演进为我们观察欧盟如何影响中东欧新成员国的政治提供了独特的机会。在成为欧盟成员国之前，欧盟可以以哥本哈根标准对候选国进行审查。而一旦这些国家成为正式成员国，欧盟则无法监督这些标准是否得到执行，欧盟缺乏有效的手段对偏离哥本哈根标准的行为进行纠正。

1. 匈牙利的"民主危机"与欧盟干预

2010年4月匈牙利议会的选举虽然没有导致政治体制的根本变化，但是选举结果对其政治发展影响深远。② 欧尔班上台后利用执政党获得议会2/3席位的优势，限制独立机构权力，实现执政党对独立机构的控制。在野党抨击青民盟滥用其获得的议会超级多数地位，试图取消民主制衡，动摇民主制度。青民盟主导的议会通过制定新宪法并修改相关法律，限制独立机构的作用，这些独立机构涉及媒体、宪法法院、法院和数据保护机构。欧洲一些媒体指责青民盟通过取消制衡谋求政治垄断，宣称匈牙利的民主制度受到威胁。欧盟关注匈牙利的动向，明确表示对成员国违反欧盟法规的行为不能放任不管。

欧盟委员会向匈牙利施加压力，迫使匈牙利修改违反欧盟的法规。2010年12月备受争议的匈牙利媒体法生效。依照媒体法的规定，"媒体委员会"

---

① Philip Levitz and Grigore Pop-Eleches, "Why No Backsliding? The EU's Impact on Democracy and Governance Before and After Accession," http：//www.princeton.edu/~gpop/PL_GPE_EU%20backsliding_CPS.pdf.
② 议会选举结果改变了匈牙利的政治格局，青民盟和基民党获得超级多数，右翼成为主导的政治力量。欧尔班总理领导的青民盟和基民党联合政府成为中东欧罕见的强势政府，因为两党在议会中拥有2/3以上的多数席位，可以在议会通过执政党青睐的任何法律。

对各类媒体的新闻报道实行监督管理,"不平衡"和"不符合公众利益"的报道将受到处罚。欧盟委员会认为,匈牙利媒体法损害了新闻自由,并就修改问题向匈牙利下达最后通牒。匈牙利总理欧尔班对欧盟委员会的关注进行回应,表示将遵从欧盟委员会的要求。2011年2月16日,匈牙利和欧盟就备受争议的匈牙利媒体法修改问题达成一致。修改的内容包括:对新闻报道的审查仅限于广播,但必须遵循有关审查的法律;新媒体法不再适用于外国媒体;取消外国驻匈牙利媒体申请许可条款,外国媒体只需在60天内到相关部门进行登记;不允许煽动仇恨和歧视行为,不再规定不允许媒体暗含侮辱个人或团体的内容。欧盟委员会认为,修改内容完全符合欧盟法律。2012年1月,欧盟委员会启动针对匈牙利的三项违反之诉(Infringement Procedure),涉及三个问题领域:一是匈牙利强制法官提前退休,退休年龄从70岁降至62岁;二是限制数据保护机构的独立性;三是限制中央银行的独立性。3月9日,匈牙利提交了数据保护法律的修正案。3月27日,匈牙利提交了关于法院组织与管理法的修正案,增加对国家司法局的监督。匈牙利按照威尼斯委员会和国家法官协会的建议对法院组织与管理法进行了修改。7月6日,匈牙利议会通过中央银行法修正案,兑现了4月欧尔班总理对欧盟委员会主席巴罗佐的承诺。7月19日,欧盟委员会正式结束针对匈牙利中央银行独立性的违反之诉。2013年3月,匈牙利议会通过法律,10年之内将法官退休年龄降至65岁。9月16日,在欧盟压力之下,匈牙利议会批准宪法修正案,取消对媒体竞选的限制,修改了与欧盟法规冲突的一些法律条款。11月,欧盟委员会结束针对法官强制退休的违反之诉。关于数据保护机构独立性的诉讼已按常规程序提交法院。

欧洲议会关于匈牙利政治的报告进一步激化了匈牙利与欧盟的矛盾。2013年7月3日,欧洲议会通过绿党议员、葡萄牙人塔瓦雷斯起草的报告。报告呼吁匈牙利当局,及时执行报告中提出的具体建议,尽快恢复法治国家及其有关宪政体制、制衡体系和司法独立的要求,重建基本权利如言论自由、新闻自由、宗教自由和产权的保障机制。具体建议包括:从《基本法》中取消被宪法法院宣布为"违宪"的法律;匈牙利政府毫无保留地执行威尼斯委员会的建议;恢复宪法法院审查所有法规的权力;确定法院案件异地审判的客观标准;废除限制选举时期政治广告的法规;修改承认宗教组织教会地位的相关法律。早在决议通过的前一天，匈牙利政府就发布备忘录，逐条驳斥欧洲议会报告对匈牙利的指责①。青民盟的一位欧洲议会议员指责欧盟对匈牙利实行"宪政殖民化"。匈牙利议会决议指责塔瓦雷斯报告"随意确定要求，随意引入新的程序，并形成侵犯欧盟条约保障的匈牙利主权的新制度"。欧尔班政府将欧盟与苏联相提并论，指控欧盟干涉其主权。

由此可见，欧盟对匈牙利的国内政治产生了重大影响，迫使匈牙利对相关法律做出修改。欧盟强调为维护欧盟规范和法治原则，有权对匈牙利采取法律行动；而匈牙利总理欧尔班则认为，欧盟的行动旨在限制匈牙利的主权。匈牙利之所以受到攻击，主要是因为其政策威胁到外国企业游说集团的利益。②

2. 罗马尼亚"法治风波"的平息

2012年罗马尼亚总理与总统之争引发的政治危机引起了欧盟的高度关注。蓬塔当选总理后，罗马尼亚政治危机加剧。7月4日，宪法法院指责蓬塔总理试图解散宪法法院，并威胁宪法法院法官。7月5日，罗马尼亚总统伯塞斯库指责政府争权夺利。执政的左翼社会自由联盟则指控总统违宪越权，呼吁弹劾总统。7月6日，罗马尼亚议会投票弹劾总统，中止总统伯塞斯库职务。欧盟对罗马尼亚的政治危机进行干预。7月18日，罗马尼亚总理蓬塔被召到布鲁塞尔，欧盟委员会指责其未能尊重民主价值。欧盟委员会主席巴罗佐指出，"罗马尼亚的事件动摇了我们的信任：挑战司法裁决，削弱宪法法院，推翻已确认的程序，取消主要的制衡机制。我们对（罗马尼亚）政府尊重法治的承诺提出质疑"。7月23日，罗马尼亚总理蓬塔接受采访，试图为自己的所作所为进行辩解。③ 他强调："我是个坚定的欧洲人，统一的欧洲是罗马尼亚的未

---

① "Remarks of the Government of Hungary on the Report of the European Parliament on the Situation of Fundamental Rights in Hungary," http：//www.kormany.hu/download/1/03/f0000/Hungarian% 20Memorandum% 20on% 20the% 20Tavares% 20report.pdf.
② 匈牙利国内对欧尔班政府与欧盟的冲突有不同的解读，匈牙利前总理鲍伊瑙伊·戈尔东强调欧尔班与布鲁塞尔的冲突"并非保卫匈牙利，而是保卫欧尔班过大的权力，即建立向东看的任人唯亲的资本主义和可控民主的权力"。他认为，在欧盟的框架内这样的制度不可能得到巩固。"其政权只能由匈牙利选民击败，而不是任何外部的影响"。
③ "SPIEGEL Interview with Romanian Prime Minister Ponta'I Haven't Communicated Well Enough with Europe," http：//www.spiegel.de/international/europe/interview - with - romanian - prime - minister - ponta - on - democracy - and - europe - a - 845850. htm.

来。这告诉我担任总理职务应当如何行事";"如果欧洲对成员国存有这样的疑虑,成员国应当服从"。蓬塔坦承与欧洲沟通不够,需要纠正误解,消除误解,采取必要步骤使欧洲伙伴信服。关于限制宪法法院的权力的指责,他认为,"这不是我的意图。在我的倡议下相关的法令已被废除。我的政府承诺将完全尊重司法独立"。关于弹劾总统,他强调,"弹劾程序并非我个人的决定,而是议会的决定,多数代表认为伯塞斯库越权。罗马尼亚宪法允许举行全面公决。现在根据布鲁塞尔的要求,将使用较早的程序。只有超过合格选民的一半人投票公决才有效"。针对欧盟委员会主席巴罗佐提出的 11 个关注点,蓬塔总理及时进行了回应。① 在欧盟的压力下,罗马尼亚总理蓬塔做出让步,罗马尼亚的政治危机得以解决。

尽管罗马尼亚政府对欧盟的关注给予了回应,但是很难驱散欧盟对罗马尼亚民主的担忧。欧洲议会前主席汉斯－格特·珀特林承认,2007 年罗马尼亚和保加利亚入盟时,并没有达到(欧盟)所有的要求和条件。罗马尼亚的危机事件使欧盟对其宪政秩序产生了怀疑。他强调,"欧盟是一个基于法律的共同体。法律就是力量,这代表了欧洲历史的巨大进步。而在过去,权威总是正确的。现在我们通过价值观统一起来,价值观的核心就是人的尊严、人权、民主和自由。法治非常珍贵,将欧洲人在欧盟内部统一起来的法治必须得到尊重"。②

匈牙利和罗马尼亚的政治状况让欧盟不安,以至于它开始思索如何对成员国的法治状况进行进一步的监督。欧盟司法专员雷丁指出,"在新成员国的入盟进程中,我们对其法治的要求非常严格,一旦这些国家加入欧盟,似乎没有任何手段来评估其法治和司法独立是否得到尊重"。他强调,欧盟需要确立新的基准,以捍卫法治。欧盟委员会必须发挥条约维护者的作用,而欧盟缺乏有效的、更为普遍和更为系统的监督法治的机制。相关部门正在研究"司法记分板",以对成员国的司法体制的优点和缺点进行评估。③ 德国一家非政府组

---

① Victor Ponta, "Romania Is a Democracy," http://www.euronews.com/2012/07/24/interview－romania－is－a－democracy/.

② "Five Years after EU Dream, Romania and Bulgaria behind on Reform," http://www.euronews.com/2012/07/18/five－years－after－eu－dream－romania－and－bulgaria－behind－on－reform.

③ "Hungary, Romania Show Need for New EU Rule of Law Benchmark," http://www.eubusiness.com/search?y=9&x=27&b_start:int=30&SearchableText=hungary.

织公开呼吁，为保卫欧盟成员国的民主，欧盟需要新的手段。① 事实上，欧盟条约第 7 条明确规定，对违反欧盟价值观的成员国，欧盟可以采取行动。欧洲理事会可中止该成员国的权利，包括该成员国代表在理事会的投票权。欧盟从未援引该条款对成员国采取行动，可能与该条款严苛的限制性要求有关。欧盟成员国地位本身就是民主的保障的假定在现实中遭到挑战，欧盟对新成员国的政治转型某种程度的逆转并未做好准备。

（二）欧盟东扩对中东欧新成员国经济的影响

1. 促进新成员国的经济增长

欧盟成员国地位是入盟后新成员国经济增长的重要因素。促进经济增长最重要的经济因素并非欧盟内部市场的开放。事实上，在入盟之前工业品的关税与配额已经取消，而入盟后服务的自由流动还存在壁垒。规制环境的可信性与可预见性以及流动的技术和行政壁垒的消除对新成员国的经济增长产生了积极影响。

从 2004～2013 年欧盟新成员国的经济增长记录来看，在 2009 年之前，欧盟新成员国经济表现非常突出，在很大程度上是由于中东欧国家与西欧国家间贸易与金融的一体化程度显著提高（参见表 1）。2004～2007 年，波兰经济年均增长率为 5.5% 左右，2008～2012 年年均增长率为 3.4%。2009 年在整个欧洲陷入全面衰退的背景下，波兰经济增长 1.6%。波罗的海三国经济在 2009 年均经历了两位数的下滑，而在摆脱衰退后经济复苏异常强劲，其经济增长率在欧盟国家中名列前茅。

2. 加快赶超进程

加入欧盟后欧盟新成员国赶超的步伐加快，根据欧盟统计局的资料，2012 年绝大多数新成员国的人均国内生产总值（以购买力平价计算）比 2004 年有所增加，与老成员国的差距有所缩小（参见表 2）。以波兰为例，2004 年人均国内生产总值为欧盟 27 国平均水平的 51%，到 2012 年增加到 67%。2008～2012 年欧盟新成员国的赶超进程与 2004～2008 年相比有所放缓，这表明，金融危机对欧盟新成员国产生了深刻影响。

---

① "In Need of New Tools: Protecting Democracy In EU Member States," *Briefing Paper* 39, http://ec.europa.eu/justice/events/assises - justice - 2013/files/contributions/16.1.democracyreportinginternationaldribp39_in_need_of_new_tools_protecting_democracy_in_eu_member_states_en.pdf.

表1 2004~2013年欧盟新成员国的经济增长率

单位：%

年份	2004	2005	2006	2007	2008	2009	2010	2011	2012	2013
欧盟28国	2.6	2.2	3.4	3.2	0.4	-4.5	2.0	1.6	-0.4	0.0
欧盟27国	2.6	2.2	3.4	3.2	0.4	-4.5	2.0	1.7	-0.4	0.0
欧元区17国	2.2	1.7	3.3	3.0	0.4	-4.4	2.0	1.6	-0.7	-0.4
保加利亚	6.7	6.4	6.5	6.4	6.2	-5.5	0.4	1.8	0.8	0.5
捷克	4.7	6.8	7.0	5.7	3.1	-4.5	2.5	1.8	-1.0	-1.0
爱沙尼亚	6.3	8.9	10.1	7.5	-4.2	-14.1	2.6	9.6	3.9	1.3
克罗地亚	4.1	4.3	4.9	5.1	2.1	-6.9	-2.3	0.0	-2.0	-0.7
塞浦路斯	4.2	3.9	4.1	5.1	3.6	-1.9	1.3	0.4	-2.4	-8.7
拉脱维亚	8.8	10.1	11.0	10.0	-2.8	-17.7	-1.3	5.3	5.2	4.0
立陶宛	7.4	7.8	7.8	9.8	2.9	-14.8	1.6	6.0	3.7	3.4
匈牙利	4.8	4.0	3.9	0.1	0.9	-6.8	1.1	1.6	-1.7	0.7
马耳他	-0.3	3.6	2.6	4.1	3.9	-2.8	3.3	1.7	0.9	1.8
波兰	5.3	3.6	6.2	6.8	5.1	1.6	3.9	4.5	1.9	1.3
罗马尼亚	8.5	4.2	7.9	6.3	7.3	-6.6	-1.1	2.2	0.7	2.2
斯洛文尼亚	4.4	4.0	5.7	7.0	3.4	-7.9	1.3	0.7	-2.5	-2.7
斯洛伐克	5.1	6.7	8.3	10.5	5.8	-4.9	4.4	3.0	1.8	0.9

资料来源：Eurostat 2013. 2013年数据为预测值。2011~2012年克罗地亚数据为临时数据。

表2 2004~2012年新成员国以PPS计算的人均国内生产总值（欧盟28国=100）

国家＼年份	2004	2008	2012	国家＼年份	2004	2008	2012
欧盟28国	100	100	100	希腊	94	93	75
欧元区17国	109	109	109	塞浦路斯	91	100	92
卢森堡	253	264	263	斯洛文尼亚	87	91	84
爱尔兰	143	132	129	马耳他	80	81	86
荷兰	129	134	128	捷克	78	81	81
奥地利	128	125	130	葡萄牙	77	78	76
瑞典	127	124	126	匈牙利	63	64	67
丹麦	126	125	126	爱沙尼亚	58	69	71
英国	125	114	106	斯洛伐克	57	73	76
比利时	122	116	120	克罗地亚	56	63	62
德国	116	116	123	立陶宛	52	64	72
芬兰	116	119	115	波兰	51	56	67
法国	110	107	109	拉脱维亚	47	59	64
意大利	107	104	101	保加利亚	35	44	47
西班牙	101	104	96	罗马尼亚	34	47	50

资料来源：http：//epp.eurostat.ec.europa.eu/tgm/refreshTableAction.do? tab = table&plugin = 1&pcode = tec00114&language = en。

3. 促进劳动力流动

中东欧国家加入欧盟后，尽管没有实现完全自由的劳动力流动，大多数欧盟老成员国为新成员国劳动力的流动设置了过渡期，但是劳动力市场的部分开放对新成员国经济产生了很大影响。2004年5月欧盟扩大时，只有爱尔兰、瑞典和英国向中东欧新成员国开放劳动力市场，其他12国对劳动力流动施加了限制。奥地利和德国对劳动力流动限制时间最长，一直持续到2011年4月30日。匈牙利学者坦承，入盟后匈牙利与其他新成员国一样并未享有构成欧盟支柱的四大自由（商品、服务、资本和人员的流动自由）。只有爱尔兰、英国和瑞典开放了劳动力市场。法国和其他老成员国则对"波兰管道工"心存恐惧。① 根据欧盟统计局的资料，2008年底来自新成员国的移民约为170万，不包括短期的季节性工人。移民数量最多的为波兰人和罗马尼亚人，他们主要在英国、爱尔兰和西班牙工作。在老成员国就业的波兰人实际数量在100万~112万之间，潜在的季节性工人为60万。根据巴斯和布鲁克纳的估计，居住在老成员国的8个新成员国的公民从2004年的90万增加到2011年的240万。关于劳动力流动的规模，巴斯等人的研究表明，2010年生活在欧盟15国的波兰人占总人口的4.3%。2011年波兰中央统计局进行的全国人口与住房普查的结果表明，在国外生活超过3个月以上的波兰人为195万，占总人口的5%左右。②

波兰中央银行行长贝尔卡分析了劳动力流动对波兰经济的影响，认为劳动力流动通过劳动力存量变动、汇款流入以及技能转移等方式对波兰经济产生了积极影响。③ 他的分析也适用于其他新成员国。劳动力流出导致波兰国内劳动力供应下降，导致一些部门如建筑业和农业出现劳动力短缺。在个别失业率偏高的国家，劳动力的流出有助于缓解失业问题。而汇款对促进国内消费会产生积极作用。2004年来自国外波兰人的汇款占国内生产总值的1.14%，2008年

---

① Tamás Magyarics, "Mission Accomplished? The Questions of Hungary's Integration Into the Euro-Atlantic Community," *Hungarian Studies*, 25 (2011) 2.

② Marek Belka, "How Poland's EU Membership Helped Transform Its Economy," *Occasional Paper* 88, Group of Thirty, Washington, D. C.

③ Marek Belka, "How Poland's EU Membership Helped Transform Its Economy," *Occasional Paper* 88, Group of Thirty, Washington, D. C.

达到1.71%的峰值，2012年下降到1.09%。在老成员国工作的新成员国公民可获得相关技能，并将技能带回国内。

4. 改善投资环境

中东欧国家的入盟有助于中东欧国家改善投资环境，吸引外资。由于中东欧新成员国的法律制度日益与欧盟接轨，其法律体系更加透明，更具可预见性。加入欧盟后，中东欧新成员国吸引的外资大幅度增加。以波兰为例，1994～2003年波兰共吸引外国直接投资499.9亿欧元，而入盟后的2004～2011年波兰吸引的外资额则增加到890.8亿欧元。外国直接投资的流入不仅为新成员国提供了工业改造所需资本，而且引进了先进的技术工艺，提高了质量标准。外资的流入也为新成员国创造了大量就业机会，促进了新成员国产业的升级，提高了新成员国经济的竞争力。西欧的制造业包括汽车制造业向中欧国家转移，中欧因此成为"欧洲的工厂"。

5. 获得欧盟基金

结构基金是欧盟一项重要的区域政策工具，它主要由欧洲区域发展基金、欧洲社会基金、欧洲农业指导和保障基金、渔业指导基金组成，1993年以后还包括聚合基金，其主要目的是改善欧盟社会的聚合能力，减少成员国各地区之间经济发展上的不平衡。一直以来，欧盟致力于促进经济、社会和区域的聚合。2007～2013年欧盟结构与聚合基金的资金达到3080亿欧元，超过欧盟总预算的1/3；欧盟10个新成员国获得其中1789亿欧元的资金（参见表3）。波兰在2004～2012年累计获得的欧盟净资金为660亿欧元（包括共同农业政策的资金）。波兰地区发展部估计，2004～2013年波兰在聚合政策的框架内获得1040亿欧元资金。据估计，2004～2015年由于欧盟资金的流入，波兰国内生产总值年增长率额外增加0.3～0.7个百分点。在2014～2020年欧盟多年度财政框架中，波兰将获得1058亿欧元，其中聚合政策的资金为729亿欧元，共同农业政策的资金为285亿欧元。尽管2014～2020年欧盟预算比上一预算周期有所减少，波兰获得的预算却增加了近40亿欧元。在新成员国中，各国吸纳的欧盟基金并不平衡，比如罗马尼亚所得远不如波兰。欧盟基金的作用不限于促进经济增长，还支持新成员国的国际收支。2008年之前，欧盟新成员国吸引了大量外国直接投资，2008年之后吸引的外资大幅度下降。欧盟基金取而代之，缓冲了本币的压力，避免了国内生产总值的大幅下滑。①

表3 2007~2013年欧盟新成员国欧盟基金

国　　家	欧盟基金（亿欧元）	人均欧盟基金（欧元）	欧盟基金占GDP的比例（%）
保加利亚	66.7	911	16.8
捷　　克	263.1	2504	17.2
爱沙尼亚	34	2541	20
匈牙利	249.2	2503	25.5
拉脱维亚	45.5	2227	20.4
立陶宛	67.8	2253	20.7
波　　兰	671.9	1743	17.6
罗马尼亚	235.3	1102	17.9
斯洛伐克	115	2128	16.1
斯洛文尼亚	41	1995	11.6

资料来源：Eurostat 2013。

由于欧盟基金需要成员国的配套资金，因此入盟的中东欧国家私人投资和公共投资有所增加。由于私人投资不足，个别国家如匈牙利的投资主要依赖欧盟基金。得益于欧盟基金投资于实物资本和人力资本，新成员国的劳动生产率得到提高。波兰利用欧盟基金成果显著，大约60%的欧盟资金用于基础设施的发展与现代化。2004~2011年，再生能源领域的投资将环境友好型电力生产在能源生产中的比重提高了6个百分点。2004~2011年波兰高速公路的总里程增加了一倍，2004~2011年通过公路的国际转运货物量增长了230%。聚合基金还支持与创新、研究与开发、企业家精神和人力资本开发相关的项目。根据2013年全球创新指数报告，波兰在142个经济体中名列第49位，这在很大程度上得益于有效利用结构基金。

---

① Antonia Oprita, "How Efficient Are EU Funds at Creating Growth?" http://www.emergingmarkets.org/Article/3130358/How-efficient-are-EU-funds-at-creating-growth.html.

（三）欧盟东扩对新成员国地位的影响

1. 回归欧洲文化

早在剧变之初，回归欧洲已成为中东欧国家的政治精英的主流话语。捷克前总统哈维尔曾提到地理上的欧洲、机构上的欧洲（作为民主制度、公民社会和经济繁荣的国家共同体的欧盟）以及观念上的欧洲。他明确阐释了其观念中的欧洲，指出："欧洲代表共同的命运、共同而复杂的历史、共同的价值以及共同的文化与生活方式。不止如此，欧洲从某种意义上看是一个地区，其特征是特定的行为方式、特定的意志品质和对责任的特定理解。"[①] 新成员国通过入盟实现了回归欧洲的梦想，获得了新的身份即欧盟成员国。新成员国的公民也引以为豪地成为欧洲公民。波兰中央银行行长贝尔卡强调，"加入欧盟，证明波兰是一个深深扎根于欧洲文化，并且共享欧洲价值和身份的国家"。

2. 参与欧盟决策

欧盟成员国地位意味着新成员国不再是欧盟决策被动的接受者，而是欧盟决策的主动参与者。新成员国在欧盟内地位得到提升。自 2004 以来，已有 11 个中东欧国家成为欧盟成员国。维谢格拉德四国在欧盟理事会共拥有 58 票，相当于法国和德国投票权的总和。中东欧国家将自己独特的经验和对欧洲问题的理解带入欧盟，以期对欧洲一体化做出独特贡献。而在一定时期，新成员国也可能对欧洲一体化设置障碍。如 2012 年 3 月 2 日，欧盟 25 国签署财政公约，捷克与英国一起拒绝签署。捷克是欧盟中东欧成员国中唯一拒绝财政公约的国家。新成员国入盟后通过参与欧盟层面的政治获得了实际的经验，更加熟悉实际的政治运作机制，包括有效结盟和妥协的规则。新成员国通过在欧盟内的社会化过程，学习如何处理正式或非正式的规则和规范。加入欧盟后，新成员国积极参与欧洲的政治进程，直言不讳地表达自己的关切和诉求。如捷克支持内部市场的进一步自由化，消除内部市场的壁垒，要求结束劳动力流动过渡时期，支持欧盟进一步放开服务自由流动；反对形成新的欧盟规范的规制倡

---

① Václav Havel, "The Hope for Europe," *The New York Review of Books*, 20 June 1996.

议,特别是在税收与就业政策领域,反对欧盟内部更大程度的税收政策协调倡议。① 波兰在欧盟内部积极捍卫国家利益,在2007~2013年和2014~2020年多年度欧盟预算框架的讨论中积极争取有利于自身的预算资金分配方案。针对英国首相卡梅伦在移民政策辩论中指责不在英国生活的波兰移民子女享受儿童福利,波兰外长西科尔斯基强调,英国应当解决其福利体系问题,而不应攻击移民,侮辱波兰人。波兰总理图斯克威胁要否决英国在欧盟提出的移民改革建议。②

3. 提升国家形象

中东欧的欧盟新成员国通过参与欧盟的政治运作,如担任欧盟轮值主席国等,提升国家形象。迄今为止,已经有斯洛文尼亚、捷克、匈牙利、波兰和立陶宛担任过欧盟轮值主席国,斯洛伐克也已开始2016年下半年担任欧盟轮值主席国的准备工作。

2008年上半年,斯洛文尼亚担任欧盟轮值主席国,成为第一个担任欧盟轮值主席国的中东欧国家。它的工作重点是推动成员国批准《里斯本条约》、建立欧洲研究区、关注能源和气候变化和西巴尔干局势。值得注意的是,人口仅有200万的中欧小国斯洛文尼亚成功应对了科索沃独立的冲击。2009年上半年,捷克担任欧盟轮值主席国,其关注的重点是经济问题、能源与气候变化、欧洲在世界中的地位、东方伙伴关系与对俄关系、西巴尔干与欧盟扩大和跨大西洋关系。担任轮值主席国期间,捷克政府发生更迭。尽管捷克顺利完成了轮值主席国的任务,但是捷克学者批评政府垮台直接削弱了行政部门的能力,严重损害了捷克的国家形象。③ 2009年12月,欧盟正式批准《里斯本条约》。《里斯本条约》对欧盟的制度安排和决策程序进行修正,以简化决策程序,增加透明度与加强民主问责。《里斯本条约》后应运而生的欧洲理事会常

---

① Ivo Šlosar Čík, "The Czech Republic-impacts of and Experience with EU Membership," *Eastern Journal of European Studies*, Volume 2, Issue 2, 21 December 2011.

② "Poland to block Cameron's EU Immigration Plan," http://www.thenews.pl/1/10/Artykul/158025, Poland – to – block – UKs – backtracking – on – benefits.

③ Ivo Šlosar Čík, "The Czech Republic-impacts of and Experience with EU Membership," *Eastern Journal of European Studies*, Volume 2, Issue 2, 21 December 2011.

设主席和外交与安全事务高级代表作用的加强,意味着轮值主席国政治影响力的下降。此后,成员国不得不在新的制度框架内履行欧盟轮值主席国的职能。2011年上半年,匈牙利担任欧盟轮值主席国,其工作重点为增长、就业和社会包容、强大的欧洲、接近公民的欧盟、欧盟扩大与全球参与。2011年下半年,波兰担任欧盟轮值主席国,其工作重点为增长的欧洲、开放的欧洲和安全的欧洲。2013年下半年,立陶宛担任欧盟轮值主席国,其工作目标是建设"可信、增长和开放的欧洲",工作重点是通过欧盟2014~2020年预算,放开欧盟内部能源市场,推动与东方伙伴关系国家的关系。在立陶宛担任轮值主席国期间,欧盟达成一系列确保财政、经济和能源安全的重要协议,为建设可信、增长和开放的欧洲奠定了基础,主要的成果有欧洲议会就欧盟2014~2020年预算达成政治协议,欧盟银行业联盟的建立取得进展,东方伙伴关系峰会如期举行。立陶宛总统格里鲍斯凯婕认为,立陶宛顺利完成欧盟轮值主席国的任务,体现了国家的成熟。总体来看,新成员国担任欧盟轮值主席国设立的一些议程反映了新成员国的特别关切,如上述五国均将欧盟扩大列为重要议程,捷克、匈牙利、波兰和立陶宛将推动东方伙伴关系列为重要议程,能源安全问题也获得关注。多瑙河地区战略、罗姆人融合战略框架等与匈牙利利益攸关,因而获得匈牙利的高度重视。

4. 提升国际地位

2004年欧盟东扩以来,新成员国因加入欧盟国际地位得到提升。斯洛文尼亚、斯洛伐克、爱沙尼亚和拉脱维亚已经成为欧元区成员国。尽管多数中东欧新成员国为小国,没有地缘政治雄心,但加入欧盟确实提升了其国际地位。波罗的海三国的合作以及维谢格拉德集团四国的合作有助于增强这些国家在欧洲的影响力。作为中东欧的大国,波兰的国际地位显著提升。入盟之后,波兰独特的地缘政治还赋予其在欧盟的东方政策中担任不可或缺的角色。2008年波兰与瑞典一道发起了欧盟东部伙伴关系倡议,支持东部邻国与欧盟发展密切的关系。东部伙伴关系倡议于2009年最终获得欧盟的首肯。在欧债危机爆发后,波兰因其经济表现突出,在欧洲的地位得到提升,并成为积极推动欧洲一体化的重要的欧盟成员国。2011年下半年,波兰首次担任欧盟轮值主席国,将坚定捍卫欧洲一体化作为自己的职责,推动欧盟就6个经济治理法规的一揽子建议达成一致是波兰担任轮值主席国取得的最大成果。尽管波兰不是欧元区成员国，但它积极推动欧元区债务危机的解决，并试图在改变欧元区的结构上发挥作用。2011年11月28日，波兰外长西科尔斯基在柏林发表演说声称对波兰安全和繁荣最大的威胁是欧元区的崩溃，呼吁德国在解决欧债危机中发挥领导作用。他强调德国是目前制度安排最大的受益者，同样，德国需要承担最大的责任使这些安排具有可持续性。他指出，"我对德国无所作为的担心胜过对德国影响力的担心。你已经成为欧洲必不可少的国家，你必须领导。不是控制，而是领导改革"。① 波兰总理图斯克与德国总理默克尔在如何解决欧债危机上有高度共识，波兰对德国的解决方案即紧缩政策、削减支出和财政责任表示支持。正如波兰外长西科尔斯基2012年3月29日在波兰议会所言，"我们改变了波兰的形象，从仅从欧盟获益的国家变为鼓舞其他国家行动的国家"。② 他强调，加深一体化，形成稳定的政治联盟，这是波兰的理念。波兰参与了德国等九国组成的"欧洲未来"集团关于欧洲未来问题的讨论，积极推动欧洲一体化。波兰外长西科尔斯基强调波兰已成为欧洲一体化的推动力之一。针对欧盟内部力量对比的变化，波兰毫不讳言希望成为德国和法国的伙伴，领导强大而民主的欧洲。

二 扩大对欧盟的影响

欧盟扩大是一项史无前例的工程，它给欧盟带来的变化也是深远的。新老成员国从不断壮大的内部市场中获得经济收益，并在地缘政治上获得更大的稳定与安全。欧盟仍把扩大视为最有效的对外政策工具，并认为在由外部行为体实施的民主促进政策中，扩大是最成功的政策。一方面，欧盟的杠杆作用增强了整个国际社会的自由民主体制，另一方面它在推动各国自由化和民主化的过程中发挥关键作用。③ 在总结2014年欧盟扩大优先重点时，欧盟扩大事务和

---

① Radek Sikorski, "Poland and the Future of the European Union," Berlin, 28 November 2011, http://www.mfa.gov.pl/resource/33ce6061 - ec12 - 4da1 - a145 - 01e2995c6302：JCR.
② "The Minister of Foreign Affairs on Polish Foreign Policy for 2012," http://www.msz.gov.pl/resource/2b624fd4 - d5f9 - 4c36 - 8b43 - 91543bc1e36c：JCR.
③ D. Cameron, "Post-Communist Democracy: The Impact of the European Union," *Post-Soviet Affairs*, Vol. 23, No. 3, 2007, pp. 185 - 217; M. A. Vachudova, *Europe Undivided: Democracy, Leverage and Integration after Communism*, Oxford: Oxford University Press, 2005.

邻国政策高级专员斯蒂芬·富勒说:"扩大仍是一个正在进行的工程,尽管欧洲陷入经济危机,但扩大仍是一项好政策——它构成了解决方案的一部分,扩大仍将是欧盟最有效的政策之一,通过解决一些最基本的问题,诸如打击腐败、合理的经济治理、言论和媒体自由、尊重人权和保护少数民族,它增强了希望加入欧盟的国家以及整个欧盟的政治和经济稳定。"①

中东欧国家加入欧盟,从规模上改变了欧盟。人口从15国时的近4亿增加到5.06819亿。② 人口数量仅次于中国和印度,超过美国(3亿多)。28国加在一起的经济体量使欧盟一举成为世界上最大的经济体。根据2012年世界银行的统计数据,欧盟经济总量为165840亿美元(不含克罗地亚),位居第一,美国为156847亿美元,位居第二,中国为82270亿美元,位居第三。欧盟的GDP占到全世界的23%(2012年全世界GDP为71.7万亿美元)。③

更为重要的是,拥有28个成员国的欧盟大市场对外部世界的吸引力日益增强。欧盟已经签署了涵盖地域广泛的自贸区协定,涉及世界各大洲为数众多的国家,④ 包括东盟、新加坡、印度、乌克兰等在内的国家或地区与欧盟开启了建立自贸区的谈判进程。2009年底,欧盟与韩国达成自由贸易协定,日本和美国也加紧与欧盟的自贸区谈判。中国也高度重视欧盟这一大市场,也尝试开启自贸区谈判。2013年新一届中国国家最高领导层提出的打造"丝绸之路经济带"的战略构想,就是要沟通欧洲和亚洲两大市场,为两个大陆的经济发展提供驱动力。

然而,欧盟扩大产生的效应并不是简单的数据相加那么简单,中东欧国家由于自身的地缘、经济特性与利益诉求,其入盟必然对欧盟政治与安全、经济与社会、决策体制和对外关系等诸多方面产生多元影响。从2004~2014年这10年的发展历程看,其影响主要体现为积极和消极两个方面。中东欧入盟也对中东欧本身以及欧盟内部东西两个维度产生了深远影响。

---

① http://europa.eu/rapid/press-release_IP-13-930_en.htm.
② Eurostat, *Key Figures on the Enlargement Countries*, 2013 edition, p.19.
③ http://data.worldbank.org/indicator/NY.GDP.MKTP.CD/countries/1W?display=graph.
④ http://ec.europa.eu/trade/policy/countries-and-regions/agreements/.

（一）政治与安全：欧盟借助东扩收获政治和安全红利，但"扩大疲乏症"正在困扰欧盟

1. 欧盟扩大扩展了欧洲大陆的和平、安全与价值共同体

欧盟在其官网上发布的正式公报强调：欧盟是在一系列共同价值和原则的基础上建立起来的实体，它预设的前提是任何遵守欧盟价值和规则的国家都可申请成为其中一员。扩大因此成为一股重要的转型力量，推动希望加入欧盟的国家进行民主转型和经济自由化。①

从欧洲煤钢联营到欧共体，从20世纪80年代吸收希腊、西班牙和葡萄牙，到2004年吸收中东欧八国和塞浦路斯以及马耳他，安全考虑始终是欧盟扩大的优先重点。欧盟吸收希腊、西班牙和葡萄牙的主要目的是巩固极权主义制度倒台后不稳定的民主体制；2004年扩大也有相似的目标，中东欧进行的转型所释放的毫无束缚的力量，可能会动摇这些国家并不稳定的民主体制，进而将动荡外溢到欧盟。为此，欧盟必须做好这些国家的风险管理，防止动荡外溢到欧盟，并借此巩固和扩展西方民主价值和观念。② 对东南欧的持续扩大同样是为了维护欧洲动荡之源——巴尔干地区的和平与安全，该地区曾经发生的民族冲突、经济崩溃和法律无序、脆弱的治理能力严重影响到欧盟的发展。从几轮扩大来看，欧盟对塑造相关区域的安全与稳定发挥了重要作用。

总之，欧盟借助扩大，不断解决内部的矛盾和冲突，使得全欧范围内的战争和冲突变得不可能。同时，就东扩10年的发展历程来看，在塑造欧洲和平的同时，东扩还让欧盟在中东欧国家内成功建立起西方的价值体系，扩展了西方民主自由的价值共同体。欧盟正是通过不断扩展和平、安全和价值共同体而提升了自身的政治分量，扩大了政治影响力。这种政治影响力非欧盟任何一国单打独斗所能实现，欧洲诸国通过"联合做大"成为国际社会重要的一极和最为重要的经济体，并且正在成长为一个具有一定影响力的政治行为体。

---

① http://ec.europa.eu/enlargement/pdf/publication/screen_mythfacts_a5_en.pdf.
② Paolo Cecchini, Erik Jones and Jochen Lorentzen, "Europe and the Concept of Enlargement," *Survival*, Vol. 43, No. 1, Spring 2001, p. 155.

2. "扩大疲乏症"引发欧盟政策变化调整

然而,欧盟扩大带来积极影响的同时,也产生了"扩大疲乏症",对欧盟的发展和壮大造成困扰。2004年中东欧入盟时,也是全球化深化发展时期,一些西欧国家经济增长缺乏动力,竞争力下滑,国内的社会矛盾较为突出,面临结构性改革的压力。入盟后,由于扩大仍需要一定的消化期,造成上述问题持续恶化,而西欧民众把欧盟东扩视为产生上述问题的原因之一。2005年法国、荷兰先后通过公投否决欧盟宪法,部分反映出两国民众对欧盟扩大的不满。2004~2006年,一些欧盟老成员国对欧盟扩大的支持率不断下降,奥地利公众的看法最负面,支持率为25%~27%,"暂停"扩大的声音不断增强,"扩大疲乏症"日益蔓延。① 2007年保加利亚和罗马尼亚入盟(仍未解决其固有的法治和腐败问题)以及随之而来的经济和主权债务危机加深了欧盟老成员国对进一步扩大的恐惧。②

欧盟成员国的政策偏好也影响了扩大进程,不同国家对扩大的态度多变,并且频繁阻止候选国的入盟。③ 斯洛文尼亚一直就想借边界和历史问题阻止克罗地亚入盟;希腊和保加利亚同样也想利用民族和历史问题延缓马其顿入盟进程;法国和瑞典一直因高层腐败问题而反对过早开启与黑山的入盟谈判;甚至像德国这样支持欧洲一体化的国家,公众对扩大的支持率也很低。德国对西巴尔干地区事务拥有一定的影响力,"一个很明显的事实是巴尔干扩大需要布鲁塞尔达成一致,但最终是由德国决定的"。④ 然而,德国国内对欧盟向巴尔干扩大兴趣不足,德国联邦议会对欧盟向巴尔干扩大表现得越来越谨慎。⑤

---

① Michael Emerson, Senem Aydin, Julia De Clerck-Sachsse and Gergana Noutcheva, "Just What Us This 'Absorption Capacity' of the European Union?" September 2006.
② A. Szołucha, "The EU and Enlargement Fatigue: Why Has the European Union Not Been Able to Counter Enlargement Fatigue?" *Journal of Contemporary European Research*, Vol. 6, No. 1, 2010, pp. 1–16.
③ A. Moravcsik and F. Schimmelfennig, "Liberal Inergovernmentalism," In A. Wiener, and T. Diez (eds.), *European Integration Theory*, Oxford: Oxford University Press, 2009.
④ T. Judah, "Germany and the Balkans: The Pivot in the Balkans 'EU Ambitions'," *The Economist Online*, 26 February 2013, http://www.economist.com/blogs/easternapproaches/2013/02/germany-and-balkans.
⑤ T. Judah, "Germany and the Balkans: The Pivot in the Balkans 'EU Ambitions'" *The Economist Online*, 26 February 2013.

面对上述问题，欧盟开始对扩大政策进行调整，主要体现在以下几个方面。首先，扩大的具体方式方法发生变化，实行从严从缓策略。在针对西巴尔干、土耳其等国入盟上，采取从严标准，除了增加入盟条件外，在对部分国家如黑山和马其顿等入盟谈判采取"基本原则第一"（Fundamental First）的方式，即谈判不再从最容易的环节开始，而是从这些国家面临的最大挑战——人权、自由、法治和腐败等问题开始。谈判贯穿始终，直至达到欧盟标准。欧盟欲借此表明，"保持（欧盟）列车运行正常、安全和舒适比快速更重要"。①

与 2004 年吸纳第一批新成员的要求相比，欧盟对罗马尼亚和保加利亚两国的入盟要求更为严格。欧盟虽同意罗、保于 2007 年 1 月 1 日如期入盟，但预设了严格的限制条件，要求两国在入盟后，必须在反腐、司法等领域取得实质性进展，否则，欧盟将不再对两国发放农业和地区发展补贴。克罗地亚入盟也遭遇了同等待遇，即必须在反腐等领域取得实质进展才能完全享受欧盟成员国资格。

其次，从以前只关注候选国的达标能力，转变为综合考虑自身的吸纳与融合能力。2005 年底欧盟出台了新的"欧盟扩大政策战略文件"，明确将欧盟"吸纳能力"与扩大挂钩。② 它强调"欧盟在尊重机构间平衡和限制预算的基础上，更要注重构筑共同决策的能力"。③ 2006 年新的欧盟扩大战略文件又将"吸纳能力"改为"融合能力"，强调接纳新成员要视欧盟的"融合能力"而定，候选国要严格履行入盟条件，同时顾及欧盟自身的健康发展，并取得欧洲民众的理解与支持。④

3. "大周边"不断扩展，但周边动荡同时困扰着欧盟

在欧盟不断扩大的同时，新的周边政策不断得到充实，影响力不断扩大。

---

① European Commission, "Five Years of an Enlarged EU—Economic Achievements and Challenges," January 2009.
② Commission of the European Communities, "2005 Enlargement Strategic Paper," Brussels, November 2005.
③ "EU - 27 Revisited Discourses and Debates on European Integration after the Convention and Big Bang Enlargement Summarizing Major Trends of Eight EU - 27 Watch Issues."
④ Commission of the European Communities, "Enlargement Strategy and Main Challenges 2006 - 07," Brussels, November 2006.

具体表现在，以欧盟域内为核心，欧盟继续向南和向东两个维度扩展。在南部，欧盟于1995年启动了巴塞罗那进程，在法国的积极倡导下，进一步通过地中海联盟政策延伸到中东、北非。就在中东欧入盟的当年，欧盟出台了邻国政策，该政策不仅囊括原有的中东和北非10个邻居，还将周边政策触角伸向东部的格鲁吉亚、亚美尼亚、阿塞拜疆、白俄罗斯、乌克兰和摩尔多瓦等独联体国家。此后，在新入盟国家波兰以及老成员国瑞典等的推动下，2009年，欧盟发起了东部伙伴计划，积极推动欧盟东部6个邻国的政治改革、经济上与欧盟融合以及双方人员的自由流动和往来。2013年，欧盟与格鲁吉亚和摩尔多瓦签署联系国协定，进一步巩固了东部部分伙伴的联系。

当然，扩展是有代价的，欧盟周边随时面临着冲突外溢从而对其安全和稳定构成威胁。如中东、北非多国自2010年底开始连续发生"阿拉伯之春"革命，由此带来的难民潮、有组织犯罪、非法移民等深深困扰着欧盟。东部伙伴计划也产生了一系列新问题。欧盟试图与东部伙伴确立联系国这种牢固的机制化关系。有研究表明，比起入盟资格，联系国资格并不能产生促进地区安全、经济增长的效应。它无法约束邻国的经济和体制改革，以达到保持该国稳定、民主和亲欧盟的效果。欧盟扩大10年来，还没有一个与欧盟接壤的国家在有联系国协定却没有成为欧盟成员国前景的情况下，被看作欧盟稳定、民主和可靠的政治盟友和经济合作伙伴的。[1] 同时东部伙伴计划与俄罗斯的碰撞在所难免。2013年末俄罗斯与欧盟角力乌克兰就是明证，乌克兰在内部面临经济危机的情况下，最终寻求俄罗斯的援助，使得欧盟的东部伙伴关系政策受到影响。2014年2月乌克兰政局突变后俄罗斯吞并克里米亚以及乌克兰东部与南部的动荡对欧洲的安全与稳定构成威胁。

（二）经济和社会影响：欧盟东部和西部趋同面临挑战

中东欧入盟对欧盟的经济和社会影响是全方位的，由于篇幅所限，本报告将主要落脚点放在东扩对整个欧盟内地区差异的影响，即扩大对欧盟域内差异

---

[1] U. Sedelmeier, "Anchoring Democracy from Above? The European Union and Democratic Backsliding in Hungary and Romania after Accession," *Journal of Common Market Studies*, Vol. 52, No. 1, 2014, pp. 105 – 21.

产生了积极还是消极影响，是扩大了不同地区的差异，还是弥补或缩小了不同地区的差异。

1. 东扩给欧盟经济带来的积极影响

（1）东扩推动了欧盟经济增长

从现有各种理论分析和实践总结来看，扩大释放的利好很多，促进欧盟整体的经济增长是显性表现之一。从欧盟委员会出版的东扩"两年报告"[1]和"五年报告"[2]分析看，它们对东扩的经济成就做出较为积极的评价，集中表现在市场获得很大拓展，GDP和域内贸易维持增长趋势。

中东欧国家拥有1亿多人口的市场容量，并且处在改革和转型时期，其释放出巨大的市场需求对于西欧国家来说无疑充满了机遇。无论是中东欧新成员国，还是老成员国，都从这轮扩大中受益。中东欧的赶超步伐加快，而老成员国通过对新成员国市场的有效占有，扩大了生产规模，提高了竞争力。2004～2012年，欧盟的增长情况总体不错（参见表4）。从增长率来看，如果没有新成员国良好的经济表现，欧盟整体经济的表现将会更差。

表4　欧盟2004～2012年经济增长率

单位：%

年份	2004	2005	2006	2007	2008	2009	2010	2011	2012
经济增长率	2.5	2	3.3	3.2	0.3	-4.4	2.1	1.5	0

资料来源：http：//www.gfmag.com/gdp - data - country - reports/631 - the - european - union - gdp - economic - report.html#axzz2oxeCtMHM。

从表4可以看出，如果没有全球性经济危机和欧洲主权债务危机的影响，欧盟GDP总体增长势头良好。即使算上危机较重年份2009年欧盟GDP负增长4.4%，但随后有所恢复，增长势头在某种程度上得以恢复。欧盟扩大后一直到金融危机爆发前的2008年，欧盟的经济整体上受益于市场扩大所带来的积极影

---

[1] European Commission, "Enlargement, Two Years After: An Economic Evaluation," May 2006.
[2] European Commission, "Five Years of an Enlarged EU: Economic Achievements and Challenges," *European Economy*, 1/2009.

响,经济持续增长,欧盟在世界经济中的比重也增加了2.5个百分点。①

同时,据欧盟统计局统计,2010年中东欧国家以欧盟为贸易和投资市场的份额大致在60%~80%,要高于老成员国。欧盟已成为中东欧国家重要的贸易和投资市场。欧盟27国的域内市场贸易和投资也达到50%~60%,可以说,欧盟的大市场支撑着欧盟的重要贸易和投资。在全球金融危机和欧债危机背景下,上述份额和比例均未出现明显波动。②

(2)东扩促进了中东欧投资环境改善,有利于提升欧盟整体经济竞争力

欧盟具有强烈的政策偏好推动中东欧国家对国际投资者开放市场。这使得中东欧地区在1998~2011年比起其他新兴市场国家,如中国、巴西、印度、俄罗斯和墨西哥等国,获得了更多的人均投资。③ 原因是,欧盟通过对入盟申请国施加压力来迫使其加快私有化和吸引外部战略投资。④ 20世纪90年代,欧盟委员会对中东欧入盟申请国的政治、经济和社会状况进行了多次深入的调查,在提交1997年的国家评议报告中明确强调,申请国应对外资采取更多新自由主义的立场,要求吸引更多外资参与中东欧的建设。这也是申请国入盟的明确限制条件之一。⑤ 根据欧盟要求,绝大多数中东欧国家实行了积极的吸引投资计划,加大财政和金融支持力度来降低外部投资者的投资成本,而且比起西欧市场,中东欧已经具有生产成本优势,劳动力素质较高、工资较低,因此成为外资青睐的对象。

促进投资环境改善的一个重要副产品是产品竞争力得到提升。欧盟老成员国将人力资源、研发项目以及资本密集型产品与中东欧的劳动密集型产品相结合,其产品在国际市场上更具价格优势和竞争力。这突出表现在东西欧产业尤

---

① European Commission, "Five Years of an Enlarged EU: Economic Achievements and Challenges," *European Economy*, 1/2009, p. 27.
② Eurostat, "Intra - EU Share of EU - 27 Trade in Goods, Services and Foreign Direct Investments Remains More Than 50% in 2010," *Statistics in Focus*, March 2012, p. 5.
③ Gergo Medve-Balint, "The Role of the EU in Shaping FDI Flows to East Central Europe," *Journal of Common Market Studies*, Volume 52, Number 1, 2014, p. 37.
④ M. Wenig, "A Pledge for an Early Opening of EU Accession Negotiations," *ZEI Discussion Paper C58* (Bonn: Centre for European Integration Studies, Rheinische Friedrich Wilhelms-University), 1999.
⑤ Gergo Medve-Balint, "The Role of the EU in Shaping FDI Flows to East Central Europe," *Journal of Common Market Studies*, Volume 52, Number 1, 2014, p. 41.

其是汽车制造业的高度融合上。对欧盟机动车市场的相关调查表明，依靠中东欧的区位优势，德国主要汽车生产商将大量产能转移到中东欧，从而在欧洲和全球市场的竞争中获得优势。而中东欧国家也高度融入德国汽车制造的价值链当中，甚至参与一些复杂和精密技术产品的生产。① 法国汽车制造商在罗马尼亚同样采取了这种模式。② 2000~2007年，菲亚特、标致和大众等西欧汽车制造商在中东欧的产量翻了两番。③ 以上现象表明，在欧盟的积极推动下，中东欧成员国为西欧重要产业提供了一个更为优良的发展平台，同时，欧洲东西部之间增强了经济上的相互依赖，提高了欧盟企业的国际竞争力。

（3）融入欧盟的中东欧抵御金融危机能力增强，也提升了欧盟整体上应对国际金融危机的能力

众所周知，中东欧银行业高度私有化，按资产衡量，中东欧11国中有10国银行（斯洛文尼亚除外）的外资化超过70%，有8个国家超过80%，这使得中东欧成为全球外资化程度最高的银行业市场。④ 其中，西欧国家是中东欧银行业的主要掌控者。但西欧银行在2008~2009年金融危机中的表现显示出欧盟成员国资格对中东欧金融体系具有稳定效应。

2008年9月雷曼兄弟公司破产后，世界主要媒体均认为，东欧走到经济崩溃的边缘，一些评论甚至预言东欧将拖累其西欧伙伴一同沉沦。例如，著名经济学家保罗·克鲁格曼2008年10月在《东欧2008 = 东南亚1997》一文中声称，西欧银行业由于经济危机面临巨大损失，将加速从中东欧撤离资本。

事实正好相反，西欧银行大多数时间在中东欧维持了2008年的资金水平。尽管中东欧银行信贷增长在2009年明显下降，但除斯洛伐克以外，并未对中东欧国

---

① V. Šcepanovic', "FDI as a Solution to the Challenges of Late Development: Catch-up without Convergence?" Unpublished Ph. D. thesis, Central European University, Budapest, 2013.
② I. Egresi, "Foreign Direct Investment in a Recent Entrant to the EU: The Case of the Automotive Industry in Romania," *Eurasian Geography and Economics*, Vol. 48, No. 6, 2007, pp. 748 - 64.
③ Katinka Barysch, "New Europe and the Economic Crisis," February 2009. 转引自王莉等《中东欧入盟与欧盟的变化》，《现代国际关系》2010年第11期。
④ European Bank of Reconstruction and Development, "Transition Report 2010," http://www.ebrd.com/downloads/research/transition/tr10.pdf?

家产生负面影响,而斯洛伐克受到的影响主要因为采用欧元造成本国金融市场波动。① 在危机最严重的 2009 年的两个季度,从中东欧流出的资本只占整个区域的 1%,而在 1997~1998 年东南亚金融危机最严重的两个季度内,资本逃离率占到 4.5%。② 此外,中东欧的外资银行没有破产或关门,尽管有几家西欧银行中的东欧分部由于本国的压力变卖了部分股份,但这种出售并不是甩卖。

西欧银行保留在中东欧的资本,是因为欧盟单一市场规则禁止西欧政府随意抽离在中东欧银行分部的资金。2009 年 3 月召开的欧洲理事会议强调,西欧国家不得阻止本国银行融资支持海外分支机构——这种市场歧视行为是欧盟法严格禁止的。③ 西欧银行和金融机构等在 2009 年达成银行回购协议(bank rollover agreement)以应对危机,并发起"维也纳倡议",阻止了在中东欧的资本外逃,极大地缓解了市场恐慌。欧盟委员会也在做出积极努力,2012 年联合欧洲相关金融机构和监管机构提出了"新维也纳倡议",明令禁止西欧银行针对中东欧分支机构过度融资或抽逃资金的行为。

另外,西欧银行对中东欧的投资都是长期的,有人甚至认为一些西欧银行只是又回到 20 世纪早期投资的地区。奥地利第一储蓄银行(Erste)行长特里彻(Andreas Treichl)曾说:"看看我们的地图,再看看奥地利在 1914 年的地图,我们现在正在经营的国家,在 175 年前奥匈帝国就在那里开了储蓄银行。"④ 加上西欧银行业市场已经饱和并且竞争激烈,这也使得西欧银行家愿意把中东欧看作"第二本土市场"——并相信这是唯一的繁荣之路,他们并没有想在 2008~2009 年危机中离开中东欧。学者爱泼斯坦(Epstein)指出,采用单一市场规则弱化了新成员国的经济脆弱性。⑤ 同样,雅格比也认为,借

---

① Raiffeisen Research, "CEE Banking Sector Report: Gradually Gaining Momentum-and Leaving the Storm Behind," Vienna: Raiffeisen Research, 2010.
② European Bank of Reconstruction and Development, "Transition Report 2009," http://www.ebrd.com/downloads/research/transition/TR09.pdf.
③ Council of European Union, "Presidency Conclusions of the Brussels European Council 19/20 March 2009," p. 2.
④ N. Kulish, "'Goal of Unified Europe Falters amid Businesses' Scramble to Survive Down-Turn," *New York Times*, 23 August 2009, p. A6.
⑤ R. Epstein, "Overcoming 'Economic Backwardness' in the European Union," *Journal of Common Market Studies*, Vol. 52, No. 1, 2014, pp. 17–34.

助结构基金和紧急流动性措施的帮助，欧盟缓解了经济危机对中东欧造成的严重影响。中东欧假如没有入盟的话，危机可能导致中东欧更大程度的经济下行。①

由于只是在欧洲南部国家而不是在中东欧国家同时发生银行业和经济危机，这使得欧盟有精力集中处理欧元区危机，从而有利于提升欧盟抵御危机的能力。不容忽视的是，在欧债危机最严重的时期，中东欧国家表明了坚决捍卫欧元的决心，并且波罗的海三国用纷纷加入欧元区的实际行动来支持欧元②。它们的行动为欧盟提供了巨大的信心支持。

2. 东扩给欧盟带来的问题和挑战

中东欧入盟对欧盟最大的影响来自区域层面，即东西的分野和差别。随着人员、资本、商品、服务不受阻碍地流向经济效益最大地区，加剧了区域不平衡。建设和完善统一大市场，经济发展的不平衡将是重大挑战之一，将会严重影响到资源配置和内部市场良性发展，进一步恶化现有成员国的经济和社会发展水平差异。③

（1）地区差异问题未得到彻底缓解

中东欧入盟后与原 15 国形成了显著的经济和社会发展分层和不平衡问题。按发展水平看（以人均 GDP 水平来考察，参见表 2），欧盟大致形成了中心区域和边缘区域。中心区域发展速度最快、经济发展水平较高，主要集中在北欧国家、英法德意西等大国和荷比卢奥等诸中小国家。中东欧作为"边缘国家"，人均 GDP 水平落后于发达区域。

从扩大近 10 年的发展轨迹看，中东欧与西欧等整体趋同的趋势并不明显。仅以人均 GDP 为例，到 2012 年中东欧新成员国整体落后老欧洲的状况仍然比较明显（参见表 1）。2009 年斯洛文尼亚和捷克人均 GDP 超过葡萄牙，是因为葡萄牙本身是西欧发达经济体中最穷的国家之一，而且近些年来危机使其经济萎靡不振。有学者认为，由于欧洲的低经济增长导致欧洲一体化的趋同模式出

---

① W. Jacoby, "The EU Factor in Fat Times and in Lean: Did the EU Amplify the Boom and Soften the Bust," *Journal of Common Market Studies*, Vol. 52, No. 1, 2014, pp. 52 – 70.
② 立陶宛可能于 2015 年加入欧元区。
③ European Commission, "From the Single Act to Maastricht and Beyond: The Means to Match our Ambitions," COM (92) 2000.

现问题，2013年显示的状况并不积极，它在体现为东西差异的同时，又同时呈现出南北差异。① 由于欧元区衰退可能持续，2014年的前景同样不妙。如果说东扩10年有什么趋同的话，可以说，南欧经济实力整体下滑，其衰退的趋势和中东欧新成员的缓慢增长趋势逐渐形成部分趋同。但这一新趋同群体与老欧洲国家差距依然非常明显。

地区差异折射出的一个有趣的现象是，欧盟老成员从东扩中的受益不均衡。与新成员国经济联系密切的德国和奥地利，比其他老成员国受益更多。作为新成员国最大贸易伙伴的德国，其出口到中东欧的产品出现明显增长，直接拉动了相关行业的工资增长和就业率。② 由于新成员国市场提供了良好的投资环境，西班牙、意大利、葡萄牙、希腊等南欧国家用于增强竞争力的资本流入这些新的市场。③ 尽管获得了短期的经贸收益，但经济竞争力并没有增强，反而因为对外经贸战略选择问题使其经济竞争力受到经济危机和债务危机的严重侵蚀。

(2) 高投资率引发多方面问题

其一，投资强化了中东欧对欧盟的依赖，使其逐渐步入产业链下游，造成中东欧国家创新驱动力不强，并拉大了东西欧洲的结构性差异。

自由主义经济学家认为，外部直接投资（FDI）对接受国有积极的影响，包括资本聚集、提供新技术、教育和培训等。④ 直接影响是受益国所在的公司获得外来融资，间接影响是增强了国内公司相同和相关部门的竞争力，资本、技术、教育、研发和培训可以向本地经济溢出，可以使本地产业更有生产能力以及向产品价值链上游移动。⑤ 因此，世界银行在2012年的报告中认为，中东欧必然会利用

---

① M. Landesmann, "The New North-South Divide in Europe: Can the European Convergence Model be Resuscitated?" *Vienna Institute Monthly Report*, 2013/1.

② T. Baas and H. Brücker, "EU Eastern Enlargement: The Benefits from Integration and Free Labor Movement," *CESifo DICE Report*, Vol. 9, No. 2, 2011, pp. 44–51.

③ I. Gill and M. Raiser, *Golden Growth: Restoring the Lustre of the European Economic Model*, Washington, D. C.: International Bank for Reconstruction and Development/World Bank, 2012, pp. 13–14.

④ J. J. Stiglitz, "Capital Market Liberalization, Economic Growth and Instability," *World Development*, Vol. 28, No. 6, 2000, pp. 1075–86.

⑤ J. Hanousek, E. Kocenda and M. Maurel, "Direct and Indirect Effects of FDI in Emerging European Markets: A Survey and Meta-Analysis," *CES Working Paper* 24, Paris: Centre d'Economie de la Sorbonne, 2010.

FDI这种潜移默化的影响来实现创新,而不需要在研发上做出更多的投资。①

然而,FDI对中东欧竞争力提升没有达到预期效果。② 一项关于欧盟聚合国家国内公司和外资公司的效率比较研究发现,只有斯洛文尼亚和斯洛伐克的国内公司在效率上可与西北欧欧盟成员国媲美。③ FDI模式在中东欧赶超战略中的第一个局限是外资构成问题,在维谢格拉德四国和斯洛文尼亚,FDI的主要目标是生产加工行业,包括汽车、电子和化学工业。相比较而言,在保加利亚、罗马尼亚和波罗的海三国,主要集中在非贸易部门,如银行和房地产,由此导致投资在这些地区的"去技能化"趋势。④ 甚至中东欧占据较好投资区位的国家,如维谢格拉德四国已经完全依赖国外跨国公司以及外国银行的融资。⑤ 跨国公司的总部控制着在中东欧的分部,研发、创新和教育的升级仅发生在跨国公司指定的中心位置,而不是在中东欧。新技术则基本没有转让给中东欧,那里的技术工人主要在装配车间从事生产劳动。近些年来,波兰等国已意识到这个问题,开始寻求摆脱外资依赖型模式,积极寻求自主创新。⑥ 西方跨国公司总部考虑的是中东欧长期生产再分配的潜力而根本不关心它们技术革新的渴求。⑦

中东欧努力想变成西方国家的研发或创新的中心,这是克服落后的核心方法,但考虑到来自西方FDI的集中性和保护性,中东欧不可能成为创新中心,其创新能力在很大程度上并非借助跨国公司培养起来的。由此可见,东西欧产业布局仍然以西方为中心,其形成的东西差异是长久和深远的。

---

① World Bank, "Golden Growth: Restoring the Lustre of the European Economic Model," Washington, D. C.: World Bank, 2012.
② J. Hanousek, E. Kocenda and M. Maurel, "Direct and Indirect Effects of FDI in Emerging European Markets: A Survey and Meta-Analysis," *CES Working Paper* 24, Paris: Centre d'Economie de la Sorbonne, 2010, pp. 20 – 1.
③ B. Farkas, "Changes in European Convergence Model," Monthly Report 1/13, Vienna: Institute for International Economic Studies, 2013, pp. 16 – 17.
④ D. Bohle and B. Greskovits, *Capitalist Diversity on Europe's Periphery*, Ithaca, N. Y.: Cornell University Press, 2012, p. 45.
⑤ A. Nolke and A. Vliegenthart, "Enlarging the Varieties of Capitalism: The Emergence of Dependent Market Economies in East Central Europe," *World Politics*, Vol. 61, No. 4, 2009.
⑥ W. Jacoby, "The EU Factor in Fat Times and in Lean: Did the EU Amplify the Boom and Soften the Bust," *Journal of Common Market Studies*, Vol. 52, No. 1, 2014, pp. 52 – 70.
⑦ A. Nolke and A. Vliegenthart, "Enlarging the Varieties of Capitalism: The Emergence of Dependent Market Economies in East Central Europe," *World Politics*, Vol. 61, No. 4, p. 687.

其二，中东欧的赶超战略不可持续，与西欧的差异依然明显。

中东欧高比例的外资银行所有制是经济落后的一个重要表现。由于缺少对金融的控制，弥补东西差距将变得十分艰难。这一结论来自欧洲以及世界其他地区的经济发展经验。通过对非洲、亚洲和拉丁美洲的研究可以发现，一个国家如果没有实现对金融的控制可能不会实现经济赶超；一个新兴国家，如果没有其他丰富的自然资源，在无法控制金融的情况下是不可能实现经济赶超的。东扩10年后，东西欧经济体一个重要的结构性差异是外资银行所有制的规模，当欧盟老成员国一直致力于保护国有银行的同时，中东欧国家却在20世纪90年代和21世纪把银行大量卖给外部战略投资者。

20世纪最成功的赶超案例——日本、中国台湾和韩国——均十分依赖金融部门的支持，将资本集中到具有战略性的产业开发上，这些产业最终为全球出口市场提供了高附加值产品。这些经济体还将金融干预的目标延伸到家庭，通过各种形式的政府强制储蓄来促进资本积累并进行有目的的投资。① 事实上，中国也一直利用金融部门作为准公共工具来保障本国的产业发展和升级过程中的必要资金。阿图尔·科利②认为，正是国家机构与资本集团的联合决定了赶超战略是否具有可持续性。他认为，对资本分配进行控制对赶超战略具有重要意义，因为它让国家有可能将投资集中到优先发展领域。虽然外资也可以推动经济发展，但它必然限制了国家对国民经济的影响能力。③ 欧盟东扩10年后，大多数中东欧国家已经放弃了其他新兴市场国家维持高速增长所利用的赶超战略就是明显的证据。

科利同时也承认，从理论上讲，一个国家实现技术升级、改造和创新可以完全依靠市场而不是国家的作用，自由主义经济学家也强调了这一点，但遗憾的是没有成功的实证先例。④ 对中东欧国家来说，银行业私有化可以获得必要

---

① R. Wade, *Governing the Market: Economic Theory and the Role of Government in East Asian Industrialization*, Princeton: Princeton University Press, 2004, pp. xxiii – xxvi.
② A. Kohli, *State-Directed Development: Political Power and Industrialization in the Global Periphery*, New York: Cambridge University Press, 2004.
③ A. Kohli, *State-Directed Development: Political Power and Industrialization in the Global Periphery*, New York: Cambridge University Press, 2004, pp. 388, 392.
④ J. Borocz, "Notes on Geopolitical Economy of Post-Socialism," in N. Bandelj and D. J. Solinger (eds.), *Socialism Vanquished, Socialism Challenged: Eastern Europe and China, 1989 – 2009*, Oxford: Oxford University Press, 2012.

的资金、技术和管理经验，但同时银行业为外资所控制会加剧东西欧洲的经济差异，东部在欧盟经济中相对落后，而且西部通过对银行业的控制强化了在欧洲的社会和政治等级优势，使得中东欧明显容易受到国际规则的束缚而缺乏自主发展能力。①

3. 区域政策工具的调整及预算争执

通过投资驱动战略来弥补区域差异存在固有缺陷，对此，欧盟也有共识。为了弥补区域差异，欧盟还依靠大规模财政转移支付手段，通过官方干预来实现。最为典型的就是通过结构基金和聚合基金积极推进东西欧洲均衡发展和趋同。欧盟把两大基金视为"保障欧洲稳定的关键"，但如何在成员国内部进行合理分配一直存在问题。东扩后，结构基金的支出及其在成员国内部的分配发生了较大的调整。中东欧国家入盟以后，欧盟总体人均国内生产总值水平和人均国民生产总值水平被拉低，这使一部分原来被援助的老成员国被排除在援助之列。同时，由于新入盟的中东欧国家在基金的吸收能力和管理能力上远落后于老成员国，因此，欧盟在制定基金援助时开始更多考虑到新成员国的特殊情况，这种做法引发新老成员国间的利益冲突。

在2002年12月的哥本哈根首脑会议上，欧盟决定，为了支持新成员国的经济发展，弥补地区发展差异，从2004年到2006年，在新成员国入盟前三年，将向它们提供230亿欧元的结构基金和聚合基金援助。

在2004年之前，尽管欧盟启动了针对中东欧国家的基金资助，但数额有限，只是在中东欧国家入盟后，才有了实质性增长。根据欧盟统计局公布的数据，2000~2006年，结构基金共资助了欧盟15个老成员国2130亿欧元，2004~2006年，共资助了10个新成员国217亿欧元。为回应扩大带来的挑战，欧盟结构基金的资助额度开始大幅上升，从2000~2006年的2130亿欧元增加到2007~2013年的3470亿欧元。中东欧国家的受益颇多，来自中东欧的大国波兰是接受欧盟基金资助最多的国家（参见表5）。相比

---

① A. C. Janos, *East Central Europe in the Modern World: The Politics of the Borderlands From Pre-to Postcommunism*, Stanford University press, 2000; A. C. Janos, "From Eastern Empire to Western Hegemony: East Central Europe under Two International Regimes," *East European Politics and Societies*, Vol. 15, No. 2, 2001, pp. 221-49.

较而言，老成员国接受援助基金数额减少了，如西班牙获得的资助减少了111亿欧元。①

表5 2007～2013年结构基金的主要受益国

单位：亿欧元

国　家	接受援助总额	国　家	接受援助总额
波　兰	673	德　国	263
西班牙	352	匈牙利	253
意大利	288	葡萄牙	215
捷　克	267	希　腊	204

资料来源：European Commission, "EU Cohesion Policy 1988 – 2008: Investing in Europe's Future," Panorama, No. 26, June 2008。

结构基金在促进欧盟内部新老成员国的趋同、积极推动欧洲一体化的大市场建设上发挥了积极的作用。欧洲主权债务危机发生后，结构基金和聚合基金又采取灵活措施，积极资助易受债务危机冲击的产业，避免了债务危机对新成员国的巨大冲击，从某种程度上维护了这些国家的稳定，有利于趋同和增长。②

但是，由于结构基金和聚合基金是欧盟预算中的"吸金大户"，欧盟将越来越多的预算投放到结构基金和聚合基金中，这些基金又大部分转移到新成员国，这是欧盟内部预算争执的原因之一。

欧盟的财政预算是欧盟事务的重要组成部分。虽然欧盟的预算总额仅相当于欧盟各成员国预算总额的约1/50，但它对欧盟成员国的经济和社会发展、欧洲一体化及欧洲转型产生了重要影响。一些净贡献（纯支付）国家如德国、英国、荷兰、瑞典等对欧盟预算的分摊政策表示不满，欧盟财政最大贡献国德国，2002年财政赤字超过国内生产总值3%，突破了欧盟《稳定与增长公约》

---

① European Commission, "EU Cohesion Policy 1988 – 2008: Investing in Europe's Future," Panorama, No. 26, June 2008. http://ec.europa.eu/regional_policy/sources/docgener/panorama/pdf/mag26/mag26_en.pdf.

② European Commission, Report from the Commission to the European Parliament, the Council, the European Economic abd Social Committee and the Committee of the Regions, Cohesion Policy: Strategic Report 2013 on Programme Implementation 2007 – 2013, Brussels, 18.4.2013, COM (2013) 210 final.

规定的上限,因此,它一直不想在预算上再追加投入。这种不满在欧盟制定2007~2013年以及2014~2020年两个多年度财政预算时引发较大争执,欧盟不得不平衡各方利益诉求并最终靠削减财政预算来解决问题。

4. 东扩的社会影响:劳动力自由流动问题

2004年东扩时,欧盟老成员国担忧新成员国劳动力大量涌入对本国劳动力市场造成冲击。新成员国与欧盟原有成员国之间的巨大经济差距必然形成对人口迁移方向和动因的推拉力,促使新成员国国民向经济发达、社会福利优厚的欧盟原成员国境内迁移,从而打破欧盟15国之间现有的人员迁移平衡。

研究表明,欧盟东扩后新成员国向原成员国的移民数量有所增加,但并未出现大规模移民涌入现象。欧盟东扩后,欧盟内部人员流动并非仅仅由非经济发达的新成员国向经济发达的欧盟15国单向流动,新老成员国人员呈现多国家、多方向、分散迁移的态势。欧盟内部人口迁移不仅包括新成员国向老成员国迁移,而且老成员国之间人员迁移数量也占有很大的比例。

同时,有些学者在对欧盟原成员国的研究中得出这样的结论:欧盟东扩的移民现象并未给老成员国劳动力市场造成负面影响。2008年之前,中东欧劳动力主要流向英国,流入英国的劳动力占中东欧流入西欧劳动力总量的1/3,西班牙吸纳数量占到18%,爱尔兰占到10%;中东欧劳动力在西欧各国劳动力市场上的比重均在1%以下,只有爱尔兰达到5%。[①] 布兰奇弗劳尔的研究认为,新成员国移民并没有导致英国失业率上升。[②] 多利对爱尔兰和瑞典进行研究后认为,没有证据表明这些国家的劳动力被新成员国移民所替代。[③] 伯尼在研究德国情况后认为,新成员国移民未给迁入国的工资和就业机会带来负面影响,移民是对国内工人的补充而非替代。[④] 布鲁克等人研究认为,2003~

[①] European Commission, "Five Years of an Enlarged EU: Economic Achievements and Challenges," *European Economy*, 2009.

[②] Saleheen Blanchflower, "The Impact of Recent Migration from Eastern Europe on the UK Economy," Discussion Paper of IZA Institute for the Study of Labor, No. 2615, 2007.

[③] Hughes Doyle, "Freedom of Movement for Workers from Central and Eastern Europe: Experience In Ireland and Sweden," Paper of Swedish Institute for European Policy Studies, Vol. 5, 2006.

[④] H. Bonin, "Wage and Employment Effects of Immigration to Germany: Evidence from a Skill Group Approach," Discussion Paper of IZA Institute for the Study of Labor, No. 1875, 2005.

2007年中东欧移民对原成员国短期带来的影响是使这些国家平均工资降低了0.08%，但并未带来长期负面影响。① 在欧盟扩大10年后，德国专门研究了劳动力自由流动对其经济的影响，结果表明，德国劳动力市场受到的冲击不大，中东欧移民的贡献仍是建设性的。②

据欧盟委员会2008年的报告显示，欧盟首次东扩，劳动力内部流动使原欧盟15国GDP增加0.27%，相当于增加了300亿欧元的收益。③ 2014年初，欧盟就业委员拉斯洛·安多尔表示，限制欧洲劳动力自由流动并不是应对高失业率或解决危机的办法。研究证明，劳动力自由流动对流入国家带来了经济利益，填补了技能劳力的缺口并缓解了劳动力不足。④

产生上述情况的原因是多方面的。①劳动力的跨国界移动受诸多条件的制约。相对于商品、资本和技术而言，劳动力不是实体经济中快速、高效流动的要素，迁移过程中成本花费、信息不对称以及迁移的各种障碍都会限制人员的迁移规模。②欧盟东扩后，随着中东欧国家工人收入水平的不断提高，劳动力的跨区域流动不会对欧盟原有成员国的初级劳动力市场产生强烈和持久的影响，更不可能对欧盟原有成员国初级劳动力市场造成灾难性冲击。相反，这些国家劳动力的适当增加可以弥补欧盟发达国家市场劳动力的不足，为其带来经济收益，促进经济发展。③老成员国对新成员国实施的过渡性安排很大程度上缓解了新成员国劳动力带来的冲击。

然而，老欧洲对新欧洲移民的歧视心态一直存在，包括中东欧国家在内的劳动力或移民的流入也产生了社会融入和社会排斥等一系列问题。欧盟部分老成员国产生的"疑欧主义""极右思想"等也与新移民流入有一定的关联。欧洲右翼政客还宣扬，新移民将从当地人手里抢走工作，挤占

---

① H. Brucker, "Migration and the Wage Curve: A Structural Approach to Measure the Wage and Employment Effects of Migration," Discussion Paper of IZA Institute for the Study of Labor, No. 3423, 2008.

② Benjamin Elsner Klaus F. Zimmermann, "10 Years After: EU Enlargement, Closed Borders, and Migration to Germany," IZA DP, No. 7130, January 2013.

③ European Commission, "Five Years of an Enlarged EU: Economic Achievements and Challenges," European Economy, 2009.

④ 据《欧洲动态》2014年1月2日报道，http://www.ccpit.org/Contents/Channel_54/2014/0107/377559/content_377559.htm。

公共服务和福利。将于2014年5月举行欧洲议会选举，对移民的恐慌给右翼政党增添了"弹药"。比如法国国民阵线、荷兰自由党和英国独立党为博得眼球和民意支持率，开始就此问题向移民发难。这些做法在某种程度上会影响中东欧移民在老欧洲的社会融入。2014年1月1日，欧盟向保加利亚和罗马尼亚完全开放劳动力市场再次在英国、德国等国引发关于移民政策的辩论。

（三）决策体制方面：东扩对欧盟决策体制产生影响

虽然欧盟近些年最大的政治改革并非始于中东欧入盟，但与东扩的预期紧密联系在一起。事实上，欧盟在决定接纳中东欧国家后，政治改革就已启动。2000年底，为了避免东扩导致欧盟机构"瘫痪"，《尼斯条约》适时出台了一系列规定，对欧盟机构和决策机制进行改革。自2001年底开始，欧盟持续数年举行制宪会议进行宪法改革，以应对扩大带来的挑战。2004年欧盟扩大不久，欧盟就公布了首部宪法的最后文本。

2005年，欧盟宪法条约虽在西班牙、卢森堡全民公决中顺利通过，并在9个成员国的议会投票中通过，然而因为在两个创始国法国和荷兰的全民公决中遭到否决而无法生效。当法国和荷兰宣布它们将不再举行全民公决以推翻现有的决议后，英国也表示不再启动本国的表决程序。宪法条约的夭折显示了决策机制改革困难重重。

欧盟宪法条约遭否决后，欧盟成员国进行协商达成妥协，于2007年通过《里斯本条约》，并最终在2009年12月1日生效。条约提出了很多新的机制建设内容，包括设立欧洲理事会常任主席，取消轮值主席制度，将共同外交与安全政策高级代表和欧盟委员会外交委员的职能合并到对外行动署，扩大"双重多数表决制"范围等。这些新举措旨在确保扩大的欧盟能够有效运行。

然而，《里斯本条约》也遭遇重重阻力。爱尔兰公投否决《里斯本条约》，波兰和捷克受国内政治因素影响，也对《里斯本条约》的批准设置障碍。如波兰在改革欧盟表决机制问题上，坚持"平方根表决方案"。捷克总统克劳斯是"疑欧主义"者，多次推迟批准《里斯本条约》。但它们在最后时刻还是作出妥协，批准了条约。

总的来说，随着欧盟扩大，欧盟决策机制改革也在推进，扩大的10年是欧盟决策机制改革最密集的时期之一，最终使得欧盟在内部运作程序和规则上做出了明显的调整。具体体现在以下几方面。

一是欧盟内部运作程序日益"正式化"。为提高工作效率，欧盟部长理事会一些原有的不成文规定被"法律化"，每个成员国代表发言时间受到了严格限制，以提高决策效率。

二是决策模式"非正式化"。利益相近的成员国为在正式会议上快速有效地推销自己的主张，常常事先进行非正式磋商，统一立场。"会前协商"作为欧盟决策的一个特点在欧盟扩大后日益得到推广。维谢格拉德集团四国就经常在欧盟峰会前举行"迷你峰会"，就某项议题事先协调立场。2009年法国总统萨科齐对维谢格拉德集团举行"迷你峰会"颇有微词，并警告维谢格拉德四国在欧盟峰会召开前协调立场不应成为惯例。法、德两大国的会前协调及其与其他成员国的预先"私下沟通"也已常态化。这种非正式运行模式，事实上是通过"幕后交易"，亦即通过减少欧盟决策的透明度来提高决策效率，这使得欧盟治理中的民主与决策质量的矛盾日益凸显。①

三是为了提高决策效率和质量，不再追求"最大公约数"，新的决策利益集团出现，加速了欧盟发展的"多速化"和"多中心化"。欧债危机发生后，为了解决有统一的货币而无统一的财政政策困境，欧盟开始实行经济治理改革，这场改革使得欧元区成为欧盟决策机制的主角，非欧元国家甚至包括英国以及中东欧群体被边缘化，法德轴心和德国因素开始被强化。在干涉伊拉克、利比亚和叙利亚危机中，欧盟决策"自由组合"和"灵活机动"的色彩更加明显，形成了几个利益攸关的大国牵头做事，而欧盟共同外交和安全政策随后"打圆场"的格局。在一些具体决策领域更是集团化趋势明显，如东部伙伴计划主要是波兰、瑞典、德国等几国在推动；地中海联盟计划和中东、北非政策是由法国、意大利等国家在推动。

上述新变化在新的欧盟决策体制和欧盟宪法中没有体现，欧盟宪法落后于

---

① 本节部分内容参考了王莉、范春菊、李俊《中东欧入盟与欧盟的变化》，《现代国际关系》2010年第11期。

决策体制变化的情形比较明显。尽管欧盟机构相关负责人呼吁欧盟进行治理改革和政治改革，出台新的宪法，但受欧债危机等影响，新的宪法始终无法出台。欧盟东扩10年，欧盟的部分决策程序和机制逐渐步入无宪法规范的"摸着石头过河"阶段。2014年即将进行欧洲议会选举，欧盟决策层也即将出现新面孔，人们对其机构改革动向充满期待，但欧洲政治一体化仍将在艰难中行进。

（四）对外关系方面：东扩对欧盟外交和对外关系影响深远

1. 东扩使欧盟对外政策偏好更加多元化

与欧盟历史上的历次扩大相比，2004年东扩对于共同外交与安全政策的影响非常明显。此次扩大的成员国中，8个是中东欧国家，大部分都曾属于苏东集团，被侵略、被吞并的历史对于它们的外交政策取向产生了很大的影响，进一步加剧了欧盟内原本存在的政府间主义和超国家主义之争。如中东欧国家除了自身外交需求外，它们的政策偏好更多地聚焦于自身周边的安全和稳定问题，希望欧盟在处理欧盟东部和东南部周边问题上表现出一定的效率；而包括法国、西班牙、意大利等老成员国更关注南部边界安全。由于欧盟在外交政策领域部分依赖"一票否决"制，这导致欧盟外交更加多元化，协调起来非常困难。

中东欧国家还加剧了欧盟内部固有的欧洲主义和大西洋主义之争。新的中东欧成员国中大部分国家都与美国有着千丝万缕的关系，希望从美国那里获得一定的安全保障，它们的加入导致欧盟内部"大西洋主义"势力上升。不过，也不能过分看重中东欧对欧盟外交决策的影响，欧盟内部大国主导的格局事实上并没有改变，反而是中东欧国家的依附性外交和美欧"两面下注"的办法近些年来削弱了其外交特色。如罗、保、波、捷曾是美国部署反导系统的支持者，但当美国战略力量向亚太转移并宣布不再在东欧部署反导系统时，这些国家又不得不在欧盟内部寻求发挥作用。

2. 增强了欧盟内的"疑俄"派力量

一直以来，以法、德为代表的欧盟老成员国淡化俄对欧洲的安全威胁，强调欧俄之间的共同利益，积极推动欧俄的务实合作。但中东欧国家的"疑俄"情结较深。它们对俄欲以能源为杠杆"重返中东欧"的企图十分警惕。欧盟曾期待中东欧入盟后能在欧俄关系中发挥"纽带"作用，但新成员国想法不

一,欧盟内部对俄立场出现明显分化。2006~2007年,具有强烈反俄情绪的波兰和立陶宛,阻挠欧盟启动与俄罗斯的新伙伴关系协议的谈判。

进入21世纪后,形势的变化推动欧盟不断调整对俄政策。一方面,2008年的俄格冲突和2009年的"俄乌斗气"、2013年底俄欧围绕乌克兰问题的争斗等事件使欧盟大国对俄不满与怀疑增强,"中东欧立场"在欧盟内部有了更多的声音;另一方面,在美俄"重启合作"的背景下,一直在大国夹缝中求生存的中东欧意识到,长期奉行的"疏俄""排俄"政策于己不利,压缩了自身对外政策的空间。以波兰为代表的中东欧国家开始缓和与俄罗斯的关系,但是基于历史原因对俄疑虑短期内很难消除。乌克兰危机的演化进一步加剧了欧盟对俄罗斯的不信任。

三 结语

2004年5月欧盟东扩是冷战结束后欧洲最重要的地缘政治事件之一。迄今为止,已有11个中东欧国家加入欧盟,成为欧洲大家庭的成员,欧洲彻底告别了雅尔塔遗产,实现了史无前例的统一。欧盟东扩对中东欧新成员国产生了重大影响。入盟有助于新成员国的民主巩固,然而匈牙利案例表明,欧盟对成员国的政治影响有限。入盟促进了新成员国的经济发展,提升了新成员国的经济潜力。新成员国的国际地位也因此得到提升。东扩之初,老成员国对额外的财政负担、廉价劳工的流入、新成员国缺乏执行欧盟既有法规的能力以及由于边界开放导致犯罪的增加等问题心存疑虑。东扩10年后,老成员国开始以更加现实的态度看待扩大带来的挑战。欧盟扩大后,欧盟的决策并未因新成员国的增加而瘫痪,欧盟机构的运作效率也并未降低,而决策对非正式过程的更多依赖,影响到欧盟决策的透明度。总体来看,欧盟东扩既有助于保障欧洲的安全与稳定,也有助于实现欧洲经济的繁荣与增长。欧盟扩大使欧盟成为全球第一大经济体和第一大贸易集团,扩大了欧盟在全球政治经济舞台上的影响力。欧盟东扩10年的初步经验表明,欧盟在分享扩大红利的同时,亦能够应对扩大带来的挑战。

(审稿人:周弘;文字编辑:宋晓敏)

专题篇

Special Reports

B.2
中欧光伏产品贸易争端

陈 新*

摘　要： 欧盟对华光伏产品双反案是2013年中欧经贸关系中的一件大事。它于2012年9月立案，到2013年上半年进入白热化阶段，中欧双方围绕光伏案展开角力。中方试图通过谈判，达成价格承诺机制，避免被征收高额反倾销税，使中国光伏产业免于灭顶之灾。欧方则寄希望于通过光伏案向中方施压，逼中国进一步开放市场。最终，双方就价格承诺方案达成一致，促成中欧贸易史上最大的贸易争端的和解。与此同时，中欧双方正式启动中欧投资协定谈判，推动中欧经贸关系进一步发展。

关键词： 光伏产品　贸易争端　中欧经贸关系

---

* 陈新，法学博士，中国社会科学院欧洲研究所研究员，经济研究室主任，中国欧洲学会秘书长。

欧盟对华光伏产品双反案是2013年中欧经贸关系中的一件大事。自2010年以来,"欧债危机"连续三年都位居中国新闻界评选的当年十大国际新闻之列。2013年,中欧光伏争端取代欧债危机成为中国新闻界关注的十大焦点之一。《经济日报》发布的2013年"经济日报十大国际经济新闻"评选中,"中欧通过谈判协商解决光伏争端"位居第三。① 新华社财经专线评出的"2013年国内财经十大新闻"中,"中欧最大贸易争端达成和解"赫然在列。② 由中国产业报协会举办的"2013年中国产业经济十大新闻"评选中,"中欧光伏组件贸易争端和解"名列第三。③ 中国经济网发布的"2013年十大关注新闻"中,"中欧光伏谈判达成价格承诺"位居第六。④ 中国和欧洲的舆论界认为,中欧光伏产品争端的妥善解决避免了中欧经贸关系史上最大的一起贸易摩擦案件走向双输结局。

一 中欧光伏产品贸易争端的爆发

2012年7月,以德国"Solar World"公司为首的"EU ProSun"欧盟光伏企业产业联盟向欧盟委员会提出申请,要求欧盟委员会对来自中国的光伏产品进行反倾销调查。同年9月6日,欧盟委员会正式启动中国光伏产业产品的相关立案调查,⑤ 涉及金额高达210亿欧元,占中国对欧出口商品总额的7%。⑥ 9月25日,"EU ProSun"又向欧盟委员会提出对来自中国的光伏产品进行反补贴调查,随后,欧盟委员会于11月8日启动针对中国光伏产品的反补贴调查。⑦ 欧盟对华光伏产品的双反调查拉开大幕。

---

① 《经济日报、中国经济网:2013十大国际经济新闻》,http://news.hexun.com/2014-01-01/161075375.html,2014年1月3日最后访问。
② 《新华社财经专线评出2013年国内财经十大新闻》,http://news.hexun.com/2013-12-29/160999460.html,2014年1月3日最后访问。
③ 《2013年中国产业经济十大新闻十件大事揭晓》,http://news.hexun.com/2014-01-03/161122738.html,2014年1月3日最后访问。
④ 《2013"中国时间"年度经济盘点:十大关注新闻》,http://news.hexun.com/2014-01-02/161088653.html,2014年1月3日最后访问。
⑤ European Commission, *Official Journal of the European Union*, 2012/C 269/04, 6.9.2012.
⑥ 根据2012年3月16日欧盟统计局发布的数据,2011年,欧盟自中国的进口为2921亿欧元。Eurostat, News Release, EuroIdicators, 44/2012, 16 March 2012.
⑦ European Commission, *Official Journal of the European Union*, 2012/C 340/06, 8.11.2012.

中欧光伏产品贸易争端，从表面上看，似乎是一起贸易争端事件，只不过因为涉案金额过大而引起从产业到媒体甚至政府高层的特殊关注。但案件背后实际上映射的是中欧经贸关系中的深层次问题。欧盟委员会贸易总司自启动对中国光伏产品的双方调查起，就已精心布局，环环相扣，并试图"围魏救赵"，用光伏产品案来压中国进一步开放市场。

欧方认为，中国通过加入世贸组织，顺利进入全球市场，欧洲市场也对中国相应开放，中国从中获得大量利益，促成中国经济高速增长。但是，欧洲并未得到期待已久的中国相关市场的开放，而现有的世贸框架又无法逼迫中国调整政策，向有利于欧盟的方向改变。以往每年的贸易摩擦，总额不及中国对欧出口额的2%，虽然欧盟赢了这些贸易调查，但无异于"捡到了芝麻"。而光伏双反案让欧盟看到了"捡西瓜"的机会，其涉案金额让欧盟贸易部门认为足以抬高自己的谈判地位，达到压中国开放市场的目的。欧洲受债务危机影响，经济增长低迷，内需乏力，因此刺激出口成为欧盟经济增长的主要发动机。2012年，欧盟对主要贸易伙伴的出口呈2位数增长，而对中国的出口增长乏力。欧盟归咎于中国的市场开放度不够。[①] 因此，通过光伏案撬动中国的市场开放，促进欧洲对中国的出口，才是欧盟委员会处心积虑布局的目的。

欧盟委员会2012年9月高调启动反倾销调查后，时隔2月又高调启动反补贴调查，并且以欧盟反倾销程序为托词，对中国步步紧逼。2013年3月5日，欧盟委员会发布公告，宣布从2013年3月6日起，欧盟对来自中国的光伏产业的产品进行进口登记，并以此作为对中国光伏产品补缴惩罚性关税的追溯期。[②] 中欧之间关于光伏产品贸易争端的紧张气氛越来越凝重了。

另一方面，欧盟委员会对中方发出的磋商请求置之不理，大有不达目的誓不罢休之势。2013年5月22日，中国机电产品进出口商会（中国机电商会）代表业界向欧盟委员会提交了价格承诺谈判方案，欧盟委员会直接予以回绝，没有任何解释和说明。当天，中国机电商会在其官网发文直斥"欧方完全没

---

① 陈新：《欧盟对华经济关系趋势》，张蕴岭主编《国际热点问题报告（2012～2013）》，中国社会科学出版社，2013。
② European Commission，Commission Regulation No. 182. 2013，5. 3. 2013.

有表现出通过磋商解决问题的诚意，导致首轮谈判无果而终，宣告破裂"。① 5月27日，中国商务部国际贸易谈判代表兼副部长钟山在布鲁塞尔与欧盟贸易总司司长德马迪共同主持召开中欧贸易投资政策对话会，并与欧盟委员会贸易委员德古赫特就中欧光伏产品和无线通信设备贸易摩擦问题进行磋商。② 磋商没有取得显著进展。

中国政府针对欧盟委员会咄咄逼人的姿态，做出了坚决应对。一方面，中国政府采取果断措施。中国商务部于2012年11月1日宣布，对原产于欧盟的进口太阳能级多晶硅发起反倾销和反补贴调查。而德国是中国主要的多晶硅供应国之一。欧盟虽然是中国光伏产品最大的出口市场，同时也是中国光伏产品生产所需的设备以及原材料——多晶硅的最大来源地。如果欧盟委员会裁定中国输欧光伏产品倾销成立，部分原因也是德国对中国多晶硅的倾销造成的。

另一方面，中国发动宣传攻势，向欧洲的经济界和金融界解释，欧盟的双反调查不仅对中国相关产业、企业和就业造成损害，同时也会损害欧洲用户和消费者的切身利益。中欧之间在光伏产品的产业链上息息相关。中国政府告诫欧盟，对中国光伏产品发起双反调查，最终将给处于产业链上下游的欧盟企业带来重创，推高欧盟光伏产品安装和应用的成本，并影响欧盟自身对"欧洲2020战略"的实施。李克强总理5月24日在瑞士访问时表示，欧盟的这一举动"损人不利己"③。以英利绿色能源、天合光能、阿特斯阳光电力为首的中国光伏企业代表5月23日在京发表联合声明，强烈反对欧盟对华光伏产品进行双反征税，并提醒欧盟，贸易保护措施只会对欧盟光伏产业链造成损害，对欧盟实体经济与就业产生重大负面影响。④

二　中欧光伏产品贸易争端的转折

中欧光伏贸易争端的转折点出现在6月初。出现转折的原因，一是欧盟成

---

① http：//www.cccme.org.cn/news/content－212791.aspx，2013年12月30日最后访问。
② http：//www.mofcom.gov.cn/article/ae/ai/201305/20130500139557.shtml，2013年12月30日最后访问。
③ http：//news.cntv.cn/2013/05/24/ARTI1369391368848790.shtml，2013年12月30日最后访问。
④ http：//www.cccme.org.cn/news/content－212825.aspx，2013年12月30日最后访问。

员国对欧盟委员会初裁建议的表决结果对欧盟委员会的立场形成了巨大压力；二是中国政府总理李克强亲自与欧盟委员会主席巴罗佐通电话，表达了对该案件的强烈关注，施展最后的外交努力。

根据相应的贸易救济程序，欧盟委员会将用9个月的时间确认倾销是否成立并提出初裁建议。欧盟委员会在做出初裁决定之前，需要向成员国征求意见。

2013年5月15日起，欧盟委员会向成员国就光伏案初裁建议征询意见。成员国提交的立场声明为非正式投票，无论是支持、反对还是弃权，都不对欧盟委员会的决定构成法律约束力。同时，弃权将被视为赞成票。根据欧盟委员会程序，成员国的投票应于5月24日截止。德国延至27日上午向欧盟委员会提交反对立场。也正是在当天，中国国务院总理李克强结束了在柏林的访问。

根据欧盟的贸易救济规则，如果有2/3以上（不含2/3）的成员国反对欧盟委员会的初裁建议，反倾销程序可以终止。而投票的结果是：在欧盟27个成员国当中，包括德国在内的18国明确反对，法国、意大利、立陶宛和葡萄牙4国支持，西班牙、拉脱维亚、奥地利、波兰和罗马尼亚5国弃权。① 关于光伏贸易的初裁表决离终止程序仅有一票之差！

各成员国针对欧盟委员会对该案初裁建议的投票结果反映出成员国立场与欧盟委员会立场严重不一致，这在一定程度上严重干扰了欧盟委员会贸易总司的谋划。从对反倾销初裁结果的投票情况来看，各个成员国所持的态度虽然对中国有利，但并不能影响欧盟委员会对初裁结果的决定。而欧盟委员会的布局是一环套一环。8月初，欧盟各成员国还将对反补贴调查的初裁结果做出表决。但鉴于反补贴性质的敏感性，各成员国的表决可能不如反倾销时那么乐观，一些坚决反对征收反倾销税的国家不一定坚决反对征收反补贴税，而本来已经"骑墙"的一些国家可能向支持征税一边倾斜。如果欧盟委员会在12月份请各成员国做最终表决时采用反倾销和反补贴捆绑表决的方式，反对欧盟委员会征税的呼声将会大大削弱，届时，中国寄希望于通过成员国表决来翻盘的梦想将灰飞烟灭。但如此多的成员国反对欧盟委员会的初裁建议，这一定意

---

① http://www.21cbh.com/HTML/2013-5-31/zMNjUzXzY5NjczMQ.html，2013年12月30日最后访问。

上超出了欧盟委员会的意料。

2/3 的成员国反对欧盟委员会对中国光伏产品征收高达47%的惩罚性关税的制裁建议,这一方面反映出中欧双方在光伏产业链中密切的相互依存关系,对中国输欧光伏产品课以重税将直接给欧盟光伏产品的上下游产业带来冲击。2013年4月,由欧洲20多个国家700余家光伏企业组成的"欧洲平价太阳能联盟"的1000多名企业高管联合署名致欧盟贸易委员德古赫特的公开信,呼吁欧盟委员会考虑该案对欧洲光伏企业产生的巨大负面作用,并宣称可能会阻碍欧洲太阳能行业的增长。① 另一方面,鉴于光伏产品涉案金额巨大,欧盟如果课以重税将导致中国光伏产业面临灭顶之灾,中国政府不可能视而不救,由此可能带来中欧爆发大规模贸易战的危险,这是大部分成员国所不愿意看到的结果。

欧盟委员会贸易总司将成员国的表决成果归罪于中国对成员国施加的影响。5月27日,在欧盟收到最后一个成员国——德国的表决的同时,中国商务部国际贸易谈判代表兼副部长钟山正在布鲁塞尔与欧盟进行非正式磋商。据《纽约时报》报道,欧盟与中国非正式贸易协商27日以相互指责告终。中国呼吁欧盟应当限制对太阳能电池板产品施加关税,而欧盟贸易委员指责中国对个别欧盟成员国施压以阻止其达成一致。欧盟贸易专员卡洛-德古赫特指责中国通过与欧盟成员国接洽来绕过欧盟领导的管理。德古赫特发言人约翰·克兰西表示:"钟山十分清楚中国政府对欧盟成员所施加的压力。"②

欧盟贸易官员的一意孤行引起了中方高层领导的强烈关注。中国新一届领导人执政初始,就接连挨了欧盟贸易保护主义三大棒。除了光伏产品双反之外,欧盟官员还表示将主动发起对中国电信产品的双反调查,③ 此外,欧盟官员还威胁将对中国关上欧盟公共采购市场的大门。④ 中国领导人对欧盟越来越强烈的贸易保护主义倾向表示了担忧。李克强总理在5月访问德国时呼吁通过

---

① http://finance.sina.com.cn/chanjing/cyxw/20130417/033915170825.shtml, 2013年12月30日最后访问。
② http://finance.qq.com/a/20130528/017515.htm, 转引自《纽约时报》, 2013年12月30日最后访问。
③ http://www.yicai.com/news/2013/05/2714901.html, 2013年12月30日最后访问。
④ http://finance.qq.com/a/20120316/000398.htm, 2013年12月30日最后访问。

对话解决贸易争端,反对贸易保护主义。① 6 月 3 日,中国国务院总理李克强应约同欧盟委员会主席巴罗佐通电话。李克强表示,中国政府高度关注当前中欧关于光伏产品的贸易争端。此案涉及中国重大经济利益,如果处理不好,不仅会严重损害中方利益,也必然会伤及欧方利益,影响中欧合作大局。中方坚决反对贸易保护主义和滥用贸易救济措施,坚决维护中国的利益。希望双方通过对话磋商解决贸易争端,而不是打贸易战。贸易战没有赢家。② 中国政府总理的表态可以看作为避免中欧之间爆发贸易战做最后的外交努力。

鉴于欧盟成员国对初裁建议的表决结果以及中欧高层的高度关注,6 月 4 日,欧盟委员会宣布对来自中国的光伏产品征收 11.8% 的临时性反倾销关税,并给出 2 个月的时间进行谈判,如果谈判不成功,从 8 月起反倾销税率将升至 47.6%。③ 实际上,欧盟通过推迟 2 个月做出高税率决定来换取跟中国谈判的空间。同日,中国商务部宣布启动对欧盟葡萄酒反倾销和反补贴调查程序。④

三 中欧光伏产品贸易争端谈判

对于谈判的内容,中欧双方背后具有不同的考量。中方希望就光伏论光伏,而欧盟则依然寄希望于通过光伏产品贸易争端来获得利益置换。

为了表达中方对光伏产品贸易争端谈判的诚意,商务部发言人沈丹阳 6 月 5 日宣布,中欧经贸混委会预计于 6 月中旬在北京举行,届时包括光伏贸易争端的经贸问题都会在会上讨论。沈丹阳进一步表示,如果欧方可以营造一个良好的氛围和条件,中欧经贸高层对话也会在今年适当时候召开。此外,中方已着手研究启动中欧投资协定的谈判。⑤ 中国机电产品进出口商会对

---

① http://www.chinanews.com/gj/2013/05-27/4860741.shtml,2013 年 12 月 30 日最后访问。
② http://eu.mofcom.gov.cn/article/jmjg/zwglbm/law/201306/20130600151592.shtml,2013 年 12 月 30 日最后访问。
③ http://europa.eu/rapid/press-release_IP-13-501_en.htm,2013 年 12 月 30 日最后访问。
④ http://www.mofcom.gov.cn/article/ae/ai/201306/20130600152716.shtml,2013 年 12 月 30 日最后访问。
⑤ http://eu.mofcom.gov.cn/article/jmjg/zwglbm/law/201306/20130600153694.shtml,2013 年 12 月 30 日最后访问。

欧方的举动表示严重关切，并呼吁欧方进一步拿出诚意，尽早与中方开始价格承诺谈判。①

而欧盟贸易委员德古赫特6月在前往北京参加中欧经贸混委会之前，一语道破了天机："比起光伏争端，尽早启动中欧投资协定谈判才是头等大事。"②

6月14日，北方欧洲国家瑞典、丹麦和荷兰进一步施加压力，敦促欧盟委员会贸易委员德古赫特通过外交途径化解与中国日益升温的贸易争端，否则欧盟有可能陷入抑制出口的负面循环。③

6月21日，第27届中欧经贸混委会在北京举行。中国商务部部长高虎城与欧盟委员会贸易委员德古赫特共同主持会议。会上，双方就中欧经贸关系的有关问题进行了充分、深入、坦诚的讨论，就尽早启动中欧投资协定谈判、促进货物贸易发展、推动服务贸易发展、加强知识产权合作、慎用贸易救济措施等五个领域的十多个议题深入交换了意见，达成了广泛共识。在会后的新闻发布会上，高虎城表示，中欧双方的技术团队在就价格承诺有关问题进行积极的、建设性的磋商。德古赫特高度评价本次混委会，表示愿与中方一起努力，妥善解决包括光伏产品在内的彼此关切问题，尽快启动投资协定谈判，深化服务贸易、货物贸易等各领域合作，加强高技术产品、知识产权领域的合作，继续通过开放、直爽的方式进行对话和交流，促进中欧经贸关系进一步发展。④

既然双方都互亮了底牌，剩下的就是技术性细节了。6月17日，中国商务部公平贸易局、中国机电进出口商会与欧方代表就价格承诺问题开始进行正式磋商。⑤ 在中欧混委会结束后第三天，6月23日，中欧第二轮价格谈判开启。⑥ 经过1个多月紧锣密鼓的谈判，7月27日，欧盟委员会贸易委员德古赫特宣布，欧方已与中国就光伏贸易争端达成"友好"解决方案，包括价格承诺安排。⑦ 同日，中

---

① http://www.cccme.org.cn/news/content-214071.aspx, 2013年12月30日最后访问。
② http://www.cccme.org.cn/news/content-214285.aspx, 转引自人民网，2013年12月30日最后访问。
③ http://news.xinhuanet.com/world/2013-06/17/c_116178144.htm, 转引自路透社6月17日报道，2013年12月30日最后访问。
④ http://www.gov.cn/jrzg/2013-06/21/content_2431379.htm, 2013年12月30日最后访问。
⑤ http://www.cccme.org.cn/news/content-214210.aspx, 2013年12月30日最后访问。
⑥ http://www.cccme.org.cn/news/content-214285.aspx, 2013年12月30日最后访问。
⑦ http://europa.eu/rapid/press-release_MEMO-13-729_en.htm, 2013年12月30日最后访问。

国机电产品进出口商会宣布中国光伏产业与欧盟委员会就中国输欧光伏产品贸易争端达成价格承诺安排。①中欧双方宣布就光伏产品的价格承诺达成一致。随后，8月3日，欧盟委员会正式发布官方公报，决定接受中国机电商会及中国光伏企业在欧盟对华光伏产品反倾销案中提出的价格承诺，该决定将于8月6日生效。②

10月26日，第四届中欧经贸高层对话在布鲁塞尔举行，这一中断了近3年的经贸高层沟通机制得以恢复。经贸高层对话的成果之一是确认在即将举行的中欧领导人会晤上正式启动中欧投资协定谈判。11月25日，第十六次中欧领导人会晤在北京举行，双方宣布启动中欧投资协定谈判。

12月5日，欧盟委员会发布欧盟光伏反倾销与反补贴案终裁公告，对没有参加价格承诺机制的中国光伏企业的光伏组件与电池征收47.7%~64.9%不等的双反税，为期两年。③12月5日，中国机电产品进出口商会公告称，欧盟双反措施和价格承诺自12月6日起正式生效，期限2年，中方价格承诺企业增至121家（新加入27家）。④

2014年1月24日，中国商务部发表公告，宣布对原产于欧盟的进口太阳能级多晶硅双反调查初裁结果，裁定被调查产品存在倾销和补贴并对中国相关产业造成实质损害，但决定暂不实施双反措施。⑤

至此，中欧光伏产品贸易争端告一段落。

四 光伏产品贸易争端对中国的影响

中欧光伏产品贸易争端无论是对中国的光伏产业发展还是对中国的相关政策都带来了重大影响。

---

① http://www.cccme.org.cn/news/content-215108.aspx，2013年12月30日最后访问。
② http://eu.mofcom.gov.cn/article/jmjg/zwglbm/law/201308/20130800231150.shtml，2013年12月30日最后访问。
③ European Commission, Council Implementing Regulation No. 1238/2013, No. 1239/2013, 5.12.2013.
④ http://www.cccme.org.cn/news/content-218554.aspx，2013年12月30日最后访问。
⑤ http://www.mofcom.gov.cn/article/b/e/201401/20140100472574.shtml, http://www.mofcom.gov.cn/article/b/e/201401/20140100472667.shtml，2014年1月30日最后访问。

中欧达成价格承诺解决方案应该说是中方能争取到的最好结果。这一方面表现为，价格承诺的期限从原来的5年减少至2年；另一方面，避免了中国光伏产业的灭顶之灾，同时也给产业重组带来了机遇。

中欧光伏产品价格承诺方案由三部分组成：一是价格承诺，二是数量控制，三是产品限制。按照承诺约定，截至2015年，中国出口欧盟光伏产品不低于0.56欧元/瓦的价格。据估算，此次承诺0.56欧元/瓦的光伏出口价大约相当于在现行市场价格基础上征收了5%~6%的税。①

在数量控制方面，为期两年的协议规定，中国每年出口欧盟的光伏产品将被限制在7GW。如果以2012年中国输欧太阳能产品12GW计算，这意味着40%以上的中国光伏产品将被征收47.6%的惩罚性关税，中方企业仍有望守住60%的对欧出口市场。2012年中国对欧洲出口的光伏组件在12GW左右，对欧洲市场的占有率达到70%~80%。受光伏双反案影响，中国组件厂商在欧洲的份额整体下降20%左右。② 而根据德古赫特的表态，只有30%的中国对欧出口光伏产品将受到高税率的惩罚，70%的厂家将适用低税率。③

产品限制规定在光伏产业链上，欧盟自身无法自给自足的产品，才可以由中国产品以"价格承诺"方式出口，补足市场需求；而欧盟能够自给自足的产品，则需与全球产品竞争，同时也受到额外的保护。

根据协议承诺的贸易规则，7GW的出口配额要在94家参与谈判的光伏企业（后增加至121家）按照"谁应诉谁受益""保护小企业的利益"两条原则进行分配。可以预见的是，面对5倍于限定配额的中国产能，今后中国光伏企业在欧盟市场的配额争夺战将白热化。8月6日商务部的《对欧盟出口光伏电池产品价格承诺实施办法》公布了"配额"分配方式和标准细则：将年度出口数量的60%按照企业对欧盟出口光伏电池组件占我国对欧出口光伏电池组件的份额进行分配；将年度出口数量的30%作为鼓励和重点支持份额分配给参加行业抗辩的企业；将年度出口数量10%的份额优先用于扶持出口规模较

---

① http://news.hexun.com/2013-07-30/156600320.html，2013年12月30日最后访问。
② http://news.hexun.com/2013-07-30/156600320.html，2013年12月30日最后访问。
③ http://europa.eu/rapid/press-release_MEMO-13-730_en.htm，2013年12月30日最后访问。

小的企业以及支持自有品牌、科技含量高的光伏电池出口。

中欧光伏产品贸易争端的妥善解决，也为中国的相关政策调整和出台赢得了宝贵的时间。从某种意义上讲，中欧光伏产品贸易争端倒逼了中国的相关政策调整，将促进中国光伏产业的健康发展。

中国光伏产业的乱象有目共睹。由于光伏产品生产线引入相对简单，门槛低，在"高新技术""绿色节能"等光环笼罩下，光伏产业获得了很多地方政府的支持。而光伏产品的高回报，诱使国内各种资本纷至沓来，一时间房地产商、煤老板、民间游资纷纷涉足光伏产业，鱼龙混杂，进一步推高了该产业的产能，也干扰了该产业的正常发展秩序。中国凭借加工制造的比较优势，迅速做大了光伏产业，一跃成为最大的光伏产品制造国，已占全球光伏产品产量的60%。

而中国企业输欧光伏产品价格之所以不断下滑，是中国光伏产品的贸易结构决定的。中国企业事实上把这一高技术领域的产品做成了典型的加工贸易，即原材料半成品和市场两头在外，严重依赖外部市场。一方面是中国企业在金融危机后继续从德国等欧洲国家进口设备，扩大产能，进而在原材料进口方面拥有更大的议价能力；另一方面是欧洲市场的萎缩，导致了欧洲厂家对华输出原材料和半成品的需求加大，议价能力下降。中国企业在光伏产品原材料和半成品进价方面的议价能力是世界上其他任何国家的厂家所无法比肩的，这也是后来欧盟在进行反倾销调查时，在寻找第三方替代国的合理性方面受到质疑的重要因素。但加工贸易的特性决定了中国厂家在原材料进价方面获得的优势并不能转化成高额利润，由于市场在外，不断萎缩的欧洲市场带来的中国出口商之间的残酷竞争决定了中国输欧产品的价格不断下滑。

拥有全球光伏产量60%的中国，内需市场迟迟未能启动，90%以上的产品依赖出口市场，遭遇贸易救济调查只是早晚之事。中国政府在应对与欧美光伏产品贸易摩擦的同时，被迫走上了政策调整之路，加速启动国内市场需求，各种政策在2013年密集出台。

2013年7月国务院发布《关于促进光伏产业健康发展的若干意见》，[①] 在市场启动、产业规范、贸易纠纷和配套环境等方面做了相应表述，并将"十二

---

① http://www.gov.cn/zwgk/2013-07/15/content_2447814.htm，2013年12月30日最后访问。

五"装机规划由原定的20GW提高至35GW,以应对产能的消化。此后,国家发改委、国家能源局、财政部、国家电网及国家开发银行就补贴、退税、电价、并网以及融资等问题出台若干配套政策,对国内光伏市场应用形成有力支持。①

随着一系列政策的出台,中国的国内光伏市场开始启动,光伏产业的发展也逐步走上健康发展之路。

五 光伏产品贸易争端对中欧关系的启示

中欧关系史上涉案金额最大的一起贸易摩擦案虽然最终安全落下帷幕,但其对中欧关系的影响仍在继续。从此起光伏产品贸易争端中,我们可以得到以下启示。

一是,中欧之间需要改进对话机制。我们应该看到中欧经贸关系在机制上存在许多不足。中欧贸易量的急速上升,一定程度上更带有听其自然发展的态势。中欧双方对贸易量的激增明显估计不足,并且缺乏有效的机制来进行积极引导。从高层对话机制上来看,中欧经贸高层对话在经历了2008年的第一届、2009年的第二届以及2010年的第三届之后,第四届对话迟迟未能举行。而经贸关系恰恰是中欧关系的基石。欧盟是中国第一大贸易伙伴,一度连续8年是中国的第一大出口市场,而近两三年中欧贸易量已经基本接近欧美贸易量,中国甚至有可能取代美国,成为欧盟的第一大贸易伙伴。与此同时,欧盟是中国

---

① 国家发改委在2013年8月发布《关于发挥价格杠杆作用促进光伏产业健康发展的通知》,规定"分布式光伏发电项目的电价补贴标准被定为每千瓦时0.42元"和"集中式光伏电站全国分为三类(按日照时长划分),分别执行每千瓦时0.9元、0.95元、1元的电价标准(上网电价)"。国家能源局11月4日,向地方能源局下发《关于征求2013、2014年光伏发电建设规模意见的函》,预计2013年光伏新增装机容量将达到10GW;2013年底累计光伏装机将达到16.5GW,其中分布式光伏项目为5.7GW;2014年各省光伏发电新增规模预计11.8GW,其中分布式约7.6GW。随后,11月18日,国家能源局又发布《关于分布式光伏发电项目管理暂行办法的通知》,涉及总则、规模管理、项目备案、建设条件、电网接入和运行、计量与结算、产业信息监测及违规责任等细则。财政部于11月26日发布《关于对分布式光伏发电自发自用电量免征政府性基金有关问题的通知》。该通知指出,为促进光伏产业健康发展等目标,对分布式光伏发电自发自用电量免收可再生能源电价附加、国家重大水利工程建设基金、大中型水库移民后期扶持基金、农网还贷资金等4项针对电量征收的政府性基金。针对光伏产业门槛低、鱼龙混杂的乱象,工信部于11月28日对首批符合《光伏制造行业规范条件》企业名单进行公示,此次共有134家光伏生产企业入围公示名单。

的最大技术进口来源地,中国对欧的投资近年来也呈急剧上升的态势。经贸关系发展的动力没有得到中欧高层政策层面的积极回应,而是处于听其自然发展的状态。2013年10月26日,第四届中欧经贸高层对话在布鲁塞尔举行,这一中断了近3年的经贸高层沟通机制才得以恢复。

二是,中欧之间需要尽早建立预警机制。从工作层面来看,中欧之间有50多种对话机制。如此众多的对话机制中,但竟然没有一种预警机制,将双方在经贸问题上的关注以及摩擦有效地进行管控和化解,以至于中欧之间的光伏争端最后需要中国总理亲自给欧盟委员会主席打电话表示强烈关注。这虽然一方面说明了中国政府对此类贸易摩擦案的严重关切,但另一方面也说明了中欧众多对话机制的尴尬局面,即有对话无效率。面对近年来中欧贸易摩擦中大案凸显、力度加大的趋势,中欧之间有必要探索尽早建立有效预警机制。中国商务部于2013年11月表示,中欧双方已就建立贸易摩擦预警机制进行了初步沟通,力争为中欧经贸合作健康发展创造良好条件。①

三是,中欧应妥善解决贸易争端。随着全球价值链的出现,那种把出口看作好事、把进口看作坏事,以及用相互的市场准入来进行交换的重商主义行为方式,已经越来越无法自圆其说。国内企业诚然可以从出口受益,但它们也依赖进口可靠的世界一流产品和服务,以提高生产率和竞争力。经合组织的报告认为,越早实行自由化就可以越早在专业化方面赢得主动,并且巩固自身在国际市场上下游产业链中的地位,发挥自身更大的优势。② 因此,欧盟方面发出的威胁或者贸易保护主义声调反映出更深层次问题,即欧盟需要进行自身改革来开发市场同时提高竞争力,而不是实行更多的贸易保护。而中欧之间许多产业已经被全球产业链紧密联系在一起,对对方的制裁有可能不仅不会保护自身的利益,更有可能损害自身的利益。因此,中欧之间应慎用贸易保护主义手段,充分发挥协商这一工具。

(审稿人:程卫东;文字编辑:宋晓敏)

---

① http://news.xinhuanet.com/fortune/2013-11/19/c_125726272.htm,2013年12月30日最后访问。

② OECD,"Trade Policy Implications of Global Value Chains," May 2013.

B.3
欧盟的青年失业：问题与对策

田德文*

摘　要：
　　青年失业率居高不下是多数欧盟成员国面临的严峻挑战。欧债危机背景下，南欧重债国由于宏观经济形势不佳，出现青年失业率畸高的现象，多数新成员国的形势不容乐观，北欧国家和英国也有各自的问题。相比之下，以德国为代表的欧洲大陆社团主义国家的青年就业状况相对较好，这与其运行多年的"双重学徒制"有密切关系。2013年，欧盟采取共同行动，推出"青年保证"和"青年就业倡议"计划，为有效降低青年失业带来了新的希望。

关键词：
　　欧盟　青年失业　学徒制　青年保证计划　青年就业倡议

一　欧盟青年失业状况

　　长期以来，欧盟国家一直受到青年失业率居高不下的困扰。据欧盟发布的最新数据，2012年四季度，其成员国中15～24岁的青年失业率为23.2%，其中超过30%的国家包括希腊、西班牙、葡萄牙、意大利、斯洛伐克、塞浦路斯，处于20%～30%之间的国家有爱尔兰、匈牙利、保加利亚、波兰、法国、拉脱维亚、瑞典、立陶宛、斯洛文尼亚、罗马尼亚、比利时和英国，低于

---

* 田德文，法学博士，中国社会科学院欧洲研究所研究员，中国欧洲学会欧洲政治研究分会秘书长。

20%的国家有捷克、爱沙尼亚、芬兰、卢森堡、马耳他和丹麦,低于10%的国家只有三个,即荷兰、奥地利和德国(详见表1)。

表1 2010~2012年欧盟国家青年失业率和青年失业比

单位:%

	青年失业率				青年失业比		
	2010年	2011年	2012年	2012年四季度	2010年	2011年	2012年
欧盟27国	21.1	21.4	22.8	23.2	9.0	9.1	9.7
欧元区	20.9	20.8	23.0	23.7	8.7	8.7	9.6
希腊	32.9	44.4	55.3	57.9	10.0	13.0	16.1
西班牙	41.6	46.4	53.2	55.2	17.8	19.0	20.6
意大利	27.8	29.1	35.3	36.9	7.9	8.0	10.1
葡萄牙	27.7	30.1	37.7	38.4	8.2	11.7	14.3
爱尔兰	27.6	29.1	30.4	29.4	12.0	12.1	12.3
瑞典	24.8	22.8	23.7	24.1	12.8	12.1	12.4
芬兰	21.4	20.1	19.0	19.3	10.6	10.1	9.8
丹麦	14.0	14.2	14.1	14.2	9.4	9.6	9.1
英国	19.6	21.1	21.0	20.7	11.6	12.4	12.4
保加利亚	21.8	25.0	28.1	28.4	6.7	7.4	8.5
捷克	18.3	18.1	19.5	19.3	5.7	5.4	6.1
爱沙尼亚	32.9	22.3	20.9	19.3	12.6	9.1	8.7
拉脱维亚	37.2	31.0	28.4	24.7	13.9	11.6	11.4
立陶宛	35.3	32.2	26.4	24.2	10.4	9.0	7.7
波兰	23.7	25.8	26.5	27.5	8.2	8.7	8.9
匈牙利	26.6	26.1	28.1	28.8	6.6	6.4	7.3
塞浦路斯	16.6	22.4	27.8	31.8	6.7	8.7	10.8
马耳他	13.1	13.8	14.2	14.5	6.7	7.1	7.2
罗马尼亚	22.1	23.7	22.7	22.2	6.9	7.4	7.0
斯洛文尼亚	14.7	15.7	20.6	23.3	5.9	5.9	7.1
斯洛伐克	33.9	33.5	34.0	35.1	10.4	10.0	10.4
法国	23.6	22.8	24.3	25.4	8.9	8.4	9.0
比利时	22.4	18.7	19.8	22.0	7.3	6.0	6.2
卢森堡	15.8	16.4	18.1	18.5	3.5	4.2	5.0
荷兰	8.7	7.6	9.5	9.8	6.0	5.3	6.6
奥地利	8.8	8.3	8.7	8.7	5.2	5.0	5.2
德国	9.9	8.6	8.1	7.9	5.1	4.5	4.1

资料来源:根据欧盟官方统计网站(Eurostat)数据分组排列。

与世界其他国家和地区相比,欧盟青年失业问题较为严重。据国际劳工组织发布的数据,2012年20国集团(G20)中,青年失业率在8%~11%之间的有澳大利亚、德国、日本、韩国和墨西哥,15%~18%的有阿根廷、巴西、加拿大、俄国、土耳其和美国,21%~23%的包括法国、印度尼西亚和英国,35%~52%的包括意大利、南非和西班牙。国际劳工组织和欧盟的统计数据略有出入,但多数欧盟国家的青年失业率无疑都比较高。①

目前,世界各国统计青年失业状况时普遍使用国际劳工组织的方法,将15~24岁的青年分为就业、失业和"非经济活动人口"(economically inactive)三类,其中第三类包括正在接受教育和培训,以及因家庭责任、疾病或残疾不能就业者。2012年,欧盟15~24岁的青年共5740万,其中1880万为就业者,560万为失业者,3300万为非经济活动人口。青年失业率为23%(青年失业者人数/青年劳动力总数)。

2013年7月,欧盟统计局发布报告,指出上述分类方法存在概念交叉,容易造成统计上的混乱,如已做学徒但同时上学的青年可能被统计为就业人口,失学后既没有受教育也没有就业的人中有一部分可能被统计为非经济活动人口。以2012年为例,1880万统计为就业的欧洲青年中有670万在受教育,包括学徒和从事少量工作的学生,另外1210万为全职就业。560万被统计为失业的青年中,130万在接受教育或培训,另外430万无业。3300万被统计为非经济活动人口中,2900万在受教育,400万没有受教育。② 因此,上述统计方法并不能很好地反映欧盟青年失业状况。

为此,欧盟统计局推出仍以国际劳工组织分类方法为基础的"青年失业比"(youth unemployment ratio,青年失业者人数/青年总人数)。欧盟统计局将15~24岁青年分为两类,上学和工作的都算就业,既没上学也没工作的算失

---

① 参见Merco Press, "Youth Unemployment in 17 of the G20 Countries Stands at Over 16%," Thursday, October 4th, 2012, http://en.mercopress.com/2012/10/04/youth-unemployment-in-17-of-the-g20-countries-stands-at-over-16,文中未列中国、印度和沙特阿拉伯的统计数据。
② 参见EU, "The Measurement of Youth Unemployment - an Overview of the Key Concepts," 107/2013-12 July 2013, http://epp.eurostat.ec.europa.eu/cache/ITY_PUBLIC/3-12072013-BP/EN/3-12072013-BP-EN.PDF。

业,这样计算得出完全不同于"青年失业率"的结果。①

应该说,"青年失业比"概念比"青年失业率"更好地反映了青年失业的实际状况,但目前国际社会通用前者,所以欧盟官方统计采取同时公布两组数据的做法。

应该指出的是,按"青年失业比"排序,欧盟成员国青年失业的严重程度产生了变化。其中,比率最高的是西班牙、希腊和葡萄牙,英国、瑞典、爱尔兰、拉脱维亚、塞浦路斯、斯洛伐克、意大利、芬兰等国高于欧盟平均值,此后依次为丹麦、法国、波兰、爱沙尼亚、保加利亚、立陶宛、匈牙利、马耳他、斯洛文尼亚、罗马尼亚、荷兰、比利时、捷克、奥地利、卢森堡,但最低的还是德国(详见表1)。

综合"青年失业率"和"青年失业比"两组数据,可以发现,深陷欧债危机的南欧国家青年失业状况最为严重,新成员国总体而言情况不佳,英国和北欧国家各有问题,包括德国、荷兰、卢森堡、奥地利在内的欧洲大陆社团主义国家②情况则相对较好。

二 欧盟国家青年失业的原因与出路

造成欧盟国家青年高失业的原因很多,可以从宏观经济形势和微观劳动力市场因素两个层面进行分析。近年来,多数欧洲国家宏观经济形势不佳,企业用工减少、新增岗位不足。同时,各国政府普遍实施财政紧缩,公共就业数量增长受到限制。这是欧盟国家整体失业率上升的主要原因,15~24岁青年作

---

① 目前欧盟青年总数5740万,按照国际劳工组织定义失业青年为560万,因此2012年欧盟平均值为9.7%。参见欧盟统计网站 Eurostat 对青年失业概念的阐释,http://epp.eurostat.ec.europa.eu/statistics_explained/images/8/8b/Youth_unemployment%2C_2012Q4_%28%25 29.png。
② 在当代政治与社会研究中,"社团主义(Corporatism)"指的是西方国家的一种社会机制,其核心内容是由工会、企业和政府通过三方协议来实施经济与社会决策,目的是确保政策的公正性,减少实施过程中的障碍。欧洲大陆国家中的德国、奥地利、瑞士、荷兰等具有比较典型的"社团主义"机制,因此也常被称为"社团主义国家"。欧洲福利国家改革过程中,社团主义国家可以通过三方谈判机制解决限制工资上涨、维持企业用工数量、实现工作岗位分享等难题,有助于提高改革效率、维护社会稳定。

为就业市场上的弱势群体，受此影响更大。微观劳动力市场因素的作用则更加复杂，教育与就业脱节、劳动力市场封闭、青年择业观念落后等都会起到推高青年失业的作用。在社会模式不同的欧盟成员国，上述两层原因对青年失业的影响各有不同，使得这些国家解决青年失业的出路也有差别。

南欧：欧债危机背景下，宏观经济形势不佳可以部分解释近年来欧盟国家青年失业率普遍升高和重债国青年失业畸高的现象。如表1所示，从2010年到2012年四季度，欧盟平均青年失业率增加了2.1个百分点，重债国希腊的青年失业率则激增25个百分点，西班牙增加13.6个百分点，葡萄牙增加10.7个百分点。究其原因，应该与上述三国工作机会不足有关。2010年一季度，希腊"空岗率"（JVR）为1.9%，2012年四季度下降到0.4%，同期西班牙的空岗率从1.4%下降到0.7%，葡萄牙则一直处于0.4%的低位。形成鲜明对比的是，在青年失业率最低的德国，同期空岗率从1.9%提高到2.7%。[1] 由此可见，南欧重债国要改变青年失业畸高的局面，从根本上说有赖于扭转宏观经济颓势，增加工作机会。

北欧：北欧国家青年失业居欧盟中等水平，2010～2012年，瑞典青年失业率高于同期欧盟平均水平，芬兰由略高于欧盟平均值回落2.4个百分点，情况最好的丹麦稳定在14%左右。但是，按"青年失业比"计算，北欧国家则均接近或超过欧盟平均水平（参见表1）。北欧国家青年失业较高的原因也与工作岗位增长放缓有关：2010年一季度瑞典空岗率为1.1%，2012年四季度为1.2%，同期丹麦分别为1.2%和1.1%，均低于同期欧盟平均水平（1.3%和1.4%）。芬兰情况相对较好，但也从2010年的2.2%下降到2012年的1.5%。[2]

有必要指出的是，北欧国家的整体失业率并不高，2012年瑞典（8.1%）、芬兰（7.8%）和丹麦（7.7%）的失业率均低于欧盟平均值（10.6%）。[3] 北欧国家失业率总体不高而青年失业率相对较高的原因应该是，它们主要是依靠

---

[1] http://epp.eurostat.ec.europa.eu/statistics_explained/images/3/3c/JVR_by_country_2013Q3_table.png.

[2] http://epp.eurostat.ec.europa.eu/statistics_explained/images/3/3c/JVR_by_country_2013Q3_table.png.

[3] http://appsso.eurostat.ec.europa.eu/nui/show.do?dataset=lfsa_urgan&lang=en.

工作分享等政策手段来保就业，实际新增岗位速度较慢，加之劳动力市场相对封闭、公共就业增速放缓，造成青年失业增加。因此，北欧国家应对青年失业，除有待经济增长提速外，还须采取更加有利于青年的就业政策。

英国：英国的情况与北欧国家相似，金融危机期间其整体失业率虽有上升，但仍远低于欧盟平均值。2008年英国失业率为5.7%，2012年为8.0%，均低于同期欧盟平均值（7.1%和10.6%）。同样，英国的青年失业问题也比较严重，2010~2012年青年失业比均高于欧盟同期平均值。与北欧国家不同的是，英国的青年失业率却一直低于欧盟平均值。按照欧盟对这两个概念的界定，这说明英国青年中"真正"处于失业状态的比例更高。更重要的是，英国青年高失业是在空岗率相对较高的背景下发生的，2010年一季度英国的空岗率为1.6%，2012年四季度增加到1.8%，均高于欧盟同期平均值（1.4%和1.6%）。① 这表明，英国青年失业的原因与其劳动力市场结构性问题的关系更为紧密，在促进经济增长的同时，应尽快采取专项行动促进青年就业。

欧盟新成员国：欧盟新成员国的情况与英国恰好相反，除捷克、马耳他外，这些国家的青年失业率均高于欧盟平均值，但同期青年失业比却低得多，除青年失业最为严重的斯洛伐克、拉脱维亚外，所有国家都低于欧盟平均值。但是，这些国家的空岗率普遍不高。例如，波兰2010年一季度空岗率为0.7%，2012年四季度下降到0.3%，比南欧重债国情况还差。匈牙利（1.2%和1.1%）、捷克（0.8%和1.0%）等国情况略好，但仍低于同期欧盟平均值。② 这种情况说明，新成员国的宏观经济形势不佳是青年失业的主要原因，改善青年就业状况主要有待宏观经济形势转好。

欧洲大陆社团主义国家：包括德国、荷兰、奥地利等国青年就业的状况相对较好。欧债危机期间，这些国家的宏观经济形势和整体就业状况较好，空岗率均高于欧盟平均水平。在劳动力市场层面上，学术界普遍认为，以双重学徒制（dual apprenticeship）为代表的职业教育制度对提高这些国家的青年就业水

---

① http://epp.eurostat.ec.europa.eu/statistics_explained/images/3/3c/JVR_by_country_2013Q3_table.png.

② http://epp.eurostat.ec.europa.eu/statistics_explained/images/3/3c/JVR_by_country_2013Q3_table.png.

平具有重要意义。

目前，德国、奥地利、克罗地亚、斯洛文尼亚、丹麦、荷兰和法国等均有类似制度。各国的双重学徒制虽有不小差别，但核心内容都是将公司学徒制和职业学校的课程教学结合起来，使受训青年同时获得工作经验和基础知识。其中，德国的学徒制最受推崇。按其2005年规定，学生可以在356个行业中进行选择，从经理人、医生助手、配镜师到壁炉工等都可招收学徒。受训期间，学徒每周在企业工作3~5天，行会或商会每年提供3~4周课程，每年60天在职业学校学习专业基础知识和文化课，包括德语、政治学、经济学、宗教等。受训结束后，学徒要参加考试以取得证书。[1] 目前，德国中学生每年有2/3进入双重学徒制系统，约六成最终留下来工作。德国学徒制由专业学校与企业签署3~4年的培训合同，目前50%的德国企业至少有一名学徒。企业负担工作场所培训费用，每月给学徒600~700欧元工资（2011年）。学徒在校学习的费用由公共资金负担，无须支付学费。

由于较好地解决了教育与就业相脱节的问题，学徒制有利于减少青年失业，但其成效大小则有赖于多种条件。在同样也有学徒制的法国，青年失业率就一直高于欧盟平均水平，青年失业比接近欧盟平均值。德国双重学徒制之所以取得成功，与其社团主义传统是分不开的。学徒制运行过程中，德国的政府、行会和企业紧密合作，确保学徒教育的数量和质量。其中，政府承担了建立专业学校、培训合格教师的责任；企业联合会和行业工会共同制定培训大纲，规范企业的学徒培训工作；企业负有招收学徒的责任，企业工会应予以支持。相比之下，法国劳动力市场更趋碎片化，社团主义氛围不及德国浓厚。过去20年中，法国青年进入学徒制体系培训的数量翻了一番，但学徒制仍然只能作为全日制职业学校教育的补充，受训者基本上一半时间在学校上课，一半时间在企业上班。这样不仅影响受训的效果，也降低了企业招收学徒的积极性。法国政府通过免除企业给学徒交纳社会保障捐税的责任，向雇主发放学徒雇佣奖金等方式予以激励，但企业招收学徒的数量和培训质量还是无法与德国相比。[2] 有学者认

---

[1] 参见 Wikipedia, "Dual Education System," http：//en.wikipedia.org/wiki/Dual_education_system。
[2] Pierre Cahuc, Stéphane Carcillo, Ulf Rinne, Klaus F. Zimmermann, "Youth Unemployment in Old Europe: The Polar Cases of France and Germany," July 2013, http：//ftp.iza.org/dp7490.pdf.

为，过时的精英主义教育和培训体系是推高法国青年失业的重要原因。按法国社会普遍的择业观念，从事体力劳动是学校教育失败的结果，多数法国青年不愿意到企业一线去工作。在经济增长乏力背景下，法国政府只得运用补贴手段在各种非营利组织中"创造岗位"安排各个年龄段的失业者，政府负责支付这些人前三年75%的工资。①

实际上，德国的双重学徒制体系也并非没有问题，其中的困难包括：很多学生更愿意在学校上课，而不是到企业去上班；同样，企业其实也不愿意招收学徒，因为招收学徒不仅有着复杂的规定、培训成本很高，而且企业希望招收学徒的岗位经常与职业学校的课程不对口；很多低技能岗位只有教育程度很低的学生才愿意来，但他们又跟不上课程进度；另外，很多企业也没有能力给学徒提供比较全面的基础知识教学。针对这种情况，德国政府推出"合同教育"（contractual education）制度，鼓励企业给他们不想最终雇佣的学生提供学徒机会，同时推出学徒教育的"国立课程"（state-run course），将学校教学与企业培训更紧密地结合起来，但到目前为止这两种尝试的成效还比较有限。②

三 欧盟采取共同行动

近年来，青年失业已成为欧盟成员国最急迫的"共同问题"，这就赋予欧盟在这一领域采取"共同行动"的权能。③ 2012年12月，欧盟委员会提出关于"青年保证"（Youth Guarantee）计划和提高青年培训质量的两个框架方案。④ 2013年2月，欧盟理事会据此提出青年就业倡议（YEI），4月22日委员会提出实施方案。6月，欧盟理事会采纳委员会建议，决定在2014～2015财年拿出60亿欧元实施YEI项目，以其作为成员国层面上促进青年就业行动的重要补充。上述两个项目抓住教育与就业脱节这个关键点，为较短时间内降

---

① Nele Katharina Wissmann, "Weimar Triangle on Youth Unemployment: France," https://ip-journal. dgap. org/en/blog/eye – europe/weimar – triangle – youth – unemployment – france.
② 参见 Wikipedia, "Dual Education System," http://en. wikipedia. org/wiki/Dual_ education_ system。
③ 欧盟在社会政策领域中采取共同行动的权能主要基于《欧洲联盟条约》第156条，"委员会应鼓励成员国之间的合作，并为协调成员国在本章规定的所有社会政策领域的行动提供便利"。
④ 文件编号分别为 IP/12/1311 和 MEMO/12/938。

低欧盟青年失业水平带来新的希望。

欧盟"青年保证"计划的目标是要求成员国为青年在学校和工作岗位之间建立一个为期四个月的过渡期：走出校门的青年可在一份比较稳定的工作、继续教育、学徒或培训机会之间选择一种，以便青年在公共就业服务机构帮助下，最终找到一份适合自己教育、技能和经验的工作，或者获得雇主需要的教育、技能和经验，增加其未来找到工作的机会。对很多欧盟成员国来说，执行"青年保证"计划需要进行结构改革，加强公共就业服务机构能力建设，改革职业教育与培训机构，使其能给青年提供雇主需要的技能培训。国际劳工组织估计，仅欧元区执行"青年担保"计划就需花费210亿欧元。但对欧盟成员国来说，这笔钱却非花不可。据"欧洲改善生活与工作条件基金会"（Eurofound）①估算，目前欧盟15~24岁的青年失业者已高达750万，每年仅直接损失就达1530亿欧元，相当于欧盟国内生产总值的1.2%。② 这还没考虑青年失业给欧盟经济、社会和个人发展造成的长期危害。正因如此，欧盟才决心以共同行动来实施该计划。据估计，2014~2020财年阶段，欧盟社会基金（ESF）用于该计划的投资每年都会超过100亿欧元。多数成员国对"青年担保"计划反应积极，截至2014年1月已有17个成员国向委员会递交了实施方案。③

欧盟"青年就业倡议"是一个专项行动，旨在资助成员国青年失业率在25%以上的地区，帮助那些既未就业也未接受教育和培训的青年（NEETs）找到工作或做学徒、参与培训和教育的机会。该倡议拟从欧盟预算中拿出30亿欧元，再从欧洲社会基金国家配额中拿出30亿欧元配套。为让计划尽快启动，欧盟允许成员国从2013年9月1日起先期执行倡议中的措施，待项目批准后再报销费用。"青年就业倡议"只资助25岁以下青年，25~30岁青年的就业问题由成员国在欧洲社会基金配额中解决。这是因为，如果只资助15~24岁

---

① "欧洲改善生活与工作条件基金会"是一个第三方欧盟机构，1975年依理事会条例（EEC No. 1365/75）成立，其作用是在与社会和工作相关的政策领域中提供计划与设计，改善欧盟国家的生活与工作条件。http：//www.eurofound.europa.eu/about/index.htm.

② Eurofound, "NEET," http：//www.eurofound.europa.eu/areas/industrialrelations/dictionary/definitions/neet.htm.

③ EU, "Employment：Commission Urges Member States to Urgently Implement Youth Guarantee to Help Young Jobless," http：//europa.eu/rapid/press-release_MEMO-13-984_en.htm.

的青年，该倡议人均资助额可达1356欧元，扩大到30岁以下青年，人均资助额就会减少到700欧元，效果会受到很大影响。按照规定，成员国需用各自的欧洲社会基金配额和国家投资来配套执行"青年就业倡议"，对其公共就业服务实施结构改革，推进青年就业服务的现代化。

欧盟"青年就业倡议"使用"NEETs率"作为衡量各国青年失业的主要指标，即只把那些既未就业也未接受教育和培训的15~24岁青年统计为失业者。据欧洲改善生活与工作条件基金会计算，2011年欧盟27国处于NEET状态的青年占15~24岁人口总数的12.9%。2010年，欧盟25~29岁青年中有650万处于NEET状态，约占同龄人口的20%。① 使用"NEETs率"的主要意义是估算需要提供就业、教育和培训岗位的数量，降低处于无业状态的青年人数。在制定"青年就业倡议"资金分配方案时，欧盟仍以青年失业率为主要指标，将30亿欧元分配到青年失业率在25%以上的成员国地区，没有符合条件地区的国家则不予项目资助（参见表2）。

表2 欧盟成员国2012年NEETs率及YEI项目拟资助金额

单位：%，万欧元

国家	NEETs率	拟资助金额	国家	NEETs率	拟资助金额
保加利亚	21.5	5156	法国	12.2	28976
意大利	21.1	53018	比利时	12.3	3964
希腊	20.3	16024	波兰	11.8	23583
西班牙	18.8	88144	立陶宛	11.1	2969
爱尔兰	18.7	6366	马耳他	11.1	—
罗马尼亚	16.8	9902	斯洛文尼亚	9.3	861
克罗地亚	16.7	6182	芬兰	8.6	—
塞浦路斯	16	1081	捷克	8.9	1271
拉脱维亚	14.9	2710	瑞典	7.8	4126
英国	14	19254①	德国	7.7	—
斯洛伐克	13.8	6743	丹麦	6.6	—
匈牙利	14.7	4649	奥地利	6.5	—
葡萄牙	14.1	15020	卢森堡	5.9	—
爱沙尼亚	12.5	—	荷兰	4.3	—

注：①计划金额，英国已表示不参与YEI项目。

资料来源：http://europa.eu/rapid/press-release_MEMO-13-984_en.htm。

① Eurofound, "NEET," http://www.eurofound.europa.eu/areas/industrialrelations/dictionary/definitions/neet.htm.

事实上,欧盟在青年就业领域采取共同行动并非始于这两个项目。2020战略已包含一个"流动中的青年"(Youth on the Move)旗舰项目,旨在通过促进青年在联盟内的流动来改善青年就业状况。2013年启动的"青年保证"和"青年就业倡议"项目标志着欧盟加大政策与财政介入的力度,以期在较短时间内遏制青年失业率急剧上升的势头。在推出专项共同行动的同时,欧盟各机构普遍都把促进青年就业作为重要目标,内化到各种行动中去。例如,2013年6月理事会决定推进青年就业后,7月欧洲投资银行(EIB)就发布"青年岗位"(Jobs for Youth)计划,规定在资助工业、商业服务业和旅游业中小企业时,应要求该企业在此前六个月中至少雇佣一名青年,或未来六个月里计划雇佣一名青年,为青年提供职业培训、实习机会,或与技术学院、学校、大学合作雇佣青年。2013年11月,欧洲投资银行给予希腊5.5亿欧元贷款,其中1500万欧元是与希腊伙伴银行合作,重点满足2012年建立的希腊中小企业的融资需求,促进青年就业的目标即已纳入其中。①

在青年就业领域,欧盟整合理念的作用不亚于其资金支持的影响力。其中,推广学徒制就是重要内容之一。2013年7月2~7日,欧洲学徒制联盟在德国莱比锡举行"世界技能比赛",来自60个国家的超过1000名学徒工,工业、手工业和服务业中的青年技工参加活动,在45个专项竞赛中展现才能,活动期间约20万人到场观看。欧盟主管教育事务的委员瓦西利乌(Vassiliou)和主管就业事务的委员安多尔(Andor)出席活动。在联合声明中,两位委员强调"学徒制可以给年轻人提供雇主需要的技能与经验,在应对青年失业的过程中可以发挥重要作用"。②

(审稿人:陈新;文字编辑:宋晓敏)

---

① EU,"EUR 550 Million Support for Growth and Employment in Greece:First Ever 'Jobs for Youth' SME Funding in Greece," http://ec.europa.eu/enterprise/newsroom/cf/itemdetail.cfm?item_type=251&lang=en&item_id=707.

② EU,"Launch of European Alliance for Apprenticeships at Worldskills Leipzig 2013," http://ec.europa.eu/youthonthemove/news/2013/20130703-leipzig-news_en.htm.

B.4 欧盟银行业联盟建设

胡琨*

摘　要： 欧债危机表明，在欧盟银行业高度一体化的背景下，遵循"母国控制"原则的离散型欧盟银行监管体系面临"三元悖论"挑战。为应对危机，欧盟银行业监管规制理念与模式发生了从"母国控制"原则到"审慎监管"原则的根本转变，各国上交银行监管权，并着手建立包括银行单一监管机制、单一清算机制及单一存款保险计划在内的银行业联盟。

关键词： 欧盟　银行业联盟　银行监管　欧债危机　三元悖论

2012年中，欧盟委员会与欧洲理事会先后提出建设银行业联盟（banking union）的构想。经过一年多准备，2013年10月15日，欧盟理事会正式通过建立单一监管机制（SSM）的最终决议，决定于2014年11月4日正式启动监管机制。① 2013年12月18日，欧盟理事会就建立单一清算机制（SRM）达成协议，并递交欧洲议会批准。② 至此，欧盟银行业联盟已具雏形。这一新制度的建立与欧债危机暴露出来的欧盟金融监管困境有千丝万缕的关系。

一　欧债危机前欧盟银行业市场的一体化进程

1951年，在时任法国外长罗伯特·舒曼（Robert Schuman）的倡议下，欧

---

* 胡琨，理学博士，中国社会科学院欧洲研究所助理研究员。
① 参见欧洲央行官方网站，http://www.ecb.europa.eu/ssm/establish/html/index.en.html, last accessed on 29 Dec. 2013.
② Council of The European Union, "Council Agrees General Approach on Single Resolution Mechanism," Presse 564, 17602/13, Brussels, 18 Dec. 2013.

洲煤钢共同体启动,欧洲经济一体化设想正式付诸实践。1957年,《罗马条约》(Treaty of Rome)签署,以建立货物、服务、劳动力和资本自由流动的欧洲共同市场为主要目标的欧洲经济共同体(EEC,以下简称欧共体)诞生,欧盟金融服务市场一体化的基础就此奠定。①

欧盟国家(英国除外)的金融体系为银行导向(bank-oriented),银行承担为个人、企业及市场上其他金融机构提供流动性的职能,因而被视为金融体系中具有系统重要性的关键角色。数据显示,1995~2004年,欧盟25国的银行信贷总额占其国内生产总值的比值平均为109.2%,这一比例在老成员国(EU15)中更是高达114.6%;而美国与日本的这一指标在2001年分别只有40.7%与79.7%。② 因此,欧共体(欧盟)金融一体化政策从一开始就主要面对银行系统,其主要包括以下措施。

(1)消除准入障碍:针对当时存在的各国银行业准入限制,欧共体在区域内部贯彻银行业国民待遇原则(national treatment principle),即确保一国内所有金融机构,无论其归属,均应处于相同规制与监管之下。③

(2)协调监管规则:市场准入障碍取消后,欧共体成员国银行可在其他欧共体国家开业及开展业务;但各个成员国银行监管规则各不相同,在很大程度上增加了欧共体内部跨境银行业务的各类成本。鉴于消除成员国之间监管模式的差异不可能一蹴而就,欧共体采取了"最低限度协调"(minimal harmonization)策略,以最大限度地减少银行业一体化推进的阻力。④

(3)确定监管权限:银行跨境业务出现后,相关银行是受东道国(host state)还是母国(home state)监管的问题浮出水面。监管权限的模糊将给银行监管者与银行带来极大困扰,妨碍正常的银行跨境经营活动。因此,在单一

---

① "The Treaty of Rome," http://ec.europa.eu/economy_finance/emu_history/documents/treaties/rometreaty2.pdf, last accessed on 18 Dec. 2013.
② S. Kleimeier and H. Sander, "Integrating Europe's Retail Banking Market: Where Do We Stand?" *Research Report in Finance and Banking*, Centre for European Policy Studies, Brussels, 2007, pp. 5-6.
③ Directive 73/183/EEC, OJ L 194, 16 July 1973, pp. 1-10.
④ J. Dermine, "European Banking: Past, Present and Future," Conference Paper of Second ECB Central Banking Conference: *The Transformation of the European Financial System*, Frankfurt a. M., 24-25 Oct. 2002, p. 4.

银行执照（single banking license）、母国控制（home country control）和相互承认（mutual recognition）等原则的指引下，① 银行母国被赋予审慎监管（prudential supervision）的权力；而东道国则有权进行商业行为监管（conduct-of-business supervision）。②

（4）破除监管与市场壁垒：逐渐理清银行业各类机构之间的关系后，欧共体（欧盟）便着手破除监管与市场壁垒，建立欧洲经济与货币联盟（EMU），最终引入欧元，以促进区域内部资本自由流动与银行跨境金融服务。

在一系列措施的推动下，欧盟（尤其是欧元区）内部银行业一体化程度不断加深。欧债危机爆发前，欧盟银行批发业务领域，如银行同业拆借、政府债券、投资银行业务和各类金融衍生品市场已达到高度一体化；③ 零售银行业务虽然受制于各种因素，其一体化进程相对较慢，但是利率差异不断收敛的趋势却也相当明显。而信贷机构各类跨境业务活动也急剧增加。1995～2006年，欧盟银行业平均跨境渗透（cross-border penetration）指数④从11%上升至19%。⑤ 欧盟30家最大银行中⑥，"欧洲银行"（european bank）的数量从2000年的7家增至2005年的11家。⑦ 与此同时，欧盟银行（及金融交易市场）的跨境合并与收购也颇引人注目，尤其是EMU启动后，内部跨境并购呈现井喷态势，信贷机构数量持续减少。⑧

总之，作为经济一体化的重要组成部分，欧盟金融业在欧共体（欧盟）的推动下一体化程度不断加深。而因其金融体系的银行导向特征，银行业的一

---

① COM, 310, Brussels, June 1985, pp. 29 - 30.
② Directive 89/646/EEC, OJ L 386, 30 Dec. 1989, pp. 1 - 13.
③ Commission of the European Communities, "European Financial Integration Report 2007," *Commission Staff Working Document*, SEC (2007), 1696, Brussels, 10 Dec. 2007, pp. 8 - 9.
④ 即欧盟一国银行总资产中其他欧盟成员国银行资产所占的比例。
⑤ J. D. Haan, S. Oosterloo and D. Schoenmaker, "European Financial Markets and Institutions," Cambridge, 2009, p. 220.
⑥ 此30家银行资产累加占欧盟银行业总资产的近一半。
⑦ 银行类型根据银行资产的地理分布结构进行划分：母国资产低于50%且在欧盟其他成员国资产高于25%的银行为"欧洲银行"，参见 D. Schoenmaker and C. Van Laecke, "Current State of Cross-Border Banking," *FMG Special Papers*, 168, London School of Economics, London, 2006, p. 27。
⑧ ECB, "EU Banking Structures," Frankfurt a. M., 2008, p. 8.

体化进程无疑占据举足轻重的地位。在这个过程中,成员国间资本价格与回报率不断趋同,跨境银行业务愈加频繁,欧盟银行业内部关系日益紧密,相互间的影响持续加强,呈现出较高的一体化水平。①

二 欧债危机前的欧盟银行监管体系

欧共体(欧盟)推动银行业一体化进程的各项政策,本身就是监管体系基于银行业不同的一体化水平阶段进行的调整与建设,其核心理念为"最低标准与相互承认下的母国控制"原则,② 在这一原则指导下,欧债危机前的欧盟银行监管体系呈现以下特征。

(1)各自为政的监管结构:《第二银行指令》分别赋予母国和东道国(微观)审慎监管与商业行为监管的权力,而《马斯特里赫特条约》第105条第5款"……(各国)主管机关实施的与审慎监管信贷机构和金融体系稳定有关的政策……"明确了成员国负责银行微观与宏观审慎监管的职权,③ 从而为欧共体(欧盟)银行监管体系的离散模式奠定了法律基础。在这一体系下,银行监管权力被保留于成员国层面,即母国负责(宏观与微观)审慎监管,而东道国负责商业行为监管。

(2)各不相同的监管模式与规则:因循不同的发展路径,欧盟各国建立了不同的金融监管模式。截至2006年,仍然沿用传统分业监管模式(sector model)的欧盟国家有9个,改用功能监管(functional model)和统一监管模式(integrated model)的国家分别有4个和14个。除此之外,在"最低限度协调的母国控制"原则指导下,各国监管规则(rules)和实践(practices)亦差异很大,从"信贷机构"、重要监管指标如"核心资本"和"股东权益"

---

① Council of The European Union, "Proposal for a Council Regulation Conferring Specific Tasks on the European Central Bank Concerning Policies Relating to the Prudential Supervision of Credit Institutions," 2012/0242 (CNS), Brussels, 14 Dec. 2012.

② J. D. Haan, S. Oosterloo and D. Schoenmaker, "European Financial Markets and Institutions," Cambridge, 2009, p. 304. A. D. Schoenmaker and P. Wierts, "Financial Supervision: Which Model for Europe?" *FMG Special Paper*, 143, London School of Economics, London, 2002, p. 6.

③ 即《里斯本条约》第127条第5款。

等概念的定义，到资产估算、风险评估和存款保险等程序的设计，直至监管规则内容和实践方式，各国都各有不同。①

（3）监管合作与协调体系：随着欧盟银行业一体化的深入，银行跨境业务关系日益增多，欧盟成员国间的银行监管合作与协调也随之出现，主要表现为两种形式：其一，通过签订双边或多边谅解备忘录的方式来确保对开展跨境业务信贷机构的有效日常监管；其二，在欧共体（欧盟）层面建立各类委员会，以协调监管规则和实践，从而为区域内的信贷机构创建公平的竞争环境。② 2002 年，在《金融服务行动计划》的指导下，欧盟着手建构系统的监管合作与协调体系——莱姆法路西框架（Lamfalussy Framework）。③

随着银行业一体化的深入，特别是欧元的引入，欧盟各国金融市场之间的关联性持续增强，欧盟金融市场的脆弱性不断增大，④ 呼吁在欧盟层面建立银行业单一监管机构，以维护金融市场稳定的声音开始出现。但欧盟认为，各成员国现有的不同银行监管模式与规则，是在长期发展过程中逐渐形成的，充分符合各国国情，与欧盟层面的单一监管机制相比，这一离散的监管体系可对各国银行进行更有效、更灵活的监管；至于一体化深入带来的金融市场稳定与危机管理等问题，可通过成员国的审慎监管，以及各成员国在莱姆法路西框架下的进一步协调与合作来实现；⑤ 且银行监管涉及成员国主权，已超出单纯的经济议题范畴；目前的银行监管体系可称为"政治上最优"（politisches optimum）。⑥ 然而，在欧债危机的冲击下，这一认识被完全颠覆。

---

① "Report of the High-Level Group on Financial Supervision in the EU," Chaired by J. de Larosière, Brussels, 25 Feb. 2009, pp. 30 – 32.
② EZB, "Internationale Zusammenarbeit im Bereich der Finanzmarktaufsicht," *Monatsbericht*, Mai, 2002, p. 63.
③ CEBS, *Annual Report 2004*, London, 2004, pp. 6 – 7.
④ EZB, "Internationale Zusammenarbeit im Bereich der Finanzmarktaufsicht," *Monatsbericht*, Mai, 2002, pp. 67 – 71.
⑤ Economic and Financial Committee, *Report on Financial Stability/ First Brouwer-Report*, Brussels, 8 April 2000.
⑥ E. Meister, *Herausforderungen für die Bankenaufsicht in Europa. Rede beim Parlamentarischen Abend der IHK Frankfurt in der Landesvertretung Hessens in Brüsse am Dienstag*, 4. Nov. 2003, p. 7.

三 欧盟银行监管的"三元悖论"(Trilemma)[①]

在2008年国际金融危机冲击下,欧债危机爆发,欧盟(欧元区)金融市场一度濒临崩溃。虽然随着欧洲央行"直接货币交易"(OMTs)与"欧洲稳定机制"(ESM)的出台,欧盟(欧元区)金融市场逐渐稳定,[②] 但危机表明,在欧盟银行业高度一体化的背景下,遵循"母国控制"原则的离散的欧盟银行监管体系,面对外部冲击,无法有效维护欧盟金融市场的稳定。

(1)欧盟银行业不断深入的一体化加剧了银行机构之间的竞争,在"母国控制"的离散监管体系下,各成员国为增强本国金融行业的竞争力,争相放松对本国银行的监管,低利率、充足的流动性以及宽松的信贷审批直接导致欧盟尤其是欧元区信贷发放过度膨胀。[③] 1998年1月至2008年12月,欧元区信贷总额与货币供应量M3涨幅均超过一倍,[④] 而同期国内生产总值增长则不到50%。[⑤] 2008年,欧盟大型银行杠杆率(Leverage Ratio)普遍在35左右,德意志银行(Deutsche Bank)的杠杆率甚至达到惊人的52,与此相对的是,即使是美国的大型银行,同期杠杆率也普遍在20以下。[⑥] 欧盟银行业资产的过度扩张和极高的杠杆率,导致欧盟金融市场面对外部冲击(例如国际金融危机导致的流动性与信贷收缩),缺乏足够的风险承受能力,从而为欧债危机的爆发埋下了祸根。

(2)基于高度一体化的欧盟金融市场,跨国银行可在欧盟层面进行决策

---

① 此部分详细内容可参见胡琨、刘东民《欧债危机下欧盟银行规制与监管体系的转型与创新》,《欧洲研究》2013年第3期,第65~84页。
② 胡琨:《欧元区最后贷款人机制的制度创新》,《欧洲研究》2012年第6期,第87~101页。
③ Y. Mersch, *Die Europäische Bankenunion-die Ersten Meter einer Langen Reise. Rede am Finanzplatztag in Frankfurt am Main*, 27 Feb. 2013.
④ 欧洲央行SWD数据库。
⑤ Eurostat数据库。
⑥ 参见D. Gros and S. Micossi, "The Beginning of the End Game…", 20 Sep. 2008, http://www.voxeu.org/article/mother-all-bailouts-and-what-it-means-europe 及D. Gros, "Too Interconnected to Fail = Too Big to Fail: What Is in a Leverage Ratio?" 26 Jan. 2010, http://www.voxeu.org/article/too-interconnected-fail-too-big-fail, last accessed on 25 Dec. 2013.

与活动，但在离散的监管体系下，各国只能在国家层面实施监管行动，这为跨国银行提供了利用各国不同的监管规则与实践来规避监管以获取最大收益的机会。而跨国银行缺乏足够的监管，在很大程度上增加了成员国乃至欧盟金融市场受到冲击的风险。[1] 同时，在"母国控制"原则下，东道国无权对外国银行在本国境内分支机构实施监管；即使可对其进行监管[2]，却无法有效规避母公司经营不善对本国金融市场的冲击，因为东道国无权监管母公司，而子公司活动却不可避免地受到母公司决策与活动的影响，[3] 这一点已被2008年的冰岛银行业危机所证明。[4] 由此可见，在银行业高度一体化、银行跨境活动日益频繁的背景下，成员国无法对本国银行业进行有效的宏观审慎监管，以维护金融市场稳定。因此，也不难理解，为何银行业资产中境外资产比例较高的欧盟新成员国，其银行业与金融市场会最先被世界金融危机所波及。[5]

（3）欧盟银行业高度一体化导致金融市场关联性不断增强，但是，离散的监管体系缺乏对整个区域金融稳定负责的监管机关，各成员国监管机关只关注本国金融机构与金融市场的安全，而这不足以保障金融市场的稳定。尤其是当一国金融行业利益与欧盟整体（或其他成员国）利益（如欧盟金融市场稳定）发生冲突时，该国监管机关可能将本国利益置于欧盟（或其他成员国）利益之上，阻碍共同解决方案的出台，从而陷入集体行动的困境。[6] 主权债务危机爆发后，资本流动性开始收缩，金融体系风险加大，欧盟各国银行监管部

---

[1] J. D. Haan, S. Oosterloo and D. Schoenmaker, *European Financial Markets and Institutions*, Cambridge, 2009, p. 322.
[2] 在这种情况，"东道国"原则上被视为外国银行在本国子公司的"母国"，使用"母国控制"原则。
[3] 参见 Mitteilung der Kommission, Europäische Finanzaufsicht, Text von Bedeutung für den EWR, 27. Mai 2009, pp. 4 - 5。
[4] J. K. Jackson, "Iceland's Financial Crisis," in K. G. Efenhoff (ed.), *The Financial Crisis and the European Union*, New York: Nova Science Publishers, 2009, pp. 97 - 104, 也可参见 "Report of the High - Level Group on Financial Supervision in the EU," Chaired by J. de Larosière, Brussels, 25 Feb. 2009, p. 46。
[5] 最先陷入危机的匈牙利和罗马尼亚银行业资产中外国银行资产比例分别为54.33%与82.1%，斯洛伐克的这一比例更是高达95.86%。
[6] Mitteilung der Kommission, Europäische Finanzaufsicht, Text von Bedeutung für den EWR, 27. Mai 2009, pp. 4 - 5.

门陆续对本国银行资本充足率提出更为严格的要求，以防本国银行与金融市场稳定受到危机冲击，但这导致银行同业拆借市场急剧萎缩，各家银行宁愿将资金存入欧洲央行账户，反而重挫了市场信心，加剧了流动性短缺，从而放大了欧盟金融市场的风险。①

（4）在银行业一体化的背景下，一方面，对整个欧盟金融市场稳定具有系统重要性的跨国银行不断涌现，当其陷入危机时，各成员国监管规则与实践的差异将会影响银行实施危机管理的效果；另一方面，银行业资产急剧膨胀，若一国银行业陷入危机，单个成员国（如西班牙）可能缺乏足够的救助能力，而"母国控制"原则又导致欧盟层面缺乏实施单一危机管理的机制，无法及时与高效地应对危机，从而加剧了欧盟金融体系的动荡。②

（5）莱姆法路西框架下的合作与协调无法消除各成员国监管规则及其实践上的巨大差异，加上成员国握有实质性的银行监管权，在欧盟层面又缺乏具有强制效力的协调机构，故在执行时，很难实现协调与合作的有效性与高效性，特别是当成员国之间或者成员国与欧盟整体利益发生冲突时。③

综上所述，在欧盟银行业高度一体化的背景下，"母国控制"原则下离散的银行监管体系，面对外部冲击，无法确保欧盟金融体系稳定，甚至还增添金融市场陷入危机的风险，并且在危机爆发后又难以实现及时高效的危机管理，这些问题在欧债危机中得到充分体现。由此可见，欧盟的银行监管面临"三元悖论"，即稳定的金融体系、一体化的金融体系和成员国负责金融监管三者无法同时兼得。④在银行业高度一体化已成现实的情况下，欧盟要么继续坚持"政治"正确性，由成员国保留银行监管权，而无视金融市场动荡的风险；要

---

① 可参见 J. D. Haan, S. Oosterloo and D. Schoenmaker, *European Financial Markets and Institutions*, Cambridge, 2009, p. 322。
② Mitteilung der Kommission, Europäische Finanzaufsicht, Text von Bedeutung für den EWR, 27. Mai 2009, pp. 4 – 5.
③ "Report of the High-Level Group on Financial Supervision in the EU," Chaired by J. de Larosière, Brussels, 25 Feb. 2009, pp. 31 – 32.
④ D. Schoenmaker, "Central Banks and Financial Authorities in Europe: What Prospects?" in D. Masciandaro (ed.), *The Handbook of Central Banking and Financial Authorities in Europe*, Cheltenham: Edward Elgar, 2005, pp. 398 – 456.

么改变治理模式,让各国上交银行监管权,建立区域单一监管机制,以维护金融体系的稳定。

在欧债危机的推动下,为维护金融体系的稳定、减少银行破产造成的损失,欧盟银行业监管规制理念与模式发生了从"母国控制"原则到"审慎监管"原则的根本转变,欧盟各国在2012年6月的欧盟峰会上就上交银行监管权,在欧盟层面建立包括银行单一监管机制、单一清算机制及单一存款保险计划(Single Deposit Insurance Scheme)在内的银行业联盟达成一致,并随之展开实质性的制度建设工作。

四 欧盟银行业联盟的组成部分

(一)单一监管机制

2009年,为应对金融危机,欧盟设立了欧洲系统性风险委员会(ESRC),致力于为欧盟层面的宏观审慎监管提供信息、预警、建议与协助;同时,在莱姆法路西框架第三层次相关机构的基础上成立三个金融监管局:欧洲银行业管理局(EBA)、欧洲保险与职业养老金管理局(EIOPA)和欧洲证券管理局(ESA),这些机构主要负责在微观审慎监管方面制定统一的监管规则(Single Rulebook),并协调各国监管行动,与各国监管机关一起构成欧洲金融监管者体系(ESFS)。[1]但是,在各自为政的离散监管体系并未改变的情况下,这些机构制定的规则文本不具备法律强制性,成员国可自行决定是否采纳。[2]

2013年,单一监管机制决议的最终通过彻底颠覆了这一格局。这一机制由欧洲央行和各参与国监管机构组成,覆盖欧元区所有银行,依照由欧洲银行业管理局制定的单一监管规则履行审慎监管职权,包括银行牌照的发放与注销,对股权转让、杠杆率、大额信贷、流动性、负债率、相关信息披露、资本

---

[1] 欧盟官网,http://europa.eu/legislation_summaries/internal_market/single_market_services/financial_services_general_framework/mi0017_en.htm, last accessed on 25 March 2013。

[2] Mitteilung der Kommission, Europäische Finanzaufsicht, Text von Bedeutung für den EWR, 27. Mai 2009, pp. 4 - 7.

充足率、内部管理机制与程序的监管以及早期预警等,以维护欧盟(欧元区)金融体系的稳定。①

欧洲央行是这一机制的核心,与其他机构相比,央行拥有充足的技术手段(例如基于货币政策的信息收集以及流动性用于危机管理)以履行监管职能,许多国家的央行因此被赋予宏观审慎监管职责;同时,欧洲央行自建立以来,通过下属的银行业监管委员会在银行监管和维护金融市场稳定方面积累了丰富的经验与专业知识,并且成为巴塞尔银行业监管委员会(BCBS)的观察员;②另外,《欧洲联盟运行条约》第127条第6款"理事会经咨询欧洲议会和欧洲中央银行,可以以一致方式,根据一项特别立法程序通过条例,就除保险业以外的信贷机构和其他金融机构的审慎监管政策赋予欧洲中央银行以特定任务",为欧洲央行实施审慎监管提供了法律依据。③ 为避免金融监管职能与货币政策职能相冲突,欧洲央行内部将成立一专门监管委员会,该委员会由一名主席、一名副主席(欧洲央行执行委员会委员)、四名欧洲央行代表以及参与国监管机构代表各一名组成,投票遵循简单多数原则,在票数相同情况下,主席拥有决定权。

欧洲央行原则上具有对参与这一机制的欧盟成员国所有信贷机构的审慎监管权力,但是,为兼顾监管的灵活性,欧洲央行除直接负责所有银行的牌照发放、注销与股权转让事宜外,只对符合一定条件的大型或系统重要性银行进行直接审慎监管;其余银行仍由各国实施监管,但欧洲央行拥有最终决定权。在这一机制下,各成员国事实上已将银行监管权上交欧盟层面,原有的离散监管体系分崩离析,关注金融体系稳定的银行监管体系就此确立。④

同时,由于欧盟特殊的政治架构,欧盟新的银行监管体系与原来的金融监

---

① Council of The European Union, "Proposal for a Council Regulation Conferring Specific Tasks on the European Central Bank Concerning Policies Relating to the Prudential Supervision of Credit Institutions," 2012/0242, 14 Dec. 2012, pp. 26 – 27.
② ECB, "The Role of Central Banks in Prudential Supervision," http: //www. ecb. int/pub/pdf/other/prudentialsupcbrole_ en. pdf, last accessed on 25 March 2013.
③ 《欧洲联盟运行条约》,中文译本参见《欧洲联盟基础条约——经〈里斯本条约〉修订》,程卫东、李靖堃译,北京:社会科学文献出版社,2010,第97页。
④ Council Regulation N. 1024/2013 of 15 Oct. 2013, *Official Journal of the European Union*, L 287/63.

管模式存在明显的不同：对于具有系统重要性、可能引发金融震荡的大型信贷机构，新的银行监管体系采用功能模式（欧洲央行负责宏观与微观审慎监管，成员国负责商业行为监管），以便迅速有效地维护金融市场稳定；而对于中小型信贷机构，则采用统一模式（欧洲央行负责宏观审慎监管，而微观审慎与商业行为监管交由成员国负责），以更灵活地保障信贷机构的安全和维护银行客户的利益。这无疑是金融监管模式的巨大创新。

欧洲银行单一监管机制落地后，为欧洲稳定机制向问题银行注资，以从机制上斩断银行危机与主权债务危机之间的恶性循环扫清了障碍；同时，也为银行业联盟的建立奠定了基础。

（二）单一清算机制

即使在良好的监管之下，也无法避免正常经营的银行出现困难甚至陷入破产，根据"内部纾困的原则"（bail-in principle），在银行破产和重组时，银行股东及债权人须先行自救；因此，为避免政府和纳税人买单，并保护普通储户利益，统一的清算机制与存款保险计划必不可少。①

根据《欧洲联盟运行条约》第114条出台的单一清算机制方案覆盖了所有参加单一监管机制的欧盟成员国，主要内容包括两个方面。

（1）建立单一清算基金（Single Resolution Fund），资金来源于向银行业的征税，具体步骤为先建立由各国独立管理的清算基金，在未来逾十年内逐步合并为一个在欧洲层面统一管理的基金，并在2026年之前达到550亿欧元的规模。在单一清算基金完善之前，破产与重组资金需求除来自各国清算基金，也不排除动用欧洲稳定机制或者采用成员国之间相互拆借等方式。

（2）设立一个由一名主席、四名专职委员和参与国代表组成的清算委员会，清算委员会拥有清算银行的广泛权力，包括清算工具和资金的使用。清算委员会可在欧洲央行的倡议下或自主就银行清算做出决定，并在24小时之内生效，除非欧盟委员会提议更改，且这一提议的批准在欧盟理事会中仅需简单

---

① EP, "Deal Reached on Bank 'Bail-in' Directive," Press Release, 12 Dec. 2013, http://www.europarl.europa.eu/pdfs/news/expert/infopress/20131212IPR30702/20131212IPR30702_en.pdf, last accessed on 30 Dec. 2013.

多数。清算委员会的决定按照重要程度设定了不同的批准程序。为打消德国等国家的顾虑，确保参与国的预算主权，方案规定，在事先未通过成员国预算程序的情况下，禁止要求成员国提供额外的资金支持。

同时，欧洲议会、欧盟理事会和欧盟委员也于2013年12月12日就单一清算机制运行所依据的规则《欧洲银行复苏与清算指令》（BRRD）达成协议。①

（三）单一存款保险计划

相比之下，单一存款保险计划的建设则相对滞后。欧盟认为，在成员国层面仍未普遍设立存款保险机制的情况下，单一存款保险计划目前并不具备立即建立的条件，而应先致力于完善各成员国各自的存款保险机制。2013年12月17日，欧盟理事会与欧洲议会就存款保险计划的规则达成协议，以强化各国现有的存款担保机制。协议规定：储户在银行破产时可获得最高10万欧元的赔偿不变，但至2024年，偿付期限将从目前的20天缩短至7天；同时，银行将向储户提供更透明的银行信息，并且存款保险基金占存款余额的比例须在10年内达到0.8%，关于建立单一存款保险计划的事项还应在此基础上进一步磋商。②

欧盟银行业联盟的建设是欧债危机为欧洲一体化进程创造的一个重大机遇，也是欧盟推动一体化进程的必然选择，而与此有密切关联的财政一体化议题，如财政联盟（fiscal union）也将逐渐被提上日程。从更为宏观的视角来看，欧盟银行业联盟的建立，也为国际金融监管改革如何解决全球层面的"三元悖论"问题，提供了重要的借鉴。

（审稿人：陈新；文字编辑：宋晓敏）

---

① MEMO, 13/1140, Brussels, 12 Dec. 2013, http：//europa. eu/rapid/press‐release_ MEMO‐13‐1140_ en. htm? locale = en, last accessed on 15 Jan. 2014.

② MEMO, 13/1176, Brussels, 17 Dec. 2013, http：//europa. eu/rapid/press‐release_ MEMO‐13‐1176_ en. htm, last accessed on 31 Dec. 2013.

B.5
欧洲新能源产业的发展及其特点

薛彦平*

摘　要： 最近10年来，在政策的大力扶持下，欧盟新能源产业发展迅速，已经形成了以风能、太阳能光伏、生物质能为核心的新能源产业。新能源产业对欧盟经济增长、环境保护、能源安全具有非常重要的意义。欧盟能源发展路线图预期，在未来一个时期内，欧盟将继续在某些新能源领域保持领先地位。

关键词： 欧盟　新能源　产业政策

新能源产业是指那些从事新能源研发、生产、销售和投资活动，具有一定规模的产业集群，最近20年获得了快速的发展，具有清洁性、可持续性的特点。欧盟境内的新能源产业主要指太阳能光伏、陆海风能、生物质能的开发和利用，潮汐能、地热能和氢能也属于新能源范畴，但目前开发和利用规模有限，尚未形成能替代传统能源的产业集群。另外，新能源技术也可归入该范畴，目前采用新能源技术且较有前途的产业部门有新能源汽车制造和新能源建筑业。[①]

一　欧盟积极发展新能源产业的动因

近20年来，欧盟境内的新能源产业发展非常迅速，政策的支持固然起到重要

---
* 薛彦平，中国社会科学院欧洲研究所科技政策室研究员。
① 2012年，欧盟境内地热发电装机容量只有5MW。

的推动作用,但欧盟传统能源结构的弊端、传统能源消费对环境的负面影响、经济与产业结构转型的需要,成为欧盟国家积极开发和利用新能源的更为重要的原因。

(一)减少对传统能源的依赖

欧洲传统能源储量有限且分布不均衡,煤炭主要分布在德国、英国、波兰等国,石油和天然气主要分布在英国北海、挪威和荷兰,其他国家不仅煤炭资源很少,石油和天然气更是需要进口。20世纪70年代爆发过两次全球性能源危机,欧洲国家受到的影响最深。由于欧洲国家的石油主要依靠进口,国际石油价格的攀升导致欧洲国家出口产品价格竞争力下降,转而影响到经济增长和就业扩大。而且,欧洲国家的石油和天然气主要来自俄罗斯和海湾地区,上述地区形势的持续动荡严重威胁到欧洲国家的能源安全。这种困局时至今日仍未完全摆脱。例如,2011年,欧盟28国能源对外依存度仍达到53.8%,其中对煤炭的依存度为62.3%、对石油的依存度为66.7%、对天然气的依存度为66.7%。[①] 因此,欧盟国家仍未完全打破传统能源短缺的困局,发展新能源可能是最重要的选择。

(二)减少温室气体排放

欧盟国家向来重视环境保护,早在20世纪70年代就出台过严格的环境保护法规,80年代出台的能源政策与环境政策首次提出:必须对大气中的二氧化碳、二氧化硫排放进行限制。执行这一政策与欧洲国家传统产业结构比重过高有关。作为第一、第二次工业革命的故乡,欧洲国家形成了以重化工业为基础的产业集群,工业部门(包括能源工业)消耗了50%的能源和排放出30%的二氧化碳,以传统能源为动力的运输业的二氧化碳排放量始终在增长,成为欧盟大气环境治理的重点。2005年《京都议定书》生效后,欧盟明确了减少温室气体排放的量化指标。"2020能源战略"明确指出,2020年欧盟温室气体排放将减少20%。2012年多哈会议上,欧盟表示,如果达成新的全球气候

---

① Eurostat Pocketbooks, *Environment, Transportation and Energy Indicators* (2013 Edition), European Commission, 2013, pp. 31, 41.

减排条约,它愿意把2020年的减排目标从20%提高到30%。因此,从履行承诺方面讲,减少对传统能源的依赖、发展新能源是欧盟必然的政策选择。

(三)减少对核能的依赖

20世纪70年代,欧洲许多国家开始转向核能的开发和利用。核能成为使欧洲摆脱传统能源困局和实现可持续发展的重要选择,法国的核电比重已经超过80%,其他主要国家的核电比重也在15%~20%之间。核能的效率和清洁性高于传统能源,成为取代传统能源的重要选择。但是,欧洲国家目前运行的核电站多属于"第二代"核电技术,许多已经接近运行寿命,面临淘汰或升级的选择。况且,第二代核电还存在严重的安全隐患。1986年苏联切尔诺贝利核电站发生泄漏事件,核污染影响到中东欧国家。2011年日本福岛再次发生核泄漏。这两起事件给欧盟民众心理上造成巨大的灾难阴影,导致反核电运动在某些国家愈演愈烈。在这种情况下,欧盟成员国在是否继续发展核能上产生了严重的意见分歧,有些国家甚至坚决放弃核电。拿什么取代核能呢?更加清洁和安全的能源自然受到青睐。

(四)加速经济增长和扩大就业

欧盟国家传统产业结构比重高,在一定程度上拖累了整体经济增长。从20世纪90年代开始,欧盟在某些关键的新兴产业的发展方面就落后于美国和日本,并为此付出了沉重的代价。欧盟国家在积极寻找能够支撑未来经济增长和就业的新的产业集群,考虑到欧洲在能源技术上的优势,积极发展新能源产业成为一种必然的选择。从欧盟统计数据看,新能源产业目前在GDP中的比重还较低,但对GDP增长的净贡献率高于传统能源产业。因此,新能源产业不仅能够为经济增长注入新的活力和创造大量新的就业岗位,而且能够保持欧盟国家能源技术领域的竞争优势。

二 欧盟新能源产业特点

(一)新能源产业的基本情况

经过多年的发展,欧盟的新能源产业已经初具规模。2011年底,新能源产值达到1370亿欧元，创造了118.6万个工作岗位。2001年以来，欧盟新能源在总能源消费中的比重上升了63%，同期石油和煤炭的比重大幅下降，新能源的平均增长率为69%，高于其他能源的增长速度，这表明：新能源正在逐步取代传统能源。① 在全部新能源中，光伏的贡献率最高，约为54%；其次是风能，约为38%；生物质能贡献率为4%；太阳热能贡献率为3%；潮汐、地热等其他能源贡献率为1%。

1. 风能与风力发电

欧洲的风能资源非常丰富。德国、意大利、法国、西班牙陆地风能资源丰富，英国、丹麦、荷兰近海风能丰富，因此，风能成为欧盟新能源产业的第一个重要支柱。2012年，按正常风速计算，欧盟境内的风电能力可达231TWh，② 能够满足欧盟境内7%的电力消费，其中丹麦的风电穿透率③达27%、葡萄牙和西班牙超过16%、德国达到10.8%。2012年，欧盟各国风能发电装机容量为106GW，④ 德国占31.3GW，西班牙占22.8GW，英国占8.1GW，意大利占8.1GW，法国占7.5GW，其他国家依次为丹麦、瑞典、波兰、荷兰。2012年，欧盟国家仍以发展陆地风能为主，新增装机容量中陆地风能为10.7GW，近海风能为1.16GW，73%的资金流入陆地风能产业。⑤ 在整个风能产业链条中，对GDP贡献率最高的依次为风电场开发、风能设备制造（含整机和零件）、风电产业融资服务，风电设备（整机和零件）制造部门对就业的贡献率达到60%。欧洲风能协会（EWEA）数据显示：到2020年，欧盟境内风能产业产值将会达到945亿欧元，对GDP的贡献率将达到0.59%，到2030年产值将达到1740亿欧元，对GDP的贡献率将达到1%；2020年，欧盟的风能产业将提供52万份工作，2030年再增加到79万份。在未来20年中，欧盟的风能产业

---

① 2000~2012年，欧盟新能源发电吞噬着传统能源发电的地盘，风能发电装机容量达到96.7GW，光伏装机容量达到69GW，核能装机容量下降14.7GW，火电装机容量下降12.7GW，石油发电装机容量下降17.4GW。
② 1TWH等于10亿度电。
③ 风电穿透率指并网风电在系统总装机容量中的比例。
④ 1GW等于10亿瓦。
⑤ EWEA, "Wind in Power 2012, European Statistics," February 2013, pp. 7 - 9.

将保持30%的年平均增长率。①

2. 太阳能与光伏发电

欧洲的太阳能资源主要分布在德国、西班牙、意大利、法国和希腊等国。另外，欧盟未来的光伏发电还可以充分利用地中海南岸国家的太阳能和光伏资源。2012年，欧盟光伏装机容量超过70GW，远远超过中国的8.9GW和美国的7.8GW。德国、意大利和西班牙继续引领欧盟国家光伏产业。2012年，德国装机容量32GW，并网7.6GW，意大利装机容量16GW，并网3.4GW，同期欧盟境内光伏发电并网总计为16.7GW，满足境内电力需求的2.6%，峰值发电量可满足欧盟境内电力需求的5.6%。德国光伏发电比重达到11%，意大利达到13%。同时，欧盟也是世界重要的光伏设备产地。2012年欧盟国家多晶硅产量占全球市场的20%，硅片产量占8%，单晶硅电池产量占5%，组件产量占14%，TF薄膜电池组件产量占20%。②

2011~2013年，欧盟国家光伏产业发展经历了剧烈波动，新装光伏设备占全球比重从74%一路下滑至37%。但欧洲光伏产业协会（EPIA）预期，2014年欧盟光伏产业将进入新一轮增长周期，到2020年光伏装机容量将达到130~390GW，可满足欧盟境内4%~12%的电力需求。

3. 生物质能和生物燃料

生物质能源主要有三大类：一是生物质能源，包括木材加工废料和农作物秸秆，经过压缩和加工成为可供燃烧的高密度颗粒物；二是工业废弃物和生活垃圾，主要用于发电和采暖；三是通过特殊工业流程萃取的生物燃料，主要是生物乙醇和生物柴油。目前欧洲产量最大的是第一代生物燃料，原料是油菜籽。③ 欧洲拥有丰富的森林资源，由于坚持生物多样性和环境保护政策，2012年欧洲境内的林木蓄积量达到257亿立方米。北欧国家是传统木质燃料的生产和消费国，近年来，德国和其他中东欧国家也大力发展木质燃料热电产业。2011年，欧盟国家生物质能源在最终能源消费中的比重达到8.4%，其中北欧和波罗的海沿岸国家甚至达到25%。2010~2012年，欧盟国家木屑燃料消费

---

① EWEA, "Wind in Power 2012, European Statistics," February 2013, pp. 6–7.
② *PV Status Report 2012*, European Commission, Joint research center, September 2012, p. 20.
③ *European Bio-Energy Outlook 2013*, AEBIOM, 2013, p. 4.

从100万吨增加到800万吨，减少了对煤炭和燃油的需求。2011年，欧盟生物燃料产能达到2749.5万吨，其中生物乙醇393.8万吨，生物柴油2021.7万吨，其他燃料334万吨；德国产能最高，为874.2万吨，西班牙479万吨，法国427万吨，意大利254万吨。2011年欧盟生物燃料实际产量达到1365.8万吨，其中生物乙醇274.6万吨，生物柴油909万吨，其他182万吨。同年，欧盟生物质能源产值超过470亿欧元，其中生物气体51.75亿欧元、生物燃料146.8亿欧元、固体生物燃料275亿欧元。欧盟的生物质能源还创造出大量的就业岗位，2011年提供38.3万多个就业岗位，其中仅生物燃料部门就雇用了10万多人，固体生物燃料就业人数超过27万。此外，欧盟国家利用沼气发电的历史很长，2011年沼气发电量达到385.8亿度，同年城市垃圾燃烧节省的能源折合1635亿吨标准油，欧盟境内有2800万居民用电和采暖依靠垃圾发电厂。

4. 新能源汽车和新型车用燃料

新能源汽车是一个较有发展前途的产业部门。欧洲国家新能源汽车发展方向主要有电动汽车、混合能源汽车、新型轻质材料汽车等，新能源汽车的发展与传统汽车产业有密切关系，因此，欧洲的汽车制造业大国——德国、法国、英国成为开发新能源车辆的先驱。2012年，法国新能源汽车销售量达4451辆，同比增长210%；德国的新能源汽车销量1844辆，同比增长3.2%；英国新能源汽车销量1145辆，同比增长25%。但欧洲新能源汽车在整个汽车销售中的比重尚微。例如，2012年法国、德国、英国汽车销量分别达到201万、308万和200万辆。发展新能源汽车，已经被列入许多国家产业结构调整战略。例如，德国和法国都制定了2020年新能源汽车发展规划，到2020年，德国电动汽车产量将达到100万辆，德国政府还向奔驰等三家公司提供5亿欧元，用于研发锂电池和生产链；法国政府为本国新能源汽车研发提供了4亿欧元。① 如前所述，欧洲国家积极开发车辆专用的生物乙醇、费托柴油（Fischer-Tropsch diesel）、生物二甲醚等燃料。此外，近年来在开发氢燃料电池方面取得重大进展，预计到2020年，欧盟境内2%的客车将使用氢燃料电池。

---

① http：//www.china-consulting.cn.

5. 新能源建筑业

欧盟境内建筑物总量超过1.5亿座，建筑物消耗了40%的能源，其中商业和公共建筑占33%，居民建筑占67%，居民建筑能耗的90%是制冷和采暖，10%是照明和家电。由于欧盟国家地域跨度较大，气候条件差异加大，北欧国家建筑物采暖时间比南欧国家更长，而南欧国家制冷时间则更长。2006年，欧盟制定了建筑物能效指令（The Energy Performance of Buildings Directive，EPBD），明确提出了对欧盟境内建筑物能源消耗的最低要求。2012年又修订了该指令，提出了更高的能耗要求，同时考虑到不同成员国的具体情况。此外，欧盟还制订了能效计划和智能电网计划，要求每年改造3%的公共建筑物面积，节约10%的能源，具体目标是到2020年使境内建筑物总能耗减少10%，到2050年实现"近零"排放。因此，建筑物节能材料和技术成为一个前景非常广阔的新兴产业。目前，欧盟新能源建筑业主要依托新型墙体保温材料和建筑材料（wall insulation/roof insulation），可以使建筑物热能损失减少30%，单此项新技术就足以使欧盟境内所有建筑物采暖能耗减少20%，新型冷凝式锅炉技术（condensing boiler）可以提高热效率25%，新型热泵技术（heat pump）可以减少排放20%。[①]

（二）新能源产业的基本特点

第一，政策导向作用突出。欧盟国家风能、光伏能和生物质能产业都是在明确的政策支持下发展起来的。近几年，欧盟境内光伏制造业的剧烈波动印证了这种政策支持的重要性。由于政策的支持，欧洲境内光伏制造业一窝蜂上马，形成恶性竞争和产能过剩。例如，2011年欧盟新安装光伏设备一度占全球的74%，2012年降到55%，2013年继续降至37%，大量中小企业破产。目前，欧盟有一种观点，认为调整和减少政策的过度支持、加速市场竞争是未来新能源产业健康发展的重要前提。

第二，产业分布集中。欧盟的风能、太阳能光伏、生物能产业主要集中在

---

① Peter Johnston & Waldo Wanderhaeghen，"Economic Recovery to a Greener Economy: Mobilizing ICT-Based Innovations," *Working Paper* No.33, European Policy Center, Brussels, February 2010, pp.42-50.

少数几个国家。例如，2012年欧盟光伏发电装机容量的近80%分布在德、意、西三国；英国和丹麦两国垄断了欧盟78%的近海风电装机容量；法国生物燃料产值占欧盟生物燃料总产值的66%，2012年的生物汽油产量达到12亿升。此外，欧洲的新能源汽车产业也主要集中在英、法、德三国，氢能电池的研究主要是德国和法国。相比之下，其他国家的新能源发展缓慢。

第三，研发先行。新能源产业技术含量高，研发投资巨大，欧盟新《地平线2020》计划内直接或间接用于新能源和能源技术研究的投入超过整个预算的40%。在风能产业，5%的营业收入被用于研究开发（欧盟整体水平为3%），其中风电机制造业10%的收入被用于研究开发。2011～2015年，英国为主要的风电技术试验项目提供的资助均在2500万～3000万英镑之间，而德国和法国在2020年前为新能源汽车项目提供的单项支持超过9亿欧元。欧盟还积极开展第三代生物燃料萃取技术的研究，2011年拿出1400万欧元用于微藻类生物能源萃取技术的研究。①

第四，控制高端市场。欧盟新能源产业之所以具有竞争力，一个重要原因是走高端路线。以风力发电机组为例，欧盟国家是全球大型风电机组的主要供货方，世界10家最大的风力发电机制造商中，欧盟国家占4家，出口产品主要是大型风电机组。2012年欧盟太阳能光伏制造业中的TF薄膜电池组件产能和产量分别占全球比例的18%和20%。②

第五，培育新的增长点。国际金融危机后，欧盟国家传统产业在痛苦中挣扎，新能源产业则一枝独秀。2009～2012年，欧盟风能、光伏能、生物质能产业的发展势头不仅未减缓，反而有加速的态势。至于光伏产品制造业的萎缩，主要是政策扶持力度降低和市场调整的后果，预计2014年开始会进入新一轮增长周期。③ 目前，新能源产业对GDP的绝对值贡献率不高，但对GDP增长率的贡献率很高。由此可见，新能源产业将成为推动欧盟未来经济和就业增长的关键。

---

① http://ec.europa.eu/programmes/horizon2020/en/.
② *PV Status Report 2012*, European Commission, Joint research center, September 2012, p.20.
③ "Green Growth the Impact of Wind on Job and Economy," a report by EWEA, March 2012, p.12.

三 欧盟新能源产业面临的政策挑战

2005年以来,欧盟密集出台了多个重要的新能源发展战略。2006年制定的《欧盟能源绿皮书》强调能源安全和可持续发展。2008年,欧盟通过了战略能源技术计划,提出发展风能、光伏能和生物能技术,将欧盟经济发展建立在"低碳能源"基础上。2010~2011年,欧盟先后推出欧盟"2020能源战略"和欧盟"2050能源路线图",将欧盟发展新能源产业政策目标化,到2020年,欧盟新能源和可再生能源在能源消费中的比重将达到20%,生物燃料在交通燃料中的比重将达到10%。另外,2009~2013年,欧盟还筹集1050亿欧元,用于发展环保产业,其中40%的资金用于开发新能源和与新能源有关的产业。欧盟"2050能源路线图"要求,到2050年,在全部能源消费中,新能源比例最高将达到75%,电力能源中的97%将来自新能源,其中还不包括已经占电力能源1/3的核能发电。①

欧盟为新能源产业发展提供了多方面的政策支持。在立法方面,2009年欧盟通过新的可再生能源法,2011年通过了可再生能源发电法,要求各国按照法律要求支持本国可再生能源的发展;在财政方面,欧盟国家给新能源产业发展提供大量补贴,尽管欧盟没有统一的补贴标准,但大部分成员国都通过"上网电价补贴"政策来支持本国新能源产业发展;在税收和贷款方面,欧盟国家为本国新能源产业的发展提供税收减免和贷款优惠,例如,欧洲议会立法免除了生物燃料生产过程中90%的税收,生物柴油主要原料油菜籽的生产过程还可享受差别税的待遇。

然而,欧盟新能源产业的发展也将面临一些新的变化。

首先,对财政补贴的依赖很难具有可持续性,以及这种补贴是否影响新能源产业的市场竞争力。对于这个问题,欧盟成员国的立场并不一致。欧盟没有制定统一的补贴标准,而是把制定补贴的权利交给各成员国,这就使对新能源产业的补贴"政出多门",增加了协调难度。此外,过高的补贴还造成某些新

---

① *Energy Roadmap 2050*, p.4, Brussels, XXX COM (2011) 885/2.

能源产业的盲目扩张和恶性竞争,甚至造成国际贸易纠纷。例如,欧盟每年为生物燃料提供的补贴高达40亿欧元,引发国际社会对欧洲"绿色保护主义"的抨击。

其次,欧盟新能源产业的未来发展可能受到某些国家核能战略调整的影响。20世纪70年代能源危机后,核能成为欧洲最有前途的清洁能源。由于全球核电站事故频发,欧盟成员国在发展核能的战略上产生了严重分歧。例如,德国已经决定提前在2022年关闭境内所有核电站,法国为了表示坚挺核电政策的立场,于2013年启动了国际热核聚变反应堆(ITER)。欧盟委员会虽然对成员国核能分歧持中立立场,但部分成员国放弃核电的政策毕竟会给欧盟整体的能源转型带来重要影响。由于德国等欧盟成员国放弃核能,这些国家必须更多地开发核能以外的清洁能源,其中最具发展前途的是风能和太阳能,其他新能源的开发力度也会相应加大,这将会改变欧盟目前的新能源地图。

最后,一些技术难关很难突破。欧盟在新能源技术开发的过程中取得了引人瞩目的成就,但有些技术难关尚待突破。尤其在新能源车辆、第2代和第3代生物燃料技术的商业推广等方面,技术方面的制约不容低估。而这些技术的突破和商业化需要大量的投资,这无疑是欧盟新能源产业近期发展的一个瓶颈。

B.6 从"疑欧主义"到"融入欧盟"：克罗地亚的转型进程

刘作奎

摘　要：

> 克罗地亚入盟进程经历了从"疑欧主义"到"欧洲主义"的转型。在与欧盟的谈判过程中，反腐败问题和与前南斯拉夫国际刑事法庭的合作是其面临的最主要困难。克罗地亚入盟对该国、西巴尔干地区和整个欧盟发展产生了积极影响。

关键词：

> 疑欧主义　欧洲主义　转型　反腐败　入盟

克罗地亚在入盟前经历了艰难的转型过程。自脱离南斯拉夫联邦之后，虽然经济发展基础较好，转型也一直在进行，但受制于国内的特殊情况，克罗地亚民族主义情绪严重。如何从"民族主义"转型到"欧洲主义"并最终加入欧盟，其间经历了一个复杂的过程。

一　图季曼的疑欧主义及其对克罗地亚转型的影响

20世纪90年代，克罗地亚曾被西方政治家和学界描述为"极权国家"（authoritarian country）[①]、"准极权国家"（semi-authoritarian country）[②]、"不自

[①] V. Peskin and M. Boduszynski, "International Justice and Domestic Politics: Post-Tudjman Croatia and the International Criminal Tribunal for the Former Yugoslavia," *Europe-Asia Studies*, Vol. 55, No. 7, 2003, pp. 1117–42.

[②] M. Ottoway, *Democracy Challenged: The Risk of Semi-Authoritarianism*, Washington, D. C., Carnegie Endowment for International Peace, 2003.

由的国家"(illiberal country)①、"有缺陷的民主国家"(defective democratic country)② 或"冒牌的民主国家"(simulated democratic country)③。上述表述说明,按照西方的所谓民主体制标准来看,克罗地亚在 20 世纪 90 年代的转型是不成功的。其间,图季曼的总统身份和对克罗地亚内政和外交的影响是西方关注的焦点。在领导克罗地亚寻求独立过程中,图季曼一直扮演领袖的角色,因此被克罗地亚民众称为"国家之父"。从 1990 年开始,图季曼及其领导的克罗地亚民主共同体一直掌控着克罗地亚的内政和外交走向。在 1992 年举行的独立后第一次总统和议会选举中,共有 41.93% 的选民参加投票,克罗地亚民主共同体获得了占据绝对多数的议会席位。④ 民主选举给予了该党在国家立法机构中绝对的优势地位,克罗地亚民主共同体可以按照该党领袖图季曼的偏好来规划国家制度和政策。克罗地亚虽然形式上是半总统制国家,实际上却是超级总统制国家。⑤ 图季曼不仅有效控制了所有的国家机构和组织,而且干预市民社会,严格管制媒体,甚至引导大众文化的取向。

克罗地亚和斯洛文尼亚是从南斯拉夫最早独立的两个国家,但克罗地亚没有像斯洛文尼亚那样迅速从 20 世纪 90 年代早期的民族孤立主义转向更加开放的欧洲主义。图季曼的内政和外交政策以一直对欧洲化保持警惕为特点。自 1992 年起,民族主义和反塞尔维亚族的沙文主义势力抬头。图季曼领导的克罗地亚民主共同体强调克罗地亚是"对立并否定南斯拉夫 - 塞尔维亚"⑥ 的一方,并且

---

① M. A. Vachudova, "Democratization in Postcommunist Europe: Illiberal Regimes and the Leverage of International Actors," Center for European Studies Working Paper Series, No. 139, 2006.

② N. Zakosek, "Democratization, State-building and War: The Case of Serbia and Croatia," *Democratization*, Vol. 15, No. 3, 2008, pp. 600 – 601.

③ M. Boduszynski, *Regime Change in the Yugoslav Successor States: Divergent Paths toward a New Europe*, Baltimore, MD, Johns Hopkins University Press, 2010, pp. 74 – 114.

④ C. Lamont, "Explaining the Regeneration of the Croatian Democratic Union in Post-Presidential Authoritarian Croatia: Elites, Legacies, and Party Organization," *Balkanistica*, Vol. 21, 2008, p. 65.

⑤ Dejan Jovic and Christopher K. Lamont, "Introduction Croatia after Tudjman: Encounters with the Consequences of Conflict and Authoritarianism," *Europe-Asia Studies*, Vol. 62, No. 10, 2010, p. 1613.

⑥ Nenad Zakosec, "The Legitimation of War: Political Construction of a New Reality," in Nena Skopljanac Brunner et al. (ed.), Media & War, Zagreb and Belgrade: Centre for Transition and Civil Society Research and Agency Argument, 2002, pp. 109 – 116.

在克罗地亚与塞尔维亚的冲突中成功说服许多选民支持其政治议程。① 借此，克罗地亚民主共同体的统治得以强化，并消除了政治多元化的可能。

图季曼对欧洲观念一直怀有敌意，而且对来自欧洲的批评极为敏感，他批评欧洲在南斯拉夫解体危机中自负而又无所作为。② 在图季曼看来，没有美国的决定性支持，克罗地亚在1995年将无法确保领土完整，因此欧洲国家没有道德权力来批评克罗地亚的体制。同时，图季曼坚持认为，欧盟是一个多民族的、超国家的组织，加入欧盟将会对克罗地亚的独立国家身份造成威胁。对于欧盟1997年4月提出的区域立场中的条件（参加国必须尊重民主、人权和基本自由、法治），图季曼严词拒绝。对于欧盟的"西巴尔干"观念，他并不认同。图季曼认为，欧洲试图重新建立一个"新南斯拉夫"。作为对区域立场政策的回应，克罗地亚修改了宪法，并且在宪法中补充了下述条款，禁止谋求类似南斯拉夫的国家联合体的成员国资格。③

在自克罗地亚脱离南斯拉夫到与欧盟签署《稳定和联系协议》（2001年）期间，克罗地亚和欧盟并没有建立固定的契约关系。④ 受欧盟区域立场以及随后的稳定和联系进程中条件限制的影响，克罗地亚和欧盟的财政合作仅限于人道主义援助和支持部分民主化进程，1996年之后欧盟才开始向克罗地亚提供重建援助。⑤ 显然，克罗地亚的"疑欧主义"政策对其融入欧盟的进程产生了消极影响。

二 克罗地亚"疑欧主义"和"欧洲主义"之争

受"疑欧主义"政治气氛的影响，20世纪90年代，克罗地亚国内疑欧主

---

① Gordana Uzelak, "Franjo Tudjman's Nationalist Ideology," in *East European Quarterly*, Vol. 31, Issue 4, 1998, pp. 449 – 472.
② Dejan Jovic, "Croatia and the European Union: A Long Delayed Journey," *Journal of Southern Europe and the Balkans*, Vol. 8, No. 1, April 2006, pp. 85 – 103.
③ Dejan Jovic, "Croatia and the European Union: A Long Delayed Journey," *Journal of Southern Europe and the Balkans*, Vol. 8, No. 1, April 2006, p. 86.
④ http://delhrv.ec.europa.eu/images/article/File/Strategija_EK_za_CARDS_za_RH_2002 – 2006.pdf.
⑤ http://delhrv.ec.europa.eu/images/article/File/Strategija_EK_za_CARDS_za_RH_2002 – 2006.pdf.

义者和激进的民族主义者非常活跃,最明显的表现是他们坚持本土战争(Homeland War,指 1991~1995 年的南斯拉夫解体期间发生的战争)的价值及成就(克罗地亚主权和独立、克罗地亚社会的单一民族特性以及民族主义特色),并认为克罗地亚一旦加入欧盟,将会对上述特色造成威胁。[1] 他们视欧盟为共享自由价值观的国家和社会组织,而对于民族主义者来说,自由主义存在很多问题。此外,根据民族主义者的想法,克罗地亚如果同意把主权让渡给另一个超国家组织将铸成大错,他们甚至回想起南斯拉夫的历史,认为布鲁塞尔是"新的贝尔格莱德",如果通过国内改革和重新调整对外政策来投向欧盟的怀抱,这将有悖于克罗地亚的国家利益。[2]

克罗地亚毕竟是个开放的国度,历来受西方思潮影响很大,国内许多知识精英对于融入欧洲、远离巴尔干这个是非之地有着较为迫切的愿望。作为反对党的社会民主党(社民党)及其精英扮演了与克罗地亚民主共同体对立的角色。由于民主社会主义的思想在克罗地亚影响力不大,为了加强左派力量,社民党同社会民主主义者党开始商讨合并,最终于 1994 年底成立了新的社民党,成为国内最大的左翼政党。它重申社会民主主义原则,宣称吸收西欧式社民党的因素,奉行欧洲社会民主主义;在政治上实行以多党制为基础的议会民主政治,建立现代欧洲国家;在经济上实行多种所有制成分共存的混合所有制,建立社会市场经济,反对不可控的私有化和贫富差距过大;在外交关系上主张加快欧盟一体化进程,并积极与欧盟国家的社会民主党开展友好合作。[3]

由此,在克罗地亚的政治和社会光谱中,逐渐形成了坚持国家主权独立的"疑欧主义"和融入欧洲一体化的"欧洲主义"的对垒,也造成了克罗地亚内部政治和思想的分裂。[4] 1995 年,克罗地亚举行了独立后的第二次议会选举,

---

[1] Dejan Jovic and Christopher K. Lamont, "Introduction Croatia after Tudjman: Encounters with the Consequences of Conflict and Authoritarianism," *Europe-Asia Studies*, Vol. 62, No. 10, 2010, pp. 1614-5.

[2] Dejan Jovic and Christopher K. Lamont, "Introduction Croatia after Tudjman: Encounters with the Consequences of Conflict and Authoritarianism," *Europe-Asia Studies*, Vol. 62, No. 10, 2010, p. 1615.

[3] (克罗地亚)白伊维:《欧洲主义与民族主义的较量:克罗地亚社民党的演变》,《当代世界与社会主义》2013 年第 3 期。

[4] Dejan Jovic and Christopher K. Lamont, "Introduction Croatia after Tudjman: Encounters with the Consequences of Conflict and Authoritarianism," *Europe-Asia Studies*, Vol. 62, No. 10, 2010, p. 1614.

克民主共同体仍具有绝对优势。尽管如此，克罗地亚社会中要求融入欧洲的呼声日渐增多。多数精英和民众希望国家能够拥有更好的发展环境，而不是故步自封。民众的民族主义情绪也逐渐减弱，对反塞尔维亚主义渐渐失去兴趣。此时的克罗地亚民主共同体政府由于私有化进展不顺而导致大量企业破产和民众失业，经济萎靡不振，战争破坏区域的重建及移民问题更使脆弱的经济雪上加霜；私有化过程中的贪污渎职、少数群体的特权和行政腐败越来越严重；在与欧盟的对话中，图季曼政府的强硬立场导致克罗地亚无法开启入盟进程。上述因素导致大部分中上阶层精英尤其是萨格勒布的知识分子开始转向支持左派的政治立场。克罗地亚逐渐酝酿新的变革。

三 克罗地亚社会民主党的欧洲化政策

1999年12月，图季曼逝世，克罗地亚民主共同体的影响力大为减弱，克罗地亚人民党副主席斯捷潘·梅西奇（Stjepan Mesic）在2000年1月的总统选举中获胜，由社会民主党主席拉昌（Ivica Racan）领导的联合六党（社会民主党、社会自由党、农民党、克罗地亚人民党、自由党和伊斯特拉民主议会）在同月举行的议会选举中获胜。克罗地亚民主共同体在国家政治体制中被边缘化，这也标志着"疑欧主义"在政治舞台上逐渐淡出。

社民党能够上台执政，主要是因为民族主义外交政策已经无法吸引民众。而克罗地亚社民党建立了一种社会民主主义的价值观，展现了与克罗地亚民主共同体不同的政治选择。社民党主张效仿西欧的民主社会主义吸引了受过良好教育的公民，"亲欧"和民主社会主义逐渐成为最进步的政治选项，而支持克罗地亚民主共同体和强调民族政策则意味着选择经济停滞和政治孤立。

社会民主党竞选方法得当，也是成功执政的重要原因。在选举前，社民党开始与其他中左翼政党为组建选举联盟进行谈判，目标是确保取得选举胜利。在谈判过程中，社民党向其他左翼政党做出了较大妥协，许诺在未来政府中给予它们更多的参与机会，并承诺实行地方高度自治。到1999年，社民党成功地集合了六个反对党并为2000年大选准备了共同的议程。

欧洲蓝皮书

有学者称"2000年的选举是克罗地亚作别极权体制的决定性的第一步"①，这一评价比较准确。此后的"去图季曼化"是后图季曼时代精英们形容21世纪头三年实施的一系列宪法和外交政策变革的词语。在此期间，梅西奇和拉昌放弃了图季曼时代对融入欧洲-大西洋机制的孤立主义情绪和抗拒政策，② 放弃了图季曼的"一个民族一个国家"的主张，强调克罗地亚少数民族的权利和政治参与，包括不干涉波黑政治以及波黑克罗地亚族的生活。

2000年11月，克罗地亚议会通过宪法修正案，改半总统制为议会制，总统的职位逐渐变为象征性角色。政府对媒体也采取了更加自由而透明的政策。克罗地亚中央电视台还解雇了支持民主共同体的职员，并开始批评图季曼政策的错误，尤其是官僚腐败和私有化问题。此后，与前南斯拉夫国际刑事法庭合作、难民回国以及解决政治腐败成为政府与欧盟接轨的重要政策方向。由于政策的转型，克罗地亚的入盟出现了转机，得以全面参与稳定与联系进程，并于2001年10月与欧盟签署了《稳定与联系协议》。③

克罗地亚在后图季曼时代的三届政府：2000~2003年的社会民主党拉昌政府，以及经过改革后重新上台执政的克罗地亚民主联盟萨纳戴尔（Ivo Sanader）政府（2003~2009年）和克罗地亚民主共同体的科索尔政府（2009~2012年）一直致力于加入欧盟，并且在克罗地亚国内形成了广泛的共识。克罗地亚民主共同体能够在2003年议会选举中成功翻身，很大程度上仰赖于其果断地放弃"疑欧主义"政策，全力支持加入欧盟的政策，同时尽力提高民众福利。

克罗地亚的努力也得到了欧盟的回报。1996~2000年，克罗地亚仅获得了欧盟奥布诺瓦计划（主要是重建）的技术援助；2001~2004年则获得了共同体重建、发展与稳定援助计划（CARDS）的资金支持，以增强克罗地亚参与执行稳定与联系进程。该计划主要帮助克罗地亚强化边界控制、支持民主稳定、增强国家机构的能力、进行区域基础设施和环境保护。2004年，克罗地

---

① C. Lamont, *International Criminal Justice and the Politics of Compliance*, Farnham, Ashgate, 2010, p. 38.

② D. Jovic, "Croatia and the European Union: A Long Delayed Journey," *Journal of Southern Europe and the Balkans*, Vol. 8, No. 1, 2006, pp. 85-103.

③ http://delhrv.ec.europa.eu/images/article/File/Strategija_EK_za_CARDS_za_RH_2002-2006.pdf.

亚获得欧盟候选国地位,并得到了入盟前援助工具(IPA)(2007~2013年)的支持。入盟前援助工具包含五个部分:转型援助和制度建设、跨边界合作、区域发展、人力资源开发和农村开发。在该项目框架下,欧盟共资助了克罗地亚7.4983亿欧元(2007~2011年)。①

四 克罗地亚入盟的谈判进程

克罗地亚于2005年10月开始与欧盟展开入盟谈判,经过六年的不懈努力,终于获得欧盟的认可。2011年6月30日,欧盟委员会向欧洲理事会建议结束与克罗地亚的全部谈判,宣布其将成为欧盟的正式成员国。在谈判进程中,经济领域较为顺利,而在打击腐败和与前南斯拉夫国际刑事法庭合作上则面临诸多困难。

(一)经济转型和入盟谈判

克罗地亚1991年独立后,实行经济转型,变中央计划经济为市场经济。克罗地亚1990年底通过的宪法规定:私人产权受到保障;企业和市场自由是克罗地亚经济体制的基础;国家保证企业家在市场上的平等地位;禁止垄断;通过投资所获得的权利不得通过法律和其他法规性条件加以缩小;保障外国投资者自由获得利润;公民就业自由,就业者可参加企业决策,有权享受社会保障,可成立大会,有权罢工;每个公民有权享受健康保护;所有人都有义务根据自己的经济能力分担公共消费的需要,平等和公正是税收制度的基础;克罗地亚人民银行是中央银行,负责保护货币稳定和对内对外的支付能力。② 尽管克罗地亚在随后的经济转型过程中遭遇诸多困难,如战争对基础设施的破坏、企业私有化过程中存在腐败问题、2008年金融危机冲击使克罗地亚经济持续衰退且失业率高企,但克罗地亚一方面按照欧盟的要求积极应对上述问题,另一方面,由于克罗地亚经济转型时间较早,比较早建立起功能性市场经济,因

---

① http://ec.europa.eu/enlargement/candidate-countries/croatia/financial-assistance/index_en.htm.
② 姜士林等主编《世界宪法全书》,青岛出版社,1997,第950页。转引自左娅《克罗地亚》,社会科学文献出版社,2007。

此在涉及经济领域的谈判比较顺利。经济和货币政策章节的谈判在2006年开始，2008年就顺利完成，明显要快于其他大多数章节的入盟谈判。

（二）克罗地亚入盟进程中的腐败问题

克罗地亚的腐败，尤其是高层的腐败问题，是横亘在入盟面前的重要难题。萨纳戴尔执政时期的腐败成为国际瞩目的焦点。据媒体披露，萨纳戴尔在担任总理期间，时常有人扛着大口袋现金出入他的办公楼。维基解密披露，2009年美国驻克罗地亚大使发回的秘密电报中说，萨纳戴尔有可能涉及数宗案件。一份国际教育机构的报告称，在萨纳戴尔任职期间，克罗地亚教育腐败已经到了相当严重的地步，教师普遍受贿，学生不行贿就无法毕业拿到学位证书，学校买卖文凭现象泛滥成灾。欧盟扩大进展报告也多次强调克罗地亚存在严重的腐败问题，坚持要求克罗地亚当局必须予以解决，否则难以入盟。

迫于欧盟和国际舆论的压力，萨纳戴尔于2009年7月宣布辞职，科索尔继任其职。2010年12月27日，科索尔撤换了4名关键职位的部长：国防部、财政部、文化部、建设部部长，显示了其反腐决心。2012年4月16日，克罗地亚最高法院对萨纳戴尔和其所在的政党克罗地亚民主共同体的腐败问题进行了审判，重点审查非法使用国家基金的问题。这是自克罗地亚独立以来一个政党首次因非法行为而被审判。

尽管克罗地亚在反腐败上做出了巨大努力，但仍与欧盟标准存在差距。欧盟向克罗地亚开了"绿灯"——遵循保加利亚和罗马尼亚"模式"，让克罗地亚带着尚未解决的腐败问题加入欧盟，入盟后继续在腐败问题上接受欧盟的严格审查。欧盟让克罗地亚入盟，有着多方面原因：首先它是成员国经过多次协商后达成的一项既定日程，并最终在2011年的欧盟峰会上得到确认；其次是克罗地亚作为西巴尔干转型的标志，的确取得了很大的进步，在政治和经济领域转型相对彻底。为了鼓励后进者，维持扩大的势头，欧盟决定吸纳克罗地亚。

（三）克罗地亚入盟与前南斯拉夫国际刑事法庭合作

与前南斯拉夫刑事法庭（前南刑庭）合作是克罗地亚政治中最具争议的

问题。在遵守"欧洲规则"上,所有其他领域都得到了克罗地亚绝大多数公民的支持,唯独与前南刑庭合作是个例外。因为克罗地亚民众和精英认为这种要求过于政治化,而且很多方面并不合理。法庭成立头两年(1993~1995年),前南各国不仅没有逮捕一名被起诉者,反而有些被告还被升职,公开与法庭对抗。克族嫌犯布拉斯基奇在被起诉后的第二天,即1995年11月14日被图季曼提拔到克罗地亚军队的一个高级职位。时任克罗地亚国防部长苏萨克(Gojko Šušak)① 称,被国际法庭起诉的两名嫌犯"仍是克罗地亚民族最伟大的儿子"。②

欧盟要求西巴尔干诸国与前南刑庭合作是入盟的前提条件,而克罗地亚和波黑等国最初因无法满足与前南刑庭合作的条件,导致其在入盟中处于落后地位,欧盟甚至对克罗地亚实行了惩罚。③ 克罗地亚对欧盟的做法提出尖锐的批评,甚至不遗余力地采取很多措施使自己远离西巴尔干地区,不惜重新定义自己为"中欧"而不是"巴尔干"国家。④

拉昌的社会民主党政府执政时虽在口头上宣布与前南刑庭合作,但在实际执行中难以做到。社会民主党政府在处理国际上声名狼藉的克族将领诺拉茨(Mirko Norac)、格特维纳(Ante Gotovina)和波贝特科(Janko Bobetko)问题上长时间没有取得进展。欧盟指责克罗地亚没有遵守《稳定与联系协议》。英国和荷兰甚至一度拒绝与克罗地亚签署《稳定与联系协议》,并威胁阻止其申请入盟。

萨纳戴尔领导的克罗地亚民主共同体政府上台后,立刻展开穿梭外交来取信国际社会,尤其是争取到前南刑庭主审判官蓬特(Carla Del Ponte)的谅解,表达了与前南刑庭完全合作的意愿,并陆续抓捕了一些战犯。2004年4月,蓬特首次承认新政府在积极配合前南刑庭的工作。科索尔上台执政后,对前南

---

① 1991~1998年任克罗地亚国防部长。
② 凌岩:《跨世纪的海牙审判:记联合国前南斯拉夫国际法庭》,法律出版社,2002,第225页。
③ See Milada Anna Vachudova, "Strategies for Democratization and European Integration in the Balkans," in Marise Cremona (ed.), *The Enlargement of the European Union*, Oxford University Press, p. 148.
④ See Romania Vlahutin, "The Croatian Exception," in Judy Batt (ed.), *The Western Balkans: Moving On*, Chaillot Paper No. 70, Paris EUISS, October 2004.

刑庭采取了密切合作的态度。2010年7月,国际犯罪法庭对科索尔政府改善与前南刑庭合作的努力表示认可。

五 克罗地亚入盟的意义

入盟提高了克罗地亚的国际地位,增加了国际影响力;成为欧盟大市场的一员,使克罗地亚面临良好的发展机遇,来自欧盟基金和外部战略投资的支持,使克罗地亚有望提振萎靡的经济;成为欧盟成员国后,克罗地亚可为其他西巴尔干国家入盟进程提供技术支持,借机提升自己在西巴尔干地区的影响力,从而起到与斯洛文尼亚相似的作用——成为沟通欧盟与西巴尔干国家关系的"纽带"。

就西巴尔干地区来说,克罗地亚入盟为其他未入盟国树立了一个"样板",使它们更有针对性也更有信心迈向欧洲一体化。黑山在2012年开启入盟谈判后一直有条不紊地进行改革;马其顿也获得了欧盟的特殊优待,在与希腊"国名"纠纷尚未解决的情况下,欧盟已开始与其展开了某些入盟方面的谈判;塞尔维亚则在2013年6月28日得到了欧盟的"绿灯",为鼓励其与科索沃关系正常化所做的努力,欧盟宣布2014年1月开启与塞尔维亚的入盟谈判。黑、马、塞的进步也给阿尔巴尼亚、波黑的入盟进程带来不小的压力,增加了它们入盟的紧迫感。

就欧盟而言,它通过克罗地亚入盟向外界展示了欧洲一体化的信心。欧元区虽仍处于危机之中,但欧盟有能力解决危机,而且既有的扩大政策不变。欧盟仍有能力扩展其影响力,改变周边动荡国家的政治、经济体制和发展路径,将周边动荡区打造成和平区。

当然,"扩大疲乏症"问题一直困扰着欧盟。如果说克罗地亚体量不大,对整个入盟进程不会产生大的冲击,那么将问题和麻烦不断的其他西巴尔干五国吸纳进来,欧盟面临的挑战巨大。这五国的入盟之路也会非常艰难。

(审稿人:孔田平;文字编辑:张海洋)

B.7 欧盟航空碳税的新动向与未来走向

刘 衡[*]

摘 要： 国际社会与欧盟有关欧盟航空碳税的博弈已从2013年起进入新阶段。欧盟4月通过的航空碳税"停摆"决定，豁免了2012~2013年国际航班的所有排放。国际民航组织第38届成员国大会为全球航空减排第一次设计了"路线图"，欧盟表示欢迎。但欧盟委员会随后提出的修法议案改用"领空模式"，坚持将国际航班在欧盟领空内的排放纳入ETS，引起新的争议。无论欧盟如何修法，2013年的新动向表明欧盟航空碳税的未来走向已经明朗。在不愿意立即终止航空碳税的情况下，继续暂停执行相关规定直至全球方案实施或许是欧盟最现实的选择。

关键词： 欧盟航空碳税　停摆　减排路线图　领空模式

一　引言

2008年11月，欧盟通过"航空碳排放交易指令"（以下称"2008年指令"），决定对"排放配额交易指令"（以下称"2003年指令"）进行修正，将航空业（包括欧盟境内与境外航空业）纳入温室气体排放交易机制（emissions

---

[*] 刘衡，中国社会科学院欧洲研究所助理研究员。

trading scheme，以下称"ETS"）。[1] 将非欧盟国际航班纳入温室气体排放交易机制（以下称"欧盟航空碳税"[2]）被欧盟视为其履行《京都议定书》（以下称"议定书"）强制减排义务和减缓全球气候变化的主要政策工具之一。

欧盟将国际航空纳入 ETS 的单边行为违背了通过多边解决航空排放的国际共识和政治承诺，而且多款指令条文涉嫌违反多个国际法领域的多项规定，损人利己，立即招致全世界的强烈批评和坚决反对。包括美国、中国、俄罗斯和印度等航空大国在内的国际社会，单独或联合以抗议、磋商、法律诉讼和反措施（包括国内立法和行政措施）等多种形式，要求欧盟废除或修改"2008年指令"，停止将国际航空纳入 ETS。

随着欧盟对经济和环境等方面负面影响的认识进一步提高，以及国际社会抵制效应的显现，欧盟立场在 2012 年上半年开始松动。2012 年 11 月 12 日，欧盟委员会称决定暂停向国际航班征收航空碳税，"停摆"时间约为一年；如果国际民航组织 2013 年成员国大会仍未就解决国际航空排放问题的全球方案达成协议，欧盟将"自动"重启单边措施。[3]

2013 年，欧盟就此出台了两项重大调整措施。即便如此，欧盟的作为仍未令国际社会感到满意，欧盟航空碳税前景黯淡。

二 欧盟航空碳税 2013 年的新动向

2013 年 4 月 30 日是欧盟首次对不遵守碳税指令行为采取行动的时间节点，国际民航组织第 38 届成员国大会也如期在 9 月底 10 月初召开，就国际航空全球减排做出了相应安排，欧盟对此予以回应，并出台了相关调整措施。

---

[1] DIRECTIVE 2008/101/EC OF THE EUROPEAN PARLIAMENT AND OF THE COUNCIL of 19 November 2008 amending Directive 2003/87/EC so as to include aviation activities in the scheme for greenhouse gas emission allowance trading within the Community，OJ L 8，13.1.2009，p. 3.

[2] 就欧盟将非欧盟国际航班纳入排放交易机制的单边措施而言，"航空碳税"并非一种法律上的严谨表述，易产生误解。但鉴于国内和一定范围内的国际社会已习惯于此种说法，本文遵从此习惯。

[3] European Commission，"Stopping the Clock of ETS And Aviation Emissions Following Last Week's International Civil Aviation Organisation（ICAO）Council，" http：//europa.eu/rapid/press - release_ MEMO - 12 - 854_ en. htm.

（一）"4月修法"

1. "停摆"决定的通过

4月25日，欧盟《官方公报》公布了24日通过的有关停止对国际航班征收碳税的决定，确定2014年1月1日前不对未遵守欧盟航空碳税指令的国际航空公司采取任何行动。① 该决定自公布之日起生效，自通过之日起适用，从而将欧盟委员会2012年11月的"停摆"政治决定转化为法律规定。②

2. "停摆"的原因

欧盟航空碳税的"停摆"可归结为内外多方面因素的共同影响，其中ETS运行不畅和航空碳税遭到国际社会的反对和抵制，是欧盟航空碳税"停摆"的两大主要原因。③

（1）航空排放具有强烈的"国际"特征。全球共同应对航空减排是最有效的方式，各国或地区单独行动于事无补，这是国际社会的共识。欧盟一开始对此颇有微词，最终在新修法决定中认同了这一点，并称这应为欧盟的"优先选择"。

（2）国际民航组织框架下的多边谈判可能取得进展。欧盟称，预期第38届国际民航组织成员国大会将在国际航空减排全球方案方面取得进展。本着为大会成功召开创造良好气氛和提供动力之目的，欧盟决定暂停单边行动。

（3）ETS运行不畅。受欧债危机和配额过多影响，欧盟碳交易市场萎缩严重，碳交易价格低迷。碳交易价格是ETS的支柱，低迷的价格使得ETS运行不畅，航空碳税事实上难以推行。

（4）航空碳税遭到国际社会的强烈反对和坚决抵制。如前所述，欧盟借

---

① DECISION No 377/2013/EU OF THE EUROPEAN PARLIAMENT AND OF THE COUNCIL of 24 April 2013 derogating temporarily from Directive 2003/87/EC establishing a scheme for greenhouse gas emission allowance trading within the Community, OJ L 113, 25. 4. 2013, p. 1.
② 欧盟航空碳税指令属欧盟的二级立法，但欧盟立法权由欧洲议会和欧盟理事会享有，欧盟委员会没有立法权，它的政治决定不能修改相关法律规定。欧盟委员会在2012年11月宣布"停摆"决定后，随即向欧洲议会和欧盟理事会提交了修法议案。在欧洲议会和欧盟理事会分别通过修法议案并经欧盟《官方公报》公布后，"停摆"决定相关内容才具有法律效力。
③ 参见刘衡、黄志雄《欧盟航空碳税"停摆"的原因与启示》，《法治研究》2013年第10期。

减排之名，在给自身带来经济、环境和社会等多方面利益的同时，将获得这些利益的成本强加给国际社会，损人利己，当然受到反对和抵制。

（二）"10月议案"

1. 全球航空减排路线图的提出

10月4日通过的国际民航组织第38届成员国大会决议首次为全球航空减排设计了"路线图"：2016年出台建立全球统一的有关航空减排的基于市场的措施（market-based measure，以下称"MBM"）方案，2020年开始实施通过的方案。①"对航空运输和多边主义而言，MBM协议是应对全球气候挑战的历史性里程碑"。②

决议同时指出，任何成员在设计新的或者实施现有MBM时，必须与其他成员达成（双边或多边）协议（以下称"相互协议"条款）。③ 它为欧盟航空碳税对国际航班的适用施加了限制性条件。欧盟成员国提出的有关"一国或国家集团可以不经第三国同意将其航班在本国领空内排放纳入ETS"的提案未获通过（37票同意，97票反对）。可见，虽然欧盟已经通过修法暂停航空碳税，并于会议前多次释放多边优先的"善意"，但国际社会并未掉以轻心。

尽管再次遭到挫败，但欧盟仍然对大会决议表示欢迎。欧盟委员会气候行动专员赫泽高（Connie Hedegaard）认为，这是"国际民航组织历史上第一次就限制航空排放达成一致，欧盟多年的辛苦追求得到了回报"。④

2. "10月议案"的主要内容

10月16日，欧盟委员会向欧洲议会和欧盟理事会提交了有关"2008年指令"的第二个修法建议案（以下称"10月议案"），作为对国际民航组织这次

---

① ICAO Resolution A38 – 18, http://www.icao.int/Meetings/a38/Documents/WP/wp430_en.pdf.
② ICAO, "Dramatic MBM Agreement and Solid Global Plan Endorsements Help Deliver Landmark ICAO 38th Assembly," http://www.icao.int/Newsroom/Pages/mbm – agreement – solid – global – plan – endoresements.aspx.
③ ICAO Resolution A38 – 18, para. 16 (a).
④ European Commission, "Commission Welcomes UN Agreement on Aviation Emissions," http://ec.europa.eu/clima/news/articles/news_2013100401_en.htm.

大会决议的回应。①

议案的核心修正有两点：第一，ETS继续适用于航空排放，但自2014年1月1日起，不再适用于国际航班在欧洲经济区（EEA，欧盟28国加上挪威和冰岛）外的排放——意味着ETS仍将适用于非欧盟航班在欧盟区域内的排放。赫泽高表示："我们愿意和其他国家协商，但是在欧盟主权范围内，欧盟具有规则决定权"。② 第二，不再允许国际航班"自愿"加入ETS。欧盟委员会希望"10月议案"能在2014年3月通过，以便在"停摆"所涉截止日2014年4月30日到来前新规定能够生效并适用。

3. "10月议案"的主要特点

与"2008年指令"和"停摆"决定相比，"10月议案"具有如下三个主要特点。

（1）从"航程模式"到"领空模式"

"10月议案"将进出欧盟机场国际航班的排放计算方式从"航程模式"调整为"领空模式"，这是一个最重要的转变。

此前使用的"航程模式"将国际航班在欧盟境外（包括他国境内和公海上空）的排放纳入排放额度计算，毫无疑问违反了习惯国际法的部分原则和多个国际协定；③"领空模式"将排放计算范围限于欧盟（成员国）领空，属于欧盟（成员国）依国际法享有的属地管辖权，从根本上消除了航空碳税涉嫌违反国际法的制度障碍。但是，航空碳税的最终效力还须考虑欧盟（成员国）是否承担了国际法上的特定义务和作出了相关承诺，以及该管辖权的行使是否与其他国家相关管辖权的行使发生冲突等因素。

---

① Commission Proposal for a DIRECTIVE OF THE EUROPEAN PARLIAMENT AND OF THE COUNCIL amending Directive 2003/87/EC establishing a scheme for greenhouse gas emission allowance trading within the Community, in view of the implementation by 2020 of an international agreement applying a single global market-based measure to international aviation emissions, 16.10.2013, COM (2013) 722 final.

② "European Commission to Press Ahead with Airspace Coverage of the EU ETS Despite ICAO Assembly Defeat," 16 Oct. 2013, http://www.greenaironline.com/news.php? viewStory = 1768.

③ 如直接违反"一国对本国空气空间拥有完全和专属主权"、"任何国家不得对公海的任何部分行使主权"、"公海飞越自由"和"登记国对在公海上空飞行的航空器拥有专属管辖权"这四项国际法原则（虽然欧洲法院的初步裁决得出了完全相反的结论）。

(2) 从"完全豁免"到"有限豁免"

依"停摆"决定，国际航班在2012~2013年的所有（无论是欧盟境内还是欧盟境外的）排放，将获得完全豁免，既不需要提交排放数据，也无须为超额排放支付罚金。"领空模式"意味着2014~2020年，国际航班的排放只能获得有限豁免，自2015年起，国际航班需要每年提交其在欧盟境内排放的相关数据，以获取排放额度，超额排放仍可能遭受罚金。

(3) 从"无固定期限"到"有固定期限"

"2008年指令"决定自2012年起将国际航班纳入ETS时，并未规定该措施的实施期限。"10月议案"基于全球航空减排"路线图"，将ETS对国际航班在欧盟境内排放的适用期限设定为2014~2020年，此后将完全并入航空减排全球规制。

4. 简短评论

从规则角度看，"10月议案"有进步之处，但在实践中国际社会未必会"买欧盟的账"。抛弃"航程模式"固然值得欢迎，但是采用基于属地管辖的"领空模式"，以及在该模式下实行"有限豁免"，仍会受到国际社会的反对和抵制。在国际航空领域，目前适用较普遍的是属人管辖，国际民航组织框架下有关航空减排的讨论虽然原则上不反对适用属地管辖，但强调其与属人管辖的协调。欧盟若单边实施属地管辖，无疑将面临实际困难。

此外，欧盟一贯"将多边进程与其单边措施挂钩、给多边进程预设条件的做法"仍未完全改变。比如，欧盟委员会表示，如果2016年国际民航组织通过航空减排全球方案，欧盟将视情况再次修法，以与之协调（"胡萝卜"）；同时指出，如果2020年航空减排全球规制未能实现，欧盟也将视情况重新确定纳入ETS航空排放的范围（"大棒"）。

三 欧盟航空碳税的未来走向

国际社会和欧盟有关航空碳税的博弈多年相持不下，欧盟似乎略占优势，欧盟委员会的"停摆"决定打破了这种僵局。虽然具体方案仍有选择余地，但2013年的新动向表明欧盟航空碳税的未来走向已经明朗。

(一)"重启"说与"终止"说

很多环保组织和极少数航空公司协会认为,国际民航组织的"路线图"毫无意义,呼吁欧盟"重启"航空碳税("2008年指令"规定),欧盟委员会的"10月议案"表明,"重启"方案基本已被欧盟排除。[①] 同时,航空业普遍对"10月议案"不满,呼吁欧盟彻底终止航空碳税。因此,"终止"说认为欧盟可能在2014年再次修法,以废除或者无限期暂停实施相关规定的方式为此画上句号——虽然它未必情愿,也存在不确定性。[②] 从"10月议案"看,修法是肯定的,但是欧盟并不想就此画上句号,而是试图在"重启"方案和"终止"方案之间寻找新的路径。

(二)影响航空碳税未来发展的主要因素

首先,欧盟自身的立场无疑是影响航空碳税未来发展的最主要因素,但是欧盟自身的立场本身也受诸多主客观因素的影响;其次,即使"10月议案"内容变成法律条文,但该规定最终能否有效实施不完全取决于欧盟的意志。

1. 欧盟内部不同意见的协调

由于担心与其他航空大国的关系,欧盟成员国内部已经出现不同的声音。12月,欧洲议会环境委员会启动了关于"10月议案"的辩论,支持和反对的声音都有,要求"停摆"延至2016年的呼吁也不少。

2. 航空减排全球方案的进展

欧盟一直将航空减排全球规制进展缓慢作为其实施航空碳税的一个主要原因,目前国际民航组织已经制定了明确的"路线图",欧盟多少也找到一些可下的台阶。但全球方案最早要到2016年才出台,在该方案确定前,欧盟还有一定的自由度。

另外,航空减排全球规制讨论虽然独立于后2020全球气候协议谈判,但二者毕竟有一定的关联性。因此,拟于2016年达成、2020年实施的全球气候

---

① 理论上,欧洲议会和欧盟理事会还可以表示反对。
② 刘衡、黄志雄:《论欧盟航空碳税"停摆"的原因与启示》,载《法治研究》2013年第10期。

新协议若能顺利达成,无疑将对航空减排全球方案的确定产生积极影响。

3. 航空大国(尤其是美国)的态度

印度已明确表示反对"10月议案",中国也在联合国气候变化华沙会议上表达了对与国际民航组织最新决议相悖的航空减排方案的反对。① 指望其他航空大国认同"10月议案"无疑不现实。不过,"领空模式"大大减少了受影响国家的直接经济利益损失,欧盟和它们之间的交涉可能比以前容易。

美国的态度十分关键。美国是第一个通过立法反对欧盟航空碳税的国家,迄今为止挑战航空碳税的唯一法律诉讼就是由美国航空业协会发起的。如果没有美国的加入,国际社会很难在与欧盟的博弈中占据上风。美国对"10月议案"的态度很重要——因为"领空模式"正是美国在第38届国际民航组织成员国大会上为弥合欧洲民航会议成员和其他成员的分歧而提出的妥协方案,只是该方案最终未被大会决议采纳。② 媒体称,已有美国国会议员呼吁行政部门依照法律规定表示对"10月议案"的反对。

4. 国际航空业的态度

未经母国政府同意,欧盟仍然拟将国际航班在欧盟领空内的排放纳入ETS的行为受到国际航空业的一致反对。国际航空运输协会、亚太航空公司协会和美国航空协会明确表示,"10月议案"有违国际民航组织新决议;阿拉伯航空承运人组织则警告存在贸易战的风险。

欧洲航空业也对"10月议案"不满。欧洲航空公司协会认为将国际航班纳入ETS有损追求全球统一减排的目标;欧洲地区航空公司协会要求整体暂停实施ETS,待2016年后再做决定;欧洲廉价航空公司协会则批评欧盟将国际航班在欧盟外的排放排除在ETS之外损害了ETS。

5. 欧盟是否尊重"相互协议"条款

欧盟成员国对国际民航组织大会决议"相互协议"条款提出了保留意见,③

---

① UNFCCC, "SBSTA39 - Item 11f of the Provisional Agenda-China: Intervention," https://unfccc.int/files/meetings/warsaw_nov_2013/application/pdf/china_rev.pdf.
② 美国对本次大会决议提出了保留意见,但相关保留并不涉及"相互协议"条款。
③ 对于已获通过的国际民航组织大会决议,保留意见只具宣示功能,不能作为不接受决议中所涉内容的正当理由。

国际社会由此担心欧盟尊重该条款的诚意。面对质疑，欧盟委员会于10月24日明确表示，欧盟将遵守大会决议，就将国际航班在欧盟内的排放纳入ETS一事与第三国进行协商。不过据传有欧盟委员会官员认为，国际民航组织决议并未禁止在未达成协议的情形下实施MBM。可见，欧盟似乎没有采纳欧洲法院的"非成员国"路径，① 而是采用了"不同解释"的方式——对国际社会来说，情形还不算糟糕。

（三）继续"停摆"？

从以往经验看，"10月议案"在付诸欧洲议会和欧盟理事会表决前进行修改的可能性极小。假定"10月议案"在2014年4月前顺利通过，可能会出现以下四种结果。

（1）修正被国际社接受，顺利实施；同时航空减排全球方案2016年达成一致，欧盟再次修法，决定自2020年起（或者自2016年起提前）执行全球方案。②

（2）修正受到国际社会抵制，通过欧盟与相关方的协商，做出妥协安排，变通实施该修正，待全球方案通过后提前执行全球方案（基本执行"相互协议"条款）。

（3）修正受到国际社会抵制，难以实施，欧盟决定再次"停摆"；同时航空减排全球方案2016年达成一致，欧盟再次修法，决定"停摆"至2020年（或提前）执行全球方案。

（4）修正受到国际社会抵制，难以实施，欧盟再次修法，决定等待执行全球方案（无论该方案是否能于2020年开始实施）。

上述四种可能中，第一种、第四种方案相对极端，实践中出现的概率不大；第二种、第三种方案中，各方都有一定妥协和收获，相对可行。但对航空

---

① 欧洲法院在2011年12月"欧盟航空碳税案"初步裁决中以欧盟不是国际民航组织成员国（尽管所有欧盟成员国都是国际民航组织成员国），且欧盟成员国未将国际民航组织所管理事项的全部权能转移给欧盟为由，判定欧盟无须承担《芝加哥公约》项下任何义务。这种"自欺欺人"式的"非成员国"路径沦为学界笑柄。

② 一般来讲，全球方案的相关要求不会高于欧盟的区域方案。

减排来说,"相互协议"条款只是一种预防性权宜性安排,国际社会其实不欢迎区域方案和国别方案。因此,第二种可能虽然基本符合国际民航组织第38届大会决议,但并非最佳选择;欧盟的现实出路或许在于第三种"继续'停摆'"方案。

四 结语

国际社会与欧盟有关欧盟航空碳税的博弈已从2013年起进入新阶段。一方面,有关航空减排全球方案的讨论取得重要进展;另一方面,从"4月修法"到"10月议案",欧盟进两步退一步,心存侥幸。但无论如何,欧盟航空碳税"谢幕"已成定局,唯一的悬念是"如何谢幕"。在不愿意立即终止航空碳税的情况下,继续暂停执行相关规定直至全球方案实施或许是欧盟最现实的选择。

(审稿人:程卫东;文字编辑:宋晓敏)

欧洲联盟篇

The European Union

B.8 欧盟政治

张磊[*]

摘　要： 2013年的欧盟政治形势呈现以下特点。第一，极右翼政党在欧盟多个成员国力量上升，对主流政党提出了挑战。第二，2014年欧洲议会选举已经拉开帷幕，欧洲人民党和社会民主党的竞争将会非常激烈；二者都有可能成为议会第一大党团；跨国政党联盟在积极提名本党的下一届欧盟委员会主席人选，但欧洲议会选举结果最终能否与其挂钩尚未可知。第三，欧盟机构经过艰难谈判，最终达成2014~2020多年财政框架。

关键词： 极右翼政党　欧洲选举　2014~2020多年财政框架

---

[*] 张磊，政治学理论专业博士，中国社会科学院欧洲研究所欧洲政治研究室助理研究员。

2013年，极右翼政党在欧盟多个成员国力量上升，对主流政党构成了挑战。针对2014年欧洲选举的竞选活动已经拉开帷幕，中右政党和中左政党的竞争将会非常激烈；跨国政党联盟已在积极提名本党的下一届欧盟委员会主席人选，但欧洲议会选举结果最终能否与其挂钩尚未可知。经过艰难谈判，欧盟机构最终达成2014～2020多年财政框架，谈判结果是各方政治博弈的最终妥协。

一 欧盟极右翼政党力量的现状

2013年的欧洲政党政治格局进一步向分散化和碎片化趋势发展，持续低迷的经济形势使得早已存在的"反政治"情绪加剧，极右翼政党在欧盟多个成员国兴起，并积极准备2014年欧洲选举。由于极右翼政党提供了一种不同于主流政党的替代性选择，赢得了越来越多的选民支持。

2013年4月，"德国另行选择党"（Alternative for Germany）宣布正式成立。与其他国家的疑欧政党不同，该党主要成员为高学历人群，发起人多为经济学教授和退休高级官员等。在政策主张上，该党既不要求德国退出欧盟，也不仇恨穆斯林和移民。该党的主要口号是反欧元，主张欧元有序解体。[1] 在2013年9月德国大选中，该党虽然因得票率未超过5%而没能进入议会，但4.7%的选票已令许多人惊讶。该党可能在2014年欧洲选举中有较好表现。[2]

2013年5月，英国独立党（UK Independence Party，UKIP）在地方选举中获得了140多个议席，成为英国第三大政党。BBC公布的选票比例表明，英国独立党获得的支持率为23%，仅落后保守党2个百分点。[3] 目前，英国独立党

---

[1] The Economist, "What Is the Alternative?" 18 May 2013, http://www.economist.com/news/europe/21578105-europe-waits-angela-merkel-faces-new-anti-establishment-party-what-alternative.

[2] Friederike Heine, "Next Stop, Brussels? German Euroskeptics," Breakthrough Moment, Spiegel online, September 23, 2013, http://www.spiegel.de/international/germany/euroskeptic-alternative-for-germany-has-german-election-breakthrough-a-923950.html.

[3] "Local Elections: Nigel Farage Hails Results as a 'Game Change'," 3 May 2013, http://www.bbc.co.uk/news/uk-politics-22382098.

拥有9名欧洲议会议员,① 在2014年欧洲选举中可能获得更多议席。② 甚至有议员预测,英国独立党得票率有可能超过工党,成为获得欧洲议会议席最多的英国政党,而保守党则位居第三。③

荷兰极右翼政党"荷兰自由党"在国内也表现不俗,民意调查显示其支持率不断攀升。该党领袖基尔特·威尔德斯（Geert Wilders）2013年8月在欧洲多国游说,希望在2014年欧洲议会选举前建立泛欧极右翼政党联盟,以更好地准备欧洲选举,但他表示并非希望极端主义和法西斯主义政党加入这一联盟,而是希望反欧盟和反移民的政党能够加入。④

法国极右翼政党国民阵线在2013年10月的民意调查中名列前茅：24%选民支持该党,22%支持中右的人民运动联盟,19%支持执政的社会党。这是国民阵线首次在就全国性选举进行的民意调查中超过两个主流政党。长期以来,国民阵线就一直对持抗议态度的选民有吸引力,近来因其领袖玛丽勒庞对犯罪和移民的强硬态度吸引了更多对主流政党不满的选民。⑤ 10月13日,国民阵线在布里尼奥勒（Brignoles）举行的地方补选中获胜,其候选人劳伦·洛佩兹（Laurent Lopez）获得了53.9%的选票,超过人民运动联盟候选人。⑥ 有评论认为,国民阵线将在法国2014年地方选举和欧洲议会中有较好表现。⑦

极右翼政党的兴起与近年来经济全球化背景下欧洲政治、经济和社会发展变化密切相关。经济全球化和欧洲一体化有利于欧洲各族群之间的交往,但它也加大了族群之间产生摩擦的概率。越来越多的民众把失业、高犯罪率等问题归咎于移民。而在解决欧债危机的过程中,欧洲国家主流政党普遍表现不佳,

① 参见该政党网站：http://www.ukip.org/the-party/meps。
② http://www.telegraph.co.uk/news/politics/ukip/10034251/Exclusive-Ukip-could-have-10-MPs-and-a-minister-after-2015-says-Stuart-Wheeler.html。
③ 笔者在欧洲议会（布鲁塞尔）的访谈,2013年12月。
④ Euractive, "Eurosceptics Snub Wilders' Attempt to form European Far-Right Party," http://www.euractiv.com/elections/eurosceptics-snob-wilders-attemp-news-529975。
⑤ Euractive, "French Far-Right Leads in Latest EU Election Poll," http://www.euractiv.com/eu-elections-2014/french-far-right-leads-latest-eu-news-530985。
⑥ Euractive, "France Far-Right Party Storms Local Election," http://www.euractiv.com/eu-elections-2014/france-far-right-party-storms-lo-news-531082。
⑦ 笔者在欧洲议会（布鲁塞尔）的访谈,2013年12月。

进一步引发了民众的不满,为极右翼政党扩大了选民基础。极右翼势力利用一些与选民切身利益攸关的口号赢得选票,与此同时,左翼政党的式微也使不少左翼选民转而支持极右翼政党。

二 2014年欧洲选举前的政治形势

2014年5月22~25日,第8次欧洲选举将在欧盟28个成员国进行。欧洲选举投票率自首次直选以来不断下降,成为欧盟需解决的优先事项。近年来,欧洲民众对欧盟的支持率不断下降。欧洲晴雨表2013年5月的调查显示,大约60%的欧洲人倾向于不相信欧盟,而在2007年初,不相信欧盟的人只有32%。① 针对选民对欧盟支持率的下降,为了进一步增强选民的意识,提高选举投票率,2013年9月10日,欧洲议会正式启动了"竞选宣传活动"(information campaign)。该活动共分4个阶段,将持续到2014年选举出新的欧盟委员会主席。②

(一)欧洲选举的可能结果:议席将发生新变化,但联盟构建总体保持稳定

从目前的情况来看,中右翼的欧洲人民党党团和中左翼的社会民主党党团竞争将会非常激烈,两大党团的席位仍将是欧洲议会的前两位,且两者的议席数差距会非常小,但是谁将成为议会第一大党团仍然不可预料;而自由民主党党团和保守党党团谁将成为议会第三大党团也仍未可知。最终的结果一方面取决于竞选活动和选举本身,另一方面取决于选举后议会党团的重组。③

有学者选取了8个欧盟国家(法国、德国、意大利、荷兰、波兰、罗马

---

① Euractive, "Record 60% of Europeans 'Tends Not to Trust'" EU, 25 July 2013, http://www.euractiv.com/elections/record-60-europeans-tend-trust-e-news-529566.
② European Parliament press release, "European Parliament Launches Information Campaign towards 2014 Elections," 10 September 2013, http://www.europarl.europa.eu/news/en/news-room/content/20130906IPR18827/html/European-Parliament-launches-information-campaign-towards-2014-elections.
③ 笔者在欧洲议会(布鲁塞尔)的访谈,2013年11月、12月。

尼亚、西班牙和英国)① 为研究对象，根据2009年欧洲议会选举结果和近期的民意调查，对2014年欧洲选举的结果进行了预测：社会民主党党团213个议席，欧洲人民党党团209个议席，自由民主党党团62个议席，保守党党团61个议席，左翼联盟党团47个议席，绿党党团38个议席，自由和民主欧洲党团32个议席。此外，还有一些并不属于任何政党联盟的成员国政党获得89个议席。这些议员可能加入现有的欧洲议会党团，也有可能组建新的党团。② 这89个议席很可能成为决定最终选举结果的关键。当然，党团实际发挥的影响力是多种因素作用的结果，除了数量上的优势，更重要的因素是党团的凝聚力。

虽然极右翼政党近期表现活跃，在2014年欧洲选举后将会在欧洲议会获得更多席位，但是，其对新一届欧洲议会的影响有限。首先，欧盟各成员国的极右翼政党彼此差别较大，意识形态和政策诉求也不相同，因此矛盾和分歧将成为极右翼政党结成党团的首要限制。其次，欧洲议会议事规则也限制了极右翼政党或党团的作用。因其往往被主流党团排除在结盟对象之外，因此很难使反欧洲一体化的议案通过。尽管如此，对极右翼政党仍然应当予以慎重对待。

此外，欧洲议会的联盟构建（coalition building）总体保持稳定。在欧洲议会的决策过程中，不同的程序对"议会多数"有不同的要求。③ 没有一个党团能控制欧洲议会的多数，更不必说达到绝对多数，因此，党团为了使议案通过，必须与其他党团结成联盟。2014年欧洲选举结束后，三种可能的联盟仍将继续存在，不会发生大的变化，即人民党党团和社会民主党党团结成的大联盟，社会民主党党团、自由民主党党团和绿党党团结成的中左联盟，以及人民党党团、自由民主党党团和保守党党团结成的中右翼联盟。欧洲议会中没有涉及所有问题的固定联盟，不同政策领域会有不同的多数。届时大联盟的比例可能会有所上升，尤其面对极右翼党团的威胁时主流政党会团结一致。在某些领

---

① 这8个欧盟成员国代表了欧盟3/4的选民和欧洲议会2/3议席，可在一定程度上反映欧盟28国的趋势。
② Yves Bertoncini and Valentin Kreilinger, "What Political Balance of Power in the Next European Parliament?" *Notre Europe Policy Paper*, No. 102, November 2013, http：//www.eng.notre-europe.eu/011 - 17193 - What - political - balance - of - power - in - the - next - European - Parliament.html.
③ 详细内容参见张磊《欧洲议会中的党团政治》，北京大学出版社，2013，第199~200页。

域，如环境、司法和内务领域，中左翼联盟获胜的可能性较大，而在另外一些领域，如涉及经济、单一市场等问题时，中右翼联盟获胜的可能性更大。

（二）欧洲议会选举与欧盟委员会主席的关系

《里斯本条约》进一步强调了欧洲议会选举与欧盟委员会主席的关系：欧洲理事会提名欧盟委员会主席，需考虑欧洲议会选举的结果。最终候选人应经过欧洲议会绝对多数投票通过。这一规定旨在加强选举与欧盟行政机构的民主联系。正是在此意义上，许多评论认为此次欧洲选举与以往极为不同，选民可以"间接选举"欧盟委员会主席。[1]

目前各跨国政党联盟都在考虑其欧盟委员会主席的候选人，但选择程序并不相同。人民党目前的情况十分不明朗，该党内部对候选人存在较大分歧[2]，波兰总理唐纳德·图斯克（Donald Tusk）、欧盟委员会副主席薇薇安·雷丁（Viviane Reding）、瑞典首相弗雷德里克·赖因费尔特（Fredrik Reinfeldt）、立陶宛总统达里娅·格里鲍斯凯婕（Dalia Grybauskaitė）以及世界货币基金组织总裁克里斯蒂娜·拉加德（Christine Lagarde）都有可能。[3] 卢森堡前首相容克也有可能成为候选人。[4] 人民党将于2014年3月举行大会，届时将公布人选。[5] 2013年11月6日，欧洲社会党宣布其欧盟委员会主席候选人为现任欧洲议会议长马丁·舒尔茨。[6] 11月7日，欧洲绿党宣布有4名成员要参加党内的选举：法国欧洲议会议员若泽·博韦（José Bové）、意大利欧洲议会议员莫妮卡·弗拉索妮（Monica Frassoni）、德国欧洲议会议员丽贝卡·哈姆斯

---

[1] Euractive, "European Election: Different This Time?" 11 September 2013, http://www.euractiv.com/eu-elections-2014/eu-elections-2014-time-different-linksdossier-530239.

[2] 笔者在欧洲议会（布鲁塞尔）的访谈，2013年12月。

[3] Simon Hix and Christophe Crombez, "Why the 2014 European Parliament Elections Will Be about More than Protest Votes," 3 June 2013, http://blogs.lse.ac.uk/europpblog/2013/06/03/european-parliament-elections-2014/.

[4] 笔者在欧洲议会（布鲁塞尔）的访谈，2013年12月。

[5] Euractive, "German Election Launch Schulz towards Commission Presidency," http://www.euractiv.com/eu-elections-2014/german-elections-put-martin-schu-news-530636.

[6] Euractive, "Schulz Unopposed as Socialist Frontrunner for Commission Presidency," http://www.euractiv.com/eu-elections-2014/schulz-unopposed-socialist-front-news-531552.

（Rebecca Harms）和斯卡·凯勒（Ska Keller），最终将会选举产生两名候选人。① 自由民主党目前已有两位候选人：欧盟委员会现任经济和货币事务委员奥利·雷恩（Olli Rehn）和欧洲议会自由民主党党团主席居伊·伏思达（Guy Verhofstadt）②，该党将于2014年2月1日宣布最终的候选人③。

尽管主要欧洲政党都已开始提名欧盟委员会主席人选，但是欧盟成员国政府首脑是否接受获胜的候选人即为新任欧盟委员会主席还未可知。德国总理默克尔2013年10月25日表示，在欧盟委员会主席和欧洲议会选举获胜的多数党之间没有必然联系。德国基督教民主联盟希望提名德国社民党成员欧洲议会议长马丁·舒尔茨担任欧盟委员会主席。④ 但不少国家的政府首脑对马丁·舒尔茨并不满意，有评论认为来自小国（如卢森堡、爱尔兰等国）的欧洲人民党成员当选下届欧盟委员会主席的可能性较大。⑤ 默克尔未来也会转而支持人民党候选人。⑥ 总体而言，下一届欧盟委员会的主席人选有各种不确定因素，国家间和机构间的博弈不可避免。不到最后一刻，任何情况都可能发生。

三 2014~2020年欧盟财政预算中的政治博弈

欧盟多年财政框架（Multiannual Financial Framework，MFF）旨在通过该预算中的多年支出计划来实现欧盟未来的政治目标，并确立多年支出的上限。围绕多年财政框架的谈判需明确下一个预算周期内（2014~2020年）的欧盟

---

① Euractive, "Greens Select Four Candidates to Run in Primaries Ahead of 2014 Elections," 12 November 2013, http://www.euractiv.com/eu-elections-2014/greens-candidates-compete-lead-p-news-531604.

② ALDE, "Nominees for ALDE Party European Commission President Candidate Announced," 20 December 2013, http://www.aldeparty.eu/en/news/nominees-alde-party-european-commission-president-candidate-announced.

③ ALDE, "ALDE Party Candidate for Commission President to Be Announced 1 February," http://www.aldeparty.eu/en/news/alde-party-candidate-commission-president-be-announced-1-february.

④ Euractive, "German Coalition Talks Ast Long Shadow over EU Elections," http://www.euractiv.com/eu-elections-2014/epp-divided-commission-president-news-531372.

⑤ 笔者在布鲁塞尔的访谈，2013年12月。

⑥ 笔者在布鲁塞尔的访谈，2013年11月。

支出，以及预算筹资的规则等问题。由于《里斯本条约》进一步增强了欧洲议会的预算权，多年财政框架的制定需要欧洲议会和理事会共同参与。但欧洲议会只有同意权，不具备共同决策权。① 据此，欧洲议会要求理事会从程序开始就与欧洲议会进行固定的政治对话，考虑欧洲议会的政治要求。②

欧盟委员会于2011年6月提交了欧盟多年财政框架草案，成员国部长从2012年正式开始谈判，2013年欧盟机构间谈判逐渐进入关键时期。③ 在2013年，欧盟围绕多年财政框架的谈判可谓一波三折，既有成员国之间的博弈，又有欧盟机构间的讨价还价，充分体现了政府间力量与超国家力量的此消彼长，特别是在以下两个方面。第一，就预算总额而言，以英国为代表的成员国倾向于缩减欧盟预算；而欧洲议会则倾向于增加欧盟预算，希望能够通过预算促进欧洲经济增长和创造更多的就业机会。第二，就谈判方式而言，欧盟委员会和理事会倾向于采取传统的游戏规则，即缺乏透明度的谈判；而欧洲议会则倾向于向公众告知所有的细节。④

2013年2月8日，经过长达24小时的艰难谈判，欧洲理事会就多年财政框架达成一致，缩减了欧盟整体的预算，承诺款为9600亿欧元，支付款降为9084亿欧元。但欧洲理事会会议尚未结束时，欧洲议会就做出回应，四大主要党团发表联合声明表示，欧洲议会将不会接受欧洲理事会达成的协议。而英国首相卡梅伦则在峰会后表示，英国人民应该为峰会的结果感到自豪。⑤ 3月13日，欧洲议会以压倒性优势通过了一份决议，明确表示拒绝欧洲理事会达成的协议，因为协议未能反映欧洲议会的关注和优先考虑事项，忽视了《里斯本条约》赋予欧洲议会的权能。欧洲议会要求预算在不同项目和不同年度

---

① European Union, *Consolidated Versions of the Treaty on European Union and the Treaty on the Functioning of the European Union*, OJC. 2008 \ C115 \ 01, TFEU. Article 312 （2）, p. 182.
② "European Parliament Resolution of 7 May 2009 on the Financial Aspects of the Lisbon Treaty"（2008/2054（INI））.
③ Council of the European Union, "EU Multiannual Financial Framework（MFF）Negotiations," http：//www.consilium.europa.eu/special-reports/mff.
④ Euractive, "Budget Games," 24 October 2013, http：//www.euractiv.com/general/budget-games-analysis-531288.
⑤ Euractive, "EU Leaders Agree Budget Cuts," MEPs Brace for Strife, 8 February 2013, http：//www.euractiv.com/priorities/eu-leaders-agree-budget-cuts-mep-news-517701.

之间保持一定的灵活性，同时保证新一届欧洲议会和欧盟委员会能够对预算进行中期审议。①

2月欧盟峰会结束之后，轮值主席国爱尔兰开始代表理事会与欧洲议会展开谈判，一方面考虑欧洲议会提出的要求，一方面为下次欧盟峰会做准备。② 2013年6月19日，欧盟主要机构就多年财政框架达成了一项暂时协议。预算总额与2月份达成的协议相比没有变化，但是欧洲议会提出的灵活性和修改条款都被纳入新协议。但是，欧洲议会第二大党团社会民主党党团的谈判代表对结果不满，表示不能保证在欧洲议会全会上支持新协议。欧洲议会的报告起草人最终表示，欧洲议会谈判代表决定终止谈判，谈判代表会将文本提交至欧洲议会。③ 此后，欧盟机构间又进行了非正式的会谈，就协议细节进行进一步协商。④ 6月27日，欧盟委员会、理事会和欧洲议会宣布，三大机构就多年财政框架达成政治协议。7月3日，欧洲议会全体会议通过决议，对欧盟主要机构达成新的政治协议表示欢迎，同时强调只有在2013年拖欠款项得以保证支付的条件下，欧洲议会才会最终通过多年财政框架法规。⑤ 11月12日，理事会和议会终于就2013年度拖欠款达成一致，即欧洲议会提出的条件得以满足。⑥

11月19日，欧洲议会全体会议以537票赞成、126票反对最终通过了多年财政框架。欧洲议会对此结果基本满意，认为尽管预算总量没有增加，但它

---

① "European Parliament Resolution of 13 March 2013 on the European Council Conclusions of 7/8 February Concerning the Multiannual Financial Framework," http：//www.europarl.europa.eu/sides/getDoc.do？pubRef = -//EP//TEXT + TA + P7 - TA - 2013 - 0078 + 0 + DOC + XML + V0//EN&language = EN.
② Council of the European Union, Press Release, 3235th Council Meeting, http：//www.consilium.europa.eu/uedocs/cms_ Data/docs/pressdata/EN/genaff/136915.pdf#page = 6.
③ Euractive, "EU Clinches Deal on Multi-Billion Euro Budget for 2014 - 2020," 20 June 2013, http：//www.euractiv.com/priorities/eu - clinches - deal - multi - budget - 20 - news - 528725.
④ 笔者在布鲁塞尔的访谈，2013年12月。
⑤ "European Parliament Resolution of 3 July 2013 on the Political Agreement on the Multiannual Financial Framework 2014 - 2020," http：//www.europarl.europa.eu/sides/getDoc.do？pubRef = -//EP//TEXT + TA + P7 - TA - 2013 - 0304 + 0 + DOC + XML + V0//EN&language = EN.
⑥ European Parliament press release, "Parliament Approves EU's 2014 Budget and Plugs 2013 Payment Gaps," http：//www.europarl.europa.eu/news/en/news - room/content/20131118IPR25540/html/Parliament - approves - EU%E2%80%99s - 2014 - budget - and - plugs - 2013 - payment - gaps.

提出的诸多条件都得到了满足。① 欧洲议会议长表示：多年财政框架的总量远非完美，欧洲议会期望一个更加雄心勃勃的预算，以保证欧盟能够解决面临的关键挑战。支持欧洲一体化的议员认为，这是在财政困难时期能够达成的最好妥协，欧洲议会对机构间协议的达成发挥了影响。② 多年财政框架于2014年1月1日正式生效。

与谈判欧盟多年财政框架的过程非常类似，2013年关于银行业联盟的谈判同样既有成员国之间的博弈，又有欧盟机构间的讨价还价。如12月19日，欧盟峰会对各国财长达成的银行业联盟协议表示欢迎，但欧洲议会对结果十分不满，认为新协议有诸多负面效应。可以预计2014年关于银行业联盟的欧盟机构间谈判也将是一个"长期、充满困难和极为复杂的过程"。③

（审稿人：李靖堃；文字编辑：张海洋）

---

① European Parliament press release, "European Parliament Approves EU's Long-Term Budget（MFF）2014－2020," 19 November 2013, http：//www.europarl.europa.eu/news/en/news－room/content/20131118IPR25541/html/European－Parliament－approves－EU%E2%80%99s－long－term－budget－（MFF）－2014－2020.

② Euractive, "Parliament Gives Final Approval to EU Long-Term Budget," 20 November 2013, http：//www.euractiv.com/priorities/eu－budget－gets－massive－approval－news－531817.

③ Euractive, "Leaders Hail Banking Union, Anticipate Fight with Parliament," 20 December 2013, http：//www.euractiv.com/euro－finance/leaders－hail－banking－union－antic－news－532515.

B.9 欧盟经济*

李罡**

摘　要：

2013年第二季度欧盟经济恢复正增长，呈现出复苏迹象，但复苏势头脆弱。从国别来看，2013年欧盟各国的经济增长和复苏程度仍不均衡。严峻的就业形势和高企的失业率仍然是欧盟各国的一大心病。但是，2013年的欧盟经济并非乏善可陈。财政状况改善、通货膨胀率持续下降、经常项目持续改善成为该年度欧盟经济的三个亮点。为了维持经济复苏势头，欧盟采取和维持了刺激经济增长的各项措施。一是适度放松财政紧缩政策，降低财政紧缩对经济增长的消极影响；二是维持宽松货币政策，为经济活动注入流动性，促进实体经济复苏；三是制定促进就业的统一措施，敦促成员国采取多种措施降低失业率。展望2014年，随着欧洲主权债务危机尾声的临近和各项利好措施的实施，预计欧洲经济增长速度将逐步加快。

关键词：

欧洲经济　经济复苏　财政政策　货币政策　经济前景

一　2013年欧洲经济的特点

2013年第一季度欧盟和欧元区经济下滑的程度放缓，第二季度恢复正增

---

* 本文实际数据均来自欧盟统计局，预测数据来自欧盟委员会发布的2013年欧盟经济秋季预测报告。
** 李罡，经济学博士，中国社会科学院欧洲研究所助理研究员。

长，GDP环比增长率分别为0.4%和0.3%，第三季度仍保持正增长，但增幅有所下降。具体来说，2013年的欧洲经济呈现出以下特点。

（一）国内消费成拉动经济复苏重要引擎

国内消费占欧盟和欧元区GDP总额的比重约为60%，因此国内消费的升降对欧洲经济增长具有显著影响。环比指标显示，2013年第一季度，欧盟和欧元区居民消费分别环比下滑0.2%和0.3%，第二季度居民消费处于停滞状态，第三季度居民消费环比增长0.6%和0.4%。居民消费的变动趋势还反应在消费者信心指数的变化上，2013年1~10月，欧盟和欧元区的消费者信心指数持续上升。具体来说，欧盟的消费者信心指数由1月的-21.9上升至10月的-11.7；欧元区的消费者信心指数由1月的-23.9上升至10月的-14.5。就业状况趋于稳定、通胀压力减小、刺激内需政策的施行等因素都是导致欧盟居民消费持续增长的因素，而国内需求的回升对拉动欧盟和欧元区经济走出复苏、恢复增长起到了重要作用。2013年第三季度国内需求对欧盟和欧元区经济增长的贡献率分别为0.63个和0.43个百分点。

（二）政府消费支出对经济增长的贡献不大

随着欧盟对财政紧缩政策的调整，各国财政紧缩的规模有所减小，政府消费支出增长率也有所提高。2012年四个季度中，欧盟政府消费支出仅在一、四季度呈微弱增长（增长率均为0.1%），二、三季度则为负增长和停滞；欧元区政府消费支出环比增长率均为负数或零（依次为-0.3%、-0.3%、-0.2%、0%）。2013年前三个季度，欧盟政府支出均呈环比正增长，增长率依次为0.2%、0.2%、0.3%。第一季度欧元区政府消费支出的增长率为0.3%，第二季度未有增长，第三季度环比增长0.2%。2013年，欧盟和欧元区政府消费支出虽然恢复了正增长，但对经济增长的贡献有限。2013年前三个季度，政府消费支出对欧盟经济增长的贡献率依次为0.03个、0.03个、0.06个百分点，对欧元区经济增长的贡献率依次为0.06个、0.01个、0.04个百分点。

（三）固定资本形成对经济增长的贡献由负转正

2011年第三季度至2013年第一季度，欧盟的固定资本形成总额环比增长率连续七个季度持续下滑；欧元区固定资本形成总额自2011年第二季度已呈负增长，至2013年第一季度已经持续八个季度持续下滑。一些指标显示，自2013年第二季度，欧盟工商业投资者信心开始增强。2013年5~11月，欧盟和欧元区的经济景气指数（ESI）连续七个月持续上升。11月欧盟和欧元区的经济景气指数分别上升到102.1（自2011年8月以来的最高值）和98.5（自2011年9月以来的最高值）。随着工商界信心逐步恢复，欧盟和欧元区固定资本形成总额开始恢复正增长。2013年第二季度欧盟和欧元区固定资本形成总额的环比增长率分别为0.3%和0.2%，对经济增长的贡献率分别为0.12个百分点和0.02个百分点。2013年第三季度欧盟和欧元区的固定资本形成总额继续增长，环比增长率分别提升至0.6%和0.4%，对经济增长的贡献率均提升至0.19个百分点。

从各类具体投资项目来看，建筑投资增长较快，其他项目投资波动较大。为了刺激经济增长，欧盟一些国家采取了提振房地产市场的措施并取得了一定的政策效果。2013年第二季度欧盟和欧元区的住宅建设投资增长率由负转正，增长率分别为1.3%和0.3%；第三季度均保持0.7%的正增长。2013年上半年，欧盟和欧元区的非住宅类建设投资均为负增长，第三季度转为正增长，环比增长率分别为0.6%和0.5%。在机械设备投资和交通设施投资方面，欧盟和欧元区表现出一定的差异性。总体来看，欧盟的机械设备投资增长波动不大，2013年前三个季度，环比增长率分别为0.2%、-0.1%、-0.1%；而欧元区的机械设备投资增长波动较大，2013年前三个季度，环比增长率分别为-2.4%、1.1%、-0.1%。欧盟和欧元区的交通设施投资均表现出较大的波动性。2013年前三个季度，欧盟交通设施投资环比增长率依次为-1.4%、0.7%、3%；欧元区交通设施投资的环比增长率依次为-0.8%、1.4%、0.6%。

（四）对外贸易增长不稳

2012年第四季度至2013年第一季度欧盟和欧元区的出口增长连续两个季度下滑，对经济增长的贡献均为负数。2013年第二季度欧盟和欧元区的出口增长出现大幅反弹,出口环比增长率均为2.1%,对欧盟和欧元区经济增长的贡献率分别为0.95个百分点和0.98个百分点。净出口成为欧盟和欧元区第二季度经济复苏的主要动力。2013年第三季度,欧元区出口仍保持正增长,增长率为0.2%,对经济增长的贡献率下降为0.08个百分点。欧盟出口增长率则为0,对经济增长的贡献为负数。

如上所述,2013年欧盟和欧元区的居民消费、投资、出口增长虽然呈现出一定的波动性,但均对欧洲经济增长起到了拉动作用。虽然财政紧缩规模有所减小,但政府消费支出对经济增长的拉动作用有限。2013年第二季度欧洲经济恢复增长,出现复苏的曙光,但因为拉动复苏的因素存在不确定性,2013年欧洲经济复苏势头脆弱,经济仍然低迷。根据欧盟委员会发布的2013年秋季经济预测报告,2013年欧盟经济增长率为零,欧元区经济则会萎缩0.4%。

从国别来看,2013年欧盟各国的经济增长和复苏程度仍不均衡。经济形势最为严峻的当属刚刚遭受银行危机冲击的塞浦路斯,2013年前三个季度塞浦路斯经济持续萎缩,预计2013年经济萎缩8.7%。深陷债务危机的希腊、西班牙、葡萄牙、意大利仍难以摆脱负增长,预计2013年全年经济增长率依次为 -4%、-1.3%、-1.8%、-1.3%。欧债危机对经济基础较好的北欧国家的消极影响开始显现,预计2013年芬兰和荷兰的经济将分别萎缩0.6%和1%。预计2013年出现经济萎缩的国家还有斯洛文尼亚、捷克、克罗地亚,分别下滑2.7%、1%和0.7%。2013年欧盟前两大经济体德国和法国虽然仍将保持增长趋势,但增长势头明显下降。2013年第一季度德国经济虽然摆脱了2012年第四季度的下滑,但仍处于停滞状态;2013年第二季度恢复正增长,增长率为0.7%;第三季度增速降至0.3%。预计2013年德国经济增长率为0.5%,增速比上年再降0.2个百分点。欧盟第二大经济体法国的经济状况更不乐观。2012年第四季度至2013年第一季度,法国经济连续两个季度萎缩,陷入经济衰退;2013年第三季度法国经济再度萎缩,面临"二次衰退"的风险。预计2013年法国全年经济增长仅为0.2%。欧盟第三大经济体英国的经济增长较为突出,2013年前三个季度英国经济持续增长,环比增长率依次为0.4%、0.7%、0.8%,预计2013年的全年经济增长率将达2.2%,明显高于欧盟1.4%的平均水平。

2013年欧盟经济虽然呈现出复苏乏力和国别差异大的特点,但并非乏善可陈。财政状况改善、通货膨胀率持续下降、经常项目持续改善是2013年欧盟经济的三个亮点。

第一,欧盟的财政整顿和财政紧缩措施效果明显,欧盟和欧元区的财政状况明显改善。2010~2012年欧盟和欧元区财政赤字占GDP的比重持续下降。2012年欧盟和欧元区财政赤字占GDP的比重分别为3.9%和3.7%,预计2013年这一比重将分别降至3.5%和3.1%,2014年有望达到欧盟低于3%上限的规定。

第二,通货膨胀压力减小。2010年底以来,能源价格上涨和间接税提高因素导致欧盟和欧元区的消费者调和物价指数(HICP)处于上升趋势,2011年欧盟和欧元区的通货膨胀率分别为3.1%和2.7%,高于欧洲央行2%的调控目标。受经济增长缓慢、国内需求疲软、能源价格回落等因素影响,2012年欧盟和欧元区通货膨胀压力减小,通胀率分别降至2.6%、2.5%。预计2013年,欧盟和欧元区的通胀率将继续下降至1.7%和1.5%。2%是欧洲央行确定的通胀率的理想目标,如果过低就有通货紧缩的风险,通货紧缩将不利于低迷的欧洲经济实现强劲的复苏。

第三,随着国际竞争力增强和出口部门恢复活力,欧盟和欧元区成员国经常项目状况持续得到改善,净出口增长成为拉动欧洲经济复苏的重要动力。2013年第二季度欧盟和欧元区经常项目顺差分别为393.7亿欧元和528.2亿欧元,均明显高于上年同期的水平(50.5亿欧元、261.7亿欧元)。预计2013年,欧盟和欧元区经常项目顺差将分别达到2146亿欧元(占GDP的1.6%)和2639亿欧元(占GDP的2.7%),比2012年分别提高48%、36%。

严峻的就业形势和高企的失业率仍然是欧盟各国的一大心病。2012年欧盟和欧元区的失业率均在10%以上,分别为11.1%和12.2%。2013年1~10月,欧盟和欧元区的失业率一直未见下降,平均失业率分别处于10%和12%的高位。欧盟失业问题的严重性在不同成员国呈现出一定的差异性。2013年9月,在欧盟28国[①]中失业率水平超过欧盟平均水平的有12个国家。其中,希

---

① 包括克罗地亚。

腊、西班牙、克罗地亚的失业率最高，分别为27.4%、26.6%、17.2%。奥地利、德国、卢森堡的失业率水平最低，分别为4.9%、5.2%、5.8%。青年失业问题更加严重，2013年10月，欧盟和欧元区的青年失业率由上年同期的23.1%和23.7%上升至23.5%和24.4%。西班牙（56.8%）、希腊（54.8%）的青年失业率甚至达到50%以上的惊人水平。

二 欧盟加快经济复苏的措施

随着欧债危机的缓解，欧盟将政策重心从救助危机国家转移到促进经济增长上来，以维持经济复苏势头。为此，欧盟采取了有利于经济增长复苏的政策组合。一是适度放松财政紧缩政策，降低财政紧缩对经济增长的消极影响；二是维持宽松货币政策，为经济活动注入流动性，促进实体经济复苏；三是制定促进就业的统一措施，敦促成员国采取多种措施降低失业率。

（一）适度放松财政紧缩政策

欧债危机爆发后，欧盟一方面采取措施对危机国家进行救助，一方面要求危机国家加强财政纪律，降低财政赤字，以此恢复政府公信力和投资者信心，制止危机蔓延。三年来，欧洲频繁使用的两个关键词是危机与紧缩。然而，在经济增长乏力的背景下，欧元区各国政府同时削减政府开支，无疑会使财政紧缩政策对GDP的紧缩效应放大。① 此外，财政紧缩政策的社会影响也不容忽视。在失业率居高不下的情况下，削减社会福利支出，增加了低收入者的生活负担，导致欧洲社会骚乱频发，出现了"占领伦敦""占领欧洲央行""包围伦敦证交所"等社会抗议活动。财政紧缩政策产生的消极影响使欧盟逐渐意识到单靠财政紧缩政策不会从根本上解决危机。2013年5月29日，欧盟委员会发布了关于超额赤字程序的备忘录（Excessive Deficit Procedure，EDP），表

---

① 财政紧缩政策对欧元区各国经济增长的抑制效应主要通过以下机制实现：（1）增加税收、冻结工资、削减社会福利支出等紧缩措施将使居民的可支配收入降低，导致居民储蓄倾向大于消费倾向，表现为个人消费支出下降。（2）削减财政开支意味着政府消费支出下降，直接导致国内需求下降。（3）税率的提高将增加企业成本，抑制投资的增加。

现出软化财政紧缩的迹象。在经济衰退和高失业率的压力下，欧盟委员会决定将法国、西班牙、波兰和斯洛文尼亚赤字达标的时限延长两年，将荷兰、葡萄牙、比利时赤字达标的时限延长一年。同时，鉴于意大利、拉脱维亚、立陶宛、罗马尼亚、匈牙利在加强财政纪律方面所做的努力和财政状况的改善，欧盟委员会建议将上述五国从超额赤字程序名单中移除。①

从长远来看，欧元区国家，包括财政状况良好的德国，都需要财政整顿，以稳定并降低其债务占GDP的比重。但是，这一过程要循序渐进，且要选择恰当的时点。在危机爆发、经济增长乏力、失业率高企的时点采取"一刀切"的紧缩措施无异于雪上加霜。促进危机国家进行供给改革②，以加强竞争力，才是摆脱危机的治本之策，因此，结构性改革和经济增长将成为欧洲的关键词。

（二）维持宽松货币政策

在财政政策空间有限的情况下，欧洲央行力图通过实行宽松货币政策，向市场注入流动性，降低成员国的融资成本和债务国的债务压力，促进实体经济的复苏。

欧洲央行分别于2011年11月9日、2011年12月14日、2012年7月11日三次下调基准利率、隔夜贷款利率和隔夜存款利率，每次下调25个基点。第三次下调后，欧元区基准利率为0.75%，隔夜贷款利率为1.5%，隔夜存款利率为零。

面对利率工具效果有限和欧洲银行业流动性严重不足的状况，欧洲央行分别于2011年12月21日、2012年2月29日推出两轮三年期长期再融资操作（Longer Term Refinancing Operation，以下简称LTRO），共向欧元区银行提供总额1万多亿欧元、利率为1%的低息贷款。与美联储通过直接购买金融资产向

---

① 同时将马耳他加入超额赤字程序名单，至此，欧盟超额预算程序名单由20个（欧盟27国除了保加利亚、德国、爱沙尼亚、卢森堡、马耳他、芬兰、瑞典）降至16个。
② 供给改革的具体措施包括：(1) 解除产业管制，推动产业竞争，如对效率低下的国有企业进行私有化；(2) 优化社会保障，避免社会福利过度膨胀，阻碍经济活力；(3) 增强劳动力市场弹性和活力。欧洲危机国家目前所进行的财政紧缩即属于需求管理政策，对面临严重结构性问题的南欧各国来说，逐步推进以提升增长能力和经济效率为目标的供给改革才是治本之策。

市场直接注入流动性的量化宽松政策不同，欧洲央行采取的是通过向商业银行提供抵押贷款的方式，间接向市场注入流动性，这样，既回避了欧洲央行不能直接购买成员国债券的法律困境，又减轻了商业银行的融资困难，因此，被称为欧洲版的量化宽松。

两轮 LTRO 在改善银行流动性和迅速压低重债国国债收益率方面效果明显。但是，持续低迷的经济和对贷款人偿债能力的担忧使得商业银行的惜贷现象仍然普遍，LTRO 并未真正打通银行向实体经济"输血"的途径。2012 年 9 月，当西班牙 10 年期国债收益率再次突破 7% 的临界点时，欧洲央行宣布推出直接货币交易（Outright Monetary Transactions，OMT）计划。[①] 直接货币交易计划通过"公告效应"提振了市场信心，西班牙和意大利 10 年期国债收益率降至 5% 以下。

通过两轮长期再融资操作和直接货币交易计划的推出，欧元区严峻的债务形势得到缓解。欧盟经济也在 2013 年第二季度实现了 0.4% 的正增长，呈现出复苏迹象，但欧洲经济复苏势头脆弱，经济仍然低迷。为了刺激经济增长和避免通货紧缩的风险，2013 年 5 月 2 日和 2013 年 11 月 7 日欧洲央行两次下调利率，第一次将基准利率下调 25 个基点至 0.5%，将隔夜贷款利率下调 50 个基点至 1%，隔夜存款利率保持为零不变。第二次降息将基准利率降低 25 个基点至 0.25%，将隔夜贷款利率降低 25 个基点至 0.75%，同时维持零隔夜存款利率不变，欧元区主要利率均降至历史最低水平。

（三）采取多种措施促进就业

欧洲债务危机爆发以来，欧洲各国深陷经济衰退之中，与之相伴而生的是日益严峻的就业形势。居高不下的失业率和严重的青年失业问题不仅威胁欧洲经济复苏前景，而且直接威胁到欧洲各国的社会稳定。

在《2014 年年度增长调查》中欧盟将解决危机引发的失业和社会问题作

---

① 2012 年 9 月 6 日欧洲央行行长德拉吉宣布启动直接货币交易计划，即欧洲央行将在二级市场无限量购买成员国国债，以压低成员国融资成本。购债计划持续时间由欧洲央行自行决定，并对债券收益率和购债规模不设上限，因此，也被称无限量冲销式购债计划。至今欧洲央行并未通过 OMT 真正购买任何一国国债。

为2014年五项重点任务之一,同时明确了欧盟今后促进就业的各项措施:第一,进行税收改革,降低低收入者和年轻人个税负担;第二,工资提高应与劳动生产率的提高相适应;第三,加强就业保护方面的立法,防止劳动力市场分割,加强成员国合作与协调,促进劳动力的跨境流动;第四,大力发展绿色经济、数字经济和医疗服务,创造新的就业机会;第五,增加教育和培训现代化方面的投资力度,提高劳动者教育水平和工作技能,提高青年就业率。欧盟建议成员国应尽快执行"青年保障计划"(Youth Guarantee Schemes)和实施"青年就业倡议"(Youth Employment Initiative),同时强调结构基金和社会基金要向促进青年就业倾斜。

从国别层面来看,欧洲各国政府均采取措施来促进就业,降低失业率水平。为了达到最终增加10万个就业岗位的目标,2013年2月爱尔兰政府继续发布"2013年就业行动计划"。2013年就业行动计划提出了333项促进就业的行动措施,由16个政府部委和46家机构共同协调实施。爱尔兰计划通过大力发展大数据技术、零售业、医药业,促进中小企业发展来增加就业机会,降低失业率。此外,爱尔兰采取了较为系统的就业促进措施,将促进产业发展和增强竞争力结合起来,取得了良好的政策效果。英国通过就业服务中心实施促进就业的措施,如向青年就业提供支持、为自主创业人员提供资金和技术支持、为求职者提供招聘信息等。同时,英国还采取了"购房援助计划"、量化宽松、贷款换融资计划等措施促进经济增长。英国将促进经济增长和促进就业结合起来,也取得了较好的实际效果。

三 2014年欧洲经济展望

2013年第二季度,欧盟和欧元区经济恢复正增长,呈现出复苏迹象,但复苏势头脆弱。展望2014年,随着欧债危机尾声的临近和各项利好措施的实施,预计欧洲经济增长速度将逐步加快。根据欧盟2013年秋季经济预测报告,2014年欧盟和欧元区经济增长将分别达到1.4%和1.1%。但考虑到一些不利于欧洲经济增长的因素,欧盟经济要实现较快稳定增长将是一个缓慢的过程。

有利于欧洲经济加快复苏和增长的因素主要包括:工商业投资信心增强和

消费需求回升将推动内需的增长，内需将成为拉动欧洲经济增长的引擎；财政紧缩计划适度放松，有利于减弱其对经济增长的抑制作用；维持宽松货币有利于缓解企业融资压力，提振市场信心；欧洲银行业联盟建设步伐的加快，将有效强化欧盟银行体系；欧盟积极推进再工业化，将有利于提升欧洲的竞争力。

影响欧洲经济走势的一些消极因素不利于欧洲经济稳定，这些因素包括：严峻的就业形势和高企的失业率；欧盟各国经济结构调整力度和效果存在差异，经济复苏程度并不均衡；欧盟和欧元区存在潜在的通货紧缩风险；欧盟和欧元区成员国政府债务比例短期内仍会持续上升；银行惜贷现象依然存在，不同国家中小企业融资条件存在较大差异。[1]

（审稿人：陈新；文字编辑：张海洋）

---

[1] 根据欧洲央行2013年发布的调查报告，在德国，向银行提出信贷申请的中小企业，有85%可以获得全额贷款，而在南欧国家这一比重是40%，希腊仅为25%。

B.10 欧盟外交

曹 慧*

摘　要： 2012~2013年，因监听事件的负面影响，欧美关系短时间内受到一定程度的损害，但并未真正动摇跨大西洋关系和进行中的双边自由贸易谈判。欧俄关系则在争取乌克兰和北约部署导弹问题上受到考验。欧盟与东部伙伴地区的关系成为欧盟积极外交的亮点。虽然乌克兰暂停与欧盟签署联系国协议，但时局的发展并未削弱欧盟在该国的影响力。

关键词： 欧盟　对外关系　欧洲睦邻伙伴政策　变革的议程　乌克兰

2012~2013年的欧盟对外关系主要呈现出以下几个特点。首先，在大国关系方面，由"棱镜门"发酵的监听事件令欧美关系复杂化。欧俄关系则由于乌克兰签署欧盟《联系国协议》和北约部署导弹问题而呈现紧张态势。其次，欧盟的东部伙伴关系发展迅猛，但在与乌克兰签署《联系国协议》的问题上暂时受挫。最后，执行《提高欧盟发展政策的影响力：变革的议程》（以下简称"变革的议程"）[①] 成为欧盟对外援助和发展与合作的主旋律。在欧盟2014~2020多年度预算框架中，"变革的议程"贯穿于欧盟计划开展的各项对外活动之中。

---

* 曹慧，博士，中国社会科学院欧洲研究所欧洲政治室助理研究员。
① European Commission, Communication from the Commission to the European Parliament, the Council, the European Economic and Social Committee and the Committee of the Regions, "Increasing the Impact of EU Development Policy: An Agenda for Change," COM (2011) 637 final, 13 October 2011.

首先,在对外关系机构和机制方面,欧盟于2012年底成立"欧盟志愿人道主义援助队"(EU Volunteering Humanitarian Aid Corps),作为对外政策的新工具。欧盟委员会计划在2014~2020年,以招标方式训练1万名志愿者,并让其参与欧盟的各项海外行动。但是,此项计划将受到财政预算的限制。其次,为加强边境控制与协调以及对移民的人道主义援助,2013年12月,"欧洲边境监察系统"(the European Border Surveillance System,EUROSUR)开始运作。该系统将成为欧盟和成员国更有效地防止跨境犯罪的工具。在危机情况下,该系统还将为移民提供人道主义援助。① 最后,为管理对外项目中采用混合融资方式的项目,2012年底,在欧盟委员会内部成立了"欧盟对外合作混合平台"(the EU Platform for Blending in External Cooperation)。

一 欧美关系

由于"棱镜门"事件持续发酵,美国国家安全局对欧洲的监听活动曝光,这给欧美之间的外交和贸易关系带来了一定程度的影响,但此事件并未动摇跨大西洋关系的政治根基。相反,欧盟或许可借此在双边关系中获得更多的话语权以及贸易谈判中的筹码,且双边自由贸易谈判的进程不会因此受到影响。

首先,欧美之间的相互信任受到了一定程度的损害。针对监听事件,德法两国政府认为美国的做法是"不可接受的"。德国总理表示,美欧之间需要"重建信任"。有鉴于此,德、法两国曾与奥巴马政府协商,希望在2013年底前出台新协议,以确保美国保证不再窃听外国领导人、公司和民众。② 其次,作为基本权利,欧洲公民应享受网络隐私和数据保护的权利。作为对美国监听事件的回应,部分欧洲议会议员甚至呼吁,应暂停欧盟与美国之间为进行反恐

---

① The European Commission, press release, "EUROSUR Kicks Off: New Tools to Save Migrants' Lives and Prevent Crime at EU Borders," MEMO/13/1070, Brussels, 29 November 2013, http://europa.eu/rapid/press-release_ip-13-1182_en.htm.
② "'Out of Hand': Europe Furious Over US Spaying Allegations," *Spiegel*, 24 October 2013, http://www.spedel.de/internaitonal/world/angry-european-and-german-reactions-to-merkel-us-phone-spying-scandel-a-929725.html.

调查而共享银行数据的协议。①

当然，从另一个方面来看，监听危机可能会给欧盟在与美国的《跨大西洋贸易和投资伙伴关系协定》谈判中增加砝码。尤其在数据保护以及数据隐私方面，双方从最初的"避重就轻"，到如今迫不得已的"针锋相对"，美国方面希望寻求降低数据保护的规则，而欧盟则因监听事件而坚持不愿在此问题上做出妥协。同时，监听事件也加快了欧盟内部数据保护法的改革，提高数据隐私与数据保护标准，使美国方面更无理由降低标准。② 然而，欧洲人也意识到，自由贸易将会给该地区带来经济增长和就业潜力，过激行为只能更加危害本已受损的"跨大西洋伙伴关系"。③ 因此，总起来看，监听事件不会影响欧美双边自由贸易协议谈判的进程。从双方的政治意愿和实际操作来看，双方都希望在 2014 年 10 月，即欧盟委员会换届前完成谈判。④

二 欧俄关系

2013 年，俄罗斯与欧盟在乌克兰和北约部署反导问题上"纠缠"不断。在俄罗斯看来，乌克兰与欧盟签署《联系国协议》后形成的自由贸易关系，将损害其大力推行的"欧亚联盟"。因此，俄罗斯一直强烈反对这一协议。俄罗斯杜马通过决议，谴责欧盟对乌克兰施加的"不可接受"的压力。同时，

---

① "SWIFT Suspension? EU Parliament Furious about NSA Bank Spying," *Spiegel*, 18 September 2013, http：//www.spiedel.de/international europe/nsa – spying – european – parliamentairans – calls – for – swift – spuspension – a – 922929. html.

② "NSA Spying Row：Bugging Friends Is Unacceptable, Warn Germans," *The Guardian*, 1 July 2013, http：//www.theguardian.com/world/2013/jul/01/nsa – spying – allegations – germany – us – france; "Diplomatic Fallout：Experts Warn of Trans – Atlantic Ice Age," *Spiegel*, 1 July 2013, http：// www.spiegel.de/international/world/trans – atlantic – relations – threatened – by – revelations – of – mass – us – spying – a – 908746. html.

③ "NSA Spying Row：Bugging Friends Is Unacceptable, Warn Germans," *The Guardian*, 1 July 2013, http：//www.theguardian.com/world/2013/jul/01/nsa – spying – allegations – germany – us – france; "Diplomatic Fallout：Experts Warn of Trans – Atlantic Ice Age," *Spiegel*, 1 July 2013, http：// www.spiegel.de/international/world/trans – atlantic – relations – threatened – by – revelations – of – mass – us – spying – a – 908746. html.

④ Johanna Jacobsson, "Towards an Integrated Transatlantic Market," the Finnish Institute of International Affair, June 2013.

俄罗斯迫使乌克兰政府在俄欧之间进行选择,即是选择俄罗斯提议的"欧亚联盟"还是欧盟的《联系国协议》。俄罗斯对乌克兰施加了诸多压力,主要包括,在经贸关系方面,俄罗斯警告乌克兰,可能禁止其向俄出口产品。俄还表示,如果乌加入欧盟自由贸易区,将取消其与乌的双边自由贸易协议。①

自2013年8月以来,由于与独联体国家尤其是与俄经贸关系恶化,乌克兰工业生产大幅下降,工作岗位每月减少2万个,贸易和同期相比下降了25%。② 此外,俄罗斯还在海关加强了对乌克兰进口货物的检查,并禁止从乌克兰进口钢铁和其他有选择性的产品。另外,天然气价格也是俄牵制乌克兰的另一工具。但是,为摆脱对俄罗斯能源的依赖,2013年11月,乌克兰政府和美国雪佛龙公司签署了开采页岩气协议,投资额将达100亿美元。然而,正在各方一致认为俄罗斯的种种举动将乌克兰逐渐推入欧盟的"怀抱"之际,乌克兰却宣布暂停与欧盟签署协议。

有观察家认为,正是俄罗斯的"胡萝卜加大棒",最终导致了乌克兰"弃欧投俄"。因为俄罗斯在向乌克兰施加上述压力的同时,还在积极"拉拢"乌政府,使其放弃与欧盟签订自由贸易协议。俄承诺购买乌克兰政府约150亿美元的债券,以及将乌购买俄罗斯天然气的价格削减1/3。③ 相比之下,欧盟提供的包含附加条件的7亿欧元贷款以及来自世界银行的10亿欧元贷款则"逊色不少"。④ 不过,此举反过来也刺激了欧盟加强与俄罗斯合作的意愿。在2013年11月召开的欧盟东部伙伴峰会上,欧盟强调,目前的状况越发凸显了与俄罗斯就"欧亚联盟及关税同盟"进行谈判的重要性。⑤

此外,在俄罗斯与北约的关系方面,双方的合作仍然无法弥补在欧洲反导系统部署问题上的分歧。近年来,在北约-俄罗斯理事会的领导下,俄罗斯与

---

① 《靠拢俄罗斯还是靠拢欧盟,乌克兰难以抉择》,人民网,转自《中国青年报》,2013年8月29日,http://www.people.com.cn/24hour/n/2013/0829/c25408-22728990.html。
② 《乌克兰"选"俄罗斯令欧盟失望,暂停向欧盟靠拢》,环球网,转自《环球时报》,2013年11月23日,http://world.huanqiu.com/exclusive/2013-11/4593609.html。
③ 《俄罗斯承诺斥资150亿美元购买乌克兰债券》,《金融时报》中文网,2013年12月18日。
④ "Putin's Gambit: How the EU Lost Ukraine," *Spiegel*, 25 November 2013, http://www.spiegel.de/international/europe/how-the-eu-lost-to-russia-in-negotiations-over-ukraine-trade-deal-a-935476-2.html.
⑤ 《俄罗斯承诺斥资150亿美元购买乌克兰债券》,《金融时报》中文网,2013年12月18日。

北约的军事合作，尤其是在阿富汗问题上的合作，有效提升了双方的政治信任度。然而，一直令俄罗斯担心的是，2013年，北约在表示愿意与俄罗斯继续合作的同时，依然继续发展其在欧洲国家的反导系统部署。北约计划2018～2020年在波兰、罗马尼亚部署导弹拦截系统。俄认为，该系统的部署将能够有效拦截俄罗斯所有的导弹，最终使其核地位变得毫无意义，成为二流国家。俄罗斯与北约在本年度分别举行军事演习，将双方的分歧进一步扩大化。俄官员认为，欧盟和北约内部仍然存在着"冷战复活和缺乏信任的思维"，威胁着俄罗斯与北约的双边关系。①

三 欧盟与其他国家和地区的关系

2012年是欧盟委员会实施"变革的议程"框架的第一年，它也将成为今后欧盟开展对外援助与合作的指南。在该框架下，通过涵盖民主与人权、法制以及良治等三方面的考核指标，欧盟评估与之合作或接受援助的第三国是否符合包容性增长和可持续发展，并以"区别对待"方式，为符合标准的第三国提供更多的资金和进行更深入而广泛的合作，反之，则削减或取消援助与合作。"变革的议程"原则已被欧盟纳入2014～2020年对外财政工具的各项建议之中。

在发展与援助财政工具方面，2012年，欧盟在亚洲、加勒比和太平洋地区增加了混合资金使用方式，即"以赠款带动贷款加权益"的做法。例如，在"拉美投资工具"下，欧盟以1.3亿欧元赠款带动了26亿欧元的贷款资金，用于支持拉美地区的能源等项目。②

截止到2012年底，欧盟对外援助规模达到129亿欧元。③ 从地区分配上

---

① 《北约举行10年最大演习，暗示俄军入侵北约某国》，人民网，2013年11月04日，http://military.people.com.cn/n/2013/1104/c1011-23419685.html。
② 《北约举行10年最大演习，暗示俄军入侵北约某国》，人民网，2013年11月04日，http://military.people.com.cn/n/2013/1104/c1011-23419685.html。
③ European Commission, "Annual Report 2013 on the European Union's Development and External Assistance Policies and Their Implement in 2012," COM (2013) 594, Brussels, 21 August 2013. http://ec.euopa.eu/europeaid/multimedia/publicatins/documents/annual-reports/europeaid_annual_report_2013_full_en.pdf, p.188.

看，欧洲地区①约占援助总额的18%，比2011年下降2%，约24亿欧元；其中1/3流向了土耳其，约8.6亿欧元。相比之下，非洲获得的外援比例比上年上升2%，占总额的37%，约48亿欧元；其中，撒哈拉以南地区为31%，撒哈拉以北地区为6%。亚洲约占援助总额的17%，其中，中亚、南亚及远东地区为11%。中东和美洲地区则分别为6%和7%②。

（一）南部伙伴：地中海南岸与北非国家

除现有35亿欧元（2011~2013年）的援助项目以外，2012年，欧盟又额外向南部伙伴国家提供了7亿欧元赠款，用于该地区的政治与经济合作，如支持阿尔及利亚、约旦、突尼斯和利比亚等国的大选，以及能源基础设施建设等。此外，欧洲投资银行也为与气候变化相关的项目提供了总计高达17亿欧元的贷款。欧洲复兴开发银行则专门针对摩洛哥、突尼斯和约旦三国提供了约10亿欧元的项目资金。③

在欧盟的南部伙伴中，摩洛哥和约旦成为"变革的议程"原则的受益国。除上述多边框架下的资金支持以外，在"部门预算支持"计划下，欧盟在摩洛哥新增三个涉及社会保护、教育和卫生等方面的项目。此外，欧盟还拟与摩洛哥就"深入而全面的自由贸易区"（the Deep and Comprehensive Free Trade Area，DCFTA）进行谈判。同时，鉴于摩洛哥积极执行"移民、人员交流和安全对话"行动项目，欧盟已开始考虑与其就放松签证展开谈

---

① 包括阿尔巴尼亚、波黑、科索沃自治区、摩尔多瓦、黑山、塞尔维亚、土耳其、乌克兰等国家和地区。European Commission, "Annual Report 2013 on the European Union's Development and External Assistance Policies and Their Implement in 2012," COM（2013）594, Brussels, 21 August 2013. http：//ec. euopa. eu/europeaid/multimedia/publicatins/documents/annual - reports/europeaid_ annual_ report_ 2013_ full_ en. pdf，p. 189.

② European Commission, "Annual Report 2013 on the European Union's Development and External Assistance Policies and Their Implement in 2012," COM（2013）594, Brussels, 21 August 2013. http：//ec. euopa. eu/europeaid/multimedia/publicatins/documents/annual - reports/europeaid_ annual_ report_ 2013_ full_ en. pdf，p. 187.

③ European Commission, "Annual Report 2013 on the European Union's Development and External Assistance Policies and Their Implement in 2012," COM（2013）594, Brussels, 21 August 2013. http：//ec. euopa. eu/europeaid/multimedia/publicatins/documents/annual - reports/europeaid_ annual_ report_ 2013_ full_ en. pdf，p. 39.

判。① 2012 年，约旦成为欧盟对外援助"执行越多受益越多"（more for more）原则的受益人。欧盟为鼓励其在民主进程和经济改革方面取得的成绩，新增 4000 万欧元资金用于"良治发展契约"项目。该资金是首次在欧盟伙伴国家中使用。②

在马格里布地区，欧盟对该地区的援助主要聚焦在"后阿拉伯之春"国家的民主转型、经济恢复以及环境保护等方面。2012 年，突尼斯在公民社会、司法改革和执行"联系国协议"项目等方面共获得超过 7000 万欧元欧盟赠款。同时，该国还获得欧盟、世界银行和非洲开发银行联合提供的 6800 万欧元资金，以助其恢复经济。欧盟向阿尔及利亚提供了 3400 万欧元用于沿海地区的环境保护。③

自"阿拉伯之春"至今，欧盟在利比亚的民主转型中扮演着不容忽视的角色。2012 年，在"公共行政辅助"计划下，欧盟为利比亚的议员们提供了多次"模拟式"研讨会；重建了 103 所学校；新建 4 个培训中心，共为 1200 名参与者提供教育培训。另外，欧盟还在"欧洲民主与人权工具"框架下积极为该地区的民主选举提供活动资金。

尽管埃及处于政治动荡期，欧盟依然遵守了对其提供援助与合作的承诺。尤其是在能源领域，欧盟不仅批准了一项 1.3 亿欧元的项目，同时又追加了 3000 万欧元的投资。针对年轻人高失业率现象，欧盟向埃及提供了 5000 万欧元用于职业与技能培训。另外，欧盟和世界银行联合为"短期就业和年轻人雇佣"计划提供了 7000 万欧元资金。

---

① European Commission, "Annual Report 2013 on the European Union's Development and External Assistance Policies and Their Implement in 2012," COM（2013）594, Brussels, 21 August 2013. http：//ec. euopa. eu/europeaid/multimedia/publicatins/documents/annual－reports/europeaid_ annual_ report_ 2013_ full_ en. pdf, p.39.

② European Commission, "Annual Report 2013 on the European Union's Development and External Assistance Policies and Their Implement in 2012," COM（2013）594, Brussels, 21 August 2013. http：//ec. euopa. eu/europeaid/multimedia/publicatins/documents/annual－reports/europeaid_ annual_ report_ 2013_ full_ en. pdf, p.45.

③ European Commission, "Annual Report 2013 on the European Union's Development and External Assistance Policies and Their Implement in 2012," COM（2013）594, Brussels, 21 August 2013. http：//ec. euopa. eu/europeaid/multimedia/publicatins/documents/annual－reports/europeaid_ annual_ report_ 2013_ full_ en. pdf, p.44.

2012年，为支持叙利亚公民社会和难民教育问题，欧盟还向黎巴嫩和约旦提供了近7000万欧元资金。

（二）东部伙伴及中亚地区

在《欧洲睦邻政策》框架下，欧盟东部伙伴关系发展迅猛。2013年11月召开的"东部伙伴峰会"成为欧盟本年度对外关系的"亮点"。欧盟分别与格鲁吉亚和摩尔多瓦启动了《联系国协议》谈判（包括"深入而全面的自由贸易区协议"）。在安全与防务方面，欧盟与东部伙伴新成立了"共同安全与防务政策小组"，以协调参与国之间的相关政策与政治对话，其中包括未来可能展开的"保密信息交换协定框架"谈判。在危机管理方面，欧盟分别与摩尔多瓦和格鲁吉亚签订"参与欧盟危机管理行动协议"。此外，欧盟还与阿塞拜疆签订了"签证辅助协议"。[①]

然而，乌克兰政府却令欧盟雄心勃勃的东部伙伴计划暂时受挫。在东部伙伴峰会之前，欧盟对乌加入《联系国协议》充满信心。这不仅表现在欧盟积极肯定乌克兰为签订协议所履行的改革承诺，而且欧盟还最大限度地降低了对乌克兰政府提出的政治附加条件。然而，令欧盟始料不及的是，在"欧盟东部伙伴峰会"上，乌政府宣布暂停与其签署协议。乌总统表示，如果欧盟能够提供更好的经济条件（例如提供200亿欧元援助等），他愿意签署联系国协议。不过欧盟表示，与乌签署包含自由贸易协议的联系国协定，有利于乌今后的繁荣与发展，而非"一场招投标"。[②]

自2012年以来，欧盟还将中亚五国纳入其"欧洲伙伴地区（东部）计划"。[③]

[①] The Council of the European Union, "Joint Declaration of the Easter Partnership Summit-Eastern Partner: The Way Ahead," Vilnius, 28 – 29 November 2013. http：//www.consillium.europa.eu/uedocs/cms_data/docs/pressdata/en/foraff/139765.pdf.

[②] "EU Says Ukraine Is 'Not a Call for Tender' after PM Requests 20Billion in Financial Aid," EurActiv, 13 December 2013. http：//www.euractiv.com/video/eu – ukraine – call – tender – pm – request – 532290.

[③] European Commission, "Annual Report 2013 on the European Union's Development and External Assistance Policies and Their Implement in 2012," COM（2013）594, Brussels, 21 August 2013. http：//ec.euopa.eu/europeaid/multimedia/publicatins/documents/annual – reports/europeaid_annual_report_2013_full_en.pdf, p.110.

因此,"变革的议程"也成为欧盟在中亚五国展开援助与合作发展的主要指南。在该框架的三个支柱下,欧盟在该地区的主要合作领域包括经济发展、贸易与投资、能源与交通以及社会保护等。在哈萨克斯坦,欧盟与经合组织联合资助该国的经济改革,如旨在减少对能源产业依赖的商机创造和提高市场竞争力。在吉尔吉斯斯坦和塔吉克斯坦,欧盟的关注点在于支持社会保护和提高社会保障体系的效率。2008～2013年,欧盟共援助吉尔吉斯斯坦约4000万欧元。从2012年起,欧盟开始在塔吉克斯坦执行2600万欧元的类似项目。相比之下,在乌兹别克斯坦和土库曼斯坦两国,从资金规模上看,欧盟的援助、发展与合作活动则显得有些"微不足道"。①

(三)非洲、亚洲、拉美及加勒比海地区

2012年,欧盟大幅提高了对撒哈拉以南非洲地区的援助规模,即从2011年的28亿欧元增加到了33亿欧元,新增资金主要用于"可持续性能源"项目。

在亚洲,欧盟的外交活动非常活跃。2012年11月,在第九届亚欧首脑会议上,欧盟与部分亚洲国家在《伙伴与合作协定》框架协议的谈判方面取得了进展。同时,《2013～2017年欧盟与东盟之间针对可持续发展和包容性增长行动计划》也获得通过。欧盟亦参与了在菲律宾的维和行动和印度尼西亚的灾难管理与冲突解决等行动。缅甸是欧盟2012年在亚洲地区关注的重点国家,援助金额达1.5亿欧元。该资金主要用于缅甸正在进行中的民主进程、经济改革以及卫生与教育等相关项目,如资助"缅甸和平中心"的启动等。②

---

① European Commission, "Annual Report 2013 on the European Union's Development and External Assistance Policies and Their Implement in 2012," COM (2013) 594, Brussels, 21 August 2013. http://ec.euopa.eu/europeaid/multimedia/publicatins/documents/annual-reports/europeaid_annual_report_2013_full_en.pdf, pp.110-115.

② European Commission, "Annual Report 2013 on the European Union's Development and External Assistance Policies and Their Implement in 2012," COM (2013) 594, Brussels, 21 August 2013. http://ec.euopa.eu/europeaid/multimedia/publicatins/documents/annual-reports/europeaid_annual_report_2013_full_en.pdf, p.99.

2012～2013年，欧盟与加勒比和拉丁美洲地区的外交关系进展迅猛。欧盟与多方签订的《欧盟－中美洲联系国协议》从2013年下半年开始执行。欧盟与巴西正就"参与欧盟共同安全与防务政策协议框架"（Framework Participation Agreement for EU CSDP）展开磋商。在援助与合作上，2012年，欧盟在拉美地区投入了将近3.7亿欧元。①

(审稿人：李靖堃；文字编辑：张海洋)

---

① European Commission, "Annual Report 2013 on the European Union's Development and External Assistance Policies and Their Implement in 2012," COM（2013）594, Brussels, 21 August 2013. http://ec.euopa.eu/europeaid/multimedia/publicatins/documents/annual-reports/europeaid_annual_report_2013_full_en.pdf, pp.79-81.

B.11
欧盟社会形势

郭灵凤*

摘　要：
经济危机导致欧洲失业率居高不下，贫困和社会排斥增加，社会保护严重不足，社会保障的可持续挑战更为严峻。欧洲社会政策改革迫在眉睫。欧盟利用"欧洲学期"、开放式协调和欧洲社会基金等各种政策和财政工具，协调和指导成员国的社会政策改革。其中，社会投资一揽子计划指明了欧洲社会保障政策改革的"现代化"方向。

关键词：
欧盟　经济危机　社会政策改革　社会投资

一　人口结构与劳动力市场

2013年1月1日，欧盟27国人口达到5.14亿，[①] 延续了自1960年以来人口增长的趋势。但欧盟成员国之间人口增长的幅度并不均衡。有19个成员国仍然呈现增长势头，但保加利亚、爱沙尼亚、希腊、拉脱维亚、匈牙利、葡萄牙等国的人口却在下降。[②]

总体来看，移民是人口增长的主要原因。从2011年的数据来看，大约

---

* 郭灵凤，历史学博士，中国社会科学院欧洲研究所副研究员。
① "Eurostat-Tables, Graphs and Maps Interface," http://epp.eurostat.ec.europa.eu/tgm/table.do? tab = table&language = en&pcode = tps00001&tableSelection = 1&footnotes = yes&labeling = labels&plugin = 1.
② *European Social Statistics*, 2013 edition, p. 24.

有170万人从欧盟以外的国家进入欧盟,其中英国、德国、西班牙和意大利是名列前四位的移民接收国,27国移民总数的60.3%进入上述四个国家。① 2012年1月1日数据显示,非欧盟成员国国籍的人有2070万,占欧盟总人口的4.1%。另外,截至2012年1月1日,生活在其他成员国的欧盟公民有1360万。②

2013年,欧盟劳动力市场状况进一步恶化,12月数据显示,欧盟27国失业率高达10.7%。③ 具体来看,年龄、性别和受教育水平是影响劳动力市场参与率的重要因素。2012年,0~14岁少儿人口占欧盟27国总人口的15.6%,15~64岁工作年龄人口占总人口的66.6%,而65岁以上老年人口的比率则是17.8%。④

人口结构老龄化一直困扰着欧洲各国,低生育率和平均预期寿命延长是造成老龄化的两大因素。1992年,欧盟27国中值年龄为35.7岁,2012年则上升为41.5岁。⑤ 预计到2030年,欧洲老年人口将增长46%,80岁以上人口将增长68%,同时工作年龄人口数量将下降15%。⑥ 2012年,欧盟27国就业率为68.5%,男性的经济活动参与率(74.6%)高于女性(62.4%)。⑦ 教育程度低的人在劳动力市场上趋于不太活跃。2011年,欧盟27国中,25~54岁教育程度较低的人口中,26.4%为不太活跃,而在中等教育程度人口中该比率为13.7%,而高等教育人口中这个比率只有7.9%。⑧

久拖不决的经济危机和主权债务危机导致贫困和社会排斥增加。目前,欧盟有1.16亿人生活在贫困线以下或者面临贫困和社会排斥的风险,占欧盟总人口的23%左右,其中大部分是妇女和儿童。更有甚者,超过8%的欧洲人处

---

① *European Social Statistics*, 2013 edition, p. 36.
② *European Social Statistics*, 2013 edition, p. 42.
③ "Eurostat-Tables, Graphs and Maps Interface," http://epp.eurostat.ec.europa.eu/tgm/table.do?tab=table&language=en&pcode=teilm020&tableSelection=1&plugin=1.
④ *European Social Statistics*, 2013 edition, p. 16.
⑤ *European Social Statistics*, 2013 edition, p. 16.
⑥ European Commission, *Social Investment Package: Key Facts and Figures*, February 2013, p. 8.
⑦ "Eurostat-Tables, Graphs and Maps Interface," http://epp.eurostat.ec.europa.eu/tgm/refreshTableAction.do?tab=table&plugin=1&pcode=tsdec420&language=en.
⑧ *European Social Statistics*, 2013 edition, p. 132.

于严重的"物质剥夺"（material deprivation）状态，不能负担日常生活必要的开支和物品，如取暖、洗衣机、电话或者汽车。大约10%处于工作年龄的欧洲人生活在无人就业的家庭中。[1]

欧洲最大的弱势群体之一是罗姆人，人口约1000万~1200万，80%的罗姆人妇女面临贫困，70%的人口受教育程度未达到初等教育水平。[2]

在人口老龄化和失业率居高不下的背景下，社会保护严重不足，社会保障的可持续性在欧洲许多国家面临严峻挑战。在实现"欧洲2020战略"提出的充分就业和消除贫困目标的道路上，欧盟成员国步伐缓慢。社会政策改革迫在眉睫。

二 社会政策改革：欧盟的作用及其工具

社会市场经济是欧盟的基石。在《欧洲联盟条约》中，充分就业、社会进步、社会包容（social inclusion）、社会保障、社会团结和社会凝聚（social cohesion）一直是优先目标。在走出经济危机和债务危机泥沼的过程中，高就业水平、充足的社会保障和消除社会排斥更成为欧盟在实施各项政策时都要考虑的目标。

"欧洲2020战略"为实现欧盟灵巧增长、可持续发展和包容性增长，设置了5个雄心勃勃的目标、发起了7项旗舰倡议[3]以提高欧洲的竞争力。5个目标中，减贫（到2020年，至少2000万人口摆脱贫困和社会排斥）、就业（20~64岁经济活动人口的75%就业）和教育（辍学率应该低于学校人数的10%，至少年轻一代的40%获得学位）三个目标与社会政策直接相关，7项倡议中也包括了"流动中的青年"、新技术和工作议程以及"消除贫困与社会排斥欧洲平台"三个与此相关的项目。

---

[1] European Commission, *The European Union Explained: Employment and Social Affairs*, 2013, p.4.
[2] European Commission, *The European Union Explained: Employment and Social Affairs*, 2013, p.5.
[3] 七项旗舰倡议包括数字化议程（Digital Agenda）、创新联盟（Innovation Union）、"流动中的青年"项目、节约型欧洲（Resource efficient Europe）、全球化时代的工业政策（An Industrial Policy for the Globalisation Era）、新技术和工作议程（Agenda for New Skills and Jobs）、消除贫困与社会排斥欧洲平台（European Platform against Poverty and Social Exclusion）。

为实现"充分就业"的量化目标,欧盟在权限范围内采取了一系列政策措施,如确保工人及其家庭在欧盟范围内自由流动,工作场所的非歧视性待遇(尤其是性别平等),改善工作条件,确保工作环境安全和工人健康,确保工人的充分知情权等。①

欧盟各国的社会保障体系在帮助公民应对失业、疾病、老年、贫困和其他家庭生活风险方面起着重要作用,但其发展水平参差不齐。欧盟成员国在社保政策改革上承担主要责任,包括政策设计和行政管理,地区和地方一级政府机构起着关键作用,特别是在津贴发放和提供社会服务方面。由于具有某些共同的特征、价值和目标,欧洲各国的发展并非孤立,而是相互启迪、相互影响。在各国的社保制度改革中,欧盟的角色就是协调和指导,因为社会保障制度的顺利衔接是欧洲统一大市场成功运转的基础。

成员国制定和执行社会政策改革的全过程处处可以看到欧盟的影响。欧盟支持欧洲社会政策变革的方式多种多样,包括明确共同目标和设立联合计划;组织政策决策者、地方政府、工会、雇主组织和非政府组织等利益攸关方交流经验;在成员国改革的关键领域提供指导,尤其是在"欧洲2020战略"重点强调的减贫和就业领域;监控、分析和报告各国社会发展趋势;提供欧盟层面的专家知识咨询和政策答复;对社会政策改革试点和执行提供金融支持等。②

欧盟协调成员国社会政策的主要工具之一是2010年创立的"欧洲学期"(European Semester)制度。每年的1~7月,欧盟委员会发布《年度增长调查》(AGS,Annual Growth Survey),评价成员国政策措施是否达到2020战略目标(成员国改革计划)和维持了良好的公共财政(稳定或者趋同计划);经过多轮不同级别的讨论,设置下一年推进欧洲经济社会增长的优先目标,并针对成员国面临的经济社会挑战提供"国家具体建议"(Country-Specific Recommendations CSRs)。在此基础上,下半年,各成员国政府提出本国财政预算草案,提交本国议会审议。欧盟向成员国提出的建议大多涉及劳动力市场改革、减贫、促进弱势群体就业和养老金改革等就业、社会保障和社会融入方面的

---

① European Commission, *The European Union Explained: Employment and Social Affairs*, 2013, p. 3.
② European Commission, *Social Policies: Social Eturope Guide*, Vol. 5, 2013, p. 45.

内容。因此，事实上，欧盟委员会通过"欧洲学期"制度监控和指导成员国实施"欧洲2020战略"的情况。根据欧洲结构和投资基金新条例规定，国家具体建议必须反映在成员国合作伙伴协议和合作项目中。2013年，除塞浦路斯、希腊、爱尔兰和葡萄牙之外，欧盟委员会为大多数成员国提供了改革建议，而这几个国家另有更为全面的经济调整计划（Economic Adjustment Programmes）。①

开放式协调（Open Method of Coordination，OMC）的政策学习方式也是欧盟协调成员国社会政策的重要工具。② 与欧洲学期不同，这一进程更依赖于"软法"（"soft law" mechanisms），如共同的目标和指标、同行评议等，既是社会政策立法和财政工具的有益补充，也是欧盟理事会政策讨论的筹备阶段。自2005年以来，开放式协调法一直聚焦于消除贫困与社会排斥、养老金改革、健康护理和长期护理等议题。社会保障委员会（Social Protection Committee，SPC）是负责社会政策开放式协调的主要机构。③ 2012年，社会保障委员会建立了社会保障绩效监控（Social Protection Performance Monitor，SPPM），其年度报告成为反映自2008年以来欧洲社会指标变化的仪表。④ 此外，《深度评估》（In-depth Reviews），审查社会保障委员会提出的需要关注的主要社会趋势。2013年主要关注三个领域：儿童贫困和社会排斥、工作贫困、无就业家庭人口的贫困风险。

欧洲社会基金（European Social Fund，ESF）是欧盟支持成员国在就业和社会政策领域进行结构改革和投资的主要财政工具，约占欧盟总体预算的10%，主要针对欠发达成员国及地区。从2007~2013年已经拨款约760亿欧元，每年有将近1000万人口从欧洲社会基金资助的项目中受益。⑤ 如果某个企业或某一地区的某一产业，有500名以上的欧洲工人由于全球化的原因失业，欧

---

① European Commission, *Social Policies: Social Europe Guide*, Vol. 5, 2013, pp. 47 – 48.
② 开放式协调法是欧盟在就业、减贫、共同外交与安全等权能受限领域协调成员国政策的一种治理工具。该方法始于欧盟就业政策讨论和卢森堡进程，2000年里斯本战略全方位引入开放式协调法。
③ European Commission, *Social Policies: Social Europe Guide*, Vol. 5, 2013, pp. 50 – 51.
④ "Social Europe: Current Challenges and the Way Forward," *Annual Report of the Social Protection Committee*, (2012), February 2013.
⑤ European Commission, *The European Union Explained: Employment and Social Affairs*, 2013, p. 7.

洲全球化调整基金（European Globalisation Adjustment Fund，EGF）就会介入。2011年，全球化调整基金帮助超过2.1万名欧洲失业工人参加技能培训和重新就业。2014年，新的就业和社会创新项目（Employment and Social Innovation，EaSI）将取代就业和社会团结项目（Programme for Employment and Social Solidarity，PROGRESS）、欧洲就业服务（European Employment Services，EURES）以及欧洲发展小额信贷机构（European Progress Microfinance Facility）。① 在减贫方面，欧盟委员会还为"受剥夺最为严重者"提供欧洲援助基金（Fund for European Aid to the Most Deprived，FEAD）。此外，欧洲地区发展基金（European Regional Development Fund，ERDF）为有利于社会政策发展的其他政策领域提供资金支持，比如更好的基础设施和创造可持续工作的直接投资。

在欧盟各项社会政策改革中，最引人注目的是2013年的社会投资一揽子计划（Social Investment Package for Growth and Cohesion），因为这些政策措施指明了欧洲社会保障政策改革的"现代化"方向。

三　社会投资

"社会投资"政策的核心目标是提高民众的技术和能力，让个人、家庭和社会有所准备，应对生命周期各阶段的各种风险和挑战，比如职业生涯的变动、新工作条件或者人口老龄化。因此，这项社会政策的效果虽不能立竿见影，但从长期来看，它是一种有回报的投资。比如高质量的儿童看护和早期教育对儿童完成学业和未来就业具有积极影响，预防性的健康护理和劳动保护帮助人们保持生产力，再培训和终生教育有助于人们保持就业能力和获得更好的职业前景。

2013年2月，欧盟委员会出台社会投资一揽子计划，基于一些成员国的积极实践，为其他成员国的福利制度现代化改革提供指导，应对儿童贫困和无家可归等欧洲社会面临的共同挑战，提高社会融入水平，促进劳动力市场的参与。其政策重点有以下五个方面。

---

① European Commission, *Social Policies: Social Europe Guide*, Vol. 5, 2013, p. 53.

(一)投资于儿童

儿童比成年人更容易遭遇贫困或社会排斥的风险。2011年,欧盟儿童的贫困率达到27.1%,而贫困人口在总人口中的比例则为24.2%。经济危机导致完全依赖社会救济的家庭数量开始增加。2010年,欧盟27国中,9.9%的儿童和工作年龄的成年人生活在无就业家庭。根据经合组织国家国际学生评价项目对15岁在校学生所做的统计显示,参加过学前教育的学生比未接受这一教育的学生成绩更好。从人力资源储备和劳动力竞争性的角度来看,这一结论具有深远的意义。欧盟成员国之间在学前教育投资和参与率方面,存在巨大差异。在法国,四岁儿童参加学前教育的比例是100%;在希腊,这个比例只有50%多一点。从总体趋势来看,欧盟成员国和经合组织国家的学前教育参与率都在提高。[1]

(二)投资于青年

2012年12月,欧盟的青年(15~24岁)失业率高达23.7%。2011年,欧盟将近有600万年龄在18~24岁之间的青年人没有完成高中教育,也不接受培训,54.8%的辍学者找不到工作,这个比例是欧洲青年失业率的2倍。尽管近些年情况有所改善,但西班牙、葡萄牙和马耳他三国的辍学率仍超过20%。[2] 年龄在25岁以下的尼特族[3](NEETs)比例正在上升。2011年,750万青年人既无就业,也不上学,也不接受培训,在总人口中占12.9%。尼特族的状况主要是由于较低的受教育水平和早年辍学造成的。如果比较公共货币成本和个人职业生涯中教育的公共货币收益(个人收入税、社会保险支出、转移支付),在大多数成员国中,投资教育获得了更高的收益。[4]

---

[1] European Commission, *Social Investment Package: Key Facts and Figures*, February 2013, pp. 10 - 11.
[2] European Commission, *Social Investment Package: Key Facts and Figures*, February 2013, pp. 12 - 13.
[3] 既不就业也不上学或者接受培训的青年人。
[4] European Commission, *Social Investment Package: Key Facts and Figures*, February 2013, p. 14.

(三）就业激励

积极劳动力市场政策方面的公共支出有效地减少了待业时间。2009年和2010年，北欧和大陆国家在积极劳动力市场政策方面投入了巨大的开支，有效地降低了失业持续率。对于那些从事终生学习的人来说，从失业到就业的转变率比没有终生学习者高6%。[1] 此外，大多数欧盟成员国都有特定的最低收入计划，但最低收入的水平和覆盖面有待提升。提供儿童日托服务，是促进女性就业和提高劳动力市场参与率的关键因素。年轻妈妈的就业率和得到正规儿童日托服务的比例之间存在密切的关联。

（四）投资健康

健康状况与贫困密切相关。健康状况不佳有时是贫困的原因，而贫困也会使健康受损。2012年的老龄报告预计，对于长期护理的需求不断加大，将导致长期护理服务增加和公共开支的增长。在现行法律不变的情况下，欧盟27国在长期护理方面的公共支出将成倍增长，估计从国内生产总值的1.8%增至3.6%。长期护理的规模和支出类型在不同的成员国差异很大。该项公共支出，在丹麦占国内生产总值的4.5%，在塞浦路斯占国内生产总值的0.2%。瑞典、荷兰和丹麦是长期护理支出最高的成员国，比欧盟平均水平高出2倍。[2]

（五）确保预算充足和可持续

社会政策支出的有效使用，高度依赖于津贴管理的设计（如一站式津贴管理体系）、政策类型（比如更多关注现金失业补贴，而不重视激励措施）以及政策设计（津贴领取门槛、待遇规模等）。因此，社会投资政策改革也涉及财政方面。

根据2013年社会和就业国家具体建议，一些成员国按照欧盟要求在重组社保体系方面迈出步伐。12个青年失业问题最严重的欧盟成员国接受了政策

---

[1] European Commission, *Social Investment Package: Key Facts and Figures*, February 2013, p.16.
[2] European Commission, *Social Investment Package: Key Facts and Figures*, February 2013, p.20.

建议，目标是保证每一个青年在辍学或失业后 4 个月内得到一份工作、继续教育的机会或者工作培训。有 19 个成员国接受了政策建议，实现了从学校到工作的转型，比如为雇佣青年人的公司提供特殊便利，增加学徒机会和减少辍学率。8 个国家已经被要求加强社会安全网以提高社会津贴的水平和覆盖面，减少贫困。10 个成员国已经被要求采取措施提高移民融合的程度，解决罗姆人问题等。18 个成员国已经被要求通过积极劳动力市场政策，提高被劳动力市场排斥在外的人员的支持力度，包括个人求职协助和培训、学徒制度等。11 个成员国接受了政策建议，提高了妇女就业率，包括减少妇女参与劳动力市场的障碍，加强儿童看护服务。15 个成员国在健康看护和长期照顾领域接受政策建议，加强医院改革、控制医药消费、为失能人群提升健康服务水平。①

（审稿人：田德文；文字编辑：张海洋、宋晓敏）

---

① European Commission, *Social Policies*: *Social Eturope Guide*, Vol. 5, 2013, p. 54.

B.12 欧盟法制进程

叶 斌*

摘　要： 自2012年9月至2013年底，欧盟继续深化其经济与货币联盟建设，加强欧元区监管的立法和银行业联盟初步立法正按照欧盟蓝图在逐步落实当中；在内部市场建设方面，欧盟推出第二期的单一市场行动计划，进一步以市场促经济发展，以市场提升竞争力；在内务与司法合作方面，《布鲁塞尔条例Ⅰ》的全面修订使原来广受批评的管辖权规则得到纠正，全面修订难民接纳立法统一了各成员国提供国际保护的接纳标准和程序，通过新立法提高了受害者权利保护的趋同与相互承认；欧盟大规模修订对外贸易立法，减少普惠制受惠范围和强化贸易防御工具，表明欧盟贸易保护主义日趋明显。在国际协定方面，欧盟自由贸易区战略的实施，特别是"跨大西洋贸易与投资伙伴关系协定"和中欧双边投资协定谈判的启动，引发了全球关注。

关键词： 欧盟法　两部立法　单一监管机制　单一市场行动计划　自由贸易协定

自2012年9月至2013年12月，欧盟法制进程有以下突出表现：(1) 进一步深化经济与货币联盟建设，一方面通过两部立法加强欧元区预算监管和宏观经济治理，对受援助国实施强化监管；另一方面通过了银行业联盟的首部立法，欧

---

* 叶斌，国际法学博士，中国社会科学院欧洲研究所欧盟法研究室副主任，助理研究员。

洲中央银行成为单一监管机制的核心；（2）在内部市场建设方面，落实第二期单一市场行动计划，从交通与能源网络、跨境人员与商业流动、扶持数字经济，以及加强社会企业家精神四个方面完善市场发育，挖掘市场促进经济发展和提升就业的潜力；（3）修订和补充内务与司法合作领域的多部基础立法，包括全面修订《布鲁塞尔条例I》，提高受害者权利保护的趋同与相互承认，全面修订难民资格申请与认定的标准和程序；（4）大规模修订对外贸易立法，减少普惠制受惠范围，强化防御工具立法，其应对中国等新兴国家贸易出口的意图十分明显；（5）在与第三国贸易或投资协定谈判方面取得重要进展，特别是启动"跨大西洋贸易与投资伙伴关系协定"和中欧双边投资协定谈判。

在国际协定方面，到2013年底，欧盟完成或者启动多个自由贸易或投资协定谈判，将对多边贸易体制和国际贸易规则的未来发展走向产生重大影响。

一 欧盟法一般事务

2009年12月1日生效的《里斯本条约》将授权欧盟委员会制定的法令区分为"委托法令"和"实施性法令"①，为了与这种新的分类法相适用，2013年10月欧盟通过一项条例②修订了多部与委员会委托法令有关的指令。该条例明确了部分指令的5年授权期，除非欧洲议会或欧盟理事会反对，授权期将自动延长相同时间。在通过委托法令后，欧盟委员会应立即通报欧洲议会和理事会，若后者在通报日起2个月内均未提出异议，该委托法令径行生效。

在涉及欧洲议会大选方面，2012年12月欧盟理事会修订了在本国之外其他成员国居住的联盟公民参与欧洲议会竞选的指令③，为长期生活在布鲁塞尔的外国人直接在比利时申请2014年欧洲议会候选人资格提供了便利。新指令

---

① "委托法令"是授权委员会制定的为了补充或者修订立法性法令中非核心条款的非立法性法令（TFEU第290条第1款），"实施性法令"是授权委员会制定的为实施某个欧盟法而制定统一适用条件的法令（TFEU第291条第2款）。对于委托法令，立法者委托委员会制定准立法性质的法令。对于实施法令，由于主要由成员国负责实施欧盟法，如果适用立法性法令需要统一的实施条件，就需要委员会就这些条件制定规则。

② Regulation (EU) No 1021/2013, OJ L 287, 29.10.2013, pp. 1 - 4.

③ Council Directive 2013/1/EU, OJ L 26, 26.1.2013, pp. 27 - 29.

废除了原指令要求申请人提供本国行政机构关于其未被剥夺选举权的证明,将其简化为申请人在申请书中做出特别声明并将该声明通知给本国。为了方便成员国相关机构的联络,指令要求成员国指定一个通知联络点。

2013年7月1日,克罗地亚成为欧盟第28个成员国,扩大了欧盟法的地理适用范围。为此,欧盟制定或修订多部立法措施,例如,欧盟为克罗地亚入盟制定了招募联盟官员和临时雇员的特殊临时措施条例。① 2013年7月9日,欧盟理事会通过了拉脱维亚加入欧元区的决定②,此前欧洲议会和欧洲中央银行都发表了赞同意见。拉脱维亚将于2014年1月1日成为第18个欧元国家。

二 经济与货币联盟立法

2012年和2013年是欧盟进一步推动经济与货币联盟(EMU)建设的重要年份,主要措施是提出和逐步落实欧洲"经济与货币联盟蓝图"。2012年12月13~14日,欧洲理事会批准了欧盟委员会于当年10月提交的《关于建立真正深化的经济货币联盟蓝图:启动欧洲辩论》③ 的报告。这是继欧盟"六部立法"(Six-Pack)、"财政契约"(TSCG)和《欧洲稳定机制条约》(ESM)等一系列应对欧债危机的经济治理和财政监管改革方案之后,欧盟为经济货币联盟发展所设计的更为深化的改革路线图。

蓝图提出经济与货币联盟的"四个基础"——统一的财政框架、统一的预算框架、统一的经济政策框架、更强的民主合法性和问责,其实施步骤分为"一年半的近期""五年中期"和"五年以后的远期"三个阶段。蓝图要求在2014年7月1日前通过"两部立法"(Two-Pack),对欧元区实施更严格的财政监管;建立银行业联盟的基本框架,包括制定单一行为手册(Single Rulebook)、单一监管机制(Single Supervisory Mechanism)和单一清算机制(Single Resolution Mechanism);建立"趋同和竞争力工具"(Convergence and

---

① Regulation (EU) No 1216/2012, OJ L 351, 20.12.2012, pp. 33-33.
② Council Decision of 9 July 2013, OJ L 195, 18.7.2013, pp. 24-26.
③ "A Blueprint for a Deep and Genuine Economic and Monetary Union: Launching a European Debate," COM (2012) 777 final/2, Brussels, 30.11.2012.

Competitiveness Instrument），对成员国重大改革事项进行事先协调；以及解决欧元区的对外代表性问题。2013年度，欧盟已如期通过"两部立法"、单一行动手册和单一监管机制等立法。

（一）"两部立法"：进一步加强欧元区预算监管和宏观经济治理

欧盟认为，欧债危机的教训之一是，在整个经济环节都需要更为审慎的财政决策，并且需要进一步改进欧元区成员国的预算协调和监管。[1] 为此，欧盟采用了协调经济政策的"欧洲学期"，以"六部立法"（Six-Pack）修订《稳定与增长公约》以实施更严格的财政纪律，以"财政契约"赋予欧盟机构初步的财政监管职能等。对于欧元区，由于各成员国的预算政策具有巨大的潜在扩散效应，欧盟认为在上述规则之外还需要对欧元区制定更加有针对性和更为强化的监管规则。2013年5月13日，欧盟通过了所谓"两部立法"（Two-Pack），即《第472/2013号关于加强欧元区遭受财政稳定严重困难或面临威胁的成员国经济与预算监管条例》[2]和《第473/2013号关于监管和评估欧元区成员国预算计划草案以及确保纠正过度赤字的共同规则条例》。[3] 两部条例于2013年下半年开始与2014年预算周期相配合。

《第473/2013号关于监管和评估欧元区成员国预算计划草案以及确保纠正过度赤字的共同规则条例》的主要内容是：（1）成员国层面的共同预算规则应受独立机构的监督。（2）在共同预算日程中，欧元区成员国应在每年10月15日之前向委员会和欧元集团提交下一年度的预算草案以及独立的宏观经济预测。根据《稳定与增长公约》，每年春季成员国应在稳定方案或者趋同方案中向委员会和理事会提交中期公共财政状况。该条例额外要求，在秋季时要监管成员国预算政策的实施并且分享信息。委员会将评估草案是否符合《稳定与增长公约》，以及是否遵循了"欧洲学期"中提出的建议。如果委员会认为预算草案与《稳定与增长公约》严重不符，委员会可以要求修改预算草案，

---

[1] European Commission Memo, " 'Two-Pack' Enters into Force, Completing Budgetary Surveillance Cycle and Further Improving Economic Governance for the Euro Area," Brussels, 27. 5. 2013.
[2] Regulation (EU) No 472/2013, OJ L 140, 27. 5. 2013, pp. 1 – 10.
[3] Regulation (EU) No 473/2013, OJ L 140, 27. 5. 2013, pp. 11 – 23.

否则将向其提出意见并交由欧元集团讨论。由此可见,条例补充了《稳定与增长公约》的预防功能,特别是确保在成员国预算草案准备阶段适当地融入欧盟层面的政策建议,同时也提升了欧元集团的同行评价影响力。(3)成员国议会对预算仍然保持完全的主权,不过根据条例,还需要附加委员会对预算计划的独立意见。(4)对于处于过度赤字程序的成员国,条例引入了毕业监督制度,以便及时和长期纠正过度赤字。由此,如果早期监测到成员国存在无法在理事会规定的期限内纠正过度赤字的风险,理事会可以采取相应的行动。(5)"财政契约"的某些规则被纳入到本条例,例如要求设立独立机构来负责监管多边监管程序中的"中期预算目标"(MTO)是否在成员国层面得到执行,要求事先协调成员国发债计划,以及要求处于赤字程序的成员国制定"经济伙伴关系方案"以进行结构性改革,确保长期有效地纠正过度赤字。

《第472/2013号关于加强欧元区遭受财政稳定严重困难或面临威胁的成员国经济与预算监管条例》的主要内容包括:(1)面临严重困难的成员国将受到强化监管,由委员会对此进行决策。某些类型的预警型金融援助则自动受到强化监管,由委员会确定这些援助清单。(2)强化监管包括:成员国有义务陈述经济不稳定的根源;定期审查,提供更加细化的金融数据;各季度委员会向欧元集团报告这些国家的情况。(3)在宏观经济调整方案的决策和监督程序方面,没有足够行政能力的成员国必须寻求委员会的技术协助;在必要时,理事会可以判定受援国没有满足调整方案中包括的政策要求。(4)引入后监管机制,对于即将走出纠正方案或预警援助的成员国,如果该国偿还额不足受援助额的75%,则该国仍处于强化监管之下,目的是确保该国稳步回归市场,实现财政的可持续性。

(二)以银行业单一手册、单一监管机制和单一清算机制初步实施银行业联盟设计方案

2013年6月27日,欧盟以《资本金要求条例》(CRR)[①] 和《资本金要

---

① Regulation (EU) No 575/2013 of the European Parliament and of the Council of 26 June 2013 on Prudential Requirements for Credit Institutions and Investment Firms and Amending Regulation (EU) No 648/2012, OJ L 176, 27.6.2013, pp. 1–337.

求指令》（CRD IV）[1] 修订了多部立法，将银行资本的国际标准（巴塞尔 III）移植到欧盟法律框架内，新规则于 2014 年 1 月 1 日施行。《资本金要求条例》建立了欧盟银行业单一行动手册，对欧盟银行业运营提出了更为审慎的要求，例如，银行应保持充足的资本储备，同时保持流动性等。《资本金要求指令》则要求成员国采取有效措施，加强审慎监管和公司治理。

2013 年 11 月 4 日，即在欧盟委员会提出草案后的一年后，欧洲银行业单一监管机制[2]终于生效。银行业单一监管机制是落实银行业联盟的第一步，它包括欧洲中央银行和成员国监管机构，由欧洲中央银行负责单一监管机制的整体运作，起核心作用。在内部架构方面，欧洲中央银行新设独立的监事会（Supervisory Board），以便使监管职能与原有的货币职能分离，欧洲中央银行管理理事会（Governing Council）有权驳回监事会的决定。欧洲中央银行有权发放或者吊销银行牌照，评估银行资产和坏账，确保单一手册统一适用，直接监管重要银行等。其中重要银行指，资产超过 300 亿欧元，或资产占其本国国内生产总值 20%，或属于所在国三大银行，或经营大规模跨国业务，或接受欧元区基金援助的银行，其数量接近 130 家。成员国监督机构则仍然对中小银行实施涉及消费者保护、打击洗钱和支付服务等方面的监管。欧洲中央银行可随时决定直接监管某家信贷机构。欧洲银行管理局（EBA）仍保留现有职能，继续致力于制定单一行动手册，确保单一市场的公平竞争。单一监管机构不只适用于欧元区，还对自愿加入该机制的非欧元区国家开放。

---

① Directive 2013/36/EU of the European Parliament and of the Council of 26 June 2013 on Access to the Activity of Credit Institutions and the Prudential Supervision of Credit Institutions and Investment Firms, Amending Directive 2002/87/EC and repealing Directives 2006/48/EC and 2006/49/EC, OJ L 176, 27.6.2013, pp. 338 – 436.

② 单一监管机制立法文件包括：Council Regulation (EU) No 1024/2013 of 15 October 2013 Conferring Specific Tasks on the European Central Bank Concerning Policies Relating to the Prudential Supervision of Credit Institutions, OJ L 287, 29.10.2013, pp. 63 – 89; Regulation (EU) No 1022/2013 of the European Parliament and of the Council of 22 October 2013 Amending Regulation (EU) No 1093/2010 Establishing a European Supervisory Authority (European Banking Authority) as Regards the Conferral of Specific Tasks on the European Central Bank Pursuant to Council Regulation (EU) No 1024/2013, OJ L 287, 29.10.2013, pp. 5 – 14; Statement by the Council.

2013年7月10日,欧盟委员会提出银行业联盟单一清算机制草案[1],以建立处理银行破产的单一机制,设立比成员国破产基金更为有效的单一破产基金。根据该草案,欧洲中央银行负责评估哪些银行需要破产,单一破产委员会准备破产方案,欧盟委员会最终决定是否使其破产,成员国破产监管机构则在单一破产委员会的监管之下实施破产。单一破产基金由破产委员会管理,用于银行重组时获得中期资金支持。该草案有望于2014年上半年通过。

三 内部市场建设

为应对欧债务危机,提升经济增长和促进就业,欧盟委员会曾于2011年4月启动"单一市场行动"(Single Market Act)计划[2],这是欧盟单一市场建立20年来最大政策动议。单一市场行动旨在通过完善市场机制来提升欧洲的竞争力,扩大市场提供就业岗位的能力,刺激经济的可持续增长。在第一期的行动中,欧盟委员会采取了改进单一服务市场、单一市场现代化和扶持中小企业等共12个领域的立法草案,但是立法进展缓慢。在欧债危机的持续压力之下,2012年10月欧盟委员会又提出第二期单一市场行动,进一步完善和发挥单一市场作为经济增长引擎的潜力。[3] 欧盟计划在2013年底前采取如下四个领域的立法和非立法措施。

(1)推动铁路、海运、空运和能源网络的充分融合:通过立法措施开放成员国之间国内客运服务;通过所谓"蓝带"措施(Blue Belt)建立真正的单一海运市场;加速建立"单一欧洲天空";改进第三期一揽子能源措施的实

---

[1] Proposal for a Regulation of the European Parliament and of the Council Establishing Uniform Rules and a Uniform Procedure for the Resolution of Credit Institutions and Certain Investment Firms in the Framework of a Single Resolution Mechanism and a Single Bank Resolution Fund and Amending Regulation (EU) No 1093/2010 of the European Parliament and of the Council, COM/2013/0520 final, 10.7.2013.

[2] European Commission Communication, "Single Market Act. Twelve Levers to Boost Growth and Strengthen Confidence. Working together to Create New Growth," COM (2011) 206 final, Brussels, 13.4.2011.

[3] European Commission Communication, "Single Market Act II. Together for New Growth", COM (2012) 573 final, Brussels, 3.10.2012.

施，使跨境能源市场受惠于最终消费者。

（2）促进人员和商业跨境流动：建立欧洲流动就业门户网站（EURES Portal），为欧盟公民在其他成员国求职提供帮助；制定欧洲风投基金条例①，用以推动以长期投资而非短期投机为目的的投资项目，促进实体经济的发展；修订欧盟破产规则，使陷入困境的企业家有机会重新创业，与此同时修订有关跨境破产的规则。

（3）扶持数字经济：修订支付服务指令，制定关于多边交换费的新立法，以促进电子商务和在线服务；推动单一数字市场建议，制定有关降低宽带费用成本的共同规则，提高高速通信设施的使用效率并降低成本；制定电子发票标准，消除电子商务进入政府采购的技术性门槛。

（4）加强社会企业家精神、社会聚合和消费者信心：制定一揽子措施，加强产品安全实施和监管；制定欧洲社会企业家基金条例②，使所有欧盟公民均可获得基本支付账户，确保银行账户的费用透明，推动变换银行户头的便利化。

欧盟"单一市场行动计划"第二期措施正在逐步落实，如果能顺利通过并有效实施，将进一步消除欧盟内部仍然存在的贸易壁垒，推动单一市场现代化，确保欧盟尽早实现经济复苏。这些措施立足于完善社会市场经济规则，对于提升欧洲经济的内在竞争力具有重要意义。

四 自由、安全与公正区域建设

2012~2013年，欧盟在推动自由、安全与公正区域（AFSJ）建设方面修订或通过了多部重要立法措施，在这些立法中，有多部涉及欧盟国际私法和欧盟刑事司法合作基础法律的修订或制定。

（1）全面修订民商事管辖权与判决承认与执行规则

2012年12月12日，欧盟通过《关于民商事管辖权与判决承认与执行的

---

① Regulation (EU) No 345/2013 of the European Parliament and of the Council of 17 April 2013 on European Venture Capital Funds, OJ L 115, 25.4.2013, pp. 1–17.
② Regulation (EU) No 346/2013 of the European Parliament and of the Council of 17 April 2013 on European Social Entrepreneurship Funds, OJ L 115, 25.4.2013, pp. 18–38.

1215/2012 号条例》，对原《布鲁塞尔条例 I》进行全面修订①，以加速和简化欧盟成员国之间民商事判决的承认与执行。

新版《布鲁塞尔条例 I》废除了原来的"认证程序"，不再要求对其他成员国法院所做判决的可执行性做出声明。根据新条例，某欧盟成员国法院做出的民商事判决，只要在该国是可执行的，无须任何特别程序就可以得到其他成员国法院的承认。条例还规定，本国管辖权不得适用于住所在欧盟之外的消费者和雇员，即使该国法院根据该条例拥有专属管辖权，或者当事人协议选择该国法院管辖。条例还修订了广受批评的平行诉讼规则，对于内部平行诉讼，规定协议管辖权优先于"先受理原则"；对于国际平行诉讼，如果非欧盟成员国法院已经受理相同当事人之间的诉讼或者争议存在关联的诉讼，成员国法院将可在自由裁量的基础上中止或者最终驳回诉讼。新条例已于 2013 年 1 月 9 日生效，除去少数例外情形，将于 2015 年 1 月 10 日施行。

（2）提高受害者权利保护的趋同与相互承认

在本报告期间，欧盟通过了两部对刑事案件受害人提供保护的立法。2012 年 10 月通过的《刑事案件受害者权利、支援和保护的最低标准指令》② 为各成员国在保护受害人方面提出最低的法律要求，以便各国的刑事保护尽可能地趋同。2013 年 6 月通过的《民事保护措施相互承认条例》③ 则引入关于保护措施的证明书，无须任何其他特别程序，使民事保护措施获得成员国间的相互承认。保护措施包括对被保护人的保护措施和对施害人的禁令。

（3）修订难民立法，规范各成员国提供国际保护的接纳标准和程序

2013 年 6 月 26 日，欧盟通过三部有关国际保护的修订措施，包括就成员国负责调查居留在某成员国内的第三国国民或无国籍人所提出的国际保护申请建立判断标准与机制的条例④、给予和取消国际保护的共同程序指令⑤和国际

---

① Regulation (EU) No 1215/2012, OJ L 351, 20.12.2012, pp. 1 – 32.
② Directive 2012/29/EU, OJ L 315, 14.11.2012, pp. 57 – 73.
③ Regulation (EU) No 606/2013, OJ L 181, 29.6.2013, pp. 4 – 12.
④ Regulation (EU) No 604/2013, OJ L 180, 29.6.2013, pp. 31 – 59.
⑤ Directive 2013/32/EU, OJ L 180, 29.6.2013, pp. 60 – 95.

保护申请接纳标准指令①。新立法措施简化了国际保护申请程序，促进各成员国的接纳标准趋同并加强难民保护，例如要求九个月内使难民获得就业许可等。

五　欧盟对外贸易法

2012~2013 年，欧盟对外贸易法得到大规模的修订，其中包括欧盟全面修订具有广泛域外效力的普惠制立法和反倾销、反补贴基础立法。另外，欧盟还通过立法解决《里斯本条约》之后成员国与第三国双边投资保护协定在过渡期内的效力问题。

（1）全面改革普惠制，减少受惠国数量，降低普惠制"毕业"门槛

继修改普惠制原产规则之后，2012 年 10 月 25 日欧盟通过了全面修订普惠制度的新条例②。新修订的普惠制方案对欧盟现行三种普惠制安排（一般普惠制安排、普惠制追加安排和最不发达国家的特殊安排）均有不同程度的调整和强化。改革后的欧盟普惠制安排所做出的修改主要涉及五个方面：受益国的范围、优惠关税率与产品范畴、产品毕业标准、普惠制追加安排和特殊的保障措施。条例于 2014 年 1 月 1 日生效。

在内容方面，其一，条例减少了普惠制受益国数量，将受益者集中于经筛选的国家，目前享受欧盟进口优惠的 176 个国家和地区将减至约 80 个；其二，通过实施普惠制追加安排，增强激励受益国尊重核心人权与劳工权利、法治、良治、环境和可持续发展标准；其三，通过实施"除军火外之一切"安排，增强最不发达国家贸易进入欧盟的效率和效益；其四，增强普惠制实施的透明度、稳定性和可预见性。欧盟普惠制改革旨在使欧盟普惠制适应变化的全球情势，使欧盟普惠制方案对于最需要国家的更加透明、更具有可预见性和更加的优惠。③

（2）解决成员国与第三国双边投资协定的效力待定问题

2012 年 12 月 20 日，欧盟通过《关于欧盟成员国与第三国双边投资协定

---

① Directive 2013/33/EU, OJ L 180, 29.6.2013, pp. 96 – 116.
② Regulation (EU) No 978/2012, OJ L 303, 31.10.2012, pp. 1 – 82.
③ 参见曾令良《欧债危机背景下欧盟普惠制改革及其对中国的影响》，《法学评论》2013 年第 3 期。

过渡性安排的第 1219/2012 号条例》①。《里斯本条约》将直接投资权能纳入欧盟共同商业政策后，欧盟成员国与第三国投资协定（BIT）处于效力不确定状况。为了解决这个问题，该条例要求成员国汇报现有的 BIT 清单，在欧盟与该国达成新的投资协定之前，如果欧盟近期尚无与该国磋商 BIT 的计划，现有协定仍然有效。条例还建立了授权成员国与第三国进行 BIT 谈判的机制。

（3）实质性修订贸易防御工具，强化贸易救济法律的贸易保护功能

2013 年 4 月 10 日，欧盟委员会向欧盟理事会和欧洲议会提交了修订欧盟反倾销条例与反补贴条例的立法建议②，欧盟修订反倾销与反补贴法工作正式进入立法程序，这项立法工作预计将在 2014 年初前后完成。欧盟委员会将主动发起反倾销、反补贴调查，对于原材料市场存在结构性扭曲的国家在反补贴中不再适用轻税原则，改进临时性措施的披露制度，重新定义欧盟产业和欧盟利益等。本次修订是 1995 年以来欧盟贸易防御工具的首次实质性审查与改进。其中不少措施实际上是直接针对中国制定的，未来将对中欧贸易产生重大影响。此外，欧盟强化贸易救济法律的贸易保护功能，反映出不断增强的保护主义倾向。③

六 欧盟与第三国双边贸易与投资协定

2013 年度欧盟与第三国贸易与投资协定谈判取得重大进展。在这期间，欧盟与加拿大完成了自由贸易协定谈判，与乌克兰的深化全面自由贸易协定于 5 月 15 日临时适用，欧盟与美国启动"跨大西洋贸易与投资伙伴关系协定"谈判，并与中国宣布启动双边投资协定谈判。此外，欧盟还与摩尔多瓦、亚美尼亚、格鲁吉亚等国启动了联系协定的谈判。而在此之前，欧盟与韩国的自贸协定已经生效，与新加坡完成了自贸协定谈判。欧盟新一代自贸协定不再以降低关税为主要目标，而是以扩大市场准入、消除非关税壁垒和规章协调为重点。

（1）启动"跨大西洋贸易与投资伙伴关系协定"谈判

2013 年 2 月 13 日，欧美领导人共同宣布欧美将启动"跨大西洋贸易与投资伙

---

① Regulation (EU) No 1219/2012, OJ L 351, 20.12.2012, pp. 40-46.
② COM (2013) 192 final, Brussels, 10.4.2013.
③ 参见蒋小红《试析欧盟贸易救济立法的最新发展》,《欧洲研究》2013 年第 6 期。

伴关系协定"（Transatlantic Trade and Investment Partnership，TTIP）的谈判。该协定涉及广泛的双边贸易和投资问题，将为全球贸易制定新的规则。这是欧美建立新大西洋关系以来，双方所达成的最大的合作意向，对于未来国际经济关系和贸易格局将起到深远的影响。6月14日，欧盟理事会授权欧盟委员会与美国政府进行协定的谈判，① 影视产品应法国的要求被暂时排除在谈判内容之外。双方预计在两年内完成谈判。

欧盟是美国的最大贸易伙伴，美国是欧盟第二大贸易伙伴，2011年美欧贸易占世界贸易总量的1/3。根据欧盟委员会的评估，该协定有望为欧盟GDP带来0.27%~0.48%的增长，提供国民收入增长约860亿欧元。② 由于欧美之间从来没有综合性的双边协定，TTIP谈判将极大地加强欧美战略关系，为跨大西洋经济一体化带来新的可能性。

欧美为TTIP设立了雄心勃勃的目标，协议囊括自由贸易和投资保护，计划：(1) 削减贸易关税壁垒；(2) 削减或防止服务和投资壁垒；(3) 加强规章和标准的一致性；(4) 对所有类别的贸易削减或防止非关税壁垒；(5) 加强在推动共同关注的全球议题上合作并为取得共同的全球经济目标加强合作。在结构和内容上，TTIP将包括市场准入、规章问题和非关税壁垒，以及在知识产权、环境和劳工、海关便利化、竞争政策、本地化贸易壁垒、原材料和能源、中小企业和透明度等方面达成双边规则。③

"跨大西洋贸易与投资伙伴关系协定"将不同于在投资、服务和公共采购领域取消关税和开放市场的传统自由贸易协定，而是集中致力于整合规则和技术产品标准。④ 欧美认为，规则和技术产品标准是当前跨大西洋贸易中最严重的壁垒，有研究表明规则的差异所导致的额外成本负担相当于超过10%的关税，某些产业的这一比例甚至高达20%，而传统的关税仅约为4%。欧美希望

---

① Council Press Release, Council Approves Launch of Trade and Investment Negotiations with the United States, Luxembourg, 14.6.2013.
② Council Press Release, Council Approves Launch of Trade and Investment Negotiations with the United States, Luxembourg, 14.6.2013.
③ Final Report of High Level Working Group on Jobs and Growth, 11.2.2013.
④ European Commission MEMO, "European Union and United States to Launch Negotiations for a Transatlantic Trade and Investment Partnership," MEMO/13/95, Brussels, 13.2.2013.

借此应对它们当前共同面临的经济衰退和就业压力问题,通过合作给双边带来重大经济利益。① 对欧美最具意义的是,欧美希望加强双方规则的一致性,为全球制定自由贸易和投资规则,继续保持它们的竞争优势,从而应对迅速崛起的新兴国家对它们的贸易地位的挑战。

不过,对于多边贸易机制,最强势的两个伙伴绕开WTO进行单独的双边谈判,势必对多边机制的有效性构成挑战。由于TTIP还涉及与贸易有关的其他领域,如知识产权、环境保护和劳工保护等,通过高筑技术性壁垒应对新兴国家的意图十分明显。"跨大西洋贸易与投资伙伴关系协定"将不可避免地重构国际贸易中的大国关系。

(2) 启动中欧双边投资协定谈判

在2013年11月中欧峰会上,中欧正式宣布启动中欧双边投资协定谈判。中国与除爱尔兰以外的所有欧盟成员国都签订了双边投资协定(BIT),但是各协定在内容上,例如待遇标准、货币兑换、国有化、争端解决等方面存在较大差异。由于《里斯本条约》使直接投资成为欧盟的专属权能,欧盟决定与第三国签订统一的投资协定,以提供更好的投资保护和更一致的法律效果。

限于篇幅,部分立法未收入本报告。司法方面,欧盟法院在2012~2013年做出多项重要判决,不少判决具有重要的政治、法律、经济和社会意义。在经济政策方面,2012年11月欧洲法院裁定欧洲稳定机制(ESM)符合欧盟法②。在立法方面,欧洲法院驳回西班牙和意大利对理事会授权在欧洲单一专利区制定加强型合作立法的质疑。③ 在共同外交与安全政策方面,欧洲法院驳回卡迪Ⅱ案上诉请求④等。在竞争法方面,欧洲法院裁定微软收购讯佳普符合

---

① Francisco José Millán Mon, "Report on the Role of the EU in Promoting a Broader Transatlantic Partnership, Committee on Foreign Affairs of European Parliament," 14.5.2013, 2012/2287 (INI).

② Judgment of 27 November 2012 in Case C - 370/12, Thomas Pringle v Governement of Ireland, Ireland and The Attorney General.

③ Judgment of 16 April 2013 in Joined Cases C - 274/11, C - 295/11, Spain v Council.

④ Judgment of 18 July 2013 in Joined Cases C - 584/10 P, C - 593/10 P and C - 595/10 P, Commission v Kadi.

内部市场规则①,裁定西门子、三菱和东芝垄断气体绝缘封闭组合电器市场②,维持对通力集团参与电梯市场垄断的罚金③等。在边境管理方面,欧洲法院裁定护照收集指纹合法④,认定拒绝签发申根签证仅得以欧盟申根法典中明确规定的理由⑤,裁定同性恋构成难民申请中的特殊社会集团⑥等。此外,欧盟法院还在阐释重要法律原则,例如禁止权利滥用原则⑦、平等待遇和非歧视原则⑧等方面,做出多项重要判决。

(审稿人:程卫东;文字编辑:张海洋)

---

① Judgment of 11 December 2013 in case T-79/12, Cisco Systems and Messagenet v Commission.
② Judgment in 19 December 2013 of Joined Cases C-239/11 P, C-489/11 P and C-498/11 P, Siemens AG, Mitsubishi Electric Corp. and Toshiba Corp. v Commission.
③ Judgment of 24 October 2013 in Case C-510/11 P, Kone and Others v Commission.
④ Judgment of 17 October 2013 in Case C-291/12, Michael Schwarz v Stadt Bochum.
⑤ Judgment of 19 December 2013 in Case C-84/12, Rahmanian Koushkaki v Federal Republic of Germany.
⑥ Judgment of 7 November 2013 in Joined Cases C-199/12, C-200/12, C-201/12, X, Y, Z v Minister voor Immigratie en Asie.
⑦ Judgment of 5 October 2012 in T-204/10, Lancôme v OHMI.
⑧ 例如,Judgment of 20 September 2012 in T-333/09, Pologne v Commission; Judgment of 27 September 2012 in T-347/06, Nynäs Petroleum and Nynas Belgium v Commission; Judgment of 31 January 2013 in C-12/11, McDonagh; Judgment of 13 May 2013 in T-229/11 and T-276/11, Inglewood e. a. v Parlement; Judgment of 30 May 2013 in T-280/09, Morte Navarro v Parlement; Judgment of 11 July 2013 in C-439/11 P, Ziegler v Commission。

B.13
欧盟科技

赵俊杰*

摘　要： 2009年以来欧洲遭受债务危机的重击,为有效解决经济社会难题,欧盟把经济结构性改革与研发创新相结合,通过实施科技创新的中长期战略来振兴欧洲,探索一条综合治理的道路。2013年欧盟同时启动了"地平线2020"科研规划、"联合技术计划"和"连接欧洲计划",打响了科技创新的三大战役,它们不但是"欧盟2020"战略的核心组成部分,而且彼此既有关联性又各有特点。欧盟还重视处理好科技创新与外部世界的关系,与中国的科技合作彰显出欧盟科技外交的特性。

关键词： 欧洲梦　"欧盟2020"战略　"地平线2020"规划　联合技计划　连接欧洲计划

一　科技复兴：欧洲2014~2020年的梦想

（一）欧洲梦的缘起

20世纪90年代初,随着冷战的终结,欧洲迎来了一体化深入发展的转机,但《马斯特里赫特》条约的生效及欧盟的扩大,并未给欧洲带来经济繁荣和社会稳定的预期。相反,欧洲开始患上"后冷战综合征",其特征是经济

---
* 赵俊杰,法学博士,欧洲国际关系专业,中国社会科学院欧洲研究所研究员。

停滞不前，失业率居高不下，产业竞争力下降，政府债务突出，人口趋于老龄化，社会福利包袱沉重，罢工浪潮迭起。

面对严峻的经济社会形势，欧盟决策者尝试通过"里斯本战略"来振兴欧洲经济、促进就业，但直到2010年"里斯本战略"截止期，该战略规定的将欧盟经济增长率提高到3%、新增600万个就业岗位的目标都没有实现。[①] 究其原因，除了在实施过程中遇到重重困难外，一个主要原因是该战略目标过于宽泛，缺乏重点和可操作性，它围绕欧洲经济发展、就业、研发、教育、社会福利及社会稳定等一系列问题，共制定了28个主要目标和120个次要目标，确定的目标过高且难以实现。2009年以后，欧洲又遭受欧债危机的直接打击，社会出现动荡。

痛定思痛，欧盟决策者决心在下一个经济社会发展十年，把经济结构性改革与研发创新相结合，通过实施科技创新的战略来振兴欧洲经济，实现欧盟的宏伟蓝图。于是，便有了"欧盟2020"的十年经济增长战略（EUROPE 2020：A strategy for smart, sustainable and inclusive growth）。[②]

"欧盟2020"战略开宗明义地指出，近年来的经济危机使得过去十年来欧洲创造的经济增长及就业消失殆尽，2009年欧洲的GDP下降了4%，工业生产力下降到20世纪90年代水平，2300万人失业，危机使欧洲未来的经济增长更加困难。从这场经济危机中必须吸取深刻的教训，欧洲必须采取切实可行的措施以避免经济衰退，到2020年实现经济增长方式的转变。[③]

---

① 2000年3月，欧盟里斯本特别首脑会议就欧盟委员会提交的振兴欧洲十年经济发展计划达成一致，这就是"里斯本战略"。它提出加快经济发展推动就业增长的战略目标：在十年内创造3000万个就业机会，到2010年欧洲平均就业率提高到70%；使欧盟成为世界上最具竞争力的知识经济体；各成员国研发投入资金占GDP的比重从2000年的1.9%提高到3%。后来，由于各成员国贯彻该战略不彻底，收效甚微，2005年2月欧盟委员会对该战略目标进行了调整，确定以经济增长及就业为优先发展目标，并将2010年欧盟经济增长率定为3%，新增就业人数缩减至600万。

② 2010年6月欧盟夏季峰会批准了"欧盟2020"战略，该战略经过欧盟委员会及各成员国反复论证修改，是欧盟历史上第二份十年经济社会中长期发展规划。它确立了以知识型、低碳型、高就业型经济为特点的2010～2020年欧盟经济增长新模式，把研究与创新、绿色经济、就业作为重点，规定了到2020年必须实现的五个目标，并提出了未来欧盟经济增长方式的三个核心概念，即"灵巧增长""可持续增长"及"包容性增长"。

③ European Commission, Europe 2020 a Strategy for Smart, Sustainable and Inclusive Growth, communication from the Commission, Brussels, 3.3.2010, COM（2010）2020 final, pp. 5–9.

（二）欧盟拉开科技创新振兴的大幕

2013年为贯彻"欧盟2020"战略，欧盟委员会通过落实三个欧洲中长期（2014~2020年）科技发展战略，同时打响科技创新的三大战役，从而拉开了振兴欧洲经济社会的大幕。

第一大最引人注目的战役就是从法律程序上完成批准欧盟"地平线2020"科研战略规划。"地平线2020"（Horizon 2020）也被称为欧盟第八个科研框架计划（FP8），它囊括了欧盟所有的重大科研项目，是欧盟一系列科研计划的强化延续。为突出科技创新振兴欧洲的重要地位，欧盟将它起名为"地平线"，暗含太阳从地平线升起给欧洲大地带来光明之意。其战略意图是通过科技创新整合欧盟各国的科研资源，注重研发效率，把好钢用到刀刃上，提高欧洲产业竞争力，促进欧洲经济复兴，从而创造更多的就业机会。

"地平线2020"从提出到最终批准实施经历了一个法律过程。该战略以"欧盟2020"提出的建设"创新型联盟"（Innovation Union）为依据，由欧盟委员会在2011年11月底公布了科研规划提案，计划在2014~2020年投入项目预算800亿欧元。2012年6月，欧盟科技部长会议批准了该提案的综合框架协议。2013年6月，该战略规划预算在经过成员国反复修改和数度辩论后终于达成一致，并于11月21日由欧洲议会投票通过，预算总额接近800亿欧元。同年12月11日，欧盟正式签署批准实施该科研规划。

"地平线2020"科研规划于2014年1月1日开始实施，预计到2020年12月底结束。它是科技创新振兴欧洲的关键所在，是欧盟中长期科技发展战略之核心，也是欧盟实施"创新联盟"旗舰计划的一个主要工具。从内容上看，它紧紧围绕三大战略目标来展开：打造卓越的科学、成为全球工业领袖和积极应对社会挑战。

（1）关于"打造卓越的科学"（Excellent Science），专项预算为243亿欧元，旨在巩固欧盟的科学基石，使欧盟的研发创新体系在全球范围内具有更大的竞争优势。这一战略目标又包括四项具体举措：①欧洲研究理事会（European Research Council，ERC）将提供有吸引力和灵活的资金，确保有才华及创造力的人才及其团队对前沿学科实施高质量的研究；②通过支持"未来与新兴技术"（Future and Emerging Technologies，FET），资助跨领域合作的研究与创新活动；③通过"玛丽·居里行动"计划（Marie Curie Actions），为研究者提供优良的培训和职业发展机遇，将资助2.5万名博士进行创新技能培训，支持创新培训网络；④确保欧洲具有顶级的科研基础设施，包括信息化基础设施，并向全球所有的研究人员开放。

（2）关于"成为全球工业领袖"（Industrial Leadership），专项预算为170亿欧元，旨在使欧洲成为更有吸引力的研发与创新投资场合，对关键的工业技术提供更多的投入，最大限度地提高欧洲企业的增长潜力，并支持创新型中小企业成长为世界级领导企业。具体措施包括：①专项支持信息通信技术、纳米技术、新材料技术、生物技术、空间技术、先进制造及加工技术，鼓励跨领域合作；②拓展风险投资的渠道，资助中小企业（SMEs）的创新活动；③支持公私伙伴关系计划（Public-private Partnerships，PPPs）。

（3）关于"积极应对社会挑战"（Societal Challenges），专项预算为310亿欧元，优先发展的主题包括：健康，人口结构的变化及福利；食品安全，可持续农业及林业，海洋及内陆水域研究，生物研究；安全、清洁及高效能源；智能、绿色和综合交通运输体系；气候行动，环境，资源效率和原材料；置身于世界变化中的欧洲——包容的、创新的和安全的社会。①

第二大科技创新战役是欧盟"联合技术计划"（Joint Technology Initiatives，JTIs），实施时间为2014~2020年。该计划早在欧盟第七个研发框架计划（FP7）中就有过，但内容及侧重点不同。"联合技术计划"与"地平线2020"科研规划同步实施，它更加开放，不仅仅吸纳了欧洲范围内的还吸纳了欧洲之外工业领域内的中小企业、各类研究机构，它们都可以申请获得资助。"联合计划"的专项预算为220亿欧元，其中欧盟出资80亿欧元，欧盟产业界及各成员国分别出资100亿欧元及40亿欧元。它之所以受到欧盟及全球的关注，主要是它的开放性及创新性。欧盟委员会主席巴罗佐对此指出："欧盟必须在战略技术产业保持全球领先地位，以确保提供高质量的工作，这一创新投资计划将公共部

---

① European Commission, HORIZON 2020 the EU Framework Programme for Research and Innovation, http：//ec. europa. eu/programmes/horizon2020/en/h2020 – section.

门和私营部门资金有效结合,充分展示了欧盟预算对促进增长、拉动就业的杠杆效应。"欧盟负责研究、创新与科学的委员梅尔·盖根-奎因(Máire Geoghegan-Quinn)也表示:"这些计划不仅可促进我们的经济,而且也是对优良生活品质的投资。联合研发能确保我们可以解决单独一个公司或国家无法应对的问题。"①

"联合技术计划"包括五个公私合作伙伴关系计划:(1)创新医疗,研发下一代疫苗、药物和疗法,例如新的抗生素;(2)燃料电池特别是氢燃料电池,在交通、工业及能源领域推广清洁、高效技术;(3)洁净的天空,发展低排放、低噪音航空器,降低三成的二氧化碳排放量;(4)生物能源技术,可再生自然资源及创新技术用于更环保的日常产品;(5)电子元器件和系统技术,促进欧洲电子制造业的能力。

第三大科技创新战役是欧盟"连接欧洲计划"(Connecting Europe),它由欧盟委员会在2011年11月提出,列入2014~2020年欧盟科研规划预算,专项资金达500亿欧元,旨在通过整合欧洲交通、能源及通信资源,完善欧洲基础设施,提高欧洲能效,解决欧洲内部人员流动和物资流通的瓶颈问题。该计划包括三个连接项目:(1)"连接欧洲交通",预算317亿欧元,其中100亿欧元用于改善欧盟与邻国的交通,217亿欧元用于完善欧盟成员国内部的交通基础设施;(2)"连接欧洲能源",预算91亿欧元,用于输油、输气管道和输电网络建设,确保欧洲能源供应安全;(3)"连接欧洲通信",预算92亿欧元,建设欧洲高速宽带网络,实现"欧盟2020"战略提出的目标,即到2020年,欧洲所有地区的网速达到高速标准,其中50%的家庭接入特高速网络。

(三)三个欧洲中长期科技发展战略的关联性及特点

欧盟"地平线2020"规划、"联合技术计划"以及"连接欧洲计划"具有密切的关联性和显著的特点。从关联性上看,这三个规划或计划均属欧洲中长期科技发展战略,都涉及"欧盟2020"战略最关键的一些创新技术,且实施时间都是2014~2020年。

---

① "EU and Industry Join Forces to Invest 22 Billion in Research and Innovation," see European Commission Press Release, Brussels, 10 July 2013, http://europa.eu/rapid/press-release_IP-13-668_en.htm.

"地平线2020"科研规划注重于欧盟整体性、前沿性和基础性研发,"联合技术计划"侧重于欧洲产业技术研发,而"连接欧洲计划"则重视基础设施的研发,它们基本涵盖了"欧盟2020"战略所提出的七个欧盟旗舰计划①,是该战略有机的组成部分。这三个科研计划你中有我、我中有你,比如"地平线2020"科研规划拟资助"联合技术计划"80亿欧元,实现研发资源共享。

另外,欧盟这三大科技发展战略体现出开放性、实用性和市场化的特点:它们既对欧盟成员国开放,又对全世界开放,力图做到人才、资金及研发资源最大化、最优化配置;它们确定的关键创新技术,以应对欧债危机和解决社会突出问题为宗旨,把科技创新和促进就业"无缝连接"起来,实用性色彩浓厚;它们强化资本运作以促进科技创新的措施,有助于科研成果走向市场化。

总之,"欧盟2020战略"比"里斯本战略"更加务实,它吸取了后者大而空的教训,调低欧盟经济年均增长率指标,紧扣欧洲创新主题,不仅对成员国提出具体建议,而且还将对贯彻不力的个别成员国实行"政策警告",其目标明确可行、重点突出。欧盟"地平线2020"战略则是"欧盟2020战略"的科技版本,它突出科技创新的重要地位,从时间及资金方面确保"欧盟2020战略"的顺利实现。而"联合技术计划"及"连接欧洲计划"的推出,表明欧盟在应对经济危机方面正在摒弃"头痛医头"的传统思维方式,力求兼顾社会稳定和经济增长两个环节,开始走上一条综合治理的道路。欧盟三个中长期科技规划在2014年的起航,以及欧洲重视并加强国际科技合作的做法,必将为实现欧洲复兴的梦想书写下一页亮丽的篇章。

二 实现欧洲梦所采取的国际战略

(一)欧盟科技创新与外部世界的关系

欧洲科技复兴的大幕已开启,但欧盟领导人深知仅凭欧盟一己之力,难以

---

① "欧盟2020"科研规划包括七个配套旗舰计划(The flagship programs),即"创新型联盟""青年在行动""欧洲数字化议程""能效欧洲""全球化时代的工业政策""新技能和就业议程"及"欧洲消除贫困平台"。其中,前三个属灵巧性增长行动计划,第四个和第五个属可持续增长行动计划,后两个属包容性增长行动计划。

提升欧洲在全球的竞争力。无论从人类发展所面临的诸如能源、资源和环境安全问题来看,还是从研发和创新日益国际化的趋势来看,或者从科技创新所需要的人才及资金来看,欧洲都离不开与世界的合作。欧盟"地平线2020"规划含有国际科技合作的内容,它强调为共同应对全球挑战,要深化与国际伙伴的对话与交流,加强科技创新的国际合作,充分发挥欧盟在全球科技格局中的主导作用。

2013年欧盟重视全方位科技外交,借"地平线2020"战略即将付诸实施之际,广泛开展以科技创新为主题的国际合作。首先,欧盟通过各种科技论坛及会议,整合欧洲内部的资源,并向全世界表明欧洲创新的理念及开放的态度。2013年3月22日,欧盟在互联网上首次公布了欧洲800座可对外开放的科研基础设施分布图。3月26日,欧盟科技与创新驱动经济增长及就业大会在布鲁塞尔举行,欧美400多名高层代表出席会议。11月5日,欧盟委员会正式任命"地平线2020"战略15个主题顾问咨询小组的独立专家。12月13日,欧盟委员会同欧盟六大相关利益集团代表签署了加速实现欧盟研究区(ERA)建设目标的联合承诺声明。① 其次,欧盟重视同全球科技合作伙伴加强对话,深化合作方式。2013年1月,欧盟与韩国联合推出"韩欧科技合作先进计划"(Kestcap),旨在建立一个长期的科技创新政策对话机制。2月12日,欧美科技与创新合作会议在华盛顿举行,双方确定就跨大西洋的海洋、航海及北极、交通技术、卫生健康以及材料科学深化科研合作。3月,欧盟同乌克兰政府共同推出BILAT-UKR科技合作伙伴关系计划。11月28日,欧盟-非洲高层次科技与创新对话会在布鲁塞尔举行,目的是通过联合研究项目来促进非洲粮食及营养安全。

(二)2013年中欧创新合作与交流走向深入

中欧科技合作也是2013年欧盟科技外交的一个亮点,双方围绕创新合作及"欧盟科技中国行",开展了一系列相关的活动。9月,中国国家遥感中心

---

① 欧盟这六大相关利益集团分别是:欧洲科研与技术组织协会(EARTO)、欧洲大学协会(EUA)、欧洲研究型大学联盟(LERU)、北欧应用研究合作组织(NordForsk)、科学欧洲组织(Science Europe)和欧洲先进工程教育与科研高等学校大会组织(CESAER)。

副主任景贵飞访欧，就落实中欧伽利略计划合作、制订中欧空间科技合作三年行动计划与欧盟取得重要共识。10月14日，"欧盟科技中国行"开幕式在中国哈尔滨工业大学举行，在随后的两个月，该项目巡回中国九大城市，访问一些研究创新突出的中国名校，宣传及推广各类欧盟研究创新项目。10月21日，中国科技部与欧洲空间局合作的"龙计划"三期项目海洋遥感高级培训班在香港中文大学举办，该项目启动于2004年，至今已执行9年，中欧合作研究课题达51个，研究人员超过700人。11月20日，第十六次中欧领导人会晤发表了《中欧合作2020战略规划》，其中"可持续发展"部分涉及科技创新、空间与航天、能源及城镇化等诸多内容，倡议开展中欧产业集群合作，实施中欧能源合作路线图。11月21日，第一次中欧创新合作对话在北京举行，中国科技部部长万钢与欧盟区域政策委员哈恩出席会议，双方深入探讨了加强科研创新合作的行动和措施，强调应将创新作为解决城镇化挑战的核心战略，在具有共同经济及战略利益的产业集群间，开展密切的产学研合作，发现和推广中欧创新合作的成功案例。这次对话在中欧科技创新合作之间搭建起一个框架平台，对推动中欧全方位科技创新合作具有重要意义。11月22日，欧盟"地平线2020"信息发布会暨培训会在北京举行，中欧企业及科研机构250余人参会。

国别篇

European States

B.14
阿尔巴尼亚

刘作奎

摘　要： 2013年6月阿尔巴尼亚举行议会选举，社会党联盟获胜，拉马当选总理。2013年10月，欧盟委员会在欧盟扩大进展报告中建议授予阿尔巴尼亚欧盟候选国资格。外交上阿尔巴尼亚保持与科索沃的密切关系以及与美国的密切合作关系。阿尔巴尼亚2013年的经济形势不乐观，GDP增长缓慢，财政赤字增加。在中国和中东欧合作框架下，中阿关系得到进一步推动。

关键词： 议会选举　欧盟候选国　财政赤字　中阿合作

一　政治形势

2013年6月23日，阿尔巴尼亚进行了第八次议会选举。此次大选共有2

大政党联盟、4个独立党派及2名独立候选人参加，登记的合法选民共计327万，分别在全国12个选区的4000余个投票站进行投票。现任总理、民主党主席贝里沙（Sali Berisha）领导的"就业、繁荣与一体化联盟"支持率为40%；最大反对党社会党主席、前地拉那市市长埃迪·拉马（Edi Rama）领导的"欧洲阿尔巴尼亚同盟"的支持率为49%，在选举中获得140个议会席位中的83席而获得胜利。①

由于阿尔巴尼亚正在申请加入欧盟，能否举行公正自由的议会选举引起国际社会的广泛关注。欧洲安全与合作组织派遣了500多名国际观察员到阿尔巴尼亚监督选举。选举的顺利举行为阿尔巴尼亚入盟进程加分。新上台的社会党联盟积极采取措施实行改革，尤其是在推进"善治"方面，加大了力度，提出了一系列加强法治、打击腐败和有组织犯罪、保护人权等积极措施，期待更快加入欧盟。②

2010年和2011年，欧盟委员会两次否决了阿尔巴尼亚的欧盟候选国资格申请。2010年，欧盟委员会为阿尔巴尼亚圈定了12项改革的优先领域，阿尔巴尼亚做出了很多积极的努力，包括2012年5月批准了行政法律条例以及2012年9月通过修改宪法来限制国家对国会议员的司法豁免权等。但在打击腐败和有组织犯罪、加强法治和保护人权等方面仍面临艰巨的挑战。

2012年10月，欧盟委员会在其进展报告中提出了针对阿尔巴尼亚成为"有条件的候选国"资格的建议，只要它履行了司法、公共行政和议会程序法等条例，就推荐其获得欧盟候选国资格。2013年10月16日，欧盟委员会发布2013年欧盟扩大进展报告③以及2014年欧盟扩大优先重点领域报告④，在两份报告中向欧洲理事会建议授予阿尔巴尼亚欧盟候选国资格。但欧盟委员会也强调，阿尔巴尼亚如要开启入盟谈判，就必须在公共管理、司法体制、打击腐败和有组织犯罪、保护人权尤其是罗姆人权利上进行更有成效的改革。⑤ 在

---

① http://www.parties-and-elections.eu/albania.html.
② Corina Stratulat and Gjergji Vurmo, "Albania and the European Union-No Time to Depart from the 'Carrot and Stick' Approach," Commentary, Europe Policy Center, 16 September 2013.
③ http://ec.europa.eu/enlargement/pdf/key_documents/2013/package/brochures/albania_2013.pdf.
④ "EU Enlargement: Priority for 2014," http://europa.eu/rapid/press-release_IP-13-930_en.htm.
⑤ Economist Intelligence Unit, "Country Report: Albania," 29 November 2013, p.10.

2013年12月17日召开的欧盟外交部长理事会议上,各方经过讨论决定,视阿尔巴尼亚改革进一步的进展情况,在2014年6月决定是否授予其欧盟候选国资格。① 在2013年12月19~20日召开的欧盟峰会上,欧盟各国领导人经过讨论决定,欢迎并支持12月17日欧盟部长理事会所做出的决定。② 阿尔巴尼亚未获得欧盟候选国资格。

阿尔巴尼亚新政府将继续保持与科索沃的友好关系,在科索沃2008年宣布从塞尔维亚独立后,阿尔巴尼亚马上就承认了其独立身份。但总体来看,阿尔巴尼亚政府对科索沃的民族主义分子还是保持了距离,并不支持民族主义分子的"大阿尔巴尼亚主义"呼吁,即将巴尔干地区所有阿尔巴尼亚族人联合起来建成新的"大阿尔巴尼亚国家"。

阿尔巴尼亚新政府试图向美国等战略伙伴表明其作为北大西洋公约组织成员的义务,在美国的请求下,它准备考虑将部分叙利亚化学武器运到本国予以销毁。由于考虑到叙利亚战火不断,联合国在叙利亚本国销毁化学武器面临较大风险,因此美国国务卿克里分别打电话征询法国、比利时、挪威和阿尔巴尼亚的意见。但法、比、挪均表示可能遭受国内民众反对而拒绝承担。阿尔巴尼亚新政府虽然想承接这一工作,但遭到国内环保主义者的反对,最重要的问题是销毁叙利亚化学武器需要大量资金,美国的融资始终无着落。最终,2013年11月15日拉马也宣布不承接此项任务。

二 经济形势

新政府面临的挑战是在进行财政巩固的同时还要刺激经济增长。英国经济学家情报社预测,阿尔巴尼亚2013年GDP将增长1.4%,比2012年的1.6%的增长率有所下降。2013年农业出口将负增长1.4%,但工业出口将增长3.4%,经常性账户赤字预计2013年占到GDP的9%。③ 在税收政策方面,由于经济增长乏力导致税收受到影响,政府仍需要出资改善国营的电力

---

① http://www.consilium.europa.eu/uedocs/cms_data/docs/pressdata/en/genaff/140144.pdf.
② http://www.consilium.europa.eu/uedocs/cms_data/docs/pressdata/en/ec/140245.pdf.
③ Economist Intelligence Unit, "Country Report: Albania," 9 December 2013, p. 2.

设施，推进社会保障改革也需要追加资金。同时，由于欧元区国家意大利和希腊的持续衰退，严重影响了阿尔巴尼亚的出口贸易（意大利和希腊是其最主要的两个贸易伙伴）和侨汇收入，上述种种因素导致其2013年财政赤字明显增长。政府不得不在10月中旬提交给议会的财政计划中，将最初预计的财政赤字占GDP比重的3.4%调高到6%。2013年财政赤字占整个GDP的比重将达到6.2%。① 阿尔巴尼亚直到现在仍需要商业贷款来弥补其财政赤字。政府现在必须想方设法发展经济、吸引外部投资、增加税收收入以减少财政赤字。② 通货膨胀预计2013年会增长1.9%，这一数据比2012年的2%有所下降。

阿尔巴尼亚的投资环境在巴尔干地区是最差的。公共管理和法律体系缺位、腐败蔓延、不充足的电力供应和基础设施差等问题尤其突出。贝里沙政府曾出台了一系列私有化项目，但因在2013年选举中败给拉马，这些私有化项目陷入停滞。新政府力图改变在外部投资者心目中的不良印象，2013年10月，政府尝试通过双边谈判解决同捷克电力集团的纠纷。纠纷主要涉及该国收回捷克电力集团下属的电力分销商Shperndarje的运营许可，这一做法使捷克电力集团于2013年5月将此事诉诸国际仲裁。③

三 中阿关系

2013年11月25~28日，国务院总理李克强访问罗马尼亚，参加中国和中东欧国家经贸合作论坛，并会晤了中东欧16国领导人。这是中国政府和中东欧国家2012年4月在华沙举行经贸合作论坛并确立中国和中东欧机制性合作以来举行的第二次经贸合作高峰论坛。李克强在论坛上发表了《布加勒斯特纲要》，在推进双边的投资和经贸合作、扩大金融合作、推进互联互通合作、拓展科技创新环保能源领域合作、活跃人文交流合作等方面提出了很多具

---

① Economist Intelligence Unit, "Country Report: Albania," 9 December 2013, p. 10.
② Economist Intelligence Unit, "Country Report: Albania," 29 November 2013, pp. 10 – 13.
③ Economist Intelligence Unit, "Country Report: Albania," 29 November 2013, p. 10.

体措施，进一步密切了与中东欧16国的关系。[①] 11月27日在会晤阿尔巴尼亚新总理拉马时，李克强说，中阿传统友谊深厚，是两国的宝贵财富，中方愿同阿方加强交通基础设施、农业、资源等各领域合作，以更多合作成果造福两国人民。拉马表示，阿方愿与中方深挖潜力，拓展公路、铁路、港口、电力等合作，开创两国友好和中东欧－中国合作新篇章。

（审稿人：孔田平；文字编辑：莫伟）

---

① http：//news.xinhuanet.com/2013－11/26/c_118305064_2.htm.

B.15 爱尔兰

李靖堃*

摘　要：

2013年底，爱尔兰正式退出国际救助计划，标志着其经济形势开始好转，但经济复苏仍面临诸多困难，特别是高失业率和高债务两大难题。在政治领域，爱尔兰政府的改革措施遭受阻力，取消参议院的动议没有通过公投。社会形势总体保持稳定，引入了力度较大的堕胎法案。在外交层面，爱尔兰2013年上半年担任欧盟轮值主席国期间，各项计划进展顺利。

关键词：

爱尔兰　有限复苏　退出救助计划　堕胎法案　轮值主席国

一　退出国际救助计划，但经济形势仍不稳定

2013年12月15日，爱尔兰政府宣布[①]，该国经济紧急状态已经结束，将彻底退出国际救助计划，也不会申请"预防性信贷额度"。爱尔兰成为欧洲五个重债国中第一个退出救助计划的国家。

在经历了2008~2010年连续三年的经济衰退之后，爱尔兰经济形势在2011~2012年出现好转迹象，GDP增长率分别为2.2%和0.2%。[②]但普遍认

---

* 李靖堃，法学博士，中国社会科学院欧洲研究所研究员、欧洲政治研究室主任。

[①] "Ireland to Go It Alone: Kenny Announces Clean Exit from Bailout," http://www.independent.ie/irish-news/ireland-to-go-it-alone-kenny-announces-clean-exit-from-bailout-29754560.html.

[②] 若无特别说明，经济部分的数据均援引自爱尔兰国家统计局网站：http://www.cso.ie。

为，2013年爱尔兰经济形势仍很严峻，拉动经济增长的动力不足，特别是面临着失业和债务两大难题。这一点已在2013年初得到验证：由于受到国际市场需求疲弱和国内消费不振的双重影响，爱尔兰第一季度实际GDP环比下降0.6%（同比下降0.9%），此后开始缓慢恢复，第二季度和第三季度实际GDP环比分别增长0.4%和1.5%，但仍然有诸多不确定因素。

多年来，拉动爱尔兰经济增长的主要动力是出口，2011～2012年的经济恢复也得益于此，但自2012年下半年起出口增长趋缓，全年增长率仅为1.6%。2013年前三个季度，爱尔兰出口同比下降7%左右，特别是制造业、化工制药以及电脑硬件等传统出口部门增长乏力。但服务贸易成为亮点，自2008年超过货物贸易以来，服务贸易成为拉动出口增长的主要因素：2012年服务贸易同比增长4.4%，其中出口同比增长8.3%，十年来首次实现顺差。2013年前三个季度，服务贸易出口环比分别增长3.3%、3.6%和1.3%，但货物出口则呈连续下降趋势，第三季度降幅甚至高达9.5%（环比）。

与此同时，爱尔兰国内需求不振的状况仍未得到显著改善。首先，抑制私人消费增长的因素并未消除，特别是银行继续执行严格的信贷条件，再加上工资增长的空间有限。其次，由于坚持实施缩减公共开支政策，政府消费在2013年上半年持续减少。最后，由于房地产行业持续不景气，同时政府继续削减基础设施支出，导致2013年上半年固定资产投资大幅减少。尽管第三季度固定资产投资有所恢复，但英国经济学家情报社（EIU）预测全年仍为负增长（-6%左右）。①

在就业方面，总体形势有所好转。截至2013年11月底，爱尔兰全国失业率为12.5%，同比下降6%，这是三年以来的最低点，并且失业超过一年的长期失业人口也有一定减少，同比下降3.6%。但是，长期失业人口占全部失业人口的比例仍高达46%。因此，失业问题仍是爱尔兰政府今后将长期面对的结构性挑战。

财政状况出现向好势头。2012年度，爱尔兰财政赤字占GDP的比重已经下降到7.6%，好于其接受救助时将财政赤字控制在8.6%以下的承诺。2013

---

① Economist Intelligence Unit,"Country Report：Ireland," December 2013, p. 9.

年预计为7.3%。①

但公共债务负担仍很沉重。2012年底，公共债务占GDP的比重为117.4%，2013年第一季度高达125%，仅次于希腊、意大利和葡萄牙，远高于欧盟成员国的平均水平（85.9%）。②

爱尔兰政府今后仍将继续执行严格的减债和紧缩政策，这一点明确体现在2013年底公布的中期经济计划之中。该计划设计了到2020年的后危机时期经济发展"路线图"，其核心为降低失业率和实现预算收支平衡。

综合来看，爱尔兰的经济复苏仍很脆弱。英国经济学家情报社（EIU）甚至预测2013年爱尔兰经济将再次出现负增长（-0.3%）。③但爱尔兰中央银行的预测要略为乐观一些，认为爱尔兰2013年和2014年的经济增长率分别为0.5%和2%④。

二 参议院改革受挫，社会形势总体稳定

爱尔兰本届联合政府执政之初曾锐意改革，但在实际执行过程中受到各种阻力，进展并不顺利，其中最突出的就是参议院改革。

爱尔兰参议院议员并非由选民直接选举产生，因此被认为缺乏民主合法性。联合政府积极倡导取消参议院，认为此举不仅有利于打造更加精简、更有效率和更负责任的议会体系，每年还能节约2000万欧元经费。但最大的反对党共和党坚决反对，认为参议院在监督政府方面有存在的必要，并指责政府废除参议院的目的是为了进一步集权。但政府仍将该议案付请公投。2013年10月5日举行的全国公投显示，反对废除参议院的选民略占多数（51.7%），参议院得以继续保留。此次公投失败是对联合政府的一大打击，因为废除参议院曾被认为是其政治改革的重要一步。

---

① http://www.economist.com/blogs/freeexchange/2013/12/irish-bailout-exit.
② http://epp.eurostat.ec.europa.eu/cache/ITY_PUBLIC/2-22072013-AP/EN/2-22072013-AP-EN.PDF.
③ Economist Intelligence Unit, "Country Report: Ireland," December 2013, p. 9.
④ Finfacts Ireland, "Irish Economy 2013: Central Bank Expects Weak Growth This Year," http://www.finfacts.ie/irishfinancenews/article_1026631.shtml.

受经济形势影响,爱尔兰民众对执政党的支持率有所下降,特别是在2013年初。但自政府11月中旬宣布即将退出国际救助计划之后,支持率有所回升:统一党在30%左右,工党在9%左右(最低点为6%)①,但两党合计仍比大选中的得票率低16个百分点。同时,工党内部摩擦也在加大,自本届政府成立到2013年12月,已有5名工党成员离开本党议会党团。与两个执政党的情况相反,受益于民粹主义立场,新芬党的支持率呈上升趋势,至2013年底,其支持率已超过20%。② 尽管距2016年大选还有较长时间,但2014年的欧洲议会选举和爱尔兰地方选举都将使爱尔兰各政党面临考验。

在社会政策领域,爱尔兰政府引入的力度最大也颇具争议的举措是堕胎法案。2013年4月30日,爱尔兰政府公布了具有历史意义的堕胎法案草案,建议在妊娠对女性生命将产生实质或重大威胁的情形下允许极为有限的合法堕胎。该法案在爱尔兰各界引起了激烈争论,宗教团体尤为反对。因为爱尔兰是一个注重天主教传统的国家,也是堕胎非法的唯一欧盟国家,为此还曾招致欧洲人权法院的批评。2012年11月,因医院拒绝对一名印度妇女进行人工流产手术,导致胎儿和母亲双双死亡,从而再次引发爱尔兰乃至整个欧洲范围内关于堕胎话题的大辩论,并直接导致了该法案的产生。7月12日,爱尔兰议会经过将近两天的审议和辩论,以127∶31票通过了这一法案,但仍有人认为其进步幅度十分有限。

三 担任欧盟轮值主席国,积极参与欧盟事务

自加入欧共体以来,爱尔兰一直积极参与欧盟事务。2013年上半年,爱尔兰担任欧盟轮值主席国,这也是其1973年加入欧盟以来第七次担当这一重任。爱尔兰关注的政策重点是稳定、恢复经济增长和创造就业。在为期半年的轮值主席国任期内,绝大多数工作都按计划进展顺利,特别是欧盟成员国就"2014~2020年多年度财政框架"和"共同农业政策"达成最终协议。此外,

---

① "Satisfaction with Coalition Rises Ahead of Bailout Exit," The Irish Times, http://www.irishtimes.com/news/politics/satisfaction-with-coalition-rises-ahead-of-bailout-exit-1.1624726.

② "Satisfaction with Coalition Rises Ahead of Bailout Exit," The Irish Times, http://www.irishtimes.com/news/politics/satisfaction-with-coalition-rises-ahead-of-bailout-exit-1.1624726.

在银行业联盟、欧盟-日本自贸区谈判、跨大西洋贸易与投资伙伴关系（TTIP）谈判以及数据保护等领域也取得了实质性进展。

2013年恰逢爱尔兰加入欧盟40周年。多年来，爱尔兰政府和民众一直对欧洲一体化持肯定和支持态度。虽然欧元区正经历危机，但多数爱尔兰民众仍对爱尔兰积极参与欧盟事务保持较高程度的认可。2013年1月上旬，"欧洲运动-爱尔兰"（European Movement Ireland）委托Red C公司所做的一项调查显示[1]：83%的爱尔兰人认为爱尔兰从欧盟成员国身份中受益；73%的人认为虽然欧元区在经历危机，但爱尔兰仍应留在欧元区；66%的人认为，即使英国退出，爱尔兰也应继续留在欧盟。"欧洲晴雨表"（Eurobarometer）的调查结果也肯定了这一态度：2013年春季，对欧盟前途有信心的爱尔兰人比例为58%，在所有欧盟国家中排名第12位[2]；而2013年秋季，这一比例上升到67%，仅次于丹麦（75%）[3]。

英国是爱尔兰第三大出口市场，英国能否继续留在欧盟可能会对爱尔兰经济产生较大影响。为此，爱尔兰总理肯尼在出席达沃斯经济论坛时表示[4]，希望英国继续留在欧盟，这对英国和欧盟都有利；而且他认为，英国提出的许多关于欧盟改革的要求均可在欧盟现有条约框架内实现。

在爱尔兰与中国的关系方面，自两国2012年宣布建立"互惠战略伙伴关系"以来，双方关系进入了新的发展阶段。除在政治方面依然保持密切的高层互访之外，在经济方面，截至2012年底，中国已连续6年成为爱尔兰在亚洲地区的第一大贸易伙伴，两国贸易额每年约为80亿欧元。

（审稿人：程卫东；文字编辑：莫伟）

---

[1] European Movement Ireland, press release, "Two-thirds of Irish People Would Choose to Stay in the EU Even if the UK Leaves," http://www.europeanmovement.ie/emireland-redc-poll/.

[2] Eurobarometer, "Public Opinion in the European Union," Standard Eurobarometer 79, Spring 2013, http://ec.europa.eu/public_opinion/archives/eb/eb79/eb79_first_en.pdf.

[3] Eurobarometer, "Public Opinion in the European Union," Standard Eurobarometer 80, Autumn 2013, http://ec.europa.eu/public_opinion/archives/eb/eb80/eb80_first_en.pdf.

[4] 中华人民共和国驻爱尔兰大使馆经济商务参赞处：《爱尔兰总理称欧盟改革可在现有条约框架内实现》，http://ie.mofcom.gov.cn/article/jmxw/201301/20130100013294.shtml。

B.16
爱沙尼亚

孔田平

摘　要： 改革党和祖国联盟－共和国党中右执政联盟继续主导爱沙尼亚政局，在野党难以挑战政府执政地位。受国内需求下降的影响，2013年爱沙尼亚经济增长放缓。爱沙尼亚财政赤字降低，公共债务也保持在较低水平。2013年爱沙尼亚与美国在网络安全领域的合作得到加强。爱沙尼亚支持欧盟国家加强防务合作。由于就边界条约达成协议，爱沙尼亚与俄罗斯关系获得改善。

关键词： 爱沙尼亚　政治形势　经济增长　对外关系

一　政治形势

爱沙尼亚的民主制度经受了经济危机的冲击。尽管爱沙尼亚经济在2008～2009年受到全球经济危机的冲击，而且政府实行严厉的紧缩政策，但改革党和祖国联盟－共和国党中右执政联盟在2011年3月的议会选举中再次赢得大选胜利，并且占有议会多数。改革党主席安德鲁斯·安西普（Andrus Ansip）连任总理。

改革党和祖国联盟－共和国党在执政理念上相似，两党在经济政策上有广泛共识，都支持亲市场的改革和保持财政约束。在过去两年间，政府实行的紧缩政策导致社会紧张，要求放松紧缩政策的社会压力增加。执政联盟面对社会要求增加透明度的压力，已授权爱沙尼亚合作大会编撰政治体制改革建议。① 2012年岁末，由于腐败指控，执政联盟的支持率大幅度下降，而同时，在野的中间党也受到腐败指控的影响。在野的中间党与社会民主党矛盾不断，难以挑战政府执政地位。从目前爱沙尼亚的政治形势看，执政联盟预计在执政期内将保持稳定。

在2013年10月举行的地方选举中，中间党获得不到1/3的选票。中间党在首都塔林市议会的地位得到加强，在79个议席中占据46席。祖国联盟－共和国党在地方选举中的表现超过改革党。由于大选对非公民投票的限制以及不同政党的联合倾向，地方选举中的政治力量配置能否在2015年的大选中得到保持尚存在不确定性。

5月，改革党内部选举曝出丑闻，一位党员在改革党领导层选举中操纵电子选票舞弊。改革党的选举丑闻引起了政界对爱沙尼亚选举制度的关注。爱沙尼亚总统伊尔韦斯6月曾召集主要政党会议，强调改革党内部的选举丑闻已超出容忍的界限。改革党内部丑闻被其他人用来质疑爱沙尼亚的选举制度，损害了爱沙尼亚的信誉。

二 经济形势

爱沙尼亚经济在经历了2009年大幅度下滑后，2011～2012年实现了快速复苏。根据爱沙尼亚统计局修订的统计数据，2009年爱沙尼亚经济下降14.1%，2010年经济增长2.6%，2011年爱沙尼亚国内生产总值增长9.6%，2012年经济增长3.9%。② 根据爱沙尼亚统计局估计，2013年第一季度国内生产总值同比增长1.1%，第二季度国内生产总值同比增长1.0%，第三季度国内生产总值同比增长0.7%。从2013年经济走势看，经济放缓为主要趋势。导致经济放缓的主要因素为国内需求增长特别是固定资产投资增长的放慢，国内需求增长率降至2%。政府严格控制支出也对经济放缓有所影响。

爱沙尼亚作为小型的开放型经济，经济增长也受制于不利的外部环境，其

---

① 爱沙尼亚合作大会（Estonian Co-operation Assembly）为非政府组织。——作者注
② "The Gross Domestic Product (GDP) Regular Revision in 2013," http：//www.stat.ee/national-accounts.

主要贸易伙伴的增长仍很疲弱。爱沙尼亚财政部预测，2013年爱沙尼亚经济将增长1.5%。2014~2015年由于国内和外部需求的增长，爱沙尼亚国内生产总值增长将超过4%。① 低利率、外部融资的便利以及经济环境的改善将有助于投资活动的活跃。

自2011年末起，爱沙尼亚通货膨胀率逐步下降。2012年通货膨胀率为3.9%。2013年1月电力价格的放开推高了能源价格。2013年下半年由于食品、服装和交通价格走弱，通货膨胀率有所下降。2013年10月通货膨胀率降至1.5%，11月通货膨胀率为-0.4%。爱沙尼亚财政部预测，2013年爱沙尼亚的通货膨胀率为3.2%。

在2009~2011年连续3年保持经常账户盈余后，2012年爱沙尼亚经常账户赤字达到3.1亿欧元。② 经常账户的赤字与外贸形势的变化相关。2012年尽管商品进口和出口的增长率都低于2011年，但是进口额与出口额均高于2011年。2012年爱沙尼亚商品出口增长4%，进口增长8%。2012年贸易赤字达到7.3亿欧元，是2011年的3倍多。贸易赤字相当于国内生产总值的4.3%。工业设备、铁路机车、船只、电子和机械设备、交通工具和化工产品等进口的大幅度增长导致了贸易逆差的增长。2012年劳务、收入和经常转移的余额并未发生很大变化。2012年爱沙尼亚资本账户盈余5.82亿欧元，其中主要来自欧盟基础设施建设基金。2013年1~9月爱沙尼亚经常账户赤字为1.34亿欧元。英国经济学家情报社（EIU）预测2013年经常账户赤字将缩小到国内生产总值的0.8%。

2012年爱沙尼亚失业率为10.2%。2013年失业率呈下降趋势。2013年第一季度和第二季度失业率分别为10.2%和8.1%，第三季度为8.0%。长期失业者人数也有大幅度下降。根据爱沙尼亚统计局资料，2012年18.7%的爱沙尼亚人口生活在贫困之中，7.3%的人口生活在绝对贫困之中。③ 2013年1~9月，在国外工作的爱沙尼亚人向国内汇款3490万欧元，这有助于缓解贫困问

---

① "The Estonian Economy to Stay on a Balanced Track," http://www.eestipank.ee/en/press/estonian-economy-stay-balanced-track-12062013.
② "The Estonian Balance of Payment for 2012," http://www.eestipank.ee/sites/default/.../2012/mb_2012_preliminary_en.pdf.
③ 如果一个人月可支配收入低于329欧元，就面临贫困风险；如果一个人月可支配收入低于196欧元，就陷入绝对贫困之中。

题。爱沙尼亚人均收入为欧元区平均水平的2/3，人口下降和老龄化对劳动力市场产生压力。

爱沙尼亚政府继续实行保守的财政政策。2012年爱沙尼亚中央政府预算赤字为国内生产总值的0.8%。由于社会保险基金盈余为国内生产总值的0.7%，政府总赤字仅为国内生产总值的0.3%。由于财政收入增长迅速，加之政府限制支出，2013年前三个季度，国家预算实现盈余。爱沙尼亚财政部预测，2013年政府总赤字为国内生产总值的0.2%。养老保险成为预算赤字的主要来源。2014年政府总预算赤字将增加到国内生产总值的0.6%。以欧元区的标准看，爱沙尼亚政府负债不重，公共债务仍保持欧元区最低水平。到2012年底，政府总债务增长到国内生产总值的10.1%，预计2013年将增加到国内生产总值的10.3%。[1]

爱沙尼亚2011年1月加入欧元区，放弃货币主权，由欧洲中央银行决定货币政策。由于爱沙尼亚主权信用评级水平较高（穆迪A1、标普AA-和惠誉A+），爱沙尼亚从国际市场融资没有任何困难。爱沙尼亚银行部门保持盈利，流动性充裕，可保证欧元的供应。惠誉公司12月16日重申爱沙尼亚的主权信贷评级为A+，前景稳定。惠誉公司称这反映了爱沙尼亚健全的公共财政、治理和制度的优势，以及加入欧元区后国际收支风险的降低。

三 对外关系

爱沙尼亚与美国保持良好关系。8月30日，美国总统奥巴马在白宫会见波罗的海国家三国总统。奥巴马总统强调美国视波罗的海国家为战略合作伙伴。美国副总统拜登也会见三国总统，讨论了波罗的海国家安全、波罗的海国家与北欧国家的地区合作以及东方伙伴关系国家和中亚国家共享波罗的海国家经验等问题。12月3日，美国国务卿克里与爱沙尼亚外交部长佩特在布鲁塞尔举行会晤，并签署《美爱网络伙伴关系声明》。美国承认，爱沙尼亚是网络

---

[1] "Summer 2013 Forecast of the Ministry of Finance of Estonia", http://www.fin.ee/doc.php?110110.

安全和互联网自由领域公认的领袖。双方承诺在网络安全、电子治理和互联网自由等领域将加强合作。爱沙尼亚作为北约成员国积极参加北约军事活动，11月26日，北约以爱沙尼亚为主，举行代号为"2013年网络联盟"的网络防务演习。除爱沙尼亚外，共有32个欧洲国家参加演习。

爱沙尼亚作为欧盟成员国，积极参与欧洲事务。爱沙尼亚以财政保守主义方式应对欧债危机的冲击。在欧元区一度面临危局之时，爱沙尼亚表示将加入以德国为核心的新的货币联盟。在欧元区围绕紧缩政策与刺激计划的争论中，爱沙尼亚与北欧立场保持一致，强调财政整顿的优先性。爱沙尼亚议会批准财政公约、欧洲稳定机制和欧元区一揽子救助计划。尽管民众对加入欧元区心存疑虑，而政治领导人强调加入欧元区长期的经济和地缘政治收益。2013年11月19日，欧洲防务局批准爱沙尼亚举行网络防务培训项目。爱沙尼亚总理安西普12月19日参加欧盟峰会，讨论共同的安全与防务政策。安西普强调欧盟国家必须加强防务合作，增加防务支出。安西普强调网络防务的重要性，欧盟国家与北约合作，应举行更多的网络防务演习。

爱沙尼亚与俄罗斯的关系有所改善。2013年5月14日，爱沙尼亚外长佩特通报议会外委会，爱沙尼亚已与俄罗斯就新的边界条约达成协议。同月，爱沙尼亚政府批准边界条约所需的法律，预计2014年初爱沙尼亚议会将批准边界条约。针对2013年9月俄罗斯与白俄罗斯"西方-2013"大规模联合军事演习，爱沙尼亚对此强烈关注。爱沙尼亚国防部长称举行如此大规模的军事演习而不邀请邻国观察员削弱了地区稳定。

爱沙尼亚与中国保持良好关系。2013年11月26~27日，爱沙尼亚总理安西普参加在布加勒斯特举办的中国中东欧领导人会晤。2012年中爱两国贸易额为13.69亿美元，同比增长2.5%；其中中国向爱沙尼亚出口12.33亿美元，同比增长9.1%，中国从爱沙尼亚进口1.35亿美元，同比下降34.0%。2013年1~9月，中爱贸易额为10.15亿美元，同比下降1.3%；其中中国对爱沙尼亚出口8.73亿美元，同比下降6.3%，中国从爱沙尼亚进口1.41亿美元，同比增长46.8%。

（审稿人：陈新；文字编辑：张海洋）

B.17 奥地利

孙莹炜*

摘　要： 2013~2014年度，奥地利国内政局相对稳定。2013年7月，由于社民党和人民党的联合执政内阁存在无法调和的分歧而提前解散联合政府。2013年9月29日，奥地利提前举行大选；12月，由社民党和人民党再次组成新一届大联合政府宣誓就职。在经济方面，奥地利处于缓慢复苏时期，但经济发展远景态势不容乐观。尽管就业形势依旧在欧盟和欧元区所有成员国中处于最好水平，但失业率不断上升。缩减财政赤字和社会保障制度改革是当前政府面临的最紧迫的问题。在外交方面，奥地利继续依托欧盟，积极配合欧盟关于应对欧债危机的政策措施，支持中东欧诸国加入欧盟，重视发展与中国、南非等新兴国家的关系。

关键词： 提前大选　联合政府　失业率　财政赤字

一　政治形势

2013年，奥地利政府因财政赤字居高不下，联合执政的两党在财政预算、就业政策、欧盟政策，以及银行政策等议题上谈判破裂，加之迫于来自国内自由党、斯特罗纳克团队（Team Stronach）等为代表的反对党强烈要求提前大选的政治压力，于7月7日向国家议会提出结束任期。

---

* 孙莹炜，中国社会科学院欧洲研究所助理研究员，中国社会科学院研究生院欧洲系博士研究生。

2013年9月29日，奥地利提前举行大选，此次选举也是奥地利议会选举周期由四年改为五年后的首次选举。同时，本次大选还为各政党竞选经费提出了上限，即每个党派用于竞选的支出不得超过700万欧元。中左翼政党社民党（SPÖ）和中右翼政党人民党（ÖVP）尽管获得了历史最低得票率（得票率分别为26.8%和24%），但在所有参选政党中继续保持领先地位。奥地利自由党（FPÖ）获得了20.5%的选票，位列第三；其后得票率超过5%获得内阁席位的政党依次是绿党（12.4%）、斯特罗纳克团队（5.7%）和新奥地利自由论坛（NEOS）（5%）。

按照惯例，得票最多的第一大党将会受总统委任负责新政府的组阁工作。11月23日，社民党和人民党完成组阁谈判并宣布共同组成奥地利新一届大联合政府；12月16日，新政府正式就职。奥地利社民党主席韦尔纳·费耶曼（Werner Faymann）出任总理，人民党主席施平德勒格（Michael Spindelegger）任新政府副总理兼财政部长。新联合政府共16名内阁成员，包括总理、副总理各1名，部长12名，国务秘书2名。

奥地利新一届政府的施政方向主要是稳定国家财政收支，力争在2016年实现结构性赤字为零的目标。新政府还将调整税收政策、加大家庭资助力度、改革现行行政管理体制、推动养老金制度改革等。

二 经济形势

2013年第一季度，奥地利国内生产总值环比下降0.7%，连续四个季度接近停滞。一季度经济停滞主要集中在交通运输和商品生产部门。欧洲其他国家的经济衰退影响了奥地利的出口部门。出口和国内需求都无法成为奥地利经济增长的动力。2013年第二季度，奥地利经济增速低于预期，环比增长仅为0.1%。2013年第三季度出现本年度的首次增长，国内生产总值（GDP）环比增长0.2%，同比增长0.7%。

根据奥地利信贷保护协会（Creditreform）发布的数据，2013年上半年奥地利企业破产数量为8379家，比2012年同期下降3.7%。[①] 很多企业从2008

---

① Creditreform, Insolvenzstatistik, 1. Halbjahr 2013, Österreich, S. 1–3.

年经济危机中吸取了教训，市场行为更加谨慎。特别是贸易、制造业和旅游业的破产企业数量减少，对缓解奥地利就业形势、推动经济复苏起到积极作用。

总的来看，奥地利的经济情况好于欧元区平均水平，预计2014年经济会继续保持增长态势。2013年10月4日，奥地利经济研究所（Wifo）发布预测，认为2013年奥地利的国内生产总值会有0.4%的增长，2014年将会达到1.7%。但由于经济增长不够强劲，不足以降低政府债务和失业率。[①]

奥地利统计局2013年9月的最新数据显示，该国国债小幅增加。2013年第一季度，奥地利国债总额为2314亿欧元，占国内生产总值的比重为74.2%；第二季度的国债总额为2328亿欧元，占国内生产总值的比重为75.1%。[②]

欧债危机期间，奥地利政府推行的财政紧缩计划发挥了一定作用，政府财政赤字由2009年的-4.1%减至2013年的-2.3%。2013年3月，奥地利政府宣布，2016年达到财政收支平衡，2017年实现财政盈余，国债降至67%。可见，奥地利上届政府虽然较好地控制了经济危机，但危机后国家经济长期发展规划的制定与实施将成为奥地利新一届政府的任务。

2013年前三个季度，奥地利与欧盟国家的贸易额为689.7亿欧元，同比下降1.7%，进口额为968.3亿欧元，同比降低2.1%，出口额为932亿欧元，同比增加0.7%；2013年1~9月的贸易逆差为36.3亿欧元，同比下降43%。[③] 奥地利与其最大贸易伙伴德国间的进口贸易额降至36.4亿欧元（-2.9%），出口额为283.8亿欧元（-0.4%）；与第二大贸易伙伴意大利的进口额同比降低了4.7%，为59亿欧元，出口额同比降低4.8%，为61亿欧元。[④]

奥地利贸易趋稳主要得益于对海外市场出口的增长。近年来，奥地利逐渐将贸易重点放在欧盟以外的市场并获得较大成功，给本国经济带来机遇。奥地利对美国、俄罗斯、北非以及亚洲等国家和地区的出口都有强劲增长。奥地利与欧盟以外国家贸易发展势头良好，有效缓解了奥地利进出口贸易在欧元区危机中受到的冲击。未来，奥地利出口的重点仍然是海外市场，特别是亚洲、金

---

① WIFO, Hauptergebnisse der Konjunkturprognose, Oktober 2013.
② Statistik Österreich, Pressemitteilung: 10.619 - 195/13, S. 3.
③ Statistik Österreich, Pressemitteilung: 1.0675 - 251/13, S. 3.
④ Statistik Österreich, Pressemitteilung: 1.0675 - 251/13, S. 1.

砖国家和非洲市场。

近年来，受欧债危机影响，奥地利经济低速增长，失业增加。2013年第一、第二、第三季度，奥地利失业人口分别为23.23万、19.66万和21.34万，失业率依次为5.4%、4.5%和4.3%。① 虽然奥地利仍是欧盟失业率最低的国家之一，但前景不容乐观。因为，导致奥地利失业率攀升的主要原因是经济不景气，其中建筑业和工业领域就业岗位减少明显，就业困难的群体主要是老人、移民和低技能的人群，失业人口中的47%仅完成义务教育。目前，奥地利政府虽然推出了一系列就业促进措施，但根本改观还有待于经济回暖。

三 对外关系

欧债危机打击了奥地利国民对欧元区的信心，出现一大批欧元怀疑论者，如自民党和新成立的斯特罗纳克团队和退出欧盟党（EUAUS）。斯特罗纳克团队提出了改革欧元、在奥地利引入划一税率，以及欧盟权力下放等政治主张。这也是当前欧盟范围内反欧情绪和信任危机在奥地利国内的体现。

面临来自国内政坛的压力，新一届奥地利政府仍然会继续致力于提升奥地利在欧盟的影响力，支持德国提出的欧元区债务危机解决方案，愿意巩固与债务危机严重的成员国之间的关系。但是国内政坛的反对呼声不可避免地会影响到奥地利新政府在欧元区危机中发挥国家作用以及在应对危机中与德国的合作。

2013年，奥地利继续积极推动中东欧与欧盟间的关系，支持欧盟吸纳更多的中东欧国家为新成员，以此来加强奥地利在该区域的经济影响和经济收益。在过去的十年间，奥地利凭借地缘优势，与中东欧一直保持着良好的经济合作，奥地利企业在东欧的投资也获益颇丰。尽管受欧债危机的打击，奥地利企业在东欧也出现不同程度的亏损，但从长远看，东欧国家对给奥地利经济发展带来的机会多于风险，特别是2013年波兰和捷克经济呈现出乐观态势，更坚定了奥地利继续推动与中东欧邻国经济合作的信心。

---

① Statistik Österreich, Pressemitteilung: 10.679 – 255/13, S. 1 – 3.

2013年，中奥关系继续稳步发展。根据奥地利统计局数据，2013年1～8月，奥地利对华进出口总额63.31亿欧元，同比下降0.5%。其中，奥地利从中国进口最多的前三类商品是电信和电子设备、电力及电气设备和服装；奥地利对华出口额最大的前三类产品是特种机械、车辆和通用机械设备。

奥地利工商界人士认为，中国经济的高速发展以及与之相伴的环境问题都为奥地利企业带来了商机。奥地利企业在绿色能源和节能建筑方面拥有良好声誉，正可借机占领中国市场。

在文化交流方面，2013年1月30日至2月5日，"相约维也纳——奥地利中国艺术节"在奥地利首都维也纳及周边城市举办。该活动是由中奥两国政府联合共同支持、倡导举办的高规格的艺术交流盛会。奥地利联邦总统海因茨·费舍尔亲自担任艺术节的荣誉监护。

（审稿人：田德文；文字编辑：莫伟）

B.18 保加利亚

贾瑞霞*

摘　要： 2013年2月，保加利亚公民党政府集体辞职。议会大选提前在5月举行，社会党联合代表土耳其族利益的政党组建新政府。新政府存在不稳定因素。保加利亚经济复苏依旧缓慢。新政府出台政策克服高失业率、刺激经济增长与创造良好商业环境。保加利亚与中国保持积极交往，加强与中国经贸联系。

关键词： 保加利亚　联合政府　复苏缓慢　欧盟　中国

一　政治形势

2013年2月，争取欧洲进步公民党（简称公民党）政府在公众抗议高额电费的压力下辞职。5月，保加利亚提前举行议会大选，没有政党获得议会绝对多数席位，中右的公民党仍为议会第一大党。社会党联合土族政党组建新政府并依靠极右政党"暗中"支持，联合政府地位脆弱。保加利亚政局充满变数。

（一）严寒冬季高电价遭公众抗议，公民党政府辞职

2012年底至2013年初，正值保加利亚一年中最寒冷的季节，低迷的经济

---

* 贾瑞霞，国际政治专业，法学博士，中国社会科学院欧洲研究所科技政策研究室助理研究员。

形势也继续笼罩保加利亚。公民党（CEDB）政府继续实行财政紧缩政策。2013年1月，一些居民收到的2012年12月的电费账单高达100欧元，① 而保加利亚人均月工资仅387欧元。在保加利亚，能源开销是居民第二大生活支出。保加利亚电力供应被捷克以及奥地利的电力公司控制，能源费用大幅上涨使居民包括取暖在内的生活开销大大增加。2月中旬，在全国各大主要城市都爆发了抗议行动，市民抗议2012年底以来电价和供暖费的上涨。

抗议者们最初要求降低能源价格，对能源公司实行国有化以及打破能源公司特别是外国公司的垄断并更准确计量能源消费。② 公民党政府迫于压力，于2月19日宣布取消给予捷克电力公司的经营许可并承诺降低电价。但政府有限的让步未能使抗议停止，抗议者们从单纯的经济要求转变为政治要求，示威在一些城市升级为暴力冲突。2月20日，博里索夫总理领导的公民党政府向议会递交辞呈，政府集体辞职。

（二）提前大选，社会党与"争取权利和自由运动"组建联合政府

公民党政府下台后，依据宪法规定，总统罗森·普列夫内利埃夫提议议会另外两大主要政党——社会党或"争取权利和自由运动"（MRF）③ 组建新政府，但均遭拒绝。3月13日，总统解散议会，任命看守政府，宣布5月12日提前举行议会选举。④

在5月的大选中，公民党获多数选票，占据议会97个席位；但公民党议席未达到绝对多数（121席）而无法单独组阁。社会党赢得84席，"争取权利和自由运动"获得36席，极右政党"阿塔卡"得到24个席位。⑤ 社会党、"争取权利和自由运动"以及阿塔卡均表示不与公民党联合组阁。在此情况下，公民党领导人博里索夫表示无法组建新政府。⑥ 随后，社会党与"争取权

---

① 中国驻保加利亚大使馆经商参赞处，2013年2月22日，http：//bg. mofcom. gov. cn/article/jmxw/201302/20130200035084. shtml（检索日期：2013年3月2日）。
② EIU, "Country Report：Bulgaria," March 2013, pp. 22 – 23, http：//www. eiu. com.
③ 代表生活在保加利亚的土耳其族人利益的政党。
④ 2013年7月为法定的议会选举时间。
⑤ EIU, "Country Report：Bulgaria," June 2013, pp. 2 – 3.
⑥ EIU, "Country Report：Bulgaria," July 2013, p. 3.

利与自由运动"组成执政联盟,① 独立人士、经济问题专家奥雷沙尔斯基② (Plamen Oresharski)被社会党提名为新政府总理候选人。

总统要求议会在5月28日对新政府举行信任投票。次日,奥雷沙尔斯基政府在"阿塔卡"议员弃权以及部分公民党议员缺席的情况下,通过了议会信任投票。③ 社会党与"争取权利与自由运动"组建的联合政府得以正式运转。

(三)联合政府出台新举措,但仍面临各种压力

在联合政府内,社会党主张实施更多干预经济的政策,适当放松紧缩政策。政府承诺在任期内创造更多工作岗位,重组能源部门,保持10%的单一所得税并加快增值税退税工作。

但联合政府仍旧面临各种内外压力。6月中旬,政府任命"争取权利与自由运动"力荐的人选为国家安全署(SANS)领导,结果招致公众的数周抗议,最后迫使其辞职。此举亦引发社会党内部分歧,一些社会党议员拒绝投票;社会党内甚至有人呼吁现任党首辞职。

10月,公民党两次发起不信任投票,向联合政府施加压力。但在"阿塔卡"的"暗中"支持下,联合政府都侥幸通过议会不信任投票。但"阿塔卡"具有强烈的民族主义色彩,反对欧盟方针政策,联合政府对"阿塔卡"的依赖影响了公众的信任度。相比公民党政府,联合政府更缺乏稳定性。一旦"阿塔卡"加入公民党阵营发动不信任投票,联合政府就将岌岌可危。

社会抗议短暂停歇后,10月末,大学生成为抗议主力,在一些城市占领大学建筑。抗议者们要求政府增加透明度,打击腐败,消除政商勾结、任人唯亲等弊端。

二 经济形势

2013年,保加利亚经济复苏缓慢。联合政府在遵守欧盟财政纪律前提下,修订经济政策、增加就业岗位以及改善经营环境以刺激经济增长。

---

① 该两党在议会中有120个席位,只差一席就可占绝对多数。
② 奥雷沙尔斯基曾在2005~2009年担任社会党政府的财政部长。
③ EIU, "Country Report: Bulgaria," July 2013, p. 2.

（一）经济增长乏力，陷入通货紧缩

2013年1~10月，保加利亚吸引外国直接投资10.54亿欧元。[①] 保加利亚是欧盟最穷成员国，2013年第三季度，保加利亚失业率达到12%。自2013年8月以来，保加利亚月通货膨胀率连续4个月负增长。[②] 2013年11月，保加利亚年均通胀率为-1.5%，是欧盟当月仅有的4个陷入通缩的成员国之一。[③] 预计2013年保加利亚经济增长仍维持低速。

（二）新政府力促增长，仍需坚持欧盟财政纪律

面对不利的经济形势，联合政府宣布其将在维持财政稳定的前提下，优先重组能源部门，向穷人提供社会支持。新政府首先修订已被前政府通过的2013年度财政预算，将财政赤字占国内生产总值比重从1.3%提高到2%。[④] 新政府希望实施宽松政策以刺激增长，提高公共福利，以获取公众支持。议会在7月通过财政预算修订案一读，虽然被总统否决，但议会在8月最终通过了上述修订案。经过数年紧缩财政，保加利亚达到了欧盟关于财政赤字的要求，但保加利亚仍旧要加强财政纪律。

三 对外关系

（一）与欧盟的关系

在2014~2020年欧盟新预算中，保加利亚可得到150亿列弗农业援助资金；农村发展项目（RDP）将获得46亿列弗预算收入，以促进发展畜牧业、

[①] 中国驻保加利亚大使馆经商参赞处，2013年12月17日，http://bg.mofcom.gov.cn/article/jmxw/201312/20131200428706.shtml（检索日期：2013年12月20日）。

[②] http://www.nsi.bg/sites/default/files/files/pressreleases/Inflation2013-11_en_HI2EOPE.pdf（检索日期：2013年12月24日）。

[③] 中国驻保加利亚大使馆经商参赞处，2013年12月17日，http://bg.mofcom.gov.cn/article/jmxw/201312/20131200428709.shtml（检索日期：2013年12月20日）。

[④] EIU, "Country Report: Bulgaria," Aug. 2013, p. 2.

果蔬生产以及生态有机农业。[1]

保加利亚关注欧盟银行业联盟的发展,但也表示并不急于加入该机制。社会党主席斯坦尼舍夫表示,保加利亚目前是欧盟财政和银行系统最稳定的成员国之一,加入银行业联盟不是保加利亚的当务之急。[2]

(二)与中国的关系

2013年11月26日,中国与中东欧国家领导人第2次会晤在罗马尼亚首都布加勒斯特举行,保加利亚积极参与并欢迎中国企业投资。12月12~17日,保加利亚国民议会代表团在重庆和北京分别举办"重庆-保加利亚投资贸易推介及对接会"和"中国-保加利亚经贸论坛"。保加利亚机械设备生产企业和软件开发企业分别同中国企业签订了对华出口合同,保加利亚软件产品将首次进入中国市场。保加利亚国民议会议长米哈伊尔·米科夫指出,作为进入欧洲的门户,保加利亚完全向中国投资者开放。保加利亚希望与中国企业在核电、火电、水电和其他基础设施领域开展合作。2014年1月13日,保加利亚总统罗森·普列夫内利埃夫访华,成为2014年首位访问中国的外国元首。中保两国共同发表了《中华人民共和国和保加利亚共和国建立全面友好合作伙伴关系的联合公报》。

---

[1] 中国驻保加利亚大使馆经商参赞处,2013年12月4日,http://bg.mofcom.gov.cn/article/jmxw/201312/20131200412860.shtml(检索日期:2013年12月10日)。
[2] 中国驻保加利亚大使馆经商参赞处,2013年12月20日,http://bg.mofcom.gov.cn/article/jmxw/201312/20131200433346.shtml(检索日期:2013年12月23日)。

B.19 比利时

张金岭*

摘　要：

2013年，王储菲利普成为比利时第七位国王；比利时联合政府的稳定性依然堪忧，其财政紧缩目标的实现遭受一定阻力；经济发展低迷，企业破产数量创新高，公共债务攀升，政府通过多种措施缓解债务水平；失业问题严重，劳动力成本高是其中的重要原因；中比交流与合作频繁且广泛。

关键词：

新国王　企业破产　失业　劳动力成本

一　政治形势

2013年7月3日，比利时国王阿尔贝二世（Albert II）宣布将王位传于菲利普王储（Philippe）。7月21日，菲利普于国庆日当天正式登基，成为比利时第七位国王。阿尔贝二世在退位时呼吁国民继续支持其继任者，希望北方荷语族人和南方法语族人能维持国家统一，并表示比利时王室应进行机构改革。[①] 2013年是比利时将1830年建国时确立的中央集权制转为联邦体制20周年纪念，在此背景下，对于长期处于语族纷争的比利时来说，阿尔贝二世的期望意味深远。

比利时依然是欧盟成员国中政府稳定性不足的国家之一。荷语族与法语

---

* 张金岭，博士，中国社会科学院欧洲研究所副研究员。

① http://news.xinhuanet.com/world/2013-07/04/c_124954693.htm.

族政党之间的分歧向来为联合政府执政带来诸多不确定性。2013年，财政紧缩额度如何在联邦政府与地方政府之间分配等问题，更成为语族争论的焦点。

财政紧缩政策的协商已然遭受政党分歧的阻力，而社会层面的支持度不高，更加重了比利时政局的不稳定性。在财政紧缩框架下，比利时各级政府均施行人员精减缩编计划，使得政府工作人员因人手不足而感到压力增高，公共服务的品质也因此下降。6月底，比利时全国公务人员社会党工会（ACOD）和自由派工会（VSOA）举行罢工，受此影响各地监狱、垃圾回收场、公交等部门工作人员也相继罢工。两大工会带头罢工，遭受诸多舆论批评，认为它们应当支持政府采取措施度过经济危机和国家财政困难的特殊时期。此外，政府拟出台新政限制国有企业高管的年薪，遭到国有企业的反对。

政府决定，2014~2018年，联邦政府和地方政府共同举办一系列纪念第一次世界大战一百周年的反思活动。在2013年5月21日的启动仪式上，首相迪吕波（Elio Di Rupo）表示，即便在已实现货币统一的欧洲，依然存在不了解这场战争的恐怖，因而不能更好地筹划防范未来的危险，并指出种族主义和各种形式的极端主义正成为新的威胁，由此呼吁国际社会加强合作与团结。[①]比利时政府的这种认知既是对其国内长久存在的语族分歧问题的深入思考，也是对当代欧洲一体化进展和世界格局的深刻反思。

二 经济形势

2013年，政府继续实施财政紧缩政策，主要通过税收、社保等政策微调来增收节支，控制财政赤字水平。据比利时中央银行（NBB）2013年底数据，预计2013年经济增长为0.2%，2014年将有较大好转，预计为1.1%。[②] 未来几年，比利时经济将维持低速增长态势。欧元区经济整体低迷和自身金融业较为脆弱等是比利时经济面临的主要风险。不过，自2012年以来，比利时银行

---

① http://news.xinhuanet.com/world/2013-05/22/c_124744695.htm.
② http://www.nbb.be/DOC/DQ/F/DQ3/HISTO/IFE1352.PDF.

和保险业经营情况已见好转,银行资产结构有所改善,所持国债比例下降,保险业也实现扭亏为盈。① 2013年财政赤字约为2.8%,2014年将继续维持这一水平。② 政府希望到2016年实现收支结构性平衡,较此前的计划推迟一年,为此目标政府还需削减赤字94亿欧元。③

据比利时联邦计划局(FPB)估计,比利时商品与服务出口在2013年预计增长0.2%,2014年增长将更为明显,达3.6%;商品与服务进口在2013年负增长0.1%,到2014年将会实现3.4%的正增长。④ 2013~2014年度,比利时公共投资将增长11%。⑤ 据比利时中央银行数据,欧盟调和消费者价格指数2013年为1.2%,2014年为1.3%。⑥

2013年,比利时公共债务比例依然很高,升至100.1%,2014年仍将保持在同一水平(100.8%),是欧盟成员国中公共债务水平较高的国家之一,未来短期内也不会有明显改善。⑦ 政府欲通过削减发债规模、出售固定资产等方式缓解债务攀升的局面。但与欧盟其他成员国不同,比利时科研经费投入仍然保持小幅增加,占其GDP比重稍高于欧盟平均水平,此举意在利用科技创新促进发展,以弥补其天然资源的不足,增加就业机会。

受经济发展低缓、失业率不断上升的影响,2013年居民储蓄持续增长,人均储蓄余额近2.3万欧元,居欧元区前列⑧,消费者信心指数依然处于较低水平⑨,反映出民众对经济形势预期的悲观情绪。

比利时人力成本较高,对其经济竞争力构成较大威胁。据欧盟统计局数据,比利时企业由雇主向员工支付的工资和缴纳的社保费用高达37.2欧元/小时,仅次于瑞典和丹麦,居欧盟第三位,成本明显高于法国、荷兰和德国等周边国家。比利时实行工资与通胀率挂钩机制,近5年来比利时雇员成本增长

---

① http://be.mofcom.gov.cn/article/ddgk/zwjingji/201306/20130600165445.shtml.
② http://www.nbb.be/DOC/DQ/F/DQ3/HISTO/IFE1352.PDF.
③ http://be.mofcom.gov.cn/article/ddgk/zwjingji/201304/20130400080616.shtml.
④ http://www.plan.be/databases/PVar.php?VC=MODKERN&DB=MOD&lang=fr&XT=1&ND=.
⑤ http://www.plan.be/admin/uploaded/201309051614230.CP_budget_20130905_FR.pdf.
⑥ http://www.nbb.be/DOC/DQ/F/DQ3/HISTO/IFE1352.PDF.
⑦ http://www.nbb.be/DOC/DQ/F/DQ3/HISTO/IFE1352.PDF.
⑧ http://be.mofcom.gov.cn/article/ddgk/zwjingji/201312/20131200423502.shtml.
⑨ Economist Intelligence Unit, "Country Report: Belgium," December 2013.

13.1%,而周边国家工资涨幅普遍在10%以下。鉴于此,比利时境内的一些大型跨国企业分公司纷纷裁员,吸引外商投资的能力正在削弱。①

2013年比利时破产企业数量创历史新高,有12306家企业破产关闭,同比增加11%,瓦隆大区情况最为严重,建筑业、零售业和生产性服务业等部门企业破产数量较多。②家族企业是比利时经济的重要支柱,由家族控股或直接管理的企业有12.3万家,占企业总数的77%,吸纳了45%的就业人口;2012年,这些企业总产值达1020亿欧元,约占比利时GDP总量的1/3。③

由于财政紧缩,近年来比利时对外援助资金大幅下降,2012年同比下降19%,2013年援助资金削减0.75亿欧元,2014年将减少1.25亿欧元。尽管如此,就其援助金额占GDP的比重而言,比利时的对外援助仍高于发达国家平均水平。④

三 社会形势

比利时失业问题较为严重,2013年失业率升至8.6%,是近十年来最高水平,2014年将继续恶化(8.9%)⑤,原因主要在于:经济发展低迷;企业业务收缩、效益下降;劳动力成本高、增长快;工资与通胀率挂钩,导致裁员较多。受到建筑、运输、港口等行业萧条的影响,男性公民失业率稍高于女性。

在此局势下,青年人失业问题日益突出,25岁以下人口失业率高达19.8%,几乎3倍于25岁以上居民失业率(6.8%),这种结构性比值高于欧盟其他成员国。除大环境影响外,其原因在于青年失业者职业技能较差、政府就业指导服务效果不良、企业普遍不愿雇用刚毕业的青年人等,为此有研究机构呼吁政府应推动教育改革,针对就业市场的新变化改善就业服务,使之更有

---

① http://be.mofcom.gov.cn/article/ddgk/zwjingji/201304/20130400092764.shtml.
② http://big5.xinhuanet.com/gate/big5/news.xinhuanet.com/world/2014-01/02/c_118809207.htm. http://be.mofcom.gov.cn/article/ddgk/zwjingji/201307/20130700183929.shtml.
③ http://be.mofcom.gov.cn/article/ddgk/zwjingji/201310/20131000333328.shtml.
④ http://be.mofcom.gov.cn/article/ddgk/zwjingji/201309/20130900307441.shtml.
⑤ http://www.plan.be/databases/PVar.php?VC=MODEMP&DB=MOD&lang=fr&XT=1&ND=.

针对性。① 不过，据比利时人力资源服务机构（SD Worx）预计，2014 年比利时中小企业对就业前景的预期较以往有所改变，乐观情绪逐步显现。②

据经合组织（OECD）统计，2013 年比利时用于社会保障支出的费用占 GDP 的 30.7%，次于法国（33%）和丹麦（30.8%），高于芬兰（30.5%），居世界第三位。③ 据比利时联邦计划局估计，2013 年比利时用于养老的公共支出占 GDP 的 26.4%，2014 年也将基本维持在同一水平。④

受多重因素影响，越来越多的比利时人移居外国。过去 10 年间移居国外居住、工作的人由 29 万增加到 38 万，增长近 1/3，大多数人移居欧洲邻国，其中法国最多，美国、加拿大、澳大利亚、中国和阿联酋等也是他们所青睐的目的地；移民原因不再如过去多以爱情、家庭等为主，而是经济理由，他们追求较好的工作、待遇和较高的职位。⑤

四　对外关系

2013 年，比利时倾注了较多精力应对国内问题，这在一定程度上削弱了它在对外关系方面的影响力。政府继续坚持"亲欧"立场，尤其想在欧盟就金融与经济等相关议题的谈判中发挥积极作用，但鉴于其自身的经济与财政状况，实际影响力并不乐观。受其财政紧缩政策影响，比利时继续缩减军费开支，并决定关闭 23 个军事基地、实施裁军等；继续支持多边合作，但明确表示不参与任何在叙利亚的军事行动。⑥

中比两国在 2013 年高层交往频繁，民间交流、企业合作等也很活跃，涉及领域广泛。5 月 18~22 日，比利时众议长弗拉奥（André Flahaut）访华，希

---

① http://be.mofcom.gov.cn/article/ddgk/zwjingji/201312/20131200433473.shtml.
② http://www.mofcom.gov.cn/article/i/jyjy/m/201401/20140100454699.shtml.
③ http://stats.oecd.org/Index.aspx?datasetcode=SOCX_REF.
④ http://www.plan.be/databases/cev/CEV_REF_FR.xls.
⑤ http://www.rtbf.be/info/belgique/detail_un-quart-de-belges-en-plus-a-l-etranger-en-dix-ans-de-temps?id=8122950.
⑥ Economist Intelligence Unit, "Country Report: Belgium," December 2013.

望加强同中国全国人大的机制化交流。① 9月11日,李克强总理会晤比利时首相迪吕波,称赞比利时为促进中欧多领域合作发挥了带头作用,希望双方从战略和长远角度规划中欧关系,共同促进贸易投资便利化和自由化,反对贸易保护主义,实现互利共赢。② 10月25日,国务院副总理马凯在比利时访问期间表示,希望进一步扩大中比双边贸易,促进双向投资,加强在高新技术、环保、生物制药等领域的务实合作;比利时表示欢迎和支持更多中国企业在比利时落户。③ 目前,比利时是中国在欧盟的第六大贸易伙伴,中国是比利时在欧盟外的第二大贸易伙伴。

10月10日,中比两国政府正式签署《中比关于在比利时设立中国文化中心的谅解备忘录》,决定在布鲁塞尔设立中国文化中心,这将是中国在欧洲国家建立的第五个文化中心。④

(审稿人:张敏;文字编辑:莫伟)

---

① http://www.fmprc.gov.cn/ce/cebel/chn/sbgx/zzgx/t1043271.htm.
② http://www.gov.cn/ldhd/2013-09/11/content_2486354.htm.
③ http://www.chinaembassy-org.be/chn/sbgx/zzgx/t1093471.htm.
④ http://news.xinhuanet.com/world/2013-10/11/c_117665651.htm.

B.20
冰　岛

秦爱华*

摘　要： 2013年冰岛经济持续复苏，经济增长的主要动力来自对外贸易。冰岛的财政赤字率有所下降，但是政府负债率依然较高。2013年4月15日，中国与冰岛签署自由贸易协定，冰岛成为第一个与中国签署自由贸易协定的欧洲国家。2013年4月27日，冰岛举行议会选举，反对党赢得选举，独立党和进步党组成新一届政府。

关键词： 冰岛　经济　议会选举　中国与冰岛自由贸易协定

一　经济形势

经历2008年金融危机的冲击后，冰岛经济持续复苏。2013年和2014年经济增长预期分别为1.7%和2.3%。2013年冰岛经济主要由对外贸易驱动，外贸和内需对GDP的贡献率分别为1.5%和0.3%。预期2014年冰岛经济增长将主要由国内需求驱动，贡献率将为2.5%。

冰岛经济复苏使得就业形势改善。冰岛的失业率较低，并呈下降趋势，2013年失业率仅为5.0%。2014年失业率将继续下降，预计为4.8%，失业率的下降将促进国内消费，从而拉动经济增长。

冰岛的通货膨胀压力较大。2013年通货膨胀率为4.5%，预期2014年将

---

* 秦爱华，经济学博士，中国社会科学院欧洲研究所经济研究室副研究员。

回落至4.0%。2013年10月,冰岛的通货膨胀率同比上涨3.6%,仅次于土耳其的7.7%,在经合组织国家中高居第二。由于冰岛的利率较高,基准利率为6%,因此通过提高利率缓解通货膨胀压力的空间十分有限,高通货膨胀率是目前冰岛政府面临的一个主要问题。

冰岛的财政状况改善,财政赤字逐渐减少。2013年冰岛的财政赤字率为-2.0%,2014年预期降至-0.7%,2015年有可能消除财政赤字。冰岛的公共债务仍然较高,2013年和2014年公共债务率分别为94.2%和90.2%,尽管呈下降趋势,但是依然远高于欧盟规定的60%的上限。[1]

二 政治形势

独立党是冰岛的第一大党,在冰岛执政多年,曾经多次和进步党联合执政,冰岛政府多年来都是由多个政党联合执政。2008年由于银行系统崩溃,独立党和进步党组成的执政联盟成为第一个因金融危机而倒台的政府。

2013年4月27日,冰岛举行了四年一度的议会选举。在金融危机中上台的中左翼执政联盟落败,成为又一个因紧缩政策下台的政府。独立党和进步党组成的中右翼联盟赢得大选,分别获得26.7%和24.4%的选票,各获得19个议席,二者组成新一届联合政府。社会民主联盟以12.9%的得票率位居第三,获得9个议席。另外,还有三个政党因得票率超过5%可以进入议会,包括左翼绿色运动、明亮未来党和海盗党,它们分别获得7个、6个和3个议席。[2]

在此次竞选中,独立党主张的减税政策和放松财政紧缩政策获得了选民支持,最终赢得大选。然而,独立党的支持率已经一改以前遥遥领先的态势,仅领先进步党2个百分点,这表明独立党的优势地位在下降,进步党的影响力明显提升,占主导地位的三大政党的得票率差距逐渐减小。

在金融危机时期上台的社会民主联盟在大选中失利。尽管社会民主联盟在金融危机期间挽救了冰岛经济,但是由于其实行的紧缩政策引发民众不满,支

---

[1] 数据来源于:*European Economic Forecast*, Autumn 2013, published by European Commission,其中2013年和2014年的年度数据为预测值。

[2] 值得一提的是,海盗党得票率超过5%,得以首次进入议会。

持率持续下跌，最终败选。

冰岛共有15个政党参加本届议会选举，党派数量创历史新高，远超过上次选举的7个政党。为了参加此次议会选举，大选前几个月成立了不少新政党。例如，2013年2月民主观察党成立，2月18日冰岛人民阵线成立，2月23日地方党成立，4月1日由8个右翼小党派组成的新政党——家庭党成立。

5月23日，进步党和独立党组成的新一届政府宣告成立，由进步党主席西格蒙德·戴维·贡劳格松（Sigmundur David Gunnlaugsson）出任总理。这一届政府内阁成员都是首次入阁，这是自1944年冰岛独立以来史无前例的。新政府对一些部委进行了拆分和职能调整。例如，不再单设环境部，其职能归入渔业农业部等。

新政府上台后的首个决策，也是最受关注的举措就是冰岛暂停加入欧盟谈判。2013年5月，新任总理西格蒙德·戴维·贡劳格松表示，冰岛将继续使用冰岛本国货币，暂停入盟谈判。6月，冰岛外长首次出访就是去布鲁塞尔通告欧盟这一消息，并表示反对入盟是本届政府赢得选举的重要原因。随后，欧盟暂停了对冰岛的资助。①

冰岛暂停入盟与渔业谈判有关。2012年欧盟和挪威与冰岛谈判，欧盟和挪威给予冰岛的配额（4%）远低于冰岛的要求（15%）。2013年9月8日，冰岛、法罗群岛（丹麦的海外自治领地）、欧盟和挪威再次就渔业谈判无果。欧盟甚至可能对冰岛启动过度捕捞制裁，事态日趋紧张。

最终，2013年9月12日冰岛正式中止入盟谈判，表示将由全民公决决定是否继续这一谈判。渔业是冰岛的支柱产业，其捕鱼量在欧洲位居第二位，仅次于挪威。因此，渔业对冰岛经济具有重要影响，渔业谈判受挫，是导致冰岛暂停入盟的主要原因。

三 社会形势

冰岛是世界上男女最平等的国家之一。2013年10月世界经济论坛公布了

---

① 2013年底欧盟资助冰岛约830万欧元。

《2013年全球性别差距报告》，报告显示，冰岛连续第五年获评男女最平等的国家，已消除超过80%的性别差距，其在教育和政治参与方面具有显著优势，获得了最高分。① 此项评估包括136个国家，覆盖全球93%以上的人口，主要对教育、健康、政治参与和经济平等四个方面的差异进行评估。该报告于2006年在瑞士首次发布，之后每年发表一次。

冰岛女性从政人数众多。冰岛国会中有近半数是女性，冰岛总理约翰娜·西于尔扎多蒂（Johanna Sigurdardottir）是冰岛的首位女总理，也是第一位与同性结婚的政府首脑。冰岛女性具有勤劳、能干的特点，在工作、学习中普遍表现出较强的独立性和领导组织能力。

冰岛是世界上最友善的国家。世界经济论坛发布的《2013年度旅游及观光竞争力报告》显示②，冰岛是世界上对外国人最友善的国家，新西兰和摩洛哥分列第2和第3位。该报告于2007年首次发布，对世界140个国家进行综合评估。其中，在当地人是否令外国游客感到受欢迎的评分中，冰岛以6.8分（满分为7分）高居榜首，表明冰岛的社会包容度和开放度较高，这主要得益于冰岛人性格直爽、友善热情的特点。

冰岛也是世界上最和平的国家。根据2013年6月经济与和平学会公布的《2013年全球和平指数报告》，对全球162个国家的全球和平指数（GPI）的评估显示，冰岛位居榜首，获得全球最和平国家的称号。

四　中国与冰岛的关系

2013年4月15～18日，冰岛总理约翰娜·西于尔扎多蒂访华，两国首脑于4月15日签署了《中华人民共和国政府和冰岛政府自由贸易协定》。这是中国与欧洲国家签署的第一个自由贸易协定，涉及商品贸易、服务贸易和投资等领域。这一谈判开始于2006年，2009年因冰岛申请加入欧盟而中止，2012年谈判重启，先后经过六轮谈判，最终于2013年1月完成。

---

① *The Global Gender Gap Report* 2013, published by World Economic Forum, p. 8.
② *The Travel & Tourism Competitiveness Report* 2013, published by World Economic Forum, p. 455.

中冰两国的贸易以冰岛进口为主，冰岛从中国的进口额超过出口额的5倍，冰岛从中国进口的商品占进口总量的1/3。协定生效之后，冰岛从中国进口的99.8%的商品，以及中国从冰岛进口的81.6%的商品都将实施零关税。另外，双方还对服务贸易做出了高于世界贸易组织（WTO）的承诺，并对投资、人员流动、技术性贸易壁垒和知识产权等做出了具体规定。两国贸易协定的签署将进一步促进中国与冰岛贸易和投资的发展。

（审稿人：张敏；文字编辑：莫伟）

B.21
波斯尼亚和黑塞哥维那

刘作奎

摘　要：

波斯尼亚和黑塞哥维那政局不稳，党派纷争严重，宪法改革迟缓，影响了其入盟进程，获得欧盟候选国资格仍无希望。2013年度波黑经济增长缓慢，但财政赤字有所缓解。中国和波黑在2013年度达成重要合作协议，双边关系得到进一步推动。

关键词：

政治不稳定　宪法改革　欧盟候选国　财政赤字　中波关系

一　政治形势

受党派纷争和复杂的政府运行机制的影响，波黑的政治稳定仍面临诸多问题。联合政府虽于2012年3月组成，但内部党派纷争不断。波黑社会民主党和民主行动党在诸多政治和经济提议上分歧严重，导致波黑社会民主党在2012年6月将民主行动党代表清除出联合政府。危机后的政府重组使得由波黑克族人贝万达（Vjekoslav Bevanda）领导的中央政府面临诸多困难，尤其是在通过宪法改革提升少数民族代表权问题上比较困难。

在波黑联邦（又称穆克联邦）中，波黑克罗地亚民主共同体受到两个克族政党强烈抵制，因为党民主共同体试图取代两个小党在联合政府中的地位。2013年3月危机开始恶化，双方不得不另定规则，新的规则巩固了各党派的地位，包括民主行动党，它仍保留在执政联盟当中。但规则的改变削弱了联邦政府总理尼克西奇（Nermin Niksic）的权力，他试图代表波黑社会民主党来重组执政联盟的希望难以实现。①

波黑内讧不止这些，波黑塞族共和国内部党争同样严重。主要政党独立社会民主联盟计划在国家层面的联合政府中驱逐主要竞争对手塞尔维亚民主党，两党的矛盾在波黑复杂的政治图谱中又增加了新的问题。其实两党在执政联盟有长达10年的密切合作，然而在2013年，两党领导人互相指责对方要为波黑塞族共和国恶化的经济和社会状况负责。2013年9月18日，危机达到巅峰，独立社会民主联盟领导人、塞族共和国总统多迪克（Milorad Dodik）宣布他的政党将启动法律程序把塞尔维亚民主党的外贸部长沙洛维奇（Mirko Sarovic）逐出政府，11月6日波黑议会批准了此项弹劾，11月11日独立社会民主联盟任命图西奇（Boris Tucic）为新的外贸部长。多迪克认为，沙洛维奇受到国际社会驻波黑高级代表署官员的影响而没有很好履行保护波黑农户在地区市场上的利益。自2013年7月1日克罗地亚加入欧盟后，波黑农户和食品加工者的农产品和食品没有达到欧盟的检疫标准而被禁止出口到克罗地亚。在禁令之前，波黑出口到克罗地亚的农产品每年达到2亿欧元（2.7亿美元），如今波黑的农产品正在失去克罗地亚市场。②

政治僵局进一步阻碍了欧盟和美国提出的宪法改革。而有限的宪法改革动力也被政府提出的削减公共部门工资和战争老兵的补贴政策引发的不间断的社会不满所打断。塞族共和国坚持要收回自己在联邦政府层面失去的权力，而波黑社会民主党主席拉古姆季亚为了获得多迪克在其将民主行动党驱逐出执政联盟上的支持，愿意在建立波黑联邦国家层面的制度建设上降低调门，这将导致波黑建设一个统一的正常运行的国家的目标和前景日益遥远。

2013年10月16日，欧盟委员会在波黑扩大进展报告中提出，波黑在具体改革上仍然缺乏进展，建议不授予波黑欧盟候选国资格。与此同时，欧盟根据入盟前援助工具（2014~2020年）框架对波黑是否给予财政援助进行谈判，由于波黑没有按照欧盟的要求设立分配欧盟入盟前援助基金的协调机制以及修

---

① Economist Intelligence Unit, "Country Report: Bosnia and Herzegovina," 9 December 2013, p. 3.
② Economist Intelligence Unit, "Country Report: Bosnia and Herzegovina," 9 December 2013, p. 19.

改宪法，欧盟委员会削减了2013年对波黑援助款的一半。在2013年12月17日召开的欧盟外交部长理事会议上，各方就东扩事务进行了讨论，在会议结论中，理事会对波黑领导机构由于缺乏政治意愿和各执一词导致的入盟进程停滞表示严重关注。为此，波黑各方政治家应立即就执行欧洲法院提出的旨在解决民族歧视的塞蒂奇－芬奇法案达成一致。在执行该法案上做出可信的努力仍将被欧盟视为入盟的关键组成部分。①

尽管存在上述问题，波黑在宪法改革上还是取得了一定的进步。2013年12月3日欧盟扩大事务和邻国政策高级代表斯蒂芬·富勒在捷克首都布拉格与来自波黑的7名政治家就塞蒂奇－芬奇法案进行了磋商，在如何执行塞蒂奇－芬奇法案上达成了初步一致，即在人民院和主席团轮值主席的选举方法和人员构成上达成一定的共识，并将持续而深入地讨论这一问题，争取最终获得彻底解决。②

二 经济形势

2013年，波黑GDP增长率为0.9%（2012年为 －1.1%）。考虑其主要出口市场欧元区经济的增长缓慢，波黑经济增长的前景仍然悲观。2013年，波黑私人消费增长0.4%，政府消费缩减0.5%，货物和服务出口增长5.7%，进口增长4.7%，工业生产增长5.8%，经常性账户赤字占GDP的比重为6.2%。预计2013年的通货膨胀率为0.4%，财政赤字占GDP的比重为2.3%。③

国际货币基金组织给予波黑的两年备用贷款协议（2012年9月签署）附加了一定的条件，要求缩减整个国家和两个实体的支出，这一削减要求引起工会和战争老兵组织的抗议。国际货币基金组织对两年备用贷款协议实施的第三次审查于2013年6月进行，并确认向波黑派发3890万欧元贷款（约5100万美元），但波黑必须加强财政紧缩。从近一年（2013年）的工作来看，波黑财政紧缩的效果较为明显。

---

① http：//www.consilium.europa.eu/uedocs/cms_data/docs/pressdata/EN/genaff/140144.pdf.
② http：//europa.eu/rapid/press－release_MEMO－13－1082_en.htm.
③ Economist Intelligence Unit, "Country Report：Bosnia and Herzegovina," 9 December 2013, pp. 5－6.

2013年6月17日波黑宣布签署了一项协议,避免了该国最大铝冶炼厂Aluminij的关闭。Aluminij为南部城市莫斯塔尔地区提供大量就业机会,该冶炼厂是波斯尼亚金属行业的中流砥柱,铝产量约占该国总产量的逾一半。波黑战争之后,该冶炼厂的管理层将股权分发给主要雇员作为未付薪水的补偿,并将12%的股权出售给克罗地亚一家企业。Aluminij管理层曾再三督促政府对该厂予以电力补贴,因用电成本约占该冶炼厂铝生产成本的逾60%。由于电力成本较高而铝价较低,企业一直亏损。该冶炼厂宣布将从6月17日开始停产。若工厂关闭,波黑将失去数千个就业岗位,这将对原已疲弱的波黑经济带来沉重打击。在政府的协调下,波黑政府及Aluminij股东将各自持有该冶炼厂44%的股权,并且政府将向该厂提供补贴以维系生产。该协议进一步明晰了产权,也为该冶炼厂提供了吸引小型投资者进行投资的可能性。该问题的解决不仅有利于企业发展,同时也有利于政府和整个地区的稳定。

三 中国和波黑双边关系

2013年5月18日,中国和波黑合作项目——波黑塞族共和国斯坦纳瑞30万千瓦燃煤电站项目举行开工典礼,塞族共和国政府高级官员、中国驻波黑大使馆官员、中国东方电气公司人员出席。波黑塞族共和国总统多迪克在仪式上说,这是当地30多年来第一个大型能源项目,对拉动经济发展至关重要。中国驻波黑大使董春风表示,斯坦纳瑞火电站是第一个使用中国-中东欧合作机制100亿美元专项贷款额度的项目,也是中国此类项目首次进入欧洲市场,意义非同寻常。该项目投资超过6.42亿美元,中国国家开发银行提供了4.49亿美元的商业贷款。根据计划,火电站2015年建成并投入试运行。

2013年11月25日,国务院总理李克强在访问罗马尼亚布加勒斯特时会见波黑总理贝万达。李克强祝贺波黑走上和平稳定、民族和解之路,支持波黑融入欧洲一体化的选择。他希望双方共同落实好现有合作项目,积极推进基础设施、建材、电力以及文化、教育合作。

(审稿人:孔田平;文字编辑:莫伟)

B.22 波兰

傅聪*

摘　要：
2013年波兰经济形势仍然低迷，但季度增长数据显示经济复苏迹象明显。图斯克政府暂停压低政府公债和赤字的行动，而政府将养老金私有资产转移至国家计划被指违宪。图斯克部分改组了政府以加强对管理团队的控制。波兰主办了第19届联合国气候变化大会部长级会议，但并未很好地完成任务。波兰在安全领域采取了一些行动。中波关系繁荣发展。波兰、日本举行首脑峰会，两国举行联合军演。

关键词：
经济复苏　养老金改革　防务政策　中波关系　波日关系

一　政治形势

波兰政府从2011年开始实施的经济、社会政策改革一直存在争议。2013年总理唐纳德·图斯克（Donald Tusk）继续推行养老金改革。波兰议会在12月初通过了政府提出的养老金改革法案，将51%的养老金私有资产转移至国有计划。由于这部分资产多为政府债券，政府称此举可以改善公共财政，将公共债务水平降低8.5%，还可能扭转政府2013年4.8%的赤字水平，至2014年实现财政盈余。①

---

* 傅聪，国际关系专业，博士，中国社会科学院欧洲研究所副研究员。
① http：//blogs.ft.com/beyond-brics/2013/12/09/poland-pension-reform-not-done-yet/#axzz2nWiuSpX2.

波兰的私人公司养老金计划始于 1999 年，其时政府为了降低养老金计划的负担，将一部分养老金转为私人基金。但是，政府并未真正地向私人基金拨付现金，而是以国债抵资。随着政府赤字飞涨，本届政府又向私人养老基金发行债券，换回现金。副总理兼财长亚采克·罗斯托夫斯基（Jacek Rostowski）认为这一做法是在"建立恶性的债务循环"。①

资本市场对政府的这一举措做出了反应，蓝筹股指数出现近两年来的最大反转，债券价格也出现了下跌。② 政府虽然获得了议会的支持，但仍遭到许多批评，被指为是在对私有资产进行国家化。波兰国家法律顾问也称这种做法是违宪的。目前，这个养老金改革法案的正式生效还需得到总统的签署。波兰总统有立法否决权，其办公室已声明将对草案的合宪性进行调查。另外，工会和私人养老金基金公司也可能会向宪法法院提起诉讼。

此外，本届政府提高退休年龄的改革也一直不为民众接受。2013 年 9 月，首都华沙爆发了 10 万人大游行，抗议政府提高退休年龄。

2013 年 11 月图斯克总理对政府进行了部分改组，大刀阔斧地替换了与其意见相左的政府成员，任命了新的财政部长、环境部长、体育部长、教育部长、科学和高等教育部长，外交、内务等部长留任，副总理由留任的地区发展部长兼任。荷兰商业银行波兰分行中东欧首席经济学家马特乌什·施楚莱克（Mateusz Szczurek）接替罗斯托夫斯基，出任新财长。负责页岩气"特别税"的财政部副部长马切伊·格拉博夫斯基（Maciej Grabowski）接任环境部长。图斯克毫不讳言改组政府的原因，一方面是在经济危机中，政府需要强有力的管理团队，推动经济发展；另一方面，波兰需要加快能源建设的步伐，同时有效推行环保政策。③ 图斯克改组政府的行动似乎是在宣告其改革养老金体系和加快开发页岩气的决心。

波兰政府于 2013 年 11 月 19 日在华沙主办了第 19 届联合国气候变化大会部长级会议。同期，波兰政府和世界煤炭协会还共同主办了"国际煤炭与气候峰会"。气候大会期间，波兰政府邀请反对减排的污染企业提供赞助，在官

---

① http：//online. wsj. com/news/articles/SB10001424052702303985504579207890300107598.
② http：//www. ft. com/cms/s/0/7983cd3a – 1948 – 11e3 – 83b9 – 00144feab7de. html#axzz2nWiTm6XO.
③ http：//world. huanqiu. com/regions/2013 – 11/4585379. html.

网上宣称北极融化将带来商业机会,通过手机应用反复向各国代表宣传气候变化是自然现象,其表现引发了诸多批评。人们纷纷质疑波兰政府在全球气候变化治理问题上的真诚度。一些谈判代表团指出这暗示了波兰政府对全球一致的气候治理行动毫无兴趣。更出人意料的是,波兰政府在大会期间免去了对谈判起关键作用的大会主席马尔钦·克罗莱茨(Marcin Korolec)担任的环境部长的职务。有报道指出,克罗莱茨在为支持页岩气开发立法方面不甚积极,而新部长则表示发展页岩气是其优先任务。①

波兰在欧盟气候治理中的表现相对落后,一直反对欧盟提高减排温室气体目标。波兰的能源结构严重依赖煤炭,能源发展水平明显落后于欧洲平均水平。为实现欧盟规定的温室气体和能源方面的目标,波兰需要付出很大的努力。加之,波兰当前面临着高失业率、高通胀率的困境,发展经济与治理气候变化是波兰需要平衡发展的两个目标。

波兰已采取的气候措施包括:改造现有的发电机组,提高能效;从政策和资金方面对成熟的绿色技术商业化给予支持;增加天然气的使用。这些措施的落实无疑都需要政府大量的资金投入。

波兰拥有欧洲最大的页岩气储量,美国页岩气商业开采成功极大地鼓励了波兰,为波兰实施能源结构调整提供了新的选项。如果波兰成功地实现页岩气产业化,达到天然气自给并出口,整个区域的地缘政治都会因此而改变,这无疑对波兰有着巨大的诱惑力。

对于这次波兰政府的会间换帅,有评论认为,总理图斯克释放的信号是,波兰根本没有打算以东道主的领导力推动谈判进程。② 大会最终在核心问题谈判上仍无突破,具体进展方面也不尽如人意。从这个大会结果和会间代表们的抱怨来看,东道国波兰并未很好地完成任务。

军队和国防建设方面,总统布罗尼斯瓦夫·科莫罗夫斯基(Bronisław Komorowski)签署新法令,对波兰军队指挥系统进行改革,减少了波兰武装部

---

① http://www.rtcc.org/2013/11/20/polish-govt-sacks-cop19-chief-korolec-as-environment-minister/.

② http://www.rtcc.org/2013/11/20/polish-govt-sacks-cop19-chief-korolec-as-environment-minister/.

队中央指挥部的数量,改变了总参谋部的职能。改革后波兰军事指挥部将由原来的4个缩减为2个:总指挥部——负责作战准备及和平时期军队的日常训练;作战指挥部——专门管理波军的海外驻军以及危机或战争时期的作战。总统可以在总理要求下指定战时军队总指挥。波军总参谋部将只负责军队发展规划以及为总统、总理和国防部长在国防事务方面提供建议。①

科莫罗夫斯基还支持波兰的军费开支应该保证每年以占GDP的1.95%的比例增长,这样的军费保障机制有利于深化军队的现代化建设。② 在美国宣布放弃在波兰部署第四阶段反导系统后,波兰开始积极自建短程和部分中程反导系统,并实现与北约防御系统兼容。

科莫罗夫斯基总统签署了购买提升反导系统设备的法令,旨在向世界表明波兰依靠自己力量保卫国家的决心。波兰计划到2022年购买6组短程导弹防御系统,用于购买反导系统的开支每年将占国防经费的4%~5%。③

二 经济形势④

受欧元区经济衰退的拖累,2013年波兰经济形势仍然低迷,但从季度数据来看,增长率在不断提高,生产销售行业和零售销售额不断增长,建造和装配生产的下降幅度降低,运输服务销售增长。据初步统计,2013年全年GDP实现1.6%的增长。2013年10月,企业月均工资薪金总额同比增长,但环比略低于上月。尽管动态消费价格疲弱,但10月工资购买力的增长低于9月。名义和实际退休金和养老金的增长速度高于工资和薪金的增长速度。劳动力市场方面,企业平均就业率同比微降。10月底登记失业率为13%,同比增加0.5%。

2009年欧债危机爆发以来,波兰将降低政府赤字和公共负债作为财政政策的核心目标之一。最新统计数字显示,波兰政府财政赤字和公共债务都已有

---

① http://news.xinhuanet.com/world/2013-07/23/c_116643068.htm.
② http://news.xinhuanet.com/2013-03/14/c_124455507.htm.
③ http://news.163.com/13/0413/08/8SB0DUTC00014JB5.html.
④ 有关经济数据如无特殊标注均引自波兰中央统计局网站,http://www.stat.gov.pl/gus/index_ENG_HTML.htm(检索日期:2012年10月22日)。

所下降，2012年分别降至GDP的3.9%和55.6%，同比分别下降了1.1%和0.6%。考虑到波兰疲弱的经济走势，图斯克政府决定暂停执行公共债务不超过GDP 55%的上限规定，增加37.6亿欧元的贷款。2013年9月波兰议会通过了此项预算修改案。如此一来，波兰2013年的财政赤字将被推高至4.2%，政府之前提出的3.5%的目标将落空。① 欧盟委员会对波兰不能达到欧盟要求的赤字控制水平提出批评，要求波兰在2015年前兑现赤字控制目标。

三 对外关系

2013年波兰在安全领域采取了一些对外军事行动。首先，波兰追随欧盟和法国出兵马里，向马里派遣了20名军事人员，波兰国防部为此提供了约为580万兹罗提（约合190万美元）的预算资金。其次，在叙利亚问题上，波兰政府不支持法国和美国在联合国就叙利亚使用化学武器调查报告出炉前武装干预叙利亚。图斯克总理认为对叙进行武装打击不会取得预期效果。在安理会通过处置叙利亚化学武器决议后，波兰外交部长拉多斯瓦夫·西科尔斯基（Radoslaw Sikorski）与美国国务卿克里通电话表示，波兰可以派员参与联合国实施的消除叙利亚化学武器行动。在向境外派兵问题上，波兰政府与总统之间的意见并不十分一致。

总统科莫罗夫斯基认为，依靠积极参与向海外派兵和热衷于参加北约框架内、波兰本土外的军事行动的政策来发展波兰武装部队的想法是错误的，波兰武装部队建设战略的目的应在于强化军队保卫国家的能力，并在可能的情况下完成由北约制定的、涉及波兰本国领土安全的行动计划。除了2013年向马里派兵外，波兰还有1600名士兵在阿富汗参与军事行动，波兰计划在2014年将海外军队全部撤回。②

波兰是美国在中欧地区最大的贸易伙伴，美国是波兰主要外资来源之一。

---

① http：//www.globalpost.com/dispatch/news/afp/130913/polish - parliament - approves - wider - 2013 - deficit.
② http：//www.defensenews.com/article/20130816/DEFREG01/308160010/Poland - s - President - Says - Will - Limit - Foreign - Military - Missions.

波兰

美国国务卿克里在2013年11月访问波兰。克里与图斯克和外交部长西科尔斯基举行会晤,部署反导系统之事是会晤的主要话题之一。克里表示,美国仍旧会按计划在2018年开始在波兰部署第三阶段反导系统(中程系统),但决定放弃在波兰部署第四阶段,即远程导弹防御系统。① 此举并非是为平息俄罗斯的不满。美国将优先在本土阿拉斯加安装新型导弹拦截装置,但美国始终承诺并将参与北约在欧洲的导弹防御系统建设。

2013年波兰与中国政治、经济、文化交流稳定发展。2013年11月26日,中国国务院总理李克强在布加勒斯特会见波兰总理图斯克。李克强表示,波兰主办了首届中国-中东欧国家领导人会晤,为促进中国-中东欧国家合作做出了重要贡献。中方高度重视发展同波兰的关系,愿结合两国产业转型升级需求,积极考虑进口更多波兰优势产品。图斯克表示,波中合作有着坚实的基础,中国的快速发展为两国合作开辟了广阔前景。波方愿与中方发挥互补优势,继续为促进中东欧-中国合作和欧中关系发挥积极作用。②

此外,为落实温家宝总理在2012年4月出席"中国-中东欧国家领导人会晤"时所宣布的"中国关于促进与中东欧国家友好合作的12项举措",2013年5月,中国文化部邀请了16国文化代表团在北京参与中国-中东欧国家文化合作论坛。波兰共和国驻华大使塔德乌什·霍米茨基(Tadeusz Chomicki)代表波兰出席了论坛。

2013年6月3~10日波兰议会众议院议长艾娃·科帕奇(Ewa Kopacz)女士对中国进行正式访问。她与全国人大常委会委员长张德江会晤。张德江表示,中国人大愿与波兰众议院合作,从法律保障方面推动两国的经贸合作、人文交流等,提供良好环境和便利条件。本届人大已成立中波友好小组,夯实中波战略伙伴关系的社会和民意基础。③ 艾娃·科帕奇女士强调波兰有兴趣拓展与中国的经贸和投资关系。她同时表达了对双边贸易赤字的关心。她希望中国继续对波兰公司开放市场,并期待中国政府对波兰产品给予支持。会谈还涉及

---

① http://www.nti.org/gsn/article/kerry-says-planned-2018-fielding-missiles-poland-target/.
② http://www.gov.cn/ldhd/2013-11/27/content_2535727.htm.
③ http://politics.people.com.cn/n/2013/0606/c1024-21752682.html.

能源领域合作，包括煤炭产业和环境问题。①

2013年4月22日中国和波兰举办了第一届地方合作论坛。论坛由波兰总统科莫罗夫斯基倡议发起。来自中波的地方官员以及旅游、文化和教育界的企业家代表会聚于波兰的格但斯克，围绕经济领域，特别是交通运输、能源、环保及造船业等方面的合作进行讨论和交流。此外，5月和8月波兰大使馆与山东省、辽宁省人民对外友好协会共同举办了波兰文化周。来自波兰的艺术家为当地人民展示了精美的波兰艺术。

2013年6月波兰总统科莫罗夫斯基以及总理图斯克与赴波进行正式访问的日本首相安倍晋三举行了会谈。这是2003年小泉纯一郎访波十年后，波兰再次接待日本首相访问。安培抛出"价值观外交"，强调日本与中欧地区国家拥有共同的民主理念和市场经济等价值观，因此有必要加强合作。双方的讨论涉及经贸、安全、防务、科技、能源等领域。图斯克表示希望在核电站建设和可再生能源领域与日本开展合作，还将促进日本与欧盟的经济合作协定的谈判。两国首脑一致决定加强防卫合作，在秋季举行首次国家间防务磋商。安倍访波期间，还与维谢格拉德集团举行了首脑峰会。双方同意进一步加强在各个领域的合作，集团支持欧盟与日本签订自由贸易协定。

2013年8月，日本海上自卫队军舰编队抵达波兰北部军港格丁尼亚，对波兰海军进行为期4天的访问。日本军舰在波罗的海同波兰海军举行了海上联合军事演习，主要包括联合解救被劫船只、联合护航、海上联合搜救和打击海上目标等。这是两国首次举行联合军演，也是安倍2013年访问波兰的最大成果。对于波日关系的发展，波兰学者认为，随着中国近年来对中东欧地区国家投资的不断增加以及经贸往来的日益密切，中国在该地区的影响力不断扩大。与中国相比，日本在中东欧地区的影响力则是日渐式微。安倍晋三上台以来，开始加强对中东欧国家的外交力度。日本还希望通过在核电技术上支持波兰等中东欧国家，以换取中东欧国家支持欧盟对华的武器禁运政策。②

---

① http：//pekin. msz. gov. pl/zh/news/marszalekewakopacz.
② http：//gb. cri. cn/42071/2013/08/10/6851s4213205. htm.

B.23 丹 麦

秦爱华

摘　要： 2013年丹麦经济开始复苏，就业形势出现好转，国内需求和投资成为拉动经济增长的主要驱动力。随着经济复苏，丹麦公共财政状况继续改善，财政赤字率和政府负债率分别低于欧盟规定的3%和60%的上限。丹麦一名议员因发表反华言论最终被开除出党。透明国际的最新报告显示，丹麦再次荣获世界"最廉洁国家"称号。

关键词： 丹麦　经济　政治　全球清廉指数

一　经济形势

丹麦经济在停滞三年后，开始出现复苏迹象。预计2013年丹麦经济增长0.3%，相比2012年的-0.4%，增长幅度较大。对外贸易状况有了较大改善，但仍不足以拉动经济增长，对经济增长贡献率仅为-0.3%。投资和私人消费是拉动经济增长的主要动力，二者对经济增长的贡献率均为0.3%。2014年，丹麦政府将对公共部门增加投资，以刺激经济增长和扩大就业，预计2014年经济增速将加快，增长率约为1.7%。

2013年丹麦的就业形势也有明显改善，失业率降至7.3%，好于欧盟的平均水平。低失业率、低利率和低通货膨胀率使丹麦居民可支配收入增加，从而刺激了私人需求，推动经济增长。

丹麦的通货膨胀率维持在较低水平。2013年预计为0.6%，比上年

2.4%有较大幅度下降,为60年来的最低值。丹麦通货膨胀率下降的主要原因:一是国内需求不振促使零售商降价销售,导致商品价格水平较低;二是工资上涨幅度较小,因经济危机期间失业率较高,工会无法为雇员争取较高的工资。预期丹麦的通货膨胀率在短期内不会大幅上升。但是随着经济复苏,物价和工资水平上涨,通货膨胀率将略有回升,2014年通货膨胀率预计为1.5%。①

2013年丹麦贸易顺差继续增加,但是对经济增长的拉动作用有限。近几年丹麦的贸易顺差持续增加,2013年贸易顺差占GDP的比重预计为6.1%,②未来几年将延续顺差趋势。丹麦的贸易顺差超过了欧盟"经济失衡程序"规定的6%的上限,因此有可能受到欧盟的监控。欧盟从2011年12月启动了宏观经济失衡监控程序,旨在发现潜在的宏观经济失衡风险,纠正成员国的经济失衡问题。根据这一程序,如果成员国的贸易顺差占GDP的比重超过6%,欧盟将对该成员国进行深入评估,并督促该国通过经济改革减少顺差,以免影响欧洲经济的整体复苏。

丹麦的贸易顺差缓解了政府的财政压力,财政赤字大幅度下降。2013年丹麦的财政赤字率由上年的-4.1%缩减至-1.7%,政府债务率也降至44.3%,分别低于欧盟规定的3%和60%的上限,好于欧盟多数成员国。③

在欧盟国家中,丹麦的人均社会保障支出所占比例最高。2011年丹麦的社会保障支出占GDP比重为34.3%,高于欧盟平均水平5个百分点。与其他欧盟国家一样,丹麦的养老金支出在社保支出中占比最高,为41.6%,医疗保障、失业救济和住房福利分别为31.9%、5.2%和5.1%。丹麦的家庭和儿童支出为12.0%,是欧盟国家中最高的。④另外,东欧人在丹麦的就业增加使得子女补助和教育等福利支出快速上升,丹麦福利的外部压力日益增大。而且,高福利在一定程度上导致了丹麦的竞争力下降,2013年丹麦的竞争力

---

① 数据来源于:*European Economic Forecast*, Autumn 2013, published by European Commission。
② 数据来源于:*OECD Economic Outlook*, Vol. 2, 2013, p. 243。
③ 数据来源于:*European Economic Forecast*, Autumn 2013, published by European Commission。
④ 数据来源于欧盟统计局, http://epp.eurostat.ec.europa.eu/portal/page/portal/statistics/search_database。

降至第 15 位。① 因此，丹麦首相赫勒·托宁 - 施密特（Helle Thorning-Schmidt）表示未来几年将对福利体系进行更多改革，以创造就业和提高经济竞争力。

尽管丹麦的竞争力有所下降，但是丹麦仍然具备颇佳的经商环境。根据世界银行对全球商业环境的评估，丹麦的商业环境位居欧洲之首，在全球排名第五。排名前四位的国家和地区是新加坡、中国香港、新西兰、美国。丹麦的经商环境主要得益于政府的规范治理，因为廉洁高效的政府管理为经济活动提供了自由公平的商业环境。

二 政治和社会形势

丹麦等北欧国家历来对外来移民较为宽容。但是，2011 年发生在挪威于特岛的枪击惨案，以及 2013 年发生在瑞典的青年移民骚乱事件，使得移民融合和种族问题也逐渐成为丹麦内政中的焦点问题之一。2013 年 8 月，丹麦赫尔辛格市土耳其裔社会民主党议员菲特·雅兰（Fuat Yalan）发表反华言论遭到丹麦社会强烈谴责和严厉批评。在舆论压力下，该议员只得做出道歉，但拒不辞职，最终赫尔辛格市社会民主党于 8 月 23 日将其开除。菲特·雅兰的反华言论事件也警示人们：应密切关注丹麦国内种族仇视势力的发展动向。

2013 年 12 月，透明国际组织公布的"2013 年全球清廉指数"报告显示，丹麦荣获"最廉洁国家"称号（新西兰与之并列第一）。丹麦多年保持世界"最清廉国家"称号，其主要原因如下。第一，从 1995 起，丹麦政府始终致力于高效廉洁的治理理念。第二，丹麦对各类腐败做了明确定义，并辅之以严格的监督机制和法律惩罚手段，使各类腐败行为难逃法网。同时，丹麦政府在企业等各级部门，积极开展防腐普及教育，以起到防患于未然的

---

① Klaus Schwab, ed., *The Global Competitiveness Report 2013 - 2014*, published by World Economic Forum, 2013, p. 15. Klaus Schwab, ed., *The Global Competitiveness Report 2012 - 2013*, published by World Economic Forum, 2012, p. 13. Klaus Schwab, ed., *The Global Competitiveness Report 2011 - 2012*, published by World Economic Forum, 2011, p. 15.

目的。第三,媒体发挥了强大的舆论监督作用,公民也具有较高的防腐意识,对腐败行为保持零容忍。因此,在公民、社会和法治的共同监督下,丹麦曝光的腐败案件并不多。

在政府的良好管理下,丹麦人的生活幸福安定。2013年9月哥伦比亚大学公布最新《世界幸福报告》,报告中对156个国家进行综合评估,结果丹麦再次获得世界"最幸福国家"的殊荣。① 从整体来看,北欧国家人民的幸福感都很高,这几个国家都位居前十名,挪威、瑞典、芬兰、冰岛分列第2、第5、第7、第9位。究其原因,主要包括以下几点。第一,北欧国家的高福利是幸福度的一个重要保障,丹麦也不例外。丹麦人在养老、医疗、就业等方面享有完善的社会保障,使得人们在工作之余轻松享受生活,没有后顾之忧。第二,丹麦的工作文化宽松,工作时间较短。丹麦人每周仅工作33小时,是世界上工作时间最短的国家之一,② 因此丹麦人有充裕的时间享受生活。第三,丹麦人善于培养良好的人际关系,人与人之间的信任度很高。

欧洲国家出现了一些与移民相关的社会问题,部分欧洲国家逐渐收紧移民政策,丹麦却于2013年修改移民法,放宽了移民政策,这导致当年丹麦外来移民人数迅速增加,创丹麦的历史记录。从2012年第四季度至2013年第三季度,有5.3万外籍人士移居到丹麦,这是丹麦自1983年有移民统计以来的最高值。丹麦的移民主要是东欧人,主要来源国包括罗马尼亚、波兰、美国和德国等。丹麦移民人数增长的主要原因是2013年移民条款修改降低了移民条件,如降低对丹麦语言的熟练程度、缩短丹麦驻留时间要求等。2012年初丹麦实行的较为严厉的移民政策导致当年移民人数骤减。③ 2013年丹麦移民政策放宽使得移民人数激增,是2012年的两倍。

---

① John Helliwell, Richard Layard & Jeffrey Sachs, ed., *World Happiness Report* 2013, published by the United Nations Sustainable Development Solutions Network (SDSN) Ahead of the UN General Assembly.
② 根据美国有线新闻网(CNN)的最新调查显示,工业化国家工作时间长短排名中,丹麦排名第二,每周工作33小时;荷兰排名第一,每周工作29小时。
③ 2012年,中右翼联合政府与极右翼的丹麦人民党达成协议,出台新移民政策法案,外国移民在丹麦获得永居权的居住期限由3年提高至7年。申请加入丹麦籍的外国移民必须通过包括丹麦语测试在内的一系列考试。这些政策的实施导致当年的外来移民人数大幅度下降。

三 对外关系

丹麦国内对欧盟持消极态度的人数上升。根据盖洛普公司的民调结果，39%的丹麦人表示应该脱离欧盟。而此前这一数据多年来保持在16%。丹麦反欧盟情绪上涨的主要原因：一方面是欧洲的主权债务危机，特别是南欧国家的主权债务危机使得丹麦人对欧盟信心下降，促使更多的丹麦人对欧盟持怀疑态度；另一方面，德国、法国、英国等大国对欧盟日渐消极的态度加剧丹麦人对欧盟的悲观情绪。

2013年是中国与丹麦建立全面战略伙伴关系五周年。自2008年双方建立全面战略伙伴关系以来，中丹之间的合作不断深化，积极推进双边关系的发展，并取得了丰硕成果。特别是在经贸领域，双方取得了实质性进展，五年内丹麦与中国的贸易额年均增长约20%，预计丹麦对中国的出口到2016年时能够增长1倍。2013年3月19日，丹麦外交大臣维利·瑟芬达尔在接受新华社记者采访时表示，丹麦政府期待与中国新一届领导人展开进一步的合作，继续深化与中国的全面战略伙伴关系，促使双方的外交关系取得新进展。[①]

（审稿人：张敏；文字编辑：莫伟）

---

① http：//news.xinhuanet.com/world/2013-03/19/c_115083871.htm.

B.24
德 国

杨解朴*

摘　要：

2013年，德国联邦大选产生由联盟党和社民党组成的大联合政府，默克尔第三次当选联邦总理。2013年德国经济温和增长，通胀维持较低水平，公共债务进一步降低，国家财政基本实现平衡。劳动力市场持续向好，就业人数连续第7年创新高。联合政府协议准备调整养老金解决老年贫困。欧债危机及欧盟东扩使涌入德国的欧盟移民数量激增。默克尔在她的第三个总理任期开始制订新的欧洲计划。2013年中德关系稳定发展，在多个领域延续拓展、深化提升。

关键词：

德国　联邦大选　经济增长　移民　老年贫困　中德关系

一　政治形势

（一）联邦议院选举产生大联合政府，默克尔第三次当选联邦总理

2013年德国联邦大选于9月22日结束，各政党得票率分别为：联盟党（CDU/CSU）41.5%，社民党（SPD）25.7%，左翼党（Linke）8.6%，绿党（Grüne）8.4%，自民党（FDP）4.8%，德国选择党（AfD）4.7%，其他各

---

* 杨解朴，欧洲政治专业，博士，中国社会科学院欧洲研究所副研究员，中国社会科学院中德合作中心副秘书长，中国欧洲学会德国研究分会副秘书长。

党派总计6.3%。与2009年德国联邦大选相比，本次大选两大人民党即联盟党及社民党得票率均有所提高（2009年联盟党得票率为33.8%，社民党得票率为23%）。与两大党得票有所增加的情况相反的是，联盟党的执政小伙伴、历史悠久的自民党由于得票率不足5%，被挤出议会。新近成立的德国选择党也由于得票率不足5%，没能进入议会。德国选择党反对德国救助陷入债务危机的国家，如果该党进入议会，默克尔在处理与欧债危机有关问题时，将面临掣肘。崇尚"数字革命"，以争取更多公民权和网络自由为宗旨的德国海盗党在本次大选中成长迅速，取得2.2%的得票率，比上届大选增长了10倍，但依然没有达到进入议会的门槛。

联邦大选结束后，联盟党分别与社民党和绿党进行了接触，最终联盟党选择与社民党进行组阁谈判。双方经过努力，最终于11月27日就组建大联合政府签署了一项长达185页的协议，为今后4年联合执政确定了方针。12月17日，默克尔在联邦议院总票数为631票的无记名投票中获得462票，第三次当选为联邦总理。

默克尔经历了从2005年到2013年的三次选举，其在执政党内的支持率也一路飙升。本次选举中，默克尔在黑红①阵营的赞成率为74.39%，而2005年她在黑红阵营的赞成率为64.97%，2009年她在黑黄阵营的赞成率为52.8%。②

民众对于大联合政府并非没有疑虑。在战后近70年的联邦制度发展史上，德国联邦政府的组阁都是在联盟党和社民党两大党的角逐中产生的，两大政党基本上是交替作为执政党和在野党。在本次大选之前，两大政党联合执政在历史上出现过两次：一次是1966~1969年，另一次是2005~2009年。在1966~1969年大联合政府执政期间，两党拥有议会90%的席位。当时许多民众批评议会和政府被两个大党垄断，掀起了大规模的反政府运动，导致那一次的大联

---

① 德国各主要政党都有各自相应的色彩定位，这是德国政治文化的一个特色。"黑色"代表保守的联盟党（基民盟/基社盟），"红色"代表起源于工人运动的社会民主党，"绿色"代表致力于环保、男女平等、维护和平等主题的绿党，"黄色"代表自由派的自由民主党，"深红"代表左翼党。

② http://www.tagesschau.de/inland/merkelwahl108.html.

合政府仅维持了3年。本次大联合政府中,联盟党与社民党加在一起占据了议会近80%的席位(631个议席中的504席)。虽然大多数德国人表示,他们希望看到两党组成"大联合政府",从而保证德国政治稳定,但是也有很多德国人开始担心,大联合将会导致德国在野党势力过小,不足以让德国民主保持活力。[1]

(二)两党达成大联合政府协议,新政府成功组阁

德国联盟党与社民党达成的联合政府协议对未来4年德国总体发展做出了详细的规划,涉及新增资金230亿欧元。其中,广受民众关注的包括引入"最低工资"、调整养老金的若干方案[2]、双重国籍等内容。根据联合政府协议,德国将全面建立最低工资制度。从2015年1月开始,德国实施每小时8.5欧元的最低工资标准。但在2017年前的过渡期内,劳资双方可以自行协商决定工资,不排除低于新标准的可能。[3] 最低工资制受到前东德地区部分选民的欢迎,这一制度的引入将从法律上改变目前东部部分地区工资标准较低的状况,但也将使东部地区丧失尚存的劳动力成本优势。同时,社民党提出的关于双重国籍问题的要求也获得通过:在德国出生、父母为外籍的孩子,不必在23岁前在两个国籍中选择其一。此外,基社盟主张的向非德国籍车辆拥有者征收汽车养路费的提议也获通过。

外界对于大联合政府协议褒贬不一。德国一些媒体认为联合政府协议糅合了执政两党的主张,对未来没有太多的宏观设想。协议听起来很美,但资金缺口很大,要解决协议所涉及的资金,牺牲的有可能还是普通民众的利益。

新一届联邦内阁中,基民盟占据5席,基社盟3席,社民党获6席。大联合政府成功组阁后,将稳定财政、保障社会福祉和促进社会稳定与安全作为新政府工作的三大重要目标,并将能源转型视为重中之重。同时调整了一些联邦部的功能设置及命名,以适应新时期发展的需要:如经济部以"能源"取代

---

[1] http://world.people.com.cn/n/2013/1129/c157278-23690235.html.
[2] 联合政府协议中有关养老金改革将在本报告社会部分加以阐述。
[3] Deutschlands Zukunft gestalten. Koalitionsvertrag zwischen CDU,CSU und SPD,18. Legislaturperiode,S. 68.

原有的"科技",更名为"联邦经济与能源部";司法部将消费者保护从原来的农业部转移到自己职责范围,更名为"联邦司法和消费者保护部";交通部将电子网络建设与安全纳入管理权限,改称"联邦交通与电子基础设施部";环保部则重点将建设与环境、自然保护及核电安全结合起来统筹兼顾等。①

二 经济形势

(一)经济低速增长

受世界经济发展减速以及一些欧洲国家经济持续衰退的影响,在经历2011年和2012年强劲经济增长后(2011年3.3%、2012年0.7%),2013年德国经济呈现低速增长,国内生产总值较上年增长0.4%。②

拉动经济增长的动力主要来源于内需的增长,其中私人消费支出增长0.9%,政府消费增长1.1%。与内需增长相对的是投资的回落:与2012年相比,企业和政府对机械、设备以及交通工具国内投资减少2.2%,对建筑业投资减少0.3%。2013年,受外部经济形势低迷的影响,出口没能如以往那样成为带动经济增长的动力,德国出口(货物与服务)仅增长0.6%,进口增长1.3%。2013年进出口之间的贸易差额(-0.3%)抑制了国内生产总值的增长。在生产领域,对于GDP增长贡献较为突出的是服务业,其中企业服务增长3.4%。建筑行业产值较2012年下降1.2%。制造业(不包含建筑业)所创造的产值相当于"新创造价值总额"(Bruttowertschöpfung)的1/4,与2012年水平相当。总体看来,经济领域新创价值总额的增长水平几乎与GDP增长水平相当,为0.4%。③

---

① 孟虹:《2013年中德关系评述》,北京周报网,2013年12月27日。
② 如果剔除日历因素,国内生产总值的增长率为0.5%,因为2013年的工作天数要少于2012年的。参见德国联邦统计局网站:https://www.destatis.de/DE/ZahlenFakten/GesamtwirtschaftUmwelt/VGR/Inlandsprodukt/Aktuell.html。
③ 德国联邦统计局网站:https://www.destatis.de/DE/ZahlenFakten/GesamtwirtschaftUmwelt/VGR/Inlandsprodukt/Aktuell.html。

（二）通胀维持较低水平，消费信心指数创新高，实际工资小幅下降

2013年德国物价稳定，年通货膨胀率没有超过欧洲央行为稳定物价所规定的2%目标上限。联邦统计局数据显示，2013年德国年均通货膨胀率仅为1.5%并低于前两年，2011年和2012年的年均通胀率分别为2.1%和2%。2013年物价上升的主要原因是食品价格上涨。与2012年相比，2013年德国食品价格平均上涨4.4%，其中蔬菜价格上涨6.1%，水果价格上涨7.2%，食用油价格提高8.3%。同时，由于国际原油价格下跌，2013年德国能源价格仅上涨1.4%，对整体物价的影响与2012年相比明显减弱。由于《可再生能源法》相关规定的执行，导致2013年电价上涨11.9%，但取暖油和动力油价格分别下降6%和3.4%。① 而2013年初10欧元诊所费的取消，在一定程度上抑制了物价。

2013年德国消费者购买热情达到6年来新高。根据市场研究公司GfK发布的数据，德国2013年12月GfK消费者信心指数升至7.4，创下2007年8月以来的最高水平，根据市场研究公司GfK的预测，2014年1月该指数将进一步增长。② 低利率、劳动力市场的良好发展、收入的增长及通胀维持在较低的水平是消费者购买热情空前高涨的原因。

2009年经济危机之后，德国首次出现实际工资收入小幅下降的情况。2013年前三个季度，名义工资增长1.4%，而消费价格增长了1.6%，通胀几乎吞噬了雇员工资的增长，德国雇员的实际工资收入出现下降。根据联邦统计局的数据，2012年德国实际工资增长0.5%，2011年增长1.2%，2010年的增幅为1.5%。③

---

① 德国联邦统计局网站：https://www.destatis.de/DE/PresseService/Presse/Pressemitteilungen/2014/01/PD14_017_611.html。
② http://www.gfk.com/de/news-und-events/presse/pressemitteilungen/seiten/konsumklima-steigt-weiter-an.aspx。
③ 德国联邦统计局网站：https://www.destatis.de/DE/PresseService/Presse/Pressemitteilungen/2013/12/PD13_437_623.html。

（三）公共债务进一步减少，国家财政基本实现平衡

在公共财政领域，德国政府负债进一步降低，联邦统计局数据显示，截至2013年9月底，德国联邦、州和地方债务总额为20242亿欧元，比上年同期减少了约400亿欧元，下降幅度为1.9%。其中，联邦债务减少约123亿欧元，联邦州的债务降低约283亿欧元，而各县债务则增加6亿欧元。[①] 2008年，德国公共债务相当于国内生产总值的59.4%，2010年飙升到创纪录的82.5%，2012年为81.2%，德国经济研究所（DIW）预计，2013年有望降至79.4%。预计2020年前后可降至欧盟规定的60%以下。[②]

根据联邦统计局的临时数据，各级政府部门及社保支出在2013年末出现约17亿欧元的财政赤字。与2012年相比较，联邦和州一级的政府财政赤字再次明显减少，同时乡镇财政和社保支出再次出现盈余。2013年，财政赤字占名义国内生产总值的比率约为0.1%，也就是说德国国家财政基本实现平衡。[③]

（四）劳动力市场持续向好

2013年德国劳动力市场的繁荣状况得以继续，就业人数达4180万，连续第7年创新高。[④] 德国目前已经成为欧洲失业率最低的地区之一。由于德国可持续发展的经济实力可能还会继续加快，德国劳动力市场的失业人数将进一步减少，预计到2020年德国失业人数将下降到200万人以下，而10年后可能会下降到170万人，从而使目前6.6%（欧元区的失业率约为12%）的失业率进一步下降。德国将有步骤地保障充分就业。巴伐利亚和巴符州失业率已降到4%以下。[⑤]

---

① 德国联邦统计局网站：https://www.destatis.de/DE/PresseService/Presse/Pressemitteilungen/2013/12/PD13_436_713.html。
② 德国《世界报》：http://www.welt.de/wirtschaft/article123108958/Deutscher-Staat-senkt-seine-Schulden-erneut.html。
③ 德国联邦统计局网站：https://www.destatis.de/DE/ZahlenFakten/GesamtwirtschaftUmwelt/VGR/Inlandsprodukt/Aktuell.html。
④ 德国联邦统计局网站：https://www.destatis.de/DE/ZahlenFakten/GesamtwirtschaftUmwelt/VGR/Inlandsprodukt/Aktuell.html。
⑤ 《德国快讯》2013年第13期，上海同济大学《德国研究》编辑部编辑出版，下载网址：http://dgyj.tongji.edu.cn/Express.aspx。

三 社会形势

（一）新联合政府协议调整养老金

新联合政府协议中有关养老金调整列出许多突破性条款，例如：部分打破67岁退休制，凡养老保险缴费超过45年，且年满63岁的人员，2014年7月1日起，可正常领取全额养老金；2014年1月1日起改善养老保险制度，在1992年之前生养孩子的母亲（或父亲）可以获得更高养老保险金；计划2017年开始实施最低养老金标准，金额为850欧元/月。

外界对于上述即将进行的制度调整褒贬不一。各大工会联合会举双手赞成，而一些观察家却认为，当欧元区其他国家都在削减福利的时候，德国将要实行的最低工资、提高养老金待遇等措施是与其他国家的改革背道而驰的。

实际上，联合政府协议中有关养老金调整方案的出发点是为缓解日益加剧的老年贫困。《2010议程》的改革举措一方面确实改善了养老保险机构的财政状况，使养老保险机构出现财政盈余；另一方面却加剧了老年贫困问题，因为《2010议程》引入的哈茨改革创造了很多低工资岗位，这些岗位的工作人员仅能获得领取低廉的养老金的资格。《2010议程》还在养老金计算公式中引入了"可持续因子"，即养老金的年度调整需考虑缴费者与养老金领取者之间比例关系的变化，结果使养老金的增幅低于实际工资增幅；同时由于通货膨胀，养老金在过去虽有增长，但养老金领取者的购买力在下降，据统计，自2000年以来西部联邦州养老金领取者购买力下降了约17%，东部下降了约22%。[1]上述原因使领取老年基本保障的人员连年增加，老年贫困成为新任政府必须应对的问题之一。

联合政府协议中有关满足相应条件后63岁可领取全额养老金的方案可理解为是对《2010议程》的修正。《2010议程》将法定退休年龄从65岁延长到

---

[1] 参见郑春荣《德国黑黄联合政府的社会政策改革述评》，载郑春荣、李乐曾《德国蓝皮书：德国发展报告（2013）》，社会科学文献出版社，2013，第158页。

67岁。事实上，德国企业有2/3的雇员在65岁前就因健康原因被迫离开工作岗位。除健康原因外，在劳动力市场缺乏竞争力也是老年雇员提前退出劳动力市场的重要因素。德国法定养老保险制度规定，允许劳动者先于法定退休年龄5年退休，但其养老金给付水平每提前1年就被扣除3.6%。那么由于退休年龄延长，在相同年龄提前退休，养老金被削减的幅度却会增加，从而导致养老金收入水平下降，直接加剧老年贫困。

联合政府协议中有关提高1992年前生养孩子的母亲（或父亲）养老金的方案是为了弥补法律漏洞。从1992年起，德国抚育假（Kindererziehungszeiten）从1年调整到3年，此次政策方案是将这一差距填平，以缓解女性因生育导致养老金水平降低而陷入老年贫困的现象。

联合政府协议中有关最低养老金的实施方案就更加直接地将政策目标指向那些虽然具有长期养老保险缴费记录，但在老年时获得的养老金仍不足以维持其基本生活需求，需要国家通过税收进行资助的贫困老人。

（二）移民数量激增

继2012年移民人口大幅增长后，2013年德国的移民数量继续增加。根据联邦统计局2013年11月公布的临时数据，2013年上半年较2012年上半年，移入人口增加11%，其中来自欧盟国家的移民增长9%（增长较快的是来自意大利、西班牙、葡萄牙三国的移民，而来自希腊的移民数量略低于2012年上半年）；来自非欧盟成员国的欧洲国家移民增长21%，来自非洲的移民增长38%，来自亚洲的移民增长14%。[1]

欧债危机及欧盟东扩是涌入德国的欧盟移民数量增加的重要原因之一。[2]受欧债危机影响，南欧国家失业率居高不下，青年失业就更为严重，西班牙和希腊的青年失业率均达到50%以上。因此，南欧四国的劳动力，特别是青年

---

[1] 德国联邦统计局网站：https：//www.destatis.de/DE/PresseService/Presse/Pressemitteilungen/2013/11/PD13_392_231.html。

[2] 非欧盟国家的移民增长迅速得益于德国移民政策的调整，2012年4月德国通过了旨在吸引欧盟以外第三国专业人才的欧盟蓝卡政策，详情参阅杨解朴《德国》，载周弘《欧洲发展报告2012~2013》，社会科学文献出版社，2012，第206~207页。

劳动力大量涌入欧盟国家中经济发展最为乐观的德国，寻找就业机会。2004年10个中东欧国家加入欧盟、2007年罗马尼亚和保加利亚加入欧盟，使得欧盟劳动力市场大规模扩大，但事实上直到2011年5月，才实现2004年入盟的东欧国家劳动力在欧盟内的完全自由流动。到2014年，罗马尼亚和保加利亚劳动力才能完全无限制地在德国寻找工作。因而，2012年迁入德国的移民中，来自斯洛文尼亚、匈牙利、罗马尼亚、保加利亚等国的移民增长迅速。

在危机背景下，德国劳动力市场对欧盟范围内的劳动力具有吸引和接纳的能力。这一点不但帮助德国填补了经济发展所需的岗位空缺和人才缺口，而且也减轻了受危机影响严重的国家的财政负担，有利于这些国家削减公共开支，恢复财政状况。但随着危机缓解，这些国家开始复苏后，会出现劳动力回流现象，一个真正的欧洲劳动力市场正在形起。

四 对外关系

（一）默克尔的欧洲联盟改革计划

作为解决欧债危机的关键人物之一，刚刚连任的默克尔已拟定了新的欧洲联盟改革计划（这一计划目前尚未有正式名称）。该计划的核心是修改《欧洲联盟条约》的第14项议定书，从而对欧盟成员国在国家预算、公共借贷以及成员国为增强竞争力、实施社会改革而制定的国家计划等方面实施统一监管。通过这些监管措施，确保欧元的长期稳定，引导成员国走上一条共同的经济和财政治理的道路。如果这一改革方案得以实施，对于欧元区将意味着一场真正意义的重组，欧洲联盟将朝向"经济型政府"迈出实质性的一步。[①]

默克尔希望通过这一实质性修改，赋予欧盟更大权力。德国财政部已就如何加强《欧洲联盟条约》第14项议定书准备了相关的文件，目前这一议定书仅就欧元区的合作和监管做了宽泛的原则性描述。德国的计划是将扩大欧盟委

---

① 德国《明镜》周刊网站（http://www.spiegel.de/spiegel/print/d-117180333.html）以及《德国快讯》2013年第20期（上海同济大学《德国研究》编辑部编辑出版，下载网址：http://dgyj.tongji.edu.cn/Express.aspx）。

员会权力的具体措施写入条约。例如，欧盟委员会将有权与每个欧元区国家单独就竞争力、投资和预算等内容拟定协议，等等。①

对于默克尔的欧洲联盟改革计划，支持和反对之声并存。德国财政部长朔伊布勒表示支持默克尔的计划。欧洲议会的左派和保守派议员则担心，一旦开启《欧洲联盟条约》修订的大门，就很难再关上。而英国政府希望借此机会将"欧盟再国家化"。默克尔并没有被反对的声音吓倒，她已制定了推行改革计划的时间表，她首先要等待2014年5月的欧洲议会选举，然后是接下去的欧盟委员会换届。默克尔的欧洲联盟改革计划是否真正能够实施还有待观察。

（二）中德关系

2013年中德关系在两国政府换届的情况下稳定发展，在多个领域反映出延续拓展、深化提升的特点。两国领导人沿用了以往的热线电话制度，举行了多次双边会谈，加强了理解与沟通。李克强当选中国国务院总理后，默克尔是第一个打电话祝贺的外国领导人；9月23日，李克强总理与默克尔总理通电话，祝贺默克尔领导的联盟党在联邦议院选举中获胜。5月底，李克强总理上任后首次出访亚欧四国，将德国作为唯一的欧盟国家纳入访问国之列。两国总理会谈的重点是政治和经济关系、欧元区形势以及国际问题，两国共同发表联合新闻公报，就新四化（工业化、信息化、城镇化和农业现代化）领域合作达成重要协议，在经贸、文化、科技、教育等多个领域取得丰硕成果。9月6日，习近平主席与默克尔总理在出席二十国集团圣彼得堡峰会期间举行会晤。

2013年，中德在政治、经贸和文化等领域的合作均呈现延展和深化趋势。在政治领域，包括4月初在杭州召开的"中德法治国家对话"第十三届法律研讨会、5月中旬在宁夏回族自治区银川市举行的第十一轮"中德人权对话"、5月底和6月初在柏林和埃森举行的为期10天的"中德未来之桥——青年领导者交流营"活动。在经贸领域，突出表现在李克强总理访德期间，将两国

---

① 德国《明镜》周刊网站（http://www.spiegel.de/spiegel/print/d-117180333.html）以及《德国快讯》2013年第20期（上海同济大学《德国研究》编辑部编辑出版，下载网址：http://dgyj.tongji.edu.cn/Express.aspx）。

在制造业和信息通信技术、农业和城镇化、经贸和财政金融领域的合作提到了议事日程。中德两国总理确定建立中德农业合作部长级对话机制，促进现代农业和食品安全的合作，同时倡议建立两国"财长+行长"财金对话，启动中德经济顾问委员会，建立德国中国商会和投资促进机构，积极推动中德合作进入"快车道"和"提速期"。① 在文化领域，中德两国总理共同启动了"中德语言年"。"中德语言年"将以文化和教育政策为重点，计划2013年底，两国伙伴学校从81所增加到146所，还要加强对德语教师的培训，同时在德国加强中文课程，促进两国文化交流。

（审稿人：田德文；文字编辑：莫伟）

---

① 孟虹：《2013年中德关系评述》，北京周报网，2013年12月27日。

B.25 法国

彭姝祎*

摘　要：

2013年，法国政坛呈分裂格局，左翼政府出现不和谐之声，右翼大党则出现内讧，极端势力趁机抬头。奥朗德"新"总统政绩不佳，民意频跌。2012年，法国经济零增长，陷入停滞，从2013年第二季度起，略有好转，但整体而言，增长仍然乏力，特别是失业率高企，创下1997年以来的最高纪录。政府为应对失业出台多项措施，同时为削减巨额财政赤字而改革退休制度。2013年围绕同性恋婚姻和收养子女合法化问题，法国社会发生分裂并爆发近30年来最大的保守派示威游行。马里危机爆发后，法国积极出兵干预，围剿恐怖势力。为振兴经济，法国调整外交政策，将"经济外交"作为重点并积极践行。

关键词：

法国　主流政党分裂　经济增长乏力　退休制度改革　出兵马里　经济外交

一　政治形势

2013年，法国传统的左右两大政治势力都发生分裂，左翼政府现不和谐之声，右翼大党出现内讧，两大主流政党民意指数均下降，极端势力趁机抢占民意。总统奥朗德政绩平庸，支持率持续走低。

---

* 彭姝祎，博士，国际政治学专业，中国社会科学院欧洲研究所副研究员。

(一)奥朗德政绩平庸 民意持续走低

奥朗德自2012年5月当选总统以来,支持率持续走低,仅在出兵干预马里危机时有过短暂提升。在执政一周年之际(2013年5月),其支持率降至24%,不满意率高达74%,是法兰西第五共和国史上执政一年后支持率下降最快的总统。至2013年底,支持率降至17%,不满意率升至77%,创历史新低,几乎成为法兰西第五共和国史上最不受欢迎的总统。①

民众之所以对奥朗德不满,主要原因在于他执政以来未能带领法国走出经济危机。奥朗德在竞选阶段,曾承诺振兴法国经济、提高就业率,然而执政一年多,这些问题无一得到有效解决,法国经济依然低迷,失业率不降反升,不断刷新历史纪录。特别是国家为减赤而采取了增税措施,②给大多数人的生活带来了负面影响。奥朗德曾于当政一年之际发表讲话,为自己的平庸政绩辩解,认为危机不是他当政之后才有的,而是右翼政党执政十多年遗留下来的历史问题,不可能在短短一年内就全部解决;同时提出,他的政策是长期性的,日久方见成效,要假以时日与耐心。然而在竞选阶段,奥朗德为争取选票,刻意回避了"危机"二字,似乎危机并不存在,在经济和社会政策方面做出了众多好听的承诺,甚至打出"改变,就在现在"的口号。而执政以来,受危机掣肘,各种承诺都难以兑现,无奈之下,他不得不改口承认危机存在,不仅存在而且积重难返,短期内政府无力回天。"改变,就在现在"变成了"改变,在四年以后"甚至"改变,遥遥无期……"竞选前后言行不一,美好诺言几无兑现,民众不满也是必然。

(二)主流政党分裂 极端势力猖獗

前执政党、目前最大的在野党、右翼党派人民运动联盟(UMP)在大选

---

① "Sondage. Hollande remonte à 17%, Ayrault stagne à 15%," *Observateur*, 12 - 12 - 2013, http://tempsreel. nouvelobs. com/politique/20131212. OBS9312/sondage - hollande - remonte - a - 17 - ayrault - stagne - a - 15. html.

② 增税措施详见彭姝祎《法国》,载《欧洲发展报告(2012~2013)》,社会科学文献出版社,2013,第215~216页。

失败后，陷入分裂，前总理菲永和秘书长科佩二人为党主席职务展开争夺。2012年11月，UMP举行了党主席选举，菲永和科佩得票率接近，都宣布自己获胜，攻击对方作弊，上诉委员会裁决科佩获胜，但菲永表示不服。最终在前外长朱佩和前总统萨科齐的调停下，双方决定于2013年10月前重新选举党主席。2013年6月底，在UMP举行的网络公投中，93%的人反对重新选举党主席，这意味着科佩可继续担任党主席至2015年底，此事就此收场。但是这场前所未有的危机给UMP带来了严重的形象和信任危机，同时也表明，尽管2017年总统大选还很遥远，但是UMP内部的争夺已经初露端倪。在菲永和科佩"打斗"期间，不少人开始怀念萨科齐，萨科齐也增加了抛头露面的机会，复出竞选2017年总统的迹象日益明显。结果，菲永刚结束对科佩的战争，又把矛头指向萨科齐，表示自己才是2017年最佳总统候选人。除去菲永、科佩和萨科齐三大派别外，UMP内的其他小派别也在为争取参加2017年总统大选而蠢蠢欲动。作为在野党，UMP最大的目标就是上台执政。为争夺2017年总统候选人资格，UMP内部的分裂和争斗短期内难以平息。

执政的左翼政府也不断传出不和谐的声音。当初为赢得总统大选，左翼各派暂时搁置分歧，一致支持社会党。但是执政后，它们在执政理念和观念上的分歧日渐彰显，绿党、共产党、极左的左翼战线常和社会党意见不一，时时发出反对的声音。如在2013年5月6日奥朗德执政一周年的前一天，左翼阵线在领袖梅朗雄的带领下举行了大规模示威游行，抗议奥朗德的各项经济与社会政策。联合政府内部之所以纷争不断，除利益和理念分歧外，还在于奥朗德政府庞大、阁员众多（共36位），而总统和总理均软弱，缺乏权威。奥朗德在上台之初为区别于被封为"不寻常总统的"强势前任萨科齐，自诩为"寻常总统"。结果是寻常得过了头，民众批评他过于普通，关键时刻缺乏总统的权威，压制不住政府内不断出现的杂音，不能采取一致行动。这也是他失去民意的原因之一。其实从20世纪80年代起，左翼就陷入分裂，此后从未弥合。

左右两大主流政党的内讧在民众中引发了严重的信任危机，民调表明，社会党和人民运动联盟的民意指数均在下降，支持率均不足50%。民粹主义趁机大行其道，极左和极右两大极端势力都获得大发展。极端势力的支持者大多是社会底层民众，在经济危机中这部分人更容易受到冲击，因此也更容易受到

极端势力的蛊惑，为极端势力摇旗呐喊。2013年5月3日的民调表明，① 如果第二天就选举总统，那么极右翼人民战线女领导人玛丽娜·勒庞将打败现任总统奥朗德进入第二轮投票，重演6年前其父击败社会党候选人若斯潘而进入第二轮投票时的"政治大地震"，由此可见极端势力之猖獗。

需引起注意的是，极右政党正逐步调整战略，"改头换面"，努力淡化极右形象，如不再公开鼓吹法西斯主义和种族主义等，同时打着"民生"的旗号，旗帜鲜明地反对经济全球化，变得更具欺骗性，也更加危险。

二 经济形势②

2012年法国经济陷入停滞，从2013年第二季度起出现转机，然而好转主要靠偶然因素，法国经济的真正复兴还需时日。为降低连续数月高企的失业率，改善就业，政府出台若干改革措施。

（一）经济增长乏力

2012年，法国全年经济增长率为零，比上一年衰退1.7个百分点，低于政府此前0.3%的预期。主要原因在于家庭消费、企业投资和出口这三大拉动法国经济增长的发动机均表现不佳。2013第一季度法国的经济增长仍然乏力，第二季度出现了出人意料的飞跃，国民生产总值比第一季度增长0.5个百分点。但是专家指出，③ 增长主要源于偶然因素，特别是2013年春季气温低于往年，取暖时间延长，导致汽油、天然气等能源消费有较大幅度的提升，不足以表明法国经济正在真正回暖。果然，到第三季度，法国经济又出现大幅回落，至第四季度，在圣诞消费的拉动下，才出现起色，环比增长0.4个百分

---

① "Un an après la présidentielle, Marine Le Pen devancerait François Hollande," *Observateur*, 03-05-2013, http://tempsreel.nouvelobs.com/politique/20130503.OBS8113/un-an-apres-la-presidentielle-marine-le-pen-devancerait-francois-hollande.html.
② 如无特殊说明，本节数据均出自法国统计和经济研究所（INSEE）：http://www.insee.fr.
③ Bruno Cavalier, "L'économie française est sclérosée," in *Lemonde*, 14-11-2013, http://www.lemonde.fr/economie/article/2013/11/14/l-economie-francaise-est-sclerosee_3514058_3234.html.

点。整体而言，按照法国经济与统计研究所于2013年12月19日发布的报告，2013年法国全年经济增长可达到0.2%。

法国经济增长乏力的主要原因在于以下几个方面。第一，家庭消费低迷。受失业率高企、税收增加、退休金等社会福利缩减等因素的影响，法国的家庭购买力趋于下降。换言之，政府为减赤而采取的增税措施严重打击了消费者的信心，失业率飙升和生活成本上升则抑制了消费。第二，企业投资乏力。在过去的两年里，法国的企业投资几乎是持续紧缩，只在2013年第三季度略微出现好转迹象。经济前景不明朗、欧元区经济复苏势头低于预期、失业率持续攀升、企业利润不断缩水等是打击企业投资热情的"元凶"。第三，出口业绩欠佳。影响法国出口业绩的不利因素有内外两方面。内部因素主要在于法国企业缺乏竞争力，竞争力不足则和法国企业赋税负担过重有着直接的关系。法国是全球赋税最重的国家之一，在除北欧以外的欧洲各国排名第一，而2013年政府推出的一系列减支增税措施进一步加重了企业的负担。外部因素主要在于，全球经济表现欠佳，特别是新兴经济体经济增长趋缓，欧元区国家经济复苏步伐低于预期，从而导致外需减少。横向来看，2013年，在欧元区各国中，法国的表现居中，不敌德国，但好于西班牙和意大利等南欧国家。

受经济低迷的影响，法国政府原先制定的减赤目标，即在2013年内把赤字拉回到占国内生产总值3%，实现无望，减赤任务依然艰巨。

（二）就业形势严峻

2013年法国的失业率继续高企，9月达到10.9%，是1997年以来的最高水平。青年和老年群体的就业状况尤其堪忧，年轻致贫和年老致贫成为法国社会的一大难题。为促进就业，法国政府于2012年下半年至2013年上半年期间陆续出台了一些措施：（1）未来就业合同法案。法案旨在为25岁以下，缺乏一技之长或专业技能较差的年轻人开辟就业渠道，并优先照顾困难街区。具体措施是自2013年起每年投入15亿欧元，在地方行政部门、学校、养老院、医院等社会服务机构创造10万~15万个就业岗位。该措施进展十分缓慢。（2）代际合同法案。主要内容是，国家通过现金补偿形式，鼓励300人以下的企业，以长期合同形式雇用一名26岁以下的年轻人，同时保留一名57岁以上的老员工，由老员工帮助新员工，从而改善年轻人和老年人的就业状况。不过未来就业合同、代际合同等基本上属于治标不治本的权宜之际，无法从根本上改善就业，而且加重了政府的财政负担。事实也证明，这些措施效果有限，法国的失业率依然居高不下。

三 社会形势

为在短期内确保财政稳健，长期内确保退休制度可持续，法国政府对退休制度动第五次大手术。2013年法国出台相关法案，承认同性婚姻及收养子女合法，围绕该问题，法国社会陷入分裂。

（一）退休制度经历第五次重大改革

改革退休制度是法国政府2013年的工作重点之一。政府从年初起就紧锣密鼓地筹备，最终于年底出台退休制度改革草案并获议会通过，这是法国五次大规模的退休制度改革。

改革退休制度的原因有二。第一，来自欧盟的减赤压力。法国赤字占国内生产总值的比例长期在欧盟《稳定与增长公约》规定的3%之上，受到欧盟批评，减赤任务艰巨。萨科齐执政时就向欧盟承诺在2013年把赤字降至3%，奥朗德在当选总统之初也做出同样承诺，然而在经济萧条的大背景下，未能兑现。无奈之下欧盟决定再给法国宽限两年，条件是法国必须花大力气进行改革，并点名指出退休制度是亟须改革的领域之一。第二，挽救退休制度本身。20世纪70年代，法国的退休制度始现赤字，此后除极个别年份外从未扭转。赤字像雪球一般越滚越大，任其发展下去，到2020年将高达创纪录的200亿欧元，这是法国巨额财政赤字的元凶。

改革在维持现有62岁法定退休年龄不变的前提下，提出如下措施。（1）以渐进的方式提高基本养老保险的缴费率，2014年提高0.15个百分点，2015~2017年每年提高0.05个百分点，4年内共提高0.3个百分点。提高后，雇主的缴费率将由目前的8.4%增至8.7%，雇员将由目前的6.75%增至7.05%。（2）取消多子女（有3个或以上子女）退休人员所享有的某些政策优惠,从2014年起,这部分人所享有的退休金的10%免征个人所得税的措施作废。(3)从2020年起,逐步延长领取全额养老金的缴费年限,从目前的41.5年逐步延至2035年的43年。同时为公平计,允许"艰苦"职业的从业者提前退休。此外,改革本打算提高共同社会贡献税(CSG),① 但在广泛的强烈反对下被迫放弃。

(二)同性恋婚姻合法化撕裂法国社会

2013年4月,经过长达10天多达24场的激烈辩论,法国国民议会投票通过了同性恋婚姻及其收养子女法案,使法国成为全球第14个立法确认同性婚姻和收养子女合法化的国家。该法案是法兰西第五共和国成立以来争议最大、讨论时间最长的法案之一,也是奥朗德总统当政后实施的首项重大社会改革,改革本身并没有太大的现实意义,但是它严重撕裂了法国社会,从而引起广泛关注。

同性恋婚姻及其收养子女法案对法国传统的社会伦理观构成了严峻挑战,出台前后备受争议,在全法引起了极其激烈的辩论。围绕该问题,法国社会分裂为两大阵营。法国素有"教会的长女"之称,有着深厚的天主教传统。很多人坚守传统,捍卫传统的婚姻、家庭和伦理观,反对同性恋婚姻和收养子女合法化,这部分人,以右翼、极右翼和宗教团体为主,构成了反对阵营;另一部分人则主张人权、自由和平等,坚持给予同性恋婚姻和收养子女合法地位,这部分人以左翼为主,构成了支持阵营。两阵营陷入了无休止的争论,并组织了数次游行和示威运动,甚至爆发了近30年来法国最大的保守派示威游行。需提起注意的是,这些游行和示威运动往往还夹杂着宗教、种族和政治等因素,并非只是反对还是赞成同性恋婚姻那么简单,使得在经济衰退的打击下人心惶惶、危机四伏的法国社会雪上加霜,给极左和极右两种极端势力的发展提供了可乘之际。

四 对外关系

马里危机爆发后,法国积极出兵干预,围剿恐怖势力。为振兴经济,法国

---

① 1991年为增加社保收入而设立的专门税种。

调整外交战略,将"经济外交"作为重点并积极践行。奥朗德总统频率企业家出访各新兴大国,望加强与这些国家的经济关系。

(一)出兵干预马里危机

马里是位于西非地区的法国前殖民地,2012年3月,马里爆发军事政变,总统杜尔被推翻,盘踞在北方的极端宗教势力趁乱控制了北部地区,并对军政府控制下的南方发动进攻,一度逼近首都巴马科,情况危急。2013年1月,法国在马里政府的请求下出兵干预。马里北部的极端宗教势力和阿富汗基地组织有着千丝万缕的联系,曾发动针对外国人的恐怖袭击。马里有众多法国企业,生活着6000余名法国侨民,是恐怖袭击的重点,在过去两年中有近10名法国人被掳为人质,所以法国出兵马里的首要考虑是打击恐怖势力,确保在马里的法国人的安全。此外,西非是法国的传统势力范围,从地缘政治的角度看,对法国的重要性不言而喻,该地区若陷入混乱,将直接威胁到法国的国家利益,所以法国不会坐视不管。

出兵马里还有另一考虑,即挽回奥朗德政府的民意。奥朗德执政半年来政绩不佳,支持率日下,盼望通过外交领域的建树为内政加分。出兵之初,法国打算速战速决,避免陷入战争泥潭。然而情况远比想象中复杂,极端势力藏身深山,围剿起来十分困难,法国被迫不断增兵,逐步将马里之战演变成了最近几十年来规模最大的一次军事行动。从4月底起,在非洲部队的支持下,马里局势出现好转并于8月举行了总统大选。法国方得以逐步从马里撤兵。2013年最后一天,法国国防部长宣称未来三个月内法国将撤回60%的马里驻军,留下1000人常驻,将安保任务逐步移交给马里军队和联合国维和人员。

(二)经济外交活跃

近些年法国经济低迷,振兴经济、增加就业成为奥朗德政府的工作重点,这一点也反映在对外关系领域。目前法国正积极调整对外政策,把"经济外交"作为努力的主要方向,印度、巴西、中国、俄罗斯、南非等新兴经济体成为经济外交的主要对象。

2013年2月上旬,奥朗德总统带领一个由近60家企业总裁组成的商务代表团访问了印度,这些企业涉及航空、核能、环保、运输、奢侈品、制药等领域,几乎涵盖法国所有的优势行业,访问的经济目的十分明显,访问后法国有望在核电和地铁交通等领域与印度签署协议,特别是总价值为120亿美元的军售协议。2月底,奥朗德又率领航空航天、高铁、能源和奢侈品领域的大公司总裁马不停蹄地赶赴俄罗斯,与俄首脑进行了以经济合作为主的会谈。10月,奥朗德为加强与南非的经贸联系而访问该国,又收获了价值80亿美元的基础设施建设项目大单。12月底,奥朗德率领由能源、交通等领域的8位重量级部长和50名企业家组成的商务代表团访问巴西,并明确指出希望两国的贸易额在现有基础上翻番。访问后,两国有可能签署多个商贸协议,其中包括法国石油巨头道达尔集团对巴西一大油田的开采权以及向巴西出售法国和意大利联合经营的军民两用通信卫星。

经济外交也反应在对华关系上。法国外长中国事务特别代表、社会党前第一书记玛蒂娜·奥布里于2013年1月访华,并明确提出,在对华关系上,"经济外交"是未来的工作重点。① 4月,奥朗德总统率领8位重量级部长和来自金融、电力、环境、建筑、交通、食品等行业的近60位企业家对中国进行了36个小时的"闪电访问",访问的目标之一便是振兴中法经济关系。11月,法中两国举行了首届法中高级别经济财金对话。12月,法国总理埃罗对中国进行了为期五天的访问,经济合作特别是在汽车、核电、食品和农产品方面的合作是访问的核心议题,所以随访者除经济、能源、商务、旅游、农业、食品等领域的高官外,还有一支由法国前总理、参议院副议长拉法兰率领的法国企业家代表团,成员覆盖核电、新能源、汽车制造、农业、医疗健康、奢侈品和食品加工等法国优势行业,其中不乏法国电力公司、标致和雪铁龙汽车公司等法国大企业总裁。正如法国媒体指出的,埃罗的此次访问带着法国工商界的厚望,旨在为提升两国在经贸领域的合作奠定基础。

(审稿人:程卫东;文字编辑:莫伟)

---

① 陈小茹:《中国是法国经济外交大目标》,《中国青年报》2013年1月25日第4版,http://zqb.cyol.com/html/2013-01/25/nw.D110000zgqnb_20130125_1-04.htm。

B.26 芬 兰

秦爱华

摘 要： 2013年芬兰经济缓慢走出衰退，经济增长主要由对外贸易驱动。失业率上升、内需疲软、投资不振等因素导致经济复苏乏力，全年经济仍为负增长。芬兰主要执政党支持率有所增加。2013年4月，芬兰总统绍利·尼尼斯托访华，中芬两国政府将双边关系提升为面向未来的新型合作伙伴关系。

关键词： 芬兰 经济 失业 新型合作伙伴关系

一 经济形势

在遭受美国次级贷款危机的冲击之后，芬兰经济仍处于低迷状态。2013年经济增长预计为-0.6%，延续了上年-0.8%的衰退趋势。由于经济复苏乏力，未来几年不会出现快速经济增长，预计2014年经济增速缓慢，增长率约为0.6%。2013年芬兰经济持续衰退的主要原因如下。

第一，内需疲软、投资不振和失业率上升等。2013年芬兰经济不景气导致失业率上升，上半年包括诺基亚等企业纷纷裁员，致使第二季度失业率攀升至9.1%，同比上升0.5个百分点。2013年和2014年芬兰的失业率分别为8.2%和8.3%。就业形势不佳，收入水平下降，抑制了内需，芬兰内需和投资出现负增长，对经济增长的贡献率均为负值（-0.4%）。[①]

---

① European Commission, *European Economic Forecast*, Autumn 2013.

第二,受主要贸易伙伴国经济不振的不利影响,外贸对经济增长的拉动作用十分有限。2013年内需和投资均出现萎缩,经济增长主要依靠外贸驱动,当年出口呈现负增长,外贸对经济增长的贡献率仅为0.2%,导致全年经济增长缓慢。

第三,芬兰的支柱企业面临困境。芬兰的主要支柱企业诺基亚(Nokia)公司由兴转衰。2013年9月,微软宣布以54.4亿欧元收购诺基亚手机业务,诺基亚转变为主营网络设备、地图和专利的企业。诺基亚公司曾是芬兰人的骄傲,占据全球70%的手机市场,对芬兰GDP的贡献率达到4%,占国家税收的1/4。这个在芬兰具有标志性的企业走向衰落,不仅严重影响了芬兰的经济增长,也标志着芬兰经济发展史上"诺基亚时代"的终结。

第四,人力成本较高削弱了芬兰产品的国际竞争力。芬兰的工资水平比主要贸易伙伴国高出10%,削弱了芬兰出口产品的价格竞争力。为了提高经济活力和竞争力,芬兰政府决定采取减税措施,2014年企业所得税将从目前的24.5%降至20%。

虽然2013年芬兰经济形势欠佳,但它仍是目前唯一具有AAA主权信用评级、经济前景被评为稳定的欧元区国家。[①]

芬兰政府的财政赤字率持续攀升,2013年升至 - 2.2%,是近两年唯一从财政盈余转为赤字的欧盟成员国,预期2014年还将继续增加,到2015年才有可能改善。芬兰政府的公共债务率也快速上升,2013年升至58.4%,预期2014年将超过欧盟60%的警戒线,达到61%,2015年仍将继续攀升。[②] 因此,芬兰公共债务的潜在风险趋于加大,如果不采取有效措施,上述评级有被下调的风险。

芬兰的薪资水平较高,削弱了出口产品的竞争力。芬兰的支柱企业诺基亚公司的主营业务被收购使人们对芬兰经济竞争力产生怀疑。但是芬兰的综合竞争力在欧洲乃至世界范围内依然处于领先地位。在世界经济论坛公布的《2013~2014年度全球竞争力报告》中,[③] 芬兰的综合竞争力继续位居第三,仅次于瑞士和新加坡。

---

① 2013年欧元区具有AAA主权信用评级的国家有芬兰、德国、荷兰、卢森堡。
② European Commission, *European Economic Forecast*, Autumn 2013.
③ Klaus Schwab, ed., *The Global Competitiveness Report 2013 - 2014*, published by World Economic Forum, 2013, p.15. 该报告采用12个指标对148个国家的竞争力进行综合评比。

芬兰的竞争力优势主要表现在社会制度、创新能力①、健康和教育服务等方面，竞争力不足主要表现为经济前景黯淡、市场规模较小和劳动力市场不灵活等方面。

为了进一步提高芬兰的经济竞争力、缓解财政压力，芬兰政府提出了经济改革方案，目标是消除预算的可持续性缺口。② 主要措施包括：第一，福利制度改革，包括削减家庭福利支出、延长退休年龄等；第二，削减公共支出，通过裁员等方式精简机构，削减20亿欧元的公共支出；第三，提高生产率和增加就业机会，2014年开始将企业所得税下调4.5个百分点，降至20%，税收减少部分由对酒精、烟草、电力和燃油等增税弥补。这些改革措施将对芬兰的福利制度，特别是家庭福利产生重要影响，但是芬兰福利制度的基本特性不会改变。

二 政治和社会形势

虽然近几年芬兰的经济形势不佳，但是根据最新的民意调查显示，芬兰主要执政党支持率有所增加。芬兰执政党的支持率小幅上升，联合党、社民党和绿色联盟的支持率分别上升至21.9%、18.7%和8.9%。而反对党的支持率有所下降，芬兰最大的反对党芬兰人党和中间党的支持率分别下降至17.7%和17.1%。这表明在经济复苏乏力的情况下，芬兰政府的经济和社会政策仍然得到民众的广泛支持。

芬兰的人力资本具有独特优势，在世界经济论坛的最新全球人力资本排名中，③ 芬兰在122个国家中位列第二，仅次于瑞士。这项评估主要考察四个指标，包括教育、健康、工作环境、劳动和就业。其中，芬兰在教育体系和工作环境方面尤其突出，这两项均名列第一。尽管芬兰人力资本表现优异，但是由

---

① 芬兰的创新能力表现优异，主要得益于芬兰在政府效率、科技水平和创新商业模式等方面具有优势，但是在吸引外资、内部市场竞争力方面仍然存在不足。在世界知识产权组织公布的2013年创新指数排名中，芬兰的创新能力名列第六。
② 可持续性缺口是指芬兰出生于"婴儿潮"时期的一代人因为退休而给政府造成的收入和支出缺口。
③ *The Human Capital Report 2013*, published by World Economic Forum, p.12.

于人力成本较高,以及宏观经济形势不佳,芬兰的经济活力有所下降。在2013年全球活力指数评比中,芬兰的排名由第二位降至第五位。尽管如此,芬兰仍然是最具活力的欧洲国家。

三 中芬关系

芬兰总统绍利·尼尼斯托(Sauli Niinisto)于2013年4月6~10日访问中国,与中国国家主席习近平举行了会谈。双方就中芬关系、中欧关系以及共同关心的重要问题深入交换意见并达成共识,共同宣布将中国与芬兰的关系提升为面向未来的新型合作伙伴关系。

芬兰是最早承认中国的西方国家之一,芬兰总统也是我国新一届政府成立后接见的首位欧洲国家元首。芬兰总统此行进一步提升了中国与芬兰的双边关系,并且在贸易和投资领域取得重要突破。

中芬两国具有良好的合作基础,特别是在清洁技术、创新、投资、城镇化等领域,均取得了实质性进展。例如,清洁技术是芬兰的优势产业,在芬兰总统访华期间,芬兰国家技术创新局和中国环保部签署了题为《美丽北京》的中芬合作谅解备忘录,旨在通过合作研究改善北京空气质量。另外,北京成立了芬华创新中心,以帮助芬兰创新企业来华投资。

随着全球化的发展,芬兰更加认识到国家间的相互依赖日益增加,芬兰政府表示这种依赖将使传统的外交政策发生根本改变,特别是国家之间对于全球变暖、可持续性发展等问题的合作将继续加深。对于中国作为新观察员国加入北极理事会,芬兰政府表示欢迎,希望中国的参与能够起到积极的作用。

(审稿人:张敏;文字编辑:莫伟)

B.27 荷 兰

张金岭

摘　要： 2013年，威廉-亚历山大接替其母成为荷兰新国王；荷兰联合政府的民意支持下降，政党格局有新变化；经济增长低迷，国内需求不高，失业率上升，政府着手进行结构性改革，以求未来中长期的经济增长；荷兰将采取多种措施持续收紧移民政策，正酝酿多项涉及住房、医疗、退休、养老等社会领域的改革；中荷两国高层交流频繁，成果丰富。

关键词： 新国王　政党格局　失业　移民政策　社会政策改革

一　政治局势

2013年4月30日，荷兰女王贝娅特丽克丝（Beatrix）签署诏书退位，其长子威廉-亚历山大（Willem-Alexander）在同日宣誓继位荷兰国王，成为已有近200年历史的荷兰王国[①]自1890年以来首位男性君主。[②] 民意调查显示，荷兰民众认为新国王有同情心、亲民、积极进取，适合做国家元首。[③]

中右翼自由民主人民党（VVD）和中左翼工党（PvdA）在2012年底组阁成立

---

① 2014年，荷兰将全面开展荷兰王国建立200周年（2015年）纪念活动，一直持续到2015年9月，http://www.government.nl/news/2013/11/20/200-years-the-kingdom-of-the-netherlands.html。
② http://news.xinhuanet.com/photo/2013-04/30/c_124650054_2.htm。
③ http://www.xinhelan.com/article-4193-1.html。

联盟政府时，曾被认为是荷兰政治趋于稳定的积极信号，但联合政府在稳定、效率等方面的表现却远低于选民的预期，尤其是医疗改革的举措不得民心①，其民意支持日益下跌，而反对党新自由党（PVV）、六六民主党（D66）、社会党（SP）、基督教民主联盟（CDA）等支持率则显著上升，为荷兰政局带来不确定因素。

年初，政府决定分步推行一系列改革，涉及允许房屋租金在通胀率基础上上浮、提高烟酒税、上调保险税至21%、削减儿童补贴、奖励雇用老年失业者或残疾人的企业、提高医保自付标准、缩减基础医保所覆盖的救助项目、延长官方退休年龄以及限制公职人员收入等，②意在为经济发展减负，解决突出的社会问题。

同时，政府也积极酝酿机构改革，计划未来5年内减少地方政府100个，由现在的400个减至300个，并且增加地方政府的权力，让其接管涉及儿童关爱、就业、老人和长期病患者护理等职责。

2013年，荷兰政党格局出现一些新变化。成立于2009年的年长者政党（50PLUS）不断发展壮大，影响力日益见长，目前党员已超8000名，其中不乏从其他党派转投者。③新自由党原党员冯·杜恩（Arnoud van Doorn）组建了"建立在伊斯兰价值观和互相尊重基础上的"伊斯兰新政党，而此前他是反伊斯兰教的积极分子，并导演了一些批评伊斯兰教的电影。近年来，伊斯兰政党力量持续壮大，为荷兰政治格局带来一些不确定性。④ 2013年底，荷兰新自由党⑤和

---

① 目前，联合政府的两个政党在荷兰议会二院150个议席会拥有79个席位，但在一院75个议席中却仅拥有30个席位，缺少多数派支持。虽然二院拥有立法权，但一院有权同意或拒绝批准法案，并且由各省议会间接选举产生。这一现状客观地限制了政府所提议的法律与政策革新得到议会批准的可能性，影响政府推进其政策改革。
② http://www.mofcom.gov.cn/aarticle/i/jyjl/m/201301/20130108508871.html.
③ http://www.xinhelan.com/article-3477-1.html.
④ http://www.xinhelan.com/article-5560-1.html.
⑤ 目前，新自由党在荷兰议会二院中拥有15个议席（2012年选举结果，与社会党席位数相同，位列第三），较2010年大选后所得议席数量减少9个。但据2013年底的一项民调结果，新自由党在议会二院中的支持率将会大幅上升，并有可能成为第一大党；而与此同时，自由民主党和工党的支持率则大幅下降，将丢掉半数以上的议席。新自由党向来以反移民、反欧洲一体化著称，其民意支持率的上升表明，未来荷兰的政治局势将充满变数，并对2014年欧洲议会选举在荷兰的选举实践产生很大的负面影响。2013年，新自由党一直积极呼吁和推动欧洲各国右翼政党在2014年欧洲议会选举中的结为联盟，集体行动。上述民调结果参考自Economist Intelligence Unit,"Country Report: Netherlands," December 2013.

法国国民阵线（FN）在海牙会晤，决定组成一个"反欧盟联盟"，将共同在2014年5月的欧洲议会选举中集体发力。① 欧洲极右政党之间的合流引起各界的警惕。

二 经济形势

2013年，荷兰继续推进财政整顿，确保金融稳定、缩减赤字是其经济治理的重点；同时，着眼于中长期经济增长，政府开始进行结构性改革，调整相关经济政策，适应荷兰社会人口老龄化的发展。

据荷兰中央银行估计，2013年荷兰经济负增长1%，2014年或将扭转局面，实现正增长0.5%。荷兰财政赤字持续下降，由2012年的4.1%降至2013年的3.2%，这主要归功于税收提高和开支缩减所带来的积极影响。但受制于经济低迷，2014年荷兰公共财政仍然面临压力，不但财政赤字将升至3.4%，公共债务也将从2013年的75.5%增至2014年的77%。居民消费价格指数（CPI）由2012年的2.8%下降为2.5%；私人消费负增长2.1%，企业投资负增长8.2%，住房投资负增长7.9%，商品与服务出口增长1.7%、进口负增长0.4%。不过，受其国内需求微弱回升和国际贸易强劲复苏的影响，2014年荷兰整体经济状况将有好转，私人消费、住房投资、企业投资、商品与服务进出口等都将出现明显回升。②

荷兰房地产市场在2013年呈现缓慢复苏趋势，其中第四季度房产销量环比上涨20%，涨幅创五年来新高，价格环比上涨1.5%，连续两个季度保持上涨趋势。③ 另外，据英国经济学家情报社（EIU）估计，2013年荷兰通货膨胀率为2.5%，2014年将稍微下降至1%。④

2013年荷兰企业雇佣人员数量缩减1.8%，为30年来降幅最大的一年，

---

① http://www.oushinet.com/news/europe/france/20131114/7919.html.
② 数据源自荷兰中央银行，"Economic Developments and Outlook-December 2013," http://www.dnb.nl/en/binaries/412715_ DX0_ EOV -12 -13_ WEB_ tcm47 -301648.pdf.
③ http://www.mofcom.gov.cn/article/i/jyjl/m/201401/20140100455941.shtml.
④ Economist Intelligence Unit, "Country Report: Netherlands", December 2013.

这一现象导致失业率攀升至6.8%。在缩减预算、振兴经济的同时，政府积极谋划新举措促进就业，在教育、建筑等行业内投资10亿欧元，用于增加这些行业的就业岗位。目前，移民青年失业率是本土青年的3倍，政府为此特别出台帮助青年人就业的"起步者出租合同"，解决他们在住房方面的后顾之忧。①

据荷兰经济政策分析局（CPB）数据，紧缩政策的实施推动荷兰公共开支持续下降（2013年占其GDP总量的比重为50%），在就业形势不景气的情况下，工资水平增长缓慢，家庭可支配收入持续削弱，家庭消费能力不足，其国内消费难以为经济增长做出积极贡献。尽管如此，2014年政府仍将继续推进相关改革，比如取消部分涉及减少自雇者退税的计划、增加就业岗位、继续缩减儿童补贴、降低劳动税、增加倾倒垃圾额外税和水税等。②

为刺激经济复苏，2013年荷兰加入了签发"黄金签证"国家的行列。外国人在荷兰公司投资至少25万欧元，就可以获得临时居留权，中国和俄罗斯的投资者被视为荷兰重要的目标客户。③

随着疑欧情绪的不断上升，越来越多的人不愿意政府拿出荷兰纳税人的钱去救助欧元区债务危机，但目前荷兰仍是给欧盟上交税后款较多的成员国之一，在欧盟中的地位和作用不容忽视。荷兰财政大臣戴塞尔布卢姆（Jeroen Dijsselbloem）还在欧元集团2013年首次会议上被任命为新任主席，客观上推动了荷兰在欧盟、欧元区经济发展中发挥更大的作用。在经济发展低缓的局势下，荷兰经过协商，预计2014~2020年，上交欧盟的各类税款将得到近11亿欧元的折扣，这将对荷兰经济的恢复起到积极作用。④

三　社会形势

2013年荷兰采取多种措施持续收紧移民政策。6月1日起实施新移民法，其革新要点包括：外国人入籍等待时间将延长至七年；对非法滞留者实施法律

---

① http://www.xinhelan.com/article-6267-1.html.
② http://www.xinhelan.com/article-5929-1.html.
③ http://www.oushinet.com/home/mainnews/20131024/5871.html.
④ http://www.xinhelan.com/article-3514-1.html.

制裁；提高对新来外籍人士的语言要求；继续保留对非法居留者的抓捕配额；严厉打击造假工作合同，聘用外籍员工的雇主们尤被紧盯；严惩低工资雇用移民劳工，等等。自2012年底开始，政府决定外国人在申请居留许可时，通过采集指纹和电子相片来确认其身份，家庭团聚、学习和工作居留申请等也使用电子生物信息。

过去几年在荷兰生活的欧盟移民迅速增加，目前已有近60万人，其中有相当一部分在荷兰领取救济金却从未在这里工作过，政府由此打算停止对欧盟移民发放救济金，此举既有益于调控移民，又有助于减少政府在公共支出方面的负担，也有利于推动经济发展。①

在政府机构改革中，荷兰将把一部分原属国家的行政权力大幅下放给地方政府，其中医疗保健和社会保障领域内的改变尤为明显，传统的福利社会将会向"参与社会"转型，以适应当代社会人们更倾向于自己选择生活方式的现实需求。② 为此，政府自2014年1月起，在新移民中启动建设"参与社会"的试点项目。

2013年初，荷兰各政党就房屋政策的调整达成协议，具体政策涉及出租房屋租金在通胀率基础上再增加最多4%、减少房屋公司租房税、偿还按揭贷款期限从30年增加到35年等。③ 据荷兰社会住房保障基金（WSW）于5月17日公布的资料，未来几年内荷兰新建社会廉租房将迅速减少，预计到2017年数量从现在的2.8万套减少至1.2万套，同时房屋公司还将在较大范围内提高房租，从现在的每月平均租金441欧元提高到542欧元。不过，房屋公司也将在现有房屋的基础上增加住房空间。社会党对社会廉租房系统的变革较为担忧，指出廉租房减少、房租增加等对人们生活影响较大。④

荷兰中央规划局的研究表明，未来几年荷兰在医疗保健方面所面临的财政压力很大，使用医疗保健的人数大幅增加，但大部分是受教育程度较低者，受

---

① 以上信息综合于荷兰中文网相关报道：http：//www.xinhelan.com。
② 参见荷兰国王2013年9月17日在议会演讲的相关资料：http：//www.xinhelan.com/article - 5668 - 1. html。
③ http：//www.xinhelan.com/article - 3540 - 1. html。
④ http：//www.wsw.nl和http：//www.xinhelan.com/article - 4478 - 1. html。

教育程度较高的人则越来越少地使用医疗服务。为此，荷兰中央规划局建议，减少医疗保健服务项目，或增加个人负担部分，[1] 由此改革目前医疗保健支出的结构。

自2013年初，政府就开始考虑为自雇者（ZZP）制定专门养老保险制度。此前，荷兰没有规定自雇者必须买养老保险，加之他们的生计模式需要资金流动，并且还要支付家庭生活花费，很多自雇者没有对其养老问题做出很好的规划，养老金往往被提前消费掉，导致一些人后来只能靠领救济金生活。[2] 政府这项政策动议有助于自雇者在制度框架下获取生活保障，在一定程度上影响这一群体的生活理念。

此外，荷兰政府还积极推进相关法律改革，使政府高官的退休政策与其他大多数国家公务员、教育从业人员等群体完全接轨。[3]

四　对外关系

尽管荷兰民众的疑欧情绪较为普遍，但民意调查结果[4]显示，支持荷兰继续留在欧盟者依然过半；民众对待欧盟的态度呈现出鲜明的党派特点，认为荷兰应该退出欧盟的民众多数是极右政党新自由党的支持者，而与之政见相左的六六民主党的支持者中则绝大多数认为荷兰应该留在欧盟。

荷兰政府在欧盟对荷兰的意义问题上持有深刻的认识。在荷兰首相吕特（Mark Rutte）看来，如果欧盟不存在了，荷兰就形同虚设，因为荷兰自己无法形成贸易壁垒；欧盟对荷兰来说意味着硬通货与坚挺的市场；荷兰应强化与欧盟的共同利益，坚持荷兰的"出口国家"路线，建立更多通往亚洲的港口。[5] 此外，荷兰也是欧盟在对外关系方面发挥重要作用的成员国之一，2013年荷兰政府致力于推动欧盟与非洲国家《经济伙伴协议》（EPA）谈

---

[1] http：//www.xinhelan.com/article-3079-1.html.
[2] http：//www.xinhelan.com/article-3877-1.html.
[3] http：//www.xinhelan.com/article-3757-1.html.
[4] http：//world.people.com.cn/n/2013/0125/c1002-20318666.html.
[5] http：//news.xinhuanet.com/world/2013-11/17/c_125714987.htm.

判的进程。①

2013年是荷兰与俄罗斯的双边"友好年",旨在庆祝两国建立友好关系400周年。4月8日,俄罗斯总统普京访问荷兰,与时任女王贝娅特丽克丝共同启动"荷兰-俄罗斯年",其间,两国签署了涵盖能源、工业与创新等领域的15项合作协议。② 但2013年下半年接连发生的俄罗斯扣押荷兰船只、荷兰警察拘留俄罗斯外交官等事件,给两国关系带来了不小的负面影响。③

中荷两国在2013年开展了较为频繁的高层交流,涉及政治、经济、法律、医疗卫生、军事、文化等各个领域。5月,两国在北京共同签署了关于所得避免双重征税和防止偷漏税的协定,④ 该协定适用于中国的个人所得税、企业所得税,以及荷兰的所得税、工资税、公司税和股息税。6月,中荷两国签署互设总领事馆备忘录,中国将在荷兰威廉斯塔德(Willemstad)成立总领事馆,荷兰将在中国重庆建立总领事馆。⑤ 9月,两国签署一项涉及医疗保健和公共卫生领域的合作协议,继续加强在卫生信息化、慢性病防控和抗生素合理使用等方面的合作。⑥

荷兰首相吕特于11月15~16日正式访华,这是吕特任首相以来首次访华。国家主席习近平在会见吕特时表示,希望荷兰继续当好中欧合作的助推器,为带动中国同西北欧国家合作、推动中欧商谈投资协定发挥建设性作用。吕特也谈到,愿同中方密切高层交往,扩大互利合作,加强人文交流,荷兰将继续积极致力于推动欧洲与中国关系的发展。⑦ 李克强总理与吕特举行会谈时提出,中荷两国要构建"全方位、多层次、高水平合作新格局":一是要发挥

---

① 1975年,当时的欧共体宣布为78个曾经是其殖民地的非洲、加勒比和太平洋地区国家提供贸易优惠待遇,但因此做法不符合世贸组织规定,欧盟于2000年决定用《经济伙伴协议》替代,并设定2014年10月1日为签署协议的最后期限。纳米比亚、博茨瓦纳等国因《经济伙伴协议》条款侵蚀国家政策空间等原因,至今尚未签署。http://www.mofcom.gov.cn/article/i/jyjl/m/201305/20130500141440.shtml.
② http://world.people.com.cn/n/2013/0410/c1002-21077042.html.
③ http://gb.cri.cn/42071/2013/10/11/7211s4279932.htm.
④ http://www.gov.cn/gzdt/2013-06/05/content_2419503.htm.
⑤ http://china-cn.nlembassy.org/news/2013/06/the-netherlands-opens-consulate-in-chongqing.html.
⑥ http://www.gov.cn/gzdt/2013-09/11/content_2486467.htm.
⑦ http://news.xinhuanet.com/world/2013-11/15/c_118164712.htm.

"亚欧大陆桥"互联互通优势，扩大合作辐射面，推动贸易投资并举，拓展亚欧两大市场；二是提高油气资源开发、农业、水利等传统领域合作的科技含量，加强食品安全领域的交流合作；三是全面加强节能环保、新材料、新能源等领域合作；四是提升金融合作水平，扩大小企业金融和绿色信贷等合作。吕特表示，荷兰愿进一步扩大对华投资，加强两国经贸、农业、节能环保、金融、高科技等合作，继续致力于反对贸易保护主义。[①] 在吕特看来，诸如食品安全、金融服务、城市规划和清洁水等对中国和荷兰都是同等重要的课题，双方进一步探索共同点对帮助两国解决这些问题有着重要的意义。[②] 目前，荷兰已连续十年成为中国在欧盟内的第二大贸易伙伴，有超过1200家荷兰企业在中国运营。中国也是荷兰第二大外资来源地，在荷兰活跃着超过400家中国企业。[③]

（审稿人：张敏；文字编辑：莫伟）

[①] http://www.gov.cn/ldhd/2013-11/15/content_2528225.htm.
[②] http://world.people.com.cn/n/2013/1115/c1002-23552827.html.
[③] http://finance.chinanews.com/cj/2013/11-16/5510871.shtml.

B.28 黑山

刘作奎

摘 要：

2012~2013年，黑山进行了议会和总统选举，黑山社会主义者民主党均获得胜利。黑山政治形势相对稳定，但高层腐败问题影响到入盟进程。2013年黑山经济出现增长，但通胀、外贸逆差和外债均较高。2013年中国和黑山的务实合作进一步加强。

关键词：

议会选举 高层腐败 入盟进程 财政赤字 中黑关系

一 政治形势

黑山的政治形势相对稳定，黑山社会主义者民主党仍在国家政治体制中处于支配地位，该党主席久卡诺维奇（Milo Djukanovic）仍是黑山政治生活中最具权势的领导人，自南斯拉夫解体后，他本人及所在的党派掌控黑山政坛达20多年。

社会主义者民主党在2012年10月14日的议会选举中获得胜利，久卡诺维奇连任总理。政府由"欧洲的黑山"联盟组成——该选举联盟由社会主义者民主党领导，包括其长期盟友社会民主党和新来者自由党，以及克罗地亚和波什尼亚克族的少数民族代表。在2013年4月总统选举中，社会主义者民主党成员武亚诺维奇（Filip Vujanovic）同样获得连任，从而继续保持着该党对国家政治生态的全面掌控。

然而，社会主义者民主党的地位也并非无懈可击，腐败问题和经济发展前景悲观均影响到执政党的合法性。2013年2月一家政府反对派报纸提供的录音带披露社会主义者民主党官员讨论在总统选举中动用国家资源,并对支持者和捐赠者许以官职。消息遭曝光后,2013年7月黑山建立议会委员会调查此事。另一个不稳定因素是黑山最近几年脆弱的经济表现。同时,政府在外部压力下实施紧缩政策,给该国留下了大量外债和财政赤字。

加入欧盟仍是黑山外交政策的优先重点,但进展缓慢,英国经济学家情报社预测2020年前难有机会。① 欧盟在2012年6月开启与黑山的入盟谈判,考虑到黑山在巩固法治上的较差记录,瑞典和法国等欧盟成员国均对开启与黑山的入盟谈判表示异议。作为对这些不满意见的反馈,欧洲警察组织(Europol)将对黑山有组织犯罪问题起草一份报告,其结果将加入到入盟谈判审查程序中。德国则坚持认为,如果黑山不能很好地执行(欧盟规定的第23章和第24章)关于改革法律体系、打击腐败和有组织犯罪的条文,其他内容的谈判就不能启动。

2013年10月16日,欧盟委员会发布了扩大进展报告,关于黑山进展状况,② 报告指出,黑山是第一个采用欧盟新入盟策略的国家,即采用"基本要求第一"("fundamentals first",基本要求包括保护人权和增强法治、反腐败和促进自由等)的方法,该方法在2012年6月与黑山开启入盟谈判时开始使用。谈判从最困难的章节开始,而不是以前采用的从最简单的章节开始,并且谈判将自始至终关注这些最困难的问题。

考虑到黑山在法治、腐败和有组织犯罪领域问题重重,第23章和第24章谈判取得进展的可能性非常小。虽然如此,政府在这些领域一直在做出积极的努力。

2013年6月,黑山政府通过第23章和第24章行动计划,提出了满足欧盟在司法、人权和腐败问题上改革的措施,8月份欧盟委员会建议开启这两个章节的谈判,9月欧盟理事会要求黑山提交谈判文件,黑山议会随后批准了旨在满足欧盟要求的有关司法独立的新立法。

10月14日,欧盟理事会主席范龙佩宣布,黑山已经准备好就司法领域有

---

① Economist Intelligence Unit,"Country Report:Montenegro," 29 November 2013,p. 2.
② http://ec. europa. eu/enlargement/pdf/key_ documents/2013/package/brochures/montenegro_ 2013. pdf.

关问题的谈判。一旦谈判开始，黑山面临的压力骤增，欧盟希望看到能够逮捕涉嫌犯罪的一些显赫人物来接受审判，这对黑山来说很困难。报告也认为，黑山在建立可运行的市场经济上取得进步，在公共采购、公司法、知识产权、信息社会和媒体、税务、企业和产业政策上取得了进步。①

在2013年12月17日召开的包括欧盟各国外交和欧洲事务部部长等在内的理事会议上，各方就黑山入盟问题进行了讨论，会议结论认为，黑山在入盟上取得明显的进步，但在以后的入盟谈判中，尤其要重视法治、打击腐败和有组织犯罪问题，这就需要进行持久而深入的改革。比如，要进一步进行宪法改革，增加政治包容性，确保自由表达权和公众对国家机构的信任；积极进行公共行政管理机构改革，以确保政府具有实施欧盟既有法律成果的能力。②

二 经济形势

黑山经济增长乏力，2012年GDP下降2.5%。英国经济学家情报社预计黑山2013年经济增长2%，工业生产增长为2%，通胀率全年将达到2.8%。外债为50.38亿美元，占到GDP的112%。商品出口为5.29亿美元，进口为23.56亿美元，逆差较为突出；2012年经常性账户赤字占到GDP的17.9%，2013年预计为15%。财政赤字2012年为4.9%，2013年将为4.5%。③ 政府面临的巨大挑战是确保财政稳定和抑制财政赤字，但考虑到黑山最大的贸易和投资伙伴欧元区经济增长不明朗，黑山经济发展前景同样并不被看好。

2013年10月16日，欧盟委员会发布的扩大进展报告认为，黑山经济前景仍不明朗。黑山在建设功能性市场经济方面又前进了一步，但失业率仍然较高，2013年上半年达到20.4%。内需依然脆弱。黑山银行系统的不良资产问题也引起人们的关注，国际货币基金组织评估认为，金融系统受到外部冲击较大，要求黑山加快结构性改革来增强劳动力市场的灵活性和经济竞争力。黑山

---

① http://ec.europa.eu/enlargement/pdf/key_documents/2013/package/brochures/montenegro_2013.pdf.
② http://www.consilium.europa.eu/uedocs/cms_data/docs/pressdata/EN/genaff/140144.pdf.
③ Economist Intelligence Unit, "Country Report: Montenegro," 9 December 2013, pp. 6 – 12.

的腐败和有组织犯罪对营商环境的进一步发展造成障碍，影响到外部投资者对旅游和房地产业的投资。

黑山在公共采购、公司法、知识产权保护、企业和产业政策上的改革取得明显进步，欧盟委员会建议开启相关章节的入盟谈判。黑山未来将要针对货物自由流动、农业和农村开发、食品安全、检验和检疫政策等方面做出改革努力。在竞争政策领域，黑山需要提出波德戈里察铝厂破产重组计划以履行《稳定和联系协议》所规定的义务。在环境政策和气候变化方面，黑山距离欧盟的标准差距较大，需要付出较大的努力来改革目前的政策。①

三　中国和黑山的关系

在中国和中东欧务实合作措施的推动下，中国和黑山的关系发展迅速。2013年7月3日，波德戈里察市市长米奥米尔·穆戈沙在重庆参加"中国中东欧地方领导人会议"时宣布，7月4日黑山和中国政府签署价值8.6亿美元在黑修建高速公路协议。这条国家级的高速公路将贯通黑山南北，把首都波德戈里察同北部国家塞尔维亚相连。中国在黑山投资修建高速公路将是黑山独立以来最大的基础设施项目，这对黑山经济的发展将起到强有力的推动作用。

2013年11月，国务院总理李克强访问罗马尼亚并参加中国和中东欧国家领导人经贸合作论坛。11月26日在会见黑山总理久卡诺维奇时，李克强说，中方愿与黑方进一步巩固良好政治关系，加强铁路、造船、旅游等领域的合作。中方支持中国企业参与黑方基础设施建设，推动双边贸易在动态中实现平衡。久卡诺维奇则表示，黑方愿与中方共同落实好公路、电力合作项目，积极探讨铁路、港口合作，并推动中东欧和中国合作取得更多成果。

（审稿人：孔田平；文字编辑：张海洋）

---

① http://ec.europa.eu/enlargement/pdf/key_documents/2013/package/brochures/montenegro_2013.pdf.

B.29 捷 克

傅聪

摘 要:
> 2013年捷克政治局势动荡不安。捷克选举出首位直选总统，但在新老总统交替之际，老总统克劳斯因实行大赦而面临叛国罪的指控；总理内恰斯因贪腐和监听丑闻被迫辞职；过渡政府无法取得议会信任，捷克陷入政府危机。于是，捷克议会决定自行解散，提前举行大选，结果社民党获胜，负责组建中左政府。2013年捷克经济形势不甚乐观，GDP连续六个季度下降，衰退迹象更加明显。中捷高层会晤推动双边关系良好发展。

关键词:
> 经济衰退 政局动荡 捷中关系良好

一 政治形势

2013年捷克政治局势动荡不安。新年伊始，捷克举行了历史上首次总统直选。参加总统竞选的候选人有9名，经过二轮投票，最终捷克前总理、曾担任社民党主席的现公民权利党主席米洛什·泽曼（Miloš Zeman）以54.8%的得票率胜出，当选新一届总统。[①] 泽曼在竞选中主张停止财政紧缩政策，反对政府的养老金改革和提高税收计划，主张以投资促进经济增长。

2013年1月，即将卸任的总统瓦茨拉夫·克劳斯（Václav Klaus）宣布为

---
① http://world.people.com.cn/n/2013/0127/c57507-20339551.html.

纪念捷克独立20周年实行大赦，引发众怒，掀起风波。大赦不仅令全国将近1/3的囚犯走出牢门，而且还终止了13起重大经济犯罪案件的审理。捷克主要政党均反对大赦。执政联盟成员TOP 09党发表声明表示反对。最大反对党社民党要求众议院对彼得·内恰斯（Petr Nečas）总理领导的政府进行不信任投票，因为他同意了克劳斯总统的大赦令。此外，多名总统候选人均对大赦令提出强烈批评。①

大赦令引发捷克有史以来首次对总统提出的犯罪指控。捷克议会参议院在3月4日表决通过议案，向捷克宪法法院指控总统克劳斯犯有叛国罪。但对总统的犯罪指控，捷克社会普遍无法接受。联合执政的三政党一致表示反对，曾反对克劳斯大赦的候任总统泽曼也表示指控言过其实。起诉总统的议案，由控制参议院多数席位的反对党社民党发起，并得到其他左派在野党的支持。分析人士认为，叛国罪指控的"醉翁之意"在于警告即将就职的新总统泽曼，在今后社民党执政时不要过分掣肘。② 民调显示，反对党社民党很有可能在2014年议会选举后重掌政权。

2013年8月捷克议会众议院决定自我解散，这成为自20世纪90年代捷克实行议会制以来历史上的首次议会自我解散。这次政坛大地震的直接导火索是总理内恰斯被爆出称为捷克"水门事件"的丑闻。6月12日夜间，捷克打击有组织犯罪局发起了历史上最大规模的一次反腐行动。警察拘捕了总理办公室主任亚娜-纳格约娃（Jana Nagyova）、公民民主党议员和国防部高级官员等人。事件发生后，主要反对党社民党、捷克和摩拉维亚共产党即公开要求内恰斯立即辞职，提前举行议会大选。随着被逮捕官员涉嫌贪腐和滥用职权的证据不断被查实，以及纳格约娃实施非法监听被曝光，总统、反对党，甚至执政联盟内部要求内恰斯辞职的压力越来越大，内恰斯被迫在6月16日宣布辞职。执政联盟推选公民民主党副主席马丁·库巴（Martin Kuba）为总理候选人，负责组建新政府。但是，执政联盟组建新政府的计划面临着来自反对党和总统泽曼的巨大压力。7月，泽曼否决了执政联盟推选的总理人选，绕过国会，提

---

① http：//world. people. com. cn/n/2013/0104/c157278－20084420. html，http：//www. legaldaily. com. cn/international/content/2013－01/08/content_ 4114932. htm？node＝34039.

② http：//news. xinhuanet. com/world/2013－03/07/c_ 114920971. htm.

名经济学家、曾任其政府财政部部长的伊日·鲁斯诺克（Jiří Rusnok）组建过渡政府并担任总理。然而，过渡政府仅维持了1个多月就在众议院的不信任表决中下台。捷克再次陷入政府危机。8月20日，捷克众议院以147名参加投票的议员中有140人赞成决定解散议会，提前举行大选。①

10月26日，捷克议会提前大选结束，共有7个政党进入议会。最大反对党社民党以20.45%的选票成为议会第一大党，获得众议院200个议席中的50席，但其得票率远低于之前预期的30%。2011年成立的反建制政党ANO 2011（不满公民行动）得到18.65%的选票，成为第二大党，获得47席。ANO 2011虽然组织松散，政治理念和政党定位并不明确，但由于提出的反腐败竞选口号迎合了捷克选民痛恨政坛腐败的心理，成为大选中的黑马。捷克和摩拉维亚共产党得到14.91%的选票列第三，获得33席。TOP 09党得到11.99%的选票，列第四位，获得26席。公民民主党仅得到7.72%选票，获得16席，位列第五大党。第六大党是成立不久的直接民主曙光党，获得14席。第七大党为基督教民主联盟－捷克斯洛伐克人民党，获得14席。②

这样的选举结果清晰地显示出捷克议会长期以来的碎片化趋势，传统大党的实力明显下降，小党实力增强，各党差距缩小，党派力量分散，只有结成多党联盟才能够在议会中拥有多数席位。③ 大选后，社民党获得优先组阁权。经过党内斗争和党外谈判，2013年底，社民党在增税问题上做出让步，最终与ANO 2011、基督教民主联盟－捷克斯洛伐克人民党达成了联盟协议，组建中左政府。④ 但是，政府能否顺利组建，还需看总统泽曼的态度。泽曼已不止一次宣称，他将在政府组建过程中发挥积极作用，或有可能否决索博特卡提出的部长人选名单。⑤

捷克2013年的政治危机，由贪腐丑闻引发，历经了执政联盟破裂、议会

---

① http://world.people.com.cn/BIG5/n/2013/0821/c1002 - 22649627.html，http://euobserver.com/opinion/120518，http://www.euractiv.com/elections/feuding-czech-parties-prepare-ea-news-529760.

② http://www.volby.cz/pls/ps2013/ps?xjazyk=EN.

③ http://world.cankaoxiaoxi.com/2013/1031/294483.shtml.

④ http://www.euractiv.com/eu-elections-2014/czech-parties-reach-deal-form-ce-news-532261.

⑤ http://uk.reuters.com/article/2013/12/20/uk-czech-politics-idUKBRE9BJ1D420131220.

分裂的长期化，这些状况及在政权过渡阶段总统泽曼的争权举动，都暴露出捷克政治制度中长期存在的民主缺陷。

二 经济形势①

2012年捷克经济陷入衰退，全年GDP下降了0.9%。2013年捷克经济形势不甚乐观，自2012年起GDP已经连续六个季度下降，衰退迹象更加明显。第一季度GDP同比下降2.4%，环比下降1.3%。第二季度GDP同比下降1.3%，环比上升0.6%。投资活动减少、主要贸易伙伴经济下滑或停滞、中欧地区气候异常寒冷的严冬以及消费税在各季度贡献不平衡都是造成捷克2013年前两个季度GDP下滑的原因。第三季度GDP同比和环比依然下降，分别减少了1.3%和0.1%。第三季度就业人口达到511.9万人，同比增加了0.7%，但环比下降了0.4%。2013年1月捷克失业人口曾达到20世纪30年代大萧条以来的新高。② 此后，情况有所缓解，截至2013年10月，15~64岁人口的失业率达到6.9%，同比下降0.4%。

为加入欧元区，捷克积极降低政府赤字和公债。2013年10月，捷克政府向欧盟提供了政府赤字和债务情况数据。最新数据显示，2012年捷克政府赤字和债务占GDP的比重分别为4.43%和46.16%。从最近4年数据的比较来看，2012年赤字和债务较上一年度均有所上涨。其中，政府赤字水平仍低于2009年和2010年，但债务水平则自2009年起一路攀升。

2013年内恰斯政府继续推行税制改革政策，重点放在卫生和社会保险税领域。但社民党领导的执政联盟改变过去政府压缩开支的做法，2014年政府预算计划增加600亿克朗支出。2013年12月，捷克众议院表决通过政府预算。为弥补新预算1120亿克朗（约合56亿美元）资金缺口，政府拟发行总额约为1140亿克朗（约合57亿美元）债券。③ 执政联盟还在年底提出草案，引入企业激励

---

① 本部分内容如无特殊标注均引自捷克中央统计局，参见 http://www.czso.cz/eng/redakce.nsf/i/news_releases_archive。
② http://www.radio.cz/en/section/marketplace/czechs-face-biggest-unemployment-rate-since-great-depression.
③ http://cz.mofcom.gov.cn/article/jmxw/201312/20131200435722.shtml.

机制刺激经济增长；激励出口企业扩展欧盟以外的市场，如开发金砖国家的市场。新政府还计划取消采煤限制，未来30年相关能源企业将可获得超过365亿欧元的收入，政府也可收获5亿欧元的矿业费，并保住近万个工作岗位。

三 对外关系

2013年，捷克与欧盟的关系似乎随着"疑欧"总统克劳斯的卸任和右翼执政联盟的垮塌而出现一些变化。4月3日，捷克首任直选总统签署了旨在建立欧洲救助基金的里斯本条约补充文件。捷克是欧盟所有成员国中最后一个签署此文件的国家，泽曼表示，虽然捷克签署这份补充文件不会对救助基金产生任何影响，但它仍然是捷克融入欧盟的一个明确信号，捷克将努力回到欧洲一体化的核心之中。泽曼还表示，加入欧元区是捷克的既定目标，在希腊和塞浦路斯危机结束后，捷克将考虑采用欧元。获胜的左翼执政联盟也表示支持更加紧密的欧洲一体化，为最终加入欧元区做准备，并将先采取一系列行动，例如签署欧盟财政契约、加入银行业联盟等。[1]

2013年，中捷高层会晤推动了双边关系的良好发展。在第二届"中国－中东欧国家领导人会晤"在罗马尼亚布加勒斯特举行之际，李克强总理在捷克主流报刊《新报》发表了《跨越千山万水的问候》的署名文章。李克强在文中回顾了中国－中东欧国家友好交往的历程，并介绍了双方合作现状，指出中国发展进入新阶段，中国这个拥有13亿人口的巨大市场将为包括中东欧国家在内的世界各国带来更多机遇和更大助益。[2] 过渡政府总理鲁斯诺克率领捷克代表团出席了"中国－中东欧国家领导人会晤"。在鲁斯诺克与李克强的双边会谈中，双方聚焦发展双边经济、商务以及科技与投资等方面的合作，赞同进一步增进双边关系，双方将于2014年迎来建交65周年纪念。鲁斯诺克在演讲中还提及捷克对于2014年在布拉格承办下一轮会晤的兴趣。

（审稿人：孔田平；文字编辑：莫伟）

---

[1] http://uk.reuters.com/article/2013/12/13/uk-czech-government-factbox-idUKBRE9B0KC20131213.

[2] http://www.chinaembassy.cz/chn/zxdt/t1102407.htm.

B.30 克罗地亚

刘作奎

摘　要：

2013年，克罗地亚政治形势相对稳定，7月1日正式加入欧盟为其经济发展带来利好，但摆脱衰退还需要克服诸多困难。2013年中克关系发展较为顺利。

关键词：

加入欧盟　政治稳定　经济衰退　中克关系

一　政治形势

2013年7月1日，克罗地亚加入欧盟，成为欧盟的第28个成员国，也是西巴尔干地区第一个加入欧盟的国家。入盟提升了克罗地亚的国际影响力，提升了国际形象，为未来发展赢得了良好契机。英国经济学家情报社预计，入盟将为克罗地亚带来多达20亿欧元的欧盟基金支持。[①] 入盟的激励，加上克罗地亚民主共同体2011年底因腐败问题元气大伤，已经无力向社会民主党组成的联合政府发起挑战。如不出大的意外，该届政府将一直执政到2016年的下一届议会选举。

自1991年克罗地亚独立至今，由于高层腐败丑闻频发，公众对高层政治精英的信任持续处于低点。此外，持续的财政紧缩政策和私有化的不利影响已经引发了政府与工会、公共部门工人之间的冲突。

虽然紧张局势可能会影响到政府高层的团结，但克罗地亚各项政策顺利进

[①] Economist Intelligence Unit, "Country Report: Croatia," December 9 th, 2013, p.2.

行，尤其是反腐败工作取得部分进展。克罗地亚前总理伊沃·萨纳戴尔因腐败于2012年11月20日被法院判处10年监禁，成为该国独立以来被判入狱最高级别的官员。法院判决书称，萨纳戴尔因帮助一家奥地利银行进入克罗地亚，从中获取360万库纳（约合66万美元）"好处费"。此外，他还收受一家匈牙利石油公司500万欧元（约合680万美元）的贿赂。

二　经济形势

克罗地亚经济从2009年到现在一直处于衰退状态，到2013年仍不见好转，预计2013年将负增长0.3%；失业率居高不下，2012年为19.1%，预计2013年将达到20.4%；比起新兴市场国家，克罗地亚的财政和债务水平很高。公共债务占GDP比重自金融危机以来就持续增加，2008年从占GDP的29.3%达到2012年的53.7%，预期2015年将超过60%。预期财政赤字2013年将达到GDP的4.2%，到2017年仍会维持3%以上。① 糟糕的经济状况令民众非常不满，而政府推行的紧缩政策随时面临工会的反对。欧洲复兴与开发银行（EBRD）在2013年12月公布的2013年度转型报告中称，克罗地亚政府亟须加速改革，以此来改善商业环境并增强经济竞争力。欧洲复兴与开发银行认为克罗地亚政府在该领域所取得的进展有限，除非采取一些具体的措施加以改善，否则经济复苏的前景将"更加暗淡"。② 世界银行评估克罗地亚2012年的营商指数为第84，落后于摩尔多瓦、吉尔吉斯斯坦、白俄罗斯和亚美尼亚，在保护投资者方面只列第139位，腐败问题非常严重，影响到外部投资者的投资信心。

克罗地亚与欧元区的意大利和斯洛文尼亚的贸易依存度最高（2012年向这两个国家的出口占整个出口额的24.1%），而这两个国家目前均深陷危机，未来几年两国的进口需求乏力将波及克罗地亚的出口。因加入欧盟，克罗地亚

---

① Economist Intelligence Unit, "Country Report: Croatia," December 9th, 2013, pp. 2 – 7.
② European Bank of Reconstruction and Development, "Transition Report 2013: Stuck in Transition?" http://tr.ebrd.com/tr13/images/downloads/357_ TR2013v3. pdf.

不得不离开中欧自由贸易区,① 克罗地亚公司出口到这一关键市场（2012年向这一市场的出口占总出口额的21%）的产品将被征收关税。

尽管从长远看克罗地亚可以从欧盟市场得到一定弥补，但自2002年开始克罗地亚就与欧盟签署了自贸协定，已经提前享受了欧盟市场的潜力，所以从近期看入盟不会导致克罗地亚在欧盟市场的贸易有明显的增长。

克罗地亚劳动力市场僵化且缺乏竞争力，在加入欧盟后将面临整个欧盟劳动力市场的冲击。欧盟统计局2012年统计数据表明，用欧元衡量名义劳动力价值的话，克罗地亚要比罗马尼亚、斯洛伐克、匈牙利、波兰高，来自中东欧欧盟成员国的优质劳动力资源竞争将使克罗地亚面临进一步的就业压力。

旅游业对克罗地亚经济增长贡献很大，似乎入盟后可能会进一步拉动旅游业增长。但原来的旅游大户俄罗斯人、乌克兰人和土耳其人因其入盟再也无法享受相关便利，他们需要签证。而对欧盟成员国来说，克罗地亚已经是一个很吸引人的旅游目的地，来自欧盟成员国的旅游者已经占旅游者的绝大多数（德国人所占比例超过20%），入盟不可能使欧盟旅游者人数迅速增加。预计只有加入申根区才可能有大量旅游者涌入，但加入申根区尚需要时间。

来自欧盟资金的资助将是一个利好因素，根据2013年12月欧洲议会通过的欧盟2014~2020年预算案，在未来7年中，克罗地亚将有资格获得117亿欧元的预算额度。扣减欧盟会费后，克罗地亚每年将有资格获得约10亿欧元的预算额度。

需要指出的是，若想获得上述资助，克罗地亚需要满足欧盟提出的苛刻的条件。首先是克罗地亚必须改善商业环境。根据欧盟规定，克罗地亚要想使用数量庞大的欧盟结构基金（约20亿欧元），就必须满足赤字控制在3%以下、债务控制在60%以下的条件，这对克罗地亚来说暂时是难以完成的任务。

加入欧盟后克罗地亚将接受过度赤字程序的审查，它必须向欧盟表明在什么样的时间段将赤字控制到3%以下，否则很难获得欧盟结构基金的资助。而且，克罗地亚还将面临同罗马尼亚和保加利亚相同的命运，因为打击腐败和法治建设上没有达到欧盟标准，仍将继续接受欧盟的审查和监督，成为欧盟内并非拥有完整资质的成员国。

---

① 该贸易区包括所有前南斯拉夫的非欧盟成员国以及阿尔巴尼亚和摩尔多瓦。

三 中克关系

2013年7月5日,外交部长王毅会见来华访问的克罗地亚第一副总理兼外交和欧洲事务部部长普希奇。王毅表示,中克在相互尊重基础上建立了牢固的政治互信。克罗地亚地缘位置重要,基础设施需求巨大,旅游资源丰富,双方有着开展互利合作的广阔空间。中方重视中欧关系,希望克罗地亚作为欧盟新成员后,为中欧关系发展贡献正能量。中国-中东欧国家合作已成为中欧关系新的增长点,希望克方充分利用这一平台,促进中克各领域合作。

2013年11月6日,国务院副总理张高丽会见克罗地亚第一副总理兼外交和欧洲事务部部长普希奇。张高丽说,中国政府重视中克全面合作伙伴关系,愿与克方共同努力,着力提升双边务实合作水平,服务两国经济发展。中方支持本国企业参与克港口、道路等基础设施建设,愿与克方扩大双边贸易投资规模,加强旅游合作。中欧关系是世界上最重要的双边关系之一,中国-中东欧国家合作是中欧关系的重要组成部分。中方愿与克方一道,共同促进中欧全面战略伙伴关系和中国-中东欧国家合作深入发展。

国务院总理李克强2013年11月25日下午在布加勒斯特会见克罗地亚总理米拉诺维奇。李克强说,中方愿与克方加强地区铁路互联互通建设、高等教育和科研领域合作,支持中国企业参与克罗地亚港口升级改造和工业园区建设。而米兰诺维奇在11月26日布加勒斯特举办的中国-中东欧16国领导人峰会上表示,此次峰会是中国与中东欧16国之间加强联系并发展双边关系的重要一步,同时进一步加深了中国与欧盟之间的战略伙伴关系。峰会将扩大中国与中东欧16国之间的经贸合作、谋取共赢,但峰会的召开并不是为了就某些特定项目达成一致,而是为经济合作提供政治上的支持和保障。[1]

(审稿人:孔田平;文字编辑:张海洋)

---

[1] http://hr.mofcom.gov.cn/article/jmxw/201312/20131200419606.shtml.

B.31 拉脱维亚

孔田平

摘　要： 2013年11月托姆布罗夫斯基斯（Valdis Dombrovskis）总理因里加超市坍塌事故引咎辞职。2014年1月新政府组成。预计新政府将保持政策连续性。2013年拉脱维亚经济增长与上年相比有所放缓。2014年1月1日，拉脱维亚正式成为欧元区成员国。拉脱维亚与俄罗斯关系有所改善，但是拉脱维亚对俄罗斯的戒备心理尚未消除。

关键词： 拉脱维亚　政治形势　经济增长　对外关系

一　政治形势

拉脱维亚民主制度经受了考验，能够顺利实现权力转移。2011年10月上台的托姆布洛夫斯基斯（Valdis Dombrovskis）总理领导的扎特列尔斯改革党、统一联盟和一切为了拉脱维亚-祖国与自由/拉脱维亚民族独立运动联盟三党联合政府，因突发事件未能完成任期。

2013年8月30日，托姆布罗夫斯基斯任职1633天，成为拉脱维亚独立以来任职最长的总理。此前其他总理的最长任期为1632天。

托姆布罗夫斯基斯总理执政业绩获得民众好评，但是天有不测风云，11月21日首都里加一家超市发生坍塌事故，造成54人死亡和多人受伤。事故发生后，拉脱维亚高官强调需要加强对建筑工程的监督，改变任人唯亲的文化。11月27日，托姆布罗夫斯基斯总理宣布引咎辞职，为该事故承担道德和政治

责任。

总理辞职后,围绕新政府组成持续举行的政治磋商未影响加入欧元区的计划。2014年1月22日,拉脱维亚议会批准莱姆多塔·斯特劳尤马(Laimdota Straujuma)总理领导的新政府。斯特劳尤马总理强调新政府的首要任务是减少社会不公、促进海外拉脱维亚人返乡和改善人口状况。

虽然拉脱维亚实行紧缩政策,但民众的承受能力较强,因此没有出现大规模的社会动乱。自2009年1月以来,拉脱维亚未发生大规模的动乱。2011~2012年拉脱维亚强劲的经济增长降低了大规模社会抗议的可能性。

拉脱维亚族与俄罗斯少数民族的关系问题仍未得到根本解决。和谐中心支持俄语成为官方语言,2012年2月举行的全民公决未能同意使俄语成为官方语言。[①] 2012年11月统一拉脱维亚争取人权党呼吁就该国30万非公民自动获得公民权问题举行全民公决,拉脱维亚中央选举委员会以违反国际法和欧盟安全标准为由禁止就此问题举行全民公决。讲俄语的非居民的国籍和身份问题仍是影响拉脱维亚民族关系的重要因素。

二 经济形势

拉脱维亚是受国际金融危机冲击较大的国家。为应对危机,托姆布罗夫斯基斯总理领导的政府采取了一系列政策措施。主要的政策措施包括整顿财政、推行结构性改革、支持制造业发展和促进出口。政府也积极推动经济增长方式的转变,经济增长从依靠房地产和内需转变为依靠生产和出口拉动。政府采取措施改善医疗服务、教育、基础设施,增加公共部门收入,将为教师和医疗工作者加薪列入工作计划。新政府预计将保持经济政策的连续性。

拉脱维亚在经历了2009年两位数的经济下滑后,2011年实现经济复苏,经济增长达到5.5%。2012年拉脱维亚继续保持增长势头,国内生产总值增长

---

① 和谐中心是2005年由社会民主党(和谐)、拉脱维亚社会党、社会民主党、新中心等党组成的政治联盟。——作者注

5.6%，拉脱维亚因此成为欧洲经济增长最快的国家。据估计，2013年拉脱维亚经济增长率为4.0%。①

为满足《马斯特里赫特条约》为入盟设立的标准，2012年拉脱维亚政府采取了一系列措施，如降低增值税税率1个百分点，降低利率100个基点，以遏制价格上涨。2012年通货膨胀率从2011年的4.4%下降到2.3%。由于全球石油和食品价格的稳定不会导致国内价格的上涨，企业和家庭缺乏信贷需求导致信贷的负增长，2013年拉脱维亚通货膨胀继续走低。EIU预测2013年拉脱维亚通货膨胀率为0.2%。②

拉脱维亚经常账户在2010年实现盈余后，2011~2012年均为赤字。2011年经常账户赤字为国内生产总值的2.2%，2013年的赤字略有增加，将上升到国内生产总值的2%。

2013年1~10月拉脱维亚政府预算总收入为49.72亿拉特，政府预算总支出为47.04亿拉特，预算盈余2.68亿拉特。③到2012年底，拉脱维亚政府债务为国内生产总值的40.7%。2013年拉脱维亚可以轻易达到《马斯特里赫特条约》的标准。④

2013年11月失业率下降到9.3%。失业率下降的主要原因是就业机会的增加。受拉脱维亚一家钢铁企业破产影响，到2013年底失业率有可能上升到9.6%。2013年长期失业的人数有所下降，由于建筑业的复苏，妇女在失业人口中所占的比重有所上升。

拉脱维亚在欧元区债务危机的背景下选择加入欧元区。拉脱维亚在经历了2008~2009年金融危机的冲击后，进行了痛苦的改革和调整，2012年下半年，拉脱维亚各项经济指标均已达到了《马斯特里赫特条约》的标准，为拉脱维亚加入欧元区铺平了道路。2013年1月31日拉脱维亚通过了欧元过渡法案。7月欧洲理事会批准拉脱维亚2014年1月1日正式加入欧元区。拉脱维亚总

---

① EIU, "Country Report: Latvia," generated on December 20th, 2013.
② EIU, "Country Report: Latvia," generated on December 20th, 2013.
③ "Ministry of Finance, Macroeconomic and Budgetary Review," October 2013, http://www.fm.gov.lv/files/tausaimnieciba/Apskats_ ENG_ oktobris_ 2013. pdf.
④ EIU, "Country Report: Latvia," generated on December 20th, 2013.

理托姆布罗夫斯基斯称，拉脱维亚将以1欧元兑0.708拉特引入欧元。

欧元的引入将消除汇率风险，有助于拉脱维亚经济的可持续发展。加入欧元区后银行部门将受欧盟新的监管体系的监管，有助于降低金融风险。加入欧元区也有助于吸引外资、提高信贷等级。拉脱维亚将成为欧元区第18个成员国，这是拉脱维亚在欧洲一体化道路上取得的重大成就。

三 对外关系

拉脱维亚与美国保持良好关系。2013年5月13～15日，拉脱维亚总理托姆布罗夫斯基斯对美国进行工作访问。8月30日，美国总统奥巴马和副总统拜登会见波罗的海国家三国总统。奥巴马总统强调美国视波罗的海国家为战略合作伙伴。双方讨论了波罗的海国家安全、波罗的海国家与北欧国家的地区合作，以及东方伙伴关系国家和中亚国家共享波罗的海国家经验等问题。

拉脱维亚与俄罗斯关系有所改善，但是拉脱维亚对俄罗斯的戒备心理尚未消除。2013年9月20日，俄罗斯与白俄罗斯在临近拉脱维亚边界地区举行军事演习导致拉俄关系紧张。同年12月，俄罗斯在其临近北约国家边界部署伊斯坎德尔导弹体系的计划曝光，拉脱维亚表示关注。拉脱维亚国防部长帕布里克斯称，此举并未改变北约与俄罗斯的力量平衡，而是改变了地区的力量平衡。数个波罗的海城市因此受到威胁。双方对拉脱维亚俄罗斯少数民族地位问题的争议尚未消除。

拉脱维亚与中国保持良好关系。拉中两国均有推动经贸合作的政治意愿。2013年11月26～27日，拉脱维亚总理代表出席在布加勒斯特举行的中国－中东欧国家领导人会晤。2012年，中国与拉脱维亚贸易额为13.82亿美元，同比增长10%；其中，中国向拉脱维亚出口13.13亿美元，同比增长10%，中国自拉脱维亚进口6882.7万美元，同比增长8.5%。2013年1～9月，中拉贸易额为11.13亿美元，同比增长6.2%；其中，中国向拉脱维亚出口10.40亿美元，同比增长4.6%，中国从拉脱维亚进口7248万美元，同比增长35.4%。

（审稿人：陈新；文字编辑：张海洋）

B.32 立陶宛

孔田平

摘　要：
尽管执政伙伴劳动党丑闻不断，但社会民主党主导的立陶宛联合政府保持稳定。政府强调财政整顿，将2015年加入欧元区作为主要施政目标。2013年下半年，立陶宛担任欧盟轮值主席国。由于立陶宛积极推动乌克兰与欧盟签署联系国协定，立陶宛与俄罗斯的关系更加复杂化。

关键词：
立陶宛　政治形势　经济增长　对外关系

一　政治形势

2012年10月14日和28日立陶宛顺利举行议会选举，社会民主党赢得大选胜利。中右执政联盟丧失执政权。社会民主党与劳动党、秩序与正义党和立陶宛波兰人选举行动组成联合政府，布特凯维丘斯（Algirdas Butkevicius）出任总理。尽管执政联盟由具有不同政治理念的政党组成，但在一些重要问题上执政联盟具有广泛的政治共识，都主张开放经济、实行亲西方的外交政策和加入欧元区。

2013年本届政府深受丑闻困扰。6月经济部长比鲁婕·维赛婕（Birute Vesaite）因到哈萨克斯坦旅游乘坐一家公司的飞机，被控涉嫌利益冲突，被迫辞职。7月包括乌斯帕斯基赫（Uspaskich）在内的三位劳动党党员受到欺诈指控。时任劳动党领导人的加普希斯（Vytautas Gapsys）被法院罚款。劳动党的欺诈案尽管有地方法院判决，但是尚未完成上诉程序。立陶宛总理布特凯维丘斯呼吁加普希斯辞去副议长职位。10月3日，副议长加普希斯辞职，来自劳动党的议长格德维拉斯（Vydas Gedvilas）也宣布辞职。尽管劳动党丑闻缠身，但是联合政府保持稳定，政府的施政并未受到影响。

立陶宛将于2014年5月举行总统选举，现任总统格里包斯凯特（Dalia Grybauskaite）尚未就是否参与竞选表态。格里包斯凯特作为立陶宛最受欢迎的政治家之一，具有较高的民意支持度。如果参选，预计格里包斯凯特将获连任。

二 经济形势

立陶宛本届政府的首要目标是加入欧元区，因此经济政策受该目标的约束。尽管执政党在竞选期间曾以温和的反紧缩政策争取选民，但在上台后其经济政策更加现实。财政整顿仍是经济政策的重要组成部分。2013年1月，政府提出其施政重点，即增加就业、阻止人口外流、保障能源安全、2015年加入欧元区。政府采取措施解决收入不公问题，以缓解紧缩政策的不利社会影响。政府将最低工资标准提高18%，惠及5万公共部门的职员。政府推动税制改革，重新实行累进所得税，降低基本食品的增值税税率，对房地产征收新税，征收金融交易税。为推动失业者求职，劳动部规定失业津贴的上限（相当于平均净工资的20%），并限定领取失业津贴的年限。

立陶宛经济在2009年大幅度下降14.8%之后，2010年开始缓慢复苏，国内生产总值增长1.6%。2011年立陶宛经济强劲增长6.0%。与2011年相比，2012年立陶宛经济增长放缓，国内生产总值增长3.7%，在欧盟成员国增长纪录上排行第二。2013年立陶宛经济将继续保持增长，英国经济学家情报社（EIU）预计2013年国内生产总值增长2.9%。[①] 2013年立陶宛经济增长主要是内需驱动的。家庭财务状况的改善及劳动力和不动产收入的增加促进了私人消费的增加。政府提高最低工资的举措影响到约1/5的职工。

2013年，由于全球食品和能源价格的走低，立陶宛通货膨胀率将继续下降。立陶宛中央银行预测2013年通货膨胀率将为1.3%。立陶宛有可能能够满足《马斯特里赫特条约》对通货膨胀率的要求。根据《马斯特里赫特条约》

---

① EIU, "Country Report: Lithuania," generated on December 20th, 2013.

的规定，参加货币联盟成员国的通货膨胀率不得高出欧盟内价格最稳定的3个国家平均通胀率的1.5%。

根据立陶宛中央银行的资料，2013年1～9月经常账户盈余为5.84亿立特，相当于国内生产总值的0.7%。① 2013年1～9月经常账户转为盈余主要归功于经常转移账户，1～9月来自欧盟基金的转移和工人的汇款达到64亿立特。而1～9月金融账户赤字高达42亿立特，金融账户赤字的大幅度增加部分与立陶宛10亿欧元债券的赎回有关。EIU预计2013年立陶宛经常账户赤字为国内生产总值的0.3%。②

近几年立陶宛的财政状况有所改善。2013年，尽管提高最低工资导致公共部门支出的增长，但是较高的个人所得税收入部分抵消了公共部门工资支出的增长。立陶宛在危机后公共债务增加的趋势得以扭转，欧盟委员会预测到2013年底，公共债务约为国内生产总值的40%。

2013年的失业率进一步下降，到2013年9月失业率下降到11.9%，为2009年初以来的最低点。劳动力市场的积极迹象表现在青年失业人口的下降和长期失业人口的下降。人口状况令人不安。人口外流特别是青年人的外流已成为严重问题。到2013年初，立陶宛人口已下降到300万以下。人口大量外流对于经济增长和公共财政均有不利影响。

三 对外关系

立陶宛与美国保持良好关系，美国视立陶宛为战略伙伴。2013年8月30日，美国总统奥巴马和副总统拜登会见波罗的海三国总统。双方讨论了波罗的海国家安全、波罗的海国家与北欧国家的地区合作以及东方伙伴关系国家和中亚国家共享波罗的海国家经验等问题。

立陶宛作为欧盟成员国，积极参与欧盟事务。2013年7月1日起，立陶宛开始担任为期半年的欧盟轮值主席国，这是立陶宛加入欧盟后首次担任欧盟

---

① "Balance of Payment of the Republic of Lithuania," September 2013, http://www.lbank.lt/balance_of_payments_of_the_republic_of_lithuania_september_2013.
② EIU, "Country Report: Lithuania," generated on December 20th, 2013.

轮值主席国。其工作重点是通过欧盟 2014～2020 年预算，放开欧盟内部能源市场，推动与东方伙伴关系国家的关系以及促进银行业联盟的构建。格里鲍斯凯特总统认为，立陶宛顺利完成欧盟轮值主席国的任务，体现了国家的成熟。[①] 2013 年 11 月 28～29 日，欧盟东方伙伴关系峰会在维尔纽斯举行。格鲁吉亚和摩尔多瓦与欧盟草签联系国协定，欧盟与两国的关系得到加强。乌克兰预定在峰会上正式签署联系国协定，但在峰会召开前突然改变立场，暂停联系国协定的相关工作，令峰会成果大打折扣。

立陶宛政府希望以务实方式处理对俄关系。2012 年 9 月初，立陶宛推动欧盟委员会对俄罗斯天然气工业公司在欧盟市场上滥用市场主导地位进行调查，两国关系陷入紧张。2013 年 9 月立陶宛与俄罗斯就降低进口天然气价格问题展开谈判。立陶宛在担任欧盟轮值主席国期间积极推动乌克兰与欧盟签署联系国协定，使立陶宛与俄罗斯的关系更加复杂化。2013 年 10 月，俄罗斯禁止进口立陶宛奶制品，立陶宛认为此举是对立陶宛推动乌克兰与欧盟签署联系国协定的政治报复。针对 9 月俄罗斯与白俄罗斯举行的大规模军事演习，立陶宛国防部长尤奥扎斯·奥莱卡斯（Juozas Olekas）认为军事演习并不透明。12 月，立陶宛总统格里包斯凯特因俄罗斯的人权记录、对待东方伙伴的态度以及对立陶宛实施经济制裁为由，拒绝出席俄罗斯索契冬奥会。

立陶宛与中国保持良好关系。两国有加强经济合作的政治意愿。2013 年 11 月 26～27 日，立陶宛总理布特凯维丘斯出席在布加勒斯特举行的中国－中东欧领导人会晤。2012 年，中立双边贸易额为 17.21 亿美元，同比增长 20.9%。其中，中国对立出口额为 16.32 亿美元，同比增长 22.2%；进口额为 8935 万美元，同比增长 2.0%。2013 年 1～9 月，中立贸易额为 13.45 亿美元，同比增长 7.4%；其中中国向立陶宛出口 12.53 亿美元，同比增长 5.8%，中国从立陶宛进口 9214 万美元，同比增长 34.7%。

（审稿人：陈新；文字编辑：张海洋）

[①] "EU Council Presidency Has Demonstrated National Maturity," http://www.eu2013.lt/en/news/pressreleases/eu-council-presidencyhas-demonstrated-national-maturity.

B.33 卢森堡

张金岭

摘　要：

2013年容克领导的联合政府倒台，卢森堡提前大选；三政党新组阁成立了中左翼联合政府，民主党领袖成为新首相；卢森堡经济发展低缓，政府酝酿银行业改革；中卢两国在经济领域的合作较为突出。

关键词：

提前大选　中左翼政府　银行业改革

一　政治局势

2013年，卢森堡经历了联合政府倒台、提前大选、重又组阁新政府的波折，一向稳定的政治局面被打破。因受首相府直接领导的情报机构窃听和倒卖商品牟利等丑闻曝光，[①] 时任首相容克（Jean-Claude Juncker）于7月11日被迫辞职，曾与基督教社会党（CSV）共同执政的卢森堡社会工人党（LSAP）宣布退出联合政府，与反对党一道，要求立刻解散议会，提前举行大选。[②]

卢森堡向来以政局稳定著称于世，这是第二次世界大战后卢森堡首次发生内阁倒台。容克所领导的基督教社会党在卢森堡政坛几乎一直居于统治地位，

[①] http://world.people.com.cn/n/2013/0720/c157278 - 22260146.html；http://news.xinhuanet.com/world/2013 - 07/11/c_ 116502804.htm. 访问时间：2013年12月25日。

[②] 卢森堡现行法律规定，立法选举每5年举行一次。按照正常程序，新一届立法选举本应于2014年5月举行。

他本人作为欧洲一体化的积极推动者,是目前欧洲执政时间最长的政府首脑,担任首相长达18年。①

10月20日,卢森堡提前举行立法选举。②卢森堡议会实行一院制,为最高立法机构,有议员60名。意欲争取连任的容克所领导的基督教社会党得票率为34.1%,获得议会23个席位,成为本次选举最大赢家;卢森堡社会工人党获得19.2%的选票,赢得13个席位;民主党(DP)得票率为19.1%,同样获得13个席位;绿党(The Greens)获得10.3%的选票,对应6个席位;选择民主改革党(ADR)以6.8%的得票率获得3个席位;左派党(The Left)得票率为4.5%,获得2个席位。而卢森堡共产党(KPL)、海盗党(PP)和整体民主党(PID)则因得票率低而未能获得议会的席位。与2009年大选结果相比,容克所在的基督教社会党得票率下降4个百分点,所得议席减少3个;民主党所获议席数量则增加4个,民意支持率上升较大。③

大选过后,虽然没有任何政党得票率过半,几个政党都不具备单独组阁的权利,但基督教社会党因得票率最高而具有优先组阁的权利。按理说,容克也因此有机会再次成为卢森堡首相,他也表示要尝试建立一个新的联合政府。然而,在组阁谈判中,卢森堡社会工人党、民主党和绿党决定抛开基督教社会党,三党组成联合政府,它们总计获得了32个议会席位,超过半数。容克及其政党遭到"抛弃",除了因情报部门所曝丑闻外,还在于过去几年他担任欧元集团主席期间,在卢森堡本国事务中所投入的精力不多,尤其是他所领导的政府政绩不高,尽管卢森堡受欧债危机的冲击不大,但近年来卢森堡失业率逐步上升,公共债务也逐步攀升,民众日益不满。

卢森堡市市长、中右翼民主党领袖贝泰尔(Xavier Bettel)于10月25日被卢森堡亨利(Henri)大公任命为组阁人,上述三党结盟建立新政府。鉴于组阁政党的政治主张,卢森堡新政府是一个中左翼联合政府。此次组阁结束了

---

① 自2005年起,容克担任欧元集团主席,2013年1月卸任,由荷兰财政大臣戴塞尔布卢姆(Jeroen Dijsselbloem)接替。

② 此次选举,投票率为91.1%,其中有效票占93.2%,较2009年大选,投票率稍有上升。

③ 数据来源:http://electionresources.org/lu/chamber.php?election=2013。

近百年来卢森堡政府几乎全由基督教社会党主导的局面。贝泰尔被任命为新任首相,并于2013年12月5日宣誓就职。①

卢森堡新政府的政党格局大变,尤其是执政党与反对党在意识形态方面的差异将成为阻碍政府施政的重要因素,而且在新政府的14位部长中,仅有3人此前有过政府工作经历,这对新政府执政能力来说是一个大考验。

二 经济与社会形势

金融稳定和欧元区危机治理是卢森堡经济发展的重要保障。长期以来,卢森堡经济发展大多受益于其税收优惠政策,为此,欧盟其他成员国不断要求卢森堡降低其税收优惠,容克政府曾做出一些妥协。2013年底新组阁成立的政府对此领域的政策革新程度值得关注。目前来看,继续保证财政稳固将是新政府实施经济政策的关键。多年以来,卢森堡的决策者一直清晰地意识到,其经济发展不应当完全依赖于金融业,政府早就开始通过财政支持鼓励研发,以拓展经济发展渠道,使之多样化,但目前来看其成效还不明显。

2013年,卢森堡决定放弃银行账户保密制度,从2015年起,与欧盟其他国家共享在卢森堡境内的银行储户信息,如此决定是卢森堡迫于国际压力适应全球化打击洗钱和逃税犯罪的需要。另外,发生在塞浦路斯的银行金融危机也是迫使卢森堡做出这一决定的重要原因,卢森堡的银行业规模是其经济总量的22倍,银行存款是其GDP的10倍,这种过度依赖金融业的现状为卢森堡决策者增添了不少担忧。但放弃坚持了数十年之久的银行账户保密制度,将对卢森堡作为离岸金融中心的地位产生一定的消极影响。②

卢森堡对"欧洲金融交易税法案"持有较为负面的态度,原因在于,金融服务业对卢森堡税收贡献率超过40%,对之征收交易税,无疑会给卢森堡经济带来负面影响。③尽管在欧盟和国际社会的压力下,卢森堡逐步丧失了它作为私有银行避税天堂的优势,但政府依然会坚定支持其金融部门的可持续发

---

① http://www.gouvernement.lu/3320426/04-passation?context=3313559.
② http://be.mofcom.gov.cn/article/zxhz/sbmy/201304/20130400086917.shtml.
③ http://be.mofcom.gov.cn/article/zxhz/sbmy/201305/20130500108836.shtml.

展。未来卢森堡仍将会吸引不少资金,尤其是富裕阶层的储蓄,这主要得益于其基金管理方面的金融制度,而不再是避税政策所带来的吸引力。着眼于长期经济利益需求,卢森堡将会进一步加强它在投资基金管理方面的角色和作用。

据英国经济学家情报社(EIU)估计,2013年卢森堡经济增长为1.9%,2014年预计为2%,基本保持在同一水平上,但2015年将会稍有下降。① 未来经济发展放缓的一个重要原因是增值税政策改革所产生的负面影响。按照欧盟政策,自2015年1月开始,增值税改革将覆盖到欧盟范围内的服务业,包括广播、通信、电子服务等,这些商业活动增值税的征收不再由服务商所在国征收,而是改由发生实际消费的国家征收。在此背景下,卢森堡将把增值税率从15%提升至18%,尽管如此,其税率在欧盟内部仍然是最低的。自2015年开始,卢森堡在与电子商务相关的经济活动中所获增值税收入将大幅降低。这一政策改革,将会对卢森堡经济发展与财政平衡带来负面影响。

2013年,卢森堡财政赤字为GDP总量的1%,2014年也将保持在同样的水平。② 但受增值税改革的影响,2015年其财政赤字将会上升至2%。2013年,卢森堡公共债务占其GDP总量的23%,较2012年有所恶化,2014年还将略有上升。尽管在欧盟范围内,卢森堡现有债务比重和赤字水平较低,但从长远来看,这也将对其养老制度的可持续发展产生负面影响,因此政府特别重视积极扭转其财政状况。

卢森堡工业生产2013年增长1.8%,2014年增速将更加明显,预计升至3.1%;③ 2013年固定投资增长2.4%,2014年将升至2.8%。通货膨胀率2013年为1.7%,2014年预计为1.3%。私人消费增长缓慢(2013年估计为0.7%),但2014年将有显著增长,预计为1.6%。2013年居民消费价格指数(CPI)为1.7%,2014年将稍降至1.5%。另外,2013年卢森堡失业率为6.9%,2014年将有所恶化,预计增至7.2%,有效应对失业问题成为新政府需要面临的考验。

---

① Economist Intelligence Unit,"Country Report:Luxembourg," 4th Quarter 2013.
② 以下经济数据参见卢森堡国家统计局网站资料:http://www.statistiques.public.lu。
③ 但卢森堡政府对其2014年经济发展的估计较为保守,据卢森堡国家统计局数据,2014年其经济增长将为2.7%。

在缩减公共开支方面，卢森堡新政府提出的政策之一，是在未来5年内暂停公共部门雇员薪酬自动增长政策，逐步提高绩效工资的比例。不过，新政府在调控养老、医疗和社会保障等领域内公共经费支出的问题上，还没有比较明确的政策计划。

据欧盟统计局2013年底公布的人口统计数据，2012年卢森堡成为人口增长最多的国家（23‰），其中，人口自然净增长率为4‰，移民为其贡献了18.9‰的增长。卢森堡不仅是当年吸引移民最多的国家，而其人口自然出生率（11.3‰）在欧盟国家中也排名靠前，且死亡率（7.3‰）排名靠后。[1]在经济危机背景下，人口的迅速增长会加重卢森堡经济发展与就业安置的负担。

三 对外关系

尽管政府更替，但卢森堡依然是各类多边组织（如欧盟、北约、联合国等）的坚定支持者，并在国际发展援助、人道主义救援等方面发挥了重要作用。自2013年1月起，卢森堡开始出任联合国安理会非常任理事国，在参与处理一些国际问题中发挥了积极的作用，其任期至2014年底结束。但与此同时，卢森堡在金融业改革方面面临着一些国际层面的压力（尤其是来自欧洲国家的压力）。尽管卢森堡是欧盟对外政策的广泛支持者，但也被舆论批评不积极支持欧盟为降低财政紧缩所带来的影响而提出的共同防务计划。[2]

2013年，中卢两国在经济领域的合作较为突出。在中欧光伏贸易摩擦问题上，卢森堡支持中方立场，认为中欧坚持相互开放市场对双方都有重要意义。卢森堡希望同中国在金融、投资、通信、农业食品、旅游等领域内开展更多合作。[3]此外，卢森堡还积极寻求加强中卢、中欧交通运输（特别是物流）领域的合作。[4] 5月，中国工商银行在卢森堡主办"合作与机遇"人民币业务

---

[1] http：//epp.eurostat.ec.europa.eu/cache/ITY_PUBLIC/3-20112013-AP/EN/3-20112013-AP-EN.PDF.

[2] http：//www.ecfr.eu/scorecard/2013/countries/luxembourg.

[3] http：//www.fmprc.gov.cn/mfa_chn/zyxw_602251/t1062495.shtml.

[4] http：//www.moc.gov.cn/st2010/shandong/sd_hangyedt/201306/t20130628_1440468.html.

论坛,这是中国商业银行首次在卢森堡举办此类推介活动,欧洲人民币离岸业务市场的发展进入了新的发展阶段。[①] 如今,人民币结算量在卢森堡大幅上涨。据统计,自2012年8月至2013年8月,主要受到金融汇款拉动的影响,卢森堡人民币结算量上涨了86%。[②] 继中国工商银行和中国银行在卢森堡开设分行后,中国建设银行也将在卢森堡开设分行。12月,卢森堡大公储纪尧姆(Guillaume)夫妇及副首相兼经济大臣施耐德(Etienne Schneider)访问上海、浙江等地,意在寻求和拓展同中国的经济合作,卢方还邀请全球电子商务领导者阿里巴巴集团在卢森堡设立机构,发展欧洲市场。[③]

(审稿人:张敏;文字编辑:莫伟)

[①] http://www.chinafinancialyst.com/Html/TXJR/1381511451061148.html.
[②] http://www.mofcom.gov.cn/article/i/jyjl/m/201309/20130900279685.shtml.
[③] http://www.gouvernement.lu/3381525/20-schneider-chine.

B.34 罗马尼亚

贾瑞霞

摘　要：

2013年，社会自由联盟在政府与议会占据优势地位。社会自由联盟在议会启动修宪工作以限制总统权力。2014年底，罗马尼亚将举行总统大选，其后社会自由联盟内的社会民主党与国家自由党的分歧或公开化。罗马尼亚经济复苏缓慢，但已走上增长之路。本年度在罗马尼亚召开中国－中东欧国家领导人第二次会晤，会议发表了加强中国－中东欧国家合作的《布加勒斯特纲要》。罗马尼亚积极深化与中国的合作。

关键词：

罗马尼亚　社会自由联盟　缓慢增长　欧盟　中国

一　政治形势

2013年，社会自由联盟（USL）在政府与议会占据优势地位。政府与总统的"角力"依旧继续，政府希望通过修订宪法进一步限制总统权力。2014年底，罗马尼亚将举行总统选举，其后社会自由联盟的地位能否继续稳固值得关注。

（一）社会自由联盟掌控政局但面临内外压力

在2012年12月9日举行的议会选举中，社会自由联盟（USL）以绝对优势胜出，在议会两院都获得一半以上的席位。12月17日，伯塞斯库总统再次任命蓬塔出任政府总理。① 但这次选举只有40%多的选民参加投票，大选不仅

---

① EIU,"Country Report: Romania," Jan. 2013, p.3.

暴露出选民政治热情下降、参选率降低,而且也显示出社会自由联盟的公众支持率下降。社会自由联盟在大选中只赢得了23.5%的选民支持。①

在社会自由联盟内部,中左的社会民主党与中右的国家自由党的分歧日渐公开化。上述两党联合的基础并非共同的理念,而是谋求在选举中胜出并分享政治权力的现实目标。目前,社会自由联盟推举国家自由党领导人、参议院议长克林·安东内斯库作为总统候选人,国家自由党需要社会民主党的支持以保证其候选人赢得2014年的总统大选。如果克林·安东内斯库当选新总统,国家自由党与社会民主党在社会自由联盟内的关系是否还能够"融洽",社会自由联盟政府能否顺利完成4年任期,这些问题都存在不确定性。

而社会自由联盟政府与伯塞斯库总统之间的"博弈"并没有停歇。新政府适度放松财政紧缩政策、刺激经济的举措也遭到总统诟病。2013年12月4日,议会通过了政府2014年预算案,总统伯塞斯库对政府征收新的消费税持有异议。总统坚持认为,紧缩财政应当是政府的优先选择。预计在总统大选之前,现任总统与政府还会摩擦不断。

(二)议会试图修宪限制总统权力

社会自由联盟在议会两院获得绝对优势,可以不依靠其他政党支持而提议修宪。2013年5月,由参议院议长克林·安东内斯库领导的宪法修订委员会启动修宪工作。修宪委员会包含议会所有党派的代表。5月底至6月中旬,委员会讨论了超过500条的修订建议。5月底,议会下院投票降低了公投有效性的选民比例:从全体登记选民的50%降到30%。② 6月18日,宪法修订委员会以17票通过、1票弃权的结果通过了关于修改宪法的法律草案。③ 对修宪草案的投票是在民主自由党与人民党代表缺席的情况下进行的,④ 而且到场委员只有一个代表选择弃权。草案需议会审议通过;修改宪法还需要征集全国50

---

① EIU, "Country Report: Romania," Jan. 2013, p. 3.
② EIU, "Country Report: Romania," June. 2013, p. 3.
③ EIU, "Country Report: Romania," July 2013, p. 17.
④ 民主自由党与人民党代表提前宣布投票时不出席。

万人签名、总统参与以及公投；而欧盟委员会也会关注罗马尼亚的修宪问题。社会自由联盟的修宪之路还面临诸多壁垒。

社会自由联盟修订宪法的主要目的是限制总统权力，加强议会作为最高权力机构以及立法机构的作用。社会自由联盟希望将议员总数控制在 300 名，而本届议会议员达到 588 名。草案寻求在政府与总统之间建立适当的法律关系，包括解决在国际关系中谁来代表国家等问题。

二 经济形势

（一）经济复苏，走上增长之路

2013 年，罗马尼亚经济维持增长态势。第三季度，罗马尼亚实际国内生产总值比前一季度增长 1.6%，[①] 出口推动作用明显。但内需增长应成为经济发展主因，而不能长期单纯依靠出口推动。2013 年 3 月，欧盟委员会宣布罗马尼亚退出欧盟"过度赤字程序"。[②]

（二）获国际组织新贷款，政府出台新政策促增长

2013 年 9 月，国际货币基金组织批准罗马尼亚政府申请的为期 24 个月、总额 19.8 亿欧元的新备用贷款协议（SBA）。新备用贷款协议支持政府延续现有政策，为其提供储备缓冲，推动促进增长的改革。罗政府同时向欧盟申请了 20 亿欧元的备用贷款。[③] 国际货币基金组织要求罗马尼亚坚持财政整顿政策，将 2014 年财政赤字控制在国内生产总值的 2.2%。

为刺激增长，政府出台了一系列举措。政府首先恢复了 2010 年被削减的公共部门雇员 25% 的工资；规定自 2014 年 1 月起提高最低工资至 850 列伊

[①] http://10.4.131.110/rewriter/EIU/http/bntmsqx9dht9bnl/article.aspx?articleid=261314010&Country=Romania&topic=Economy, last accessed on December 10, 2013.

[②] EIU, "Country Report: Romania," April 2013, p.2.

[③] 中国驻罗马尼亚大使馆经商参赞处，2013 年 10 月 8 日，http://ro.mofcom.gov.cn/article/jmxw/201310/20131000336668.shtml（检索日期：2013 年 11 月 14 日）。

(260美元),从7月起再提高至900列伊;提高除油气之外的矿物与自然资源使用税;对油气管道以及存储设施新收特别建设项目税;降低5%的社保税等。① 此外,自2013年3月15日起,在罗马尼亚注册车辆需缴纳环境印花税,该税代替现行的汽车税。新税种对环保型车辆保持较低费率,欧6、混合动力和电动汽车不需缴纳环境印花税。新税种将为罗马尼亚在2013年增加7亿列伊的财政收入。②

三 对外关系

(一)与欧盟的关系

在欧盟2014～2020预算中,罗马尼亚可获得220亿欧元结构基金,比上一个7年预算增加了20亿欧元。罗马尼亚还可以得到欧盟共同农业政策项下175亿欧元的农业基金。③ 2007～2013年度,罗马尼亚只吸收了12%的结构基金。未来7年,罗马尼亚需要更有效地制定规划与实施项目,以更多地利用欧盟财政支持。

2013年3月,欧盟委员会司法与内务部长理事会举行会议,再次延期讨论关于罗马尼亚与保加利亚加入申根区的决定。会议指出,罗、保两国加入申根区可能会分为两个阶段,陆地与领海边界检查将分期取消。④ 一些成员国担心罗、保两国加入申根区后会出现大量"贫穷性移民"。

(二)与中国的关系

2013年11月26日,李克强总理正式访问罗马尼亚并参加中国－中东欧

---

① http://10.4.131.110/rewriter/EIU/http/bntmsqx9dht9bnl/article.aspx?articleid=321313616&Country=Romania&topic=Economy&subtopic=Forecast&subsubtopic=Fiscal+policy+outlook&u=1&pid=1141331098&oid=1141331098&uid=1.
② 中国驻罗马尼亚大使馆经商参赞处,2013年3月18日,http://ro.mofcom.gov.cn/article/jmxw/201303/20130300058474.shtml(检索日期:2013年4月6日)。
③ EIU, "Country Report: Romania," Feb. 2013, p. 28.
④ EIU, "Country Report: Romania," March 2013, p. 3.

国家领导人第2次会晤以及第3届中国-中东欧国家经贸论坛。中国与16个中东欧国家共同发表《布加勒斯特纲要》，为中国与中东欧国家合作明确原则、规划蓝图。李克强总理访罗期间，中罗两国政府发表了《关于新形势下深化双边合作的联合声明》。① 这是中罗关系发展中的又一重要文件，为新形势下推进两国关系制订了全面规划。目前约11000家中国公司以及中罗合资企业在罗马尼亚注册，来自中国的投资额近4亿美元，中国在罗马尼亚外资来源地中排名第19位。中罗两国检验检疫部门还签署议定书为罗农畜产品输华提供保障，今后10年中方将从罗方逐步扩大农畜产品进口量。中罗双方在农业种植、能源、电信网络、光伏、航空、金融等方面加强交流合作，联合建设中罗经济技术园区，两国将在4G技术方面加强合作。

---

① http：//www.gov.cn/ldhd/2013-11/27/content_2535736.htm（检索日期：2014年1月15日）。

B.35
马耳他

宋晓敏*

摘　要： 2013年3月大选，在野的中左翼政党工党大获全胜，从而终结了国民党长期垄断国内政治的历史。新政府为兑现大选诺言，推行减税促增长和关注民生的新政策。随着欧洲债务危机的平复，欧元区国家经济回暖，马耳他经济缓慢回升。但财政赤字再次超标，公共债务的长期可持续面临风险。

关键词： 马耳他　大选　经济增长　财政赤字　债务风险

一　政治形势

（一）中左翼工党在3月大选中获胜

在2013年3月9日大选中，在野的中左翼政党——工党以54.83%对43.34%的选票战胜了执政的国民党，时隔15年后再次执政。工党领袖约瑟夫·穆斯卡特（Joseph Muscat）取代国民党领导人劳伦斯·贡齐（Lawrence Gonzi）成为新一任总理。从大选结果来看，工党获得9席优势，[①] 成为1964年马耳他独立以来第一个在议会中占据绝对优势的政党，同时也终结了国民党长期垄断国内政治的历史。国民党失利的主要原因在于，违背民意反对离婚合

---

* 宋晓敏，法学硕士，副研究员，中国社会科学院欧洲研究所《欧洲研究》编辑部主任。
① 在议会69个议席中，工党拥有39席，国民党占30席，相比上届国民党只有1席的优势，现在无疑拥有更大的推行政策的空间。

法化议案、公共交通改革失败、因贪污丑闻造成内部分裂、国际金融危机后经济停滞不前。相形之下，穆斯卡特领导工党成功向中间路线靠拢，在养老金问题、建立更自由化的世俗政府等方面提出了建设性的改革计划，从而吸引了国民党保守阵营中更自由化、更年轻的选民；同时，积极支持希腊的第二轮救助计划和扩充欧元区救助基金，改变了以往的"疑欧者"形象，从而获得了欧盟的首肯。

（二）新政府出台新政策，注重民生、刺激增长

新政府上任后，为兑现大选承诺，制定了减税促增长、提高居民生活质量的新政策，对选民较为敏感的紧缩改革没有提出明确措施，而是寄希望于通过经济的强劲复苏提高财政收入，削减财政赤字。具体政策包括：（1）降低税收（包括将所得税最高税率降低10%，为购买房产者减免相关税收）以及降低电费价格等。（2）继续推动社保改革，在养老金制度中引入第三支柱——自愿的私人养老金计划；为促进就业提供免费的儿童保育看护服务等。（3）提高居民生活质量。例如，对最低工资和最低养老金领取者减免税收；实施与欧洲社会基金共同出资的"Leap项目"，① 降低贫困，反对社会排斥；为抚养孩子的父母放宽缴税门槛；为雇用护工的老年人和残疾人减免社保缴费等。

2013年11月4日，穆斯卡特政府公布《2014年财政预算案》，② 强调在审慎的宏观经济框架下，通过各项政策刺激经济增长。预算案提出，新政府的经济和财政战略依托一些核心政策来达成目标：（1）确保公共财政的可持续性。（2）提高潜在的产出，尤其是通过提高劳动力市场的参与（特别是妇女就业率）、提高工作技能和教育水平、促进终身学习、增加生产性资本的投资等方式来实现。（3）提高竞争力，增加产品和服务市场的透明度。（4）减少官僚主义，确保公共服务的有效性。（5）通过合理的规则、严格的执行来保护金融业。为了实现这些政策目标，政府将在供给层面实行推动国家经济潜在

---

① "Leap项目"是欧盟倡议建立的致力于消除贫困的一个项目，由成员国与欧洲社会基金共同出资。

② "Budget Document 2014," http：//mfin.gov.mt/en/The-Budget/Documents/The_Budget_2014/Budget2014_Document.pdf.

增长的政策，其他政策则致力于确保公共财政的可持续。与此同时，也要保证环境的可持续和社会团结。

新政府的优先议程是促进就业增长。此外，为全体居民提供一个免费和可持续的医疗体系、支持中小企业创造就业和保持竞争力、发展绿色能源、兼顾传统的农业和渔业发展也是新政府的工作重心。

二 经济形势①

（一）经济缓慢回升

作为蕞尔小国，马耳他经济的开放度很高，经济状况受外部环境尤其是最大的贸易伙伴——欧元区国家的影响较大。2013年，随着欧债危机形势的改善、欧元区国家经济回暖，国内私人消费和投资开始复苏，加上净出口的拉动，马耳他经济继续稳固增长势头。据英国经济学家情报社（EIU）估算，2013年，马耳他实际GDP增长率略有回升，从2012年的0.8%增至1.2%。而欧盟更为乐观，其发布的宏观经济预测报告认为，马耳他2013年的GDP增长率为1.8%，高于欧元区平均水平。②

2013年，就业的增长、适度的工资上涨以及消费者信心恢复，推动私人消费上升1.2%。政府消费下降0.4%，显示紧缩措施仍有进一步推进的空间。固定投资总值出现微弱增长，达到0.7%。信息技术及与此相关的服务领域的投资仍然呈现增长趋势，但建筑业的投资下降幅度很大。与此同时，净出口的持续增长为国内生产总值做出了重要贡献。2013年出口增长1.9%，进口增长1.5%。出口增长比较明显的有食品、化工产品、机械和交通运输设备等商品。③

---

① 马耳他2013年经济数据主要来自EIU报告，"Country Report：Malta"，2013年第一季度、第二季度、第三季度、第四季度。
② European Commission，*European Economic Forecast*，Autumn 2013，http：//ec. europa. eu/economy_finance/eu/countries/malta_ en. htm.
③ "Budget Document 2014."

经过危机后的调整，从2009年开始，马耳他的经常账户赤字状况明显好转。随着服务出口的增加、进口货物增速减缓，经常账户出现结构性改善的趋势。2013年，经常账户出现盈余，占GDP的比例为0.4%。

2013年，受服务行业饭店和酒店价格下降的影响，马耳他的通货膨胀率（以欧盟消费者价格调和指数计算）从2012年的3.2%降为1%，在欧盟居于较低水平。

2013年，马耳他的就业状况有所好转，失业率在欧盟国家中始终处于稳定的低水平。欧盟统计局称，2013年马耳他的就业增长速度居欧盟前列，主要归因于妇女就业数量的增加。2013年失业率比2012年略低，为6.3%左右。

（二）财政赤字再次超标，公共债务的长期可持续面临风险

2011年，在欧盟的敦促下，马耳他采取了一系列的措施将超标的财政赤字减至3%标准以下。2012年，由于经济增长放缓，加上社保开支、能源补贴的增长以及大选的花费导致赤字重新反弹，达到3.3%，债务占比达到71.3%。无论是财政赤字还是公共债务占比，均超过《稳定与增长公约》的警戒线。2013年6月21日，欧盟又对马耳他启动"过度赤字程序"。理事会建议马耳他立即采取行动，力争在2014年前达标，并设立了具体的期限和目标，即2013年的财政赤字需达到3.4%，2014年降至2.7%。为此，马耳他财政部每月对政府的收入和支出进行监控，以保证年底目标的实现。据该部门估计，2013年的财政赤字为2.7%，已低于3%的红线。但债务占比仍然超标，达到72.9%。2014年以后，随着预算基本平衡的好转，债务占比将逐步降低，可望在2016年降至68.6%。但EIU认为，马耳他政府的估算过于乐观，它认为2013年马耳他的财政赤字继续上升，达到3.7%，公共债务占GDP比重达到80%。而据欧盟的预测，马耳他2013年的财政赤字为3.4%，债务占比为72.6%。[①]

穆斯卡特政府也承认，公共财政的可持续性是吸引外来投资、支持政府在经济、社会、医疗服务上发挥作用的前提条件。因此，新政府不仅制定了财政

---

① European Commission, *European Economic Forecast*, Autumn 2013.

整顿措施，也在推动财政改革，以加强财政纪律。例如，着手制订改革计划，根据欧盟《财政公约》、六部立法和二部立法的法律义务调整马耳他财政结构。这项改革立足于三个支柱：财政规则、财政机构和中期预算框架。但新政府始终强调，这些政策最好与经济周期相符，以支持国家经济的增长。财政政策的目的是提供必要的经济稳定。[1]

而欧盟认为，马耳他政府目前不存在债务融资问题，主要是因为国内对证券需求较高。但由于对财务状况不佳的国有企业的大量国家担保，加上从长期预测看养老金和健康医疗的支出超过欧盟平均水平，政府债务的长期可持续性仍然存在风险。[2]

2014年，得益于税收优惠政策和可支配收入的增加，马耳他的私人消费将持续增长。加上全球经济的回暖，净出口的增长将进一步推动马耳他经济的发展，增长前景进一步明朗。马耳他政府预计，2014年实际GDP增长率将达到1.7%。国际货币基金组织和其他国际机构更为乐观，预测马耳他的GDP增长率将达到2%。

(审稿人：孔田平；文字编辑：宋晓敏)

---

[1] "Budget Document 2014."
[2] "Macroeconomic Imbalances, Malta 2013," *Occasional Papers* 139, April 2013, http://ec.europa.eu/economy_finance/publications.

B.36 马其顿

刘作奎

摘　要：

马其顿政府相对稳定，但马其顿族和阿尔巴尼亚族政党之间的矛盾一直存在。马其顿因与希腊国名纷争而无法开启入盟谈判，而与保加利亚的矛盾进一步对其入盟造成障碍。2013年马其顿经济持续萎缩。本年度中国与马其顿互动频繁。

关键词：

政治稳定　入盟谈判　国名纷争　经济萎缩　中马关系

一　政治形势

马其顿政治局势在经历2011年6月议会选举的波动后，逐渐恢复平稳，但不同民族政党之间的矛盾依然存在。马其顿目前的执政党马其顿内部革命组织民族统一民主党与反对党马其顿社会民主联盟之间的矛盾不断。2012年12月，马其顿社会民主联盟试图阻止议会批准2013年的财政预算，但最终被执政党以多数票击败。尽管马其顿在执行2001年的《欧赫里德框架协议》上取得进展，但改革仍然没有完成，马其顿族和阿尔巴尼亚族之间仍有矛盾。2011年政府计划进行人口普查，但由于两族之间在统计方法上意见不一致而被迫放弃。

由于同希腊国名问题的争论至今无法解决，马其顿仍无法开启入盟谈判。尽管在过去几年双方做了一些协商努力，但希腊仍坚持马其顿改变其官方名称，这令马其顿感到不可接受。2012年12月，保加利亚也加入到希腊的反马其顿入盟阵营，阻止马其顿的入盟谈判，而在此之前，保加利亚是马其顿加盟

入约的支持者。

马其顿和保加利亚的矛盾由来已久，主要是由历史问题以及在各自国家均存在的涉及对方国家的族裔群体问题。保加利亚曾经在第一次和第二次世界大战期间占领过现在的马其顿领土，并仍旧认为马其顿是保加利亚历史和文化不可或缺的一部分。双方都有重要的少数民族群体在对方国家生活，并由此时常在双方关系中制造摩擦。虽然保加利亚是1991年马其顿从南斯拉夫独立后第一个承认其独立的国家，并且接受了马其顿的国名（不同于希腊），但保加利亚不承认马其顿语。同时，很多保加利亚人认为马其顿人事实上就是保加利亚族人。2007年保加利亚加入欧盟后，给予那些承认保加利亚人为祖先的马其顿人公民身份。根据这一方案，有至少18000马其顿人获得保加利亚护照。尽管获得欧盟公民身份可能是这些马其顿人的主要目的，但保加利亚借此强调马其顿人的保加利亚情感重新复苏。保加利亚这一做法引起了马其顿的不满，双方为此展开多次谈判。保加利亚提出了马其顿开启入盟谈判的三个条件：双方签订睦邻协定，建设共同的基础设施建设项目，组成一个高层会议来进行年度政府间对话。①

在2013年10月16日发布的扩大进展报告中，欧盟委员会连续第五年建议与马其顿开启入盟谈判。② 12月17日召开的包括欧盟各国外交和欧洲事务部长等在内的理事会议上，各方就马其顿入盟问题进行了讨论，理事会在会议结论中认为，2012年马其顿议会纷争引发的政治危机表明了各政党之间的深度分歧，影响到了议会正常行使其功能。理事会强调有效执行现行法律和政策框架的重要性，尤其要关注法治问题，这其中包括司法独立和在打击腐败和有组织犯罪上取得进展，言论和媒体自由也应得到关注。维持与周边国家友好关系同样需要重视，马其顿与保加利亚关系不睦将是开启入盟谈判的障碍。鉴于上述问题，理事会认为，马其顿仍需要进一步满足一些政治标准，并建议欧盟各国领导人在2014年讨论解决开启与马其

---

① Economist Intelligence Unit, "Country Report: Macedonia," 19 November 2013, p. 4.
② http://ec.europa.eu/enlargement/pdf/key_documents/2013/package/brochures/the_former_yugoslav_republic_of_macedonia_2013.pdf.

顿入盟谈判问题。① 2013年12月19~20日召开的欧盟峰会批准了理事会议的讨论决定。②

二 经济形势

马其顿2011年经济增长2.8%，这得益于出口和个人消费的增长。2012年GDP萎缩0.3%，主要是出口、个人消费均出现萎缩。英国经济学家情报社预测2013年马经济将萎缩0.8%。经济持续萎缩导致财政赤字不断扩大，预计2013年将从2012年GDP占比的3.9%达到4.7%。通货膨胀2013年预计会为2.8%。③

据马其顿国家统计局数据显示，2013年，马其顿进出口贸易额108.67亿美元，同比增长3.4%。其中，出口额42.67亿美元，同比增长6.6%；进口额66亿美元，同比增长1.4%。在马对外贸易中，与德国、希腊、英国、塞尔维亚、意大利、保加利亚的对外贸易额位居前6位。马自欧盟28国的进口占其全部进口额的62.6%，马对欧盟28国的出口占其全部出口额的72.6%。欧盟仍是影响马其顿对外贸易的最主要市场。④

马其顿决策者仍将致力于本币与欧元非正式挂钩，并寻求吸引外部直接投资，以发展有限而并不多样化的出口能力。最近几年马其顿在这方面取得了一定的进步，在世界银行的营商排序（Doing Business Ranking）中，马其顿排在第23位。政府认识到应采取审慎的财政政策，但也认为有必要增加在交通和能源基础设施上的投入，来增加经济活力并使得营商环境对投资者更具吸引力。

由于入盟前景近期看不到希望，马其顿开始培植和经营第三方的投资关系，土耳其就是显著的例子。在这种目标驱动下，土耳其公司开始大量进入马其顿的主要产业部门，双方将在2014年宣布几项重要合作项目。

---

① http://www.consilium.europa.eu/uedocs/cms_data/docs/pressdata/EN/genaff/140144.pdf.
② European Council, "European Council 19/20 December 2013 Conclusion," Brussels, 20 December 2013. http://www.european-council.europa.eu/council-meetings?meeting = 257508dc-b1e7 - 4f58 - 914e - 4bbaebf37e47&lang = en&type = EuropeanCouncil#t1.
③ Economist Intelligence Unit, "Country Report: Macedonia," 9 December 2013, pp. 5 - 7.
④ http://mk.mofcom.gov.cn/article/jmxw/201402/20140200480462.shtml.

三 中马关系

2013年,中马关系互动频繁,双边关系有所加深。2013年7月2~4日,"中国-中东欧国家地方领导人会议"在重庆举行。马其顿总理尼古拉·格鲁埃夫斯基访问中国并参加了此次地方领导人会议。格鲁埃夫斯基表示,对于中国企业来说,马其顿不仅是一个适合投资的国家,也是把产品迅速推向欧洲市场的绝佳门户。

2013年7月2日下午,国务院总理李克强在人民大会堂分别会见格鲁埃夫斯基。李克强说,中方重视发展同马其顿的关系,支持马方融入欧洲一体化进程的努力,愿推动双方在基础设施建设、农业等领域的合作,共同开发第三方市场,实现互利共赢。同日,国家主席习近平在人民大会堂会见格鲁埃夫斯基。习近平表示,中马传统友谊深厚,近年来两国各领域合作进展顺利。中方重视同马其顿的合作,视马其顿为好朋友、好伙伴,愿以两国建交20周年为契机,在相互尊重、平等相待原则基础上,与马方进一步加强高层交往,提升合作水平,推动中马关系取得更大发展,造福两国人民。

2013年11月27日,国务院总理李克强访问罗马尼亚,并会晤了格鲁埃夫斯基。李克强说,中马关系发展顺利。中方愿根据马方需求,积极参与马公路、电厂等大项目建设,扩大贸易、投资合作,推动中马关系迈上新台阶。格鲁埃夫斯基表示,马方愿兴建中国经济园区,为中国企业和商品进入马其顿和欧洲提供便利。

(审稿人:孔田平;文字编辑:莫伟)

B.37 挪　威

秦爱华

摘　要：

全球贸易萎缩抑制了挪威出口，致使2013年挪威经济增长缓慢。国内需求是挪威经济的主要驱动力。挪威的公共财政状况改善，主权财富基金超过5万亿瑞典克朗，公共财政盈余超过10%。2013年9月挪威举行议会选举，在野党赢得选举，保守党与进步党组成新一届联合政府。中国与挪威的自由贸易协定取得进展，有望结束谈判。

关键词：

挪威　经济　政治　议会选举　中国与挪威自由贸易协定

一　经济形势

由于全球贸易萎缩抑制了挪威出口，2013年挪威经济增长率仅为1.2%，大大低于2012年的3.1%；[①] 但失业率仅为3.4%，低于欧盟平均水平。

受食品和房地产价格上涨的影响，2013年挪威通货膨胀率出现较大幅度上涨，升至2.2%，预期2014年为2.3%。挪威的食品价格高居欧洲国家之首，这主要是政府采取了食品保护性措施，导致食品成本增加。但目前通货膨胀率仍在可控范围内，挪威央行表示短期内不会加息，基准利率仍将维持在1.5%。

相比其他国家，挪威的财政状况较好，财政盈余率多年保持在10%以上，

---

① 2014年预期为2.8%。

2013年和2014年预计分别为11.3%和11.0%。政府的债务率也处于较低水平，保持在40%以下，2013年和2014年预计分别为34.2%和35.5%。①

这种良好的财政状况在一定程度上得益于挪威的主权财富基金。② 该基金主要来源于石油、天然气收入的投资收益。1996年挪威以20亿挪威克朗创建该基金，近几年资金增加较快，2013年突破5万亿克朗。该基金主要投资于股票、固定收益资产和房地产，投资组合比例分别为61.2%、38.1%、0.7%，收益率分别为18.1%、6.7%和5.8%。

受市场预期较好和石油价格上涨的影响，挪威股市持续上涨，③ 股票的投资收益率较高。由于中国等亚洲和新兴市场的收益较好，近几年该基金逐渐增加了对这些地区的投资。

2013年9月，世界经济论坛对全球竞争力的评估显示，在148个国家和地区中，挪威的竞争力位居第11名，比上年前进4位。挪威的竞争力进步主要得益于信息技术领域的改善和良好的宏观经济环境；另外，挪威的生产效率、劳动市场和金融市场也表现较好。

挪威经济面临的问题主要包括：首先，对石油产业依赖较大，2/3的出口与石油产业相关；第二，挪威人的工作时间相对较短，而且生产率呈现下降趋势；第三，完善的福利制度使得挪威人追求悠闲的生活，短期内劳动力的供应不足可以依靠外籍劳工加以弥补，但从长期看，这种慷慨的福利制度不具可持续性。挪威中央银行行长奥尔森（Oystein Olsen）曾表示，为了保持挪威的长期经济繁荣，挪威应适当增加对非油气经济的投资，吸引民众投入工作以创造更多价值。

二　政治形势

2013年9月9日，挪威举行了四年一度的议会选举，四个右翼的反对党

---

① 数据来源："OECD Economic Ooutlook," Vol. 2, 2013.
② 挪威的主权财富基金又称石油基金，是全球第二大主权财富基金，仅次于阿拉伯联合酋长国的阿布扎比投资局的资产。
③ 2013年10月，挪威股市连创新高，超越了历史最高点。

最终赢得选举。保守党成为最大赢家，与进步党组成新一届联合政府。保守党在选举中获得26.8%的选票，较上届选举上升了9.6个百分点。保守党在议会中获得48个议席，比上届增加了18个席位，成为挪威的第二大党。保守党、进步党、基督教人民党和自由党共获得96个议席，超过议会席位的半数，最终由保守党和进步党组成新政府，基督教人民党和自由党不参加新的联合政府，它们表示将在议会中支持这一新政府。保守党主席埃尔娜·索尔贝格（Erna Solberg）担任新一届首相。

原执政党工党在连续执政8年后离任。工党的得票率为30.8%，下降4.5个百分点，获得55个议席，比上届选举减少了9席，尽管工党仍然是议会的第一大党，但是与第二大党保守党的差距进一步缩小。与工党联合执政的社会主义左翼党和中间党在选举中也表现不佳，议席数都有所减少，分别获得7席和10席。最终，工党领导的红绿联盟仅获得72个议席，没有超过议席数的半数，无缘组阁。

2013年10月16日，挪威新一届政府成立，新政府由18人组成，其中国防大臣和外交大臣等10位来自保守党，财政大臣等7位来自进步党。这是一个年轻的内阁，成员平均年龄为43岁，且半数为女性，新任首相埃尔娜·索尔贝格也仅52岁。

2013年12月，国会批准了新政府的组成方案，于2014年1月1日起生效。调整后的挪威中央政府由16个部门组成。主要变化包括：贸易与工业部改组为贸易、工业与渔业部，设渔业大臣和贸工大臣两位大臣；劳动部改组为劳动与社会事务部；环境部改组为气候与环境部；地方政府与地区发展部改组为地方政府与现代化部；撤销行政、改革与宗教事务部，撤销渔业与沿海事务部，它们的职能归入到其他各部；欧洲经济区与欧盟事务自1月22日起不再由外交大臣负责，改由首相府大臣负责。

三 中挪关系

2008年9月18日，中国与挪威启动自由贸易协定谈判，挪威曾经有希望成为第一个与中国签订自贸协定谈判的欧洲国家。但是，2010年挪威将诺贝尔和平奖授予中国正在服刑的犯人刘晓波，中挪关系陷入低潮，双方政治、经济和文化交往均受到不利影响，自由贸易谈判也被搁置。

2013年初，挪威的贸工大臣与外交大臣召集大企业代表商讨对华关系。挪威企业界希望政府采取更为积极的对华政策，这在一定程度上推动了中挪双边谈判。2013年5月，中国与挪威双方重新进行谈判，并且有望在近期结束这一谈判。挪威因此可能成为继冰岛、瑞士之后第三个与中国签订自由贸易协定的欧洲国家。[①]

（审稿人：张敏；文字编辑：莫伟）

[①] 2013年4月15日，中国与冰岛签署《中华人民共和国政府和冰岛政府自由贸易协定》。2013年7月6日，中国与瑞士签署《中华人民共和国政府和瑞士联邦自由贸易协定》。

B.38
葡萄牙

张 敏*

摘　要： 2013年第二季度起，葡萄牙经济有好转迹象，内需是拉动经济增长的主要动力，但完全走出危机尚需时日，预计2014年GDP有望实现增长。财长和外长接连辞职，暴露出执政联盟内两大党派在紧缩与增长、权力集中与均衡等问题上存在严重分歧。公民对政府结构改革计划不满情绪上升，引发社会冲突。

关键词： 经济好转　内阁重组　社会危机

一　政治与外交

（一）执政联盟达成新协议，度过政治危机

2013年7月1日和2日，葡财长加斯帕尔（Vítor Gaspar）和外长波塔斯（Paulo Portas）接连提交辞呈，引发一场政治风波。7月1日，加斯帕尔因调整计划未能得到内阁成员鼎力支持，愤而辞职。总理科埃略迅即任命加斯帕尔的手下阿尔布科尔克（Maria Luis Albuquerque）接替新财长。然而，不到24小时内，7月2日外长波塔斯也提交了辞呈，对总理科埃略擅自委任新财长表示抗议。

---

* 张敏，理学硕士，区域经济学专业，中国社会科学院欧洲研究所研究员、科技研究室主任，中国社会科学院西班牙研究中心秘书长。

辞职风波暴露出执政联盟内部存在两大分歧。一是实行严厉紧缩还是适度增长政策。社民党坚持严厉的紧缩政策，继续履行救助协议中的各项附加条件。而人民党认为，当前经济形势持续恶化，过度紧缩抑制了经济增长，应适当放宽结构计划的紧缩性。二是权力过分集中还是适当均衡。外长波塔斯抱怨人民党在执政联盟中缺乏影响力，权力有限，在新财长任命上没有发言权。

为化解执政联盟现有分歧，席瓦尔总统呼吁各党派（包括主要反对党社会党）尽快达成新的执政协议，并提议2014年中期提前举行全国大选。

外长提交辞呈，对葡政坛的冲击力较大，这将会引发其他两位人民党部长的辞职，甚至造成执政联盟破裂。一旦联合政府解散，社民党在230个议席中只拥有108个议席，缺乏议席多数，2013～2014年政府计划削减总额为47亿欧元的多项议案，恐难得到议会批准。为稳定政局，总理科埃略只得做出让步，进行内阁重组。2013年7月6日，社民党与人民党达成了新的共同执政协议。按照新协议，波塔斯将出任政府副总理一职（此职位是葡萄牙近30年来的首次增设），全面负责葡萄牙经济政策的协调以及与"三驾马车"（欧盟委员会、国际货币基金组织、欧洲中央银行）的对话。阿尔布克尔克接替加斯帕尔任新财长。

波塔斯出任副总理后，将力图使"三驾马车"适当放宽结构计划标准。但是，"三驾马车"已先后两次对葡萄牙放宽了财政紧缩标准，包括最近一次的评估，葡萄牙也未能履行承诺，将2013年的财政赤字控制在GDP的4%以内。因此，如果葡萄牙采取过于宽松的结构调整计划，在2014年6月第一个救助协议期满时，葡萄牙仍不具备从资本市场进行正常融资的能力，或许要寻求第二次救助，到时欧盟提供救助的条件会更加苛刻，葡萄牙可能面临举行临时大选。因此，联合政府执政前景难料。

（二）联合执政党在地方选举中受重挫

在2013年9月29日的地方选举中，社会党成为最大赢家，执政联盟党在选举中严重受挫。此次地方选举是自2011年5月执政联盟上台以来的首次地方选举。社民党得票率仅为16.7%，人民党赢得了36.6%选民支持，[1] 并在包

---

[1] EIU, "Country Report: Portugal," October 2013.

括首都里斯本在内的主要市镇取得了选举胜利。现任里斯本市长安东尼奥·科斯塔（Antonio Costa）来自社会党阵营，在新一届的市长选举中成功连任。联合执政党在地方选举中可谓"惨败"，反映出近年来选民对政府的极为不满。这也是葡萄牙2011年5月与"三驾马车"达成救助协议会后首次举行的地方选举。联合政府推行的财政紧缩政策和大幅削减社会福利开支等措施，招致民众不满，政府支持率一路下跌。这次选举实际上是对政府紧缩政策社会效果的一次民调。如果提前举行大选，社会党很可能顺利赢得大选。在未来任期内，通过调整经济、社会等政策，稳定经济和提高公民生活水平，将是决定执政联盟稳定的关键。

（三）"三驾马车"对葡萄牙结构计划再次给予正面评价

如何保持与"三驾马车"的关系是葡萄牙对外关系的重点。欧盟委员会、国际货币基金组织和欧洲中央银行已对葡萄牙结构计划进行了第八次和第九次全面评估。2013年10月3日，"三驾马车"发表联合声明，对葡萄牙结构计划执行情况表示满意，并同意从780亿欧元的救助款中向葡萄牙再提供56亿欧元的融资贷款。这份评价报告认为：在债务危机和经济危机形势下，葡萄牙2013年财政预算目标基本达标，葡萄牙十年期国债收益率下降到6.4%。"三驾马车"预测葡萄牙财政赤字可下降到占GDP的5.5%，这与之前承诺的占GDP 4%的赤字目标仍有距离。2014年，在税收增加和公共开支保持大幅削减的情况下，占GDP 4%的财政赤字预算目标有望实现。

二 经济与社会形势

（一）2014年GDP有望实现增长

2013年第二季度，实际GDP出现环比增长1.1%。内需是拉动经济增长的主要动力，强劲的出口增幅被快速发展的进口额部分抵消，净出口对经济增长的贡献率下降。预计2013年实际GDP下降1.8%，2014年有望实现增长0.8%。从2014年起，净出口成为刺激经济增长主要因素，内需对GDP的贡献率将为正值。随着经济形势的好转，劳动力市场开始稳定，就业供需矛盾趋于缓和。2013年第二季度的数据表明，旅游业和农业是创造就业岗位的两大部门。据预测，2013年失业率为17.4%，2014年略有攀升，达到峰值17.7%。

（二）外贸逆差缩小

截至2013年9月底，葡萄牙外贸逆差9.16亿欧元，同比缩小1.77亿欧元，出口额增长9.8%，进口额增长3.7%。受内需疲软影响，近年来货物贸易逆差逐年缩小。出口货物中，只有交通设备与材料下滑3.7%，其余均呈增长态势。燃料和润滑油增长最为强劲，增幅达29.7%，增长保持平稳的有消费品（7.1%）、资本货物（5.8%）、食品和饮料（5.3%）。第三季度向欧盟其他国家的出口占出口总额的70%，增长速度略快于向世界其他地区的出口。向欧元区其他国家的出口增长5.4%，进口增长3.6%，主要出口产品均实现了增长，食品和饮料增长5.3%，燃料和润滑油4.6%。消费品进口需求较弱，增幅为3%。2013年货物贸易逆差额缩小，占GDP的3.5%，在服务贸易有所好转的形势下，经常账户顺差约为GDP的0.3%，有可能创下1996年以来的首次顺差记录。

（三）旅游业形势较为喜人

2013年1~9月，旅游业人数（包括国内和国外游客）增长3.3%，旅游收入同比增长4.9%，达到16亿欧元，2013年旅游业形势较好。但是，葡萄牙政府继续采取紧缩政策，直接降低了居民个人可支配收入和消费能力，对整个旅游业的复苏是不利的。旅游业的景气主要归功于海外游客。1~9月，国内游客住宿比例下降1.8%，游客人数为10077人次。在葡萄牙住宿的海外游客增长7.9%，人数达到23992人次。阿拉伯国家政局动荡，使得国际游客更愿意选择葡萄牙等安全国家作为旅游目的地国，来葡萄牙旅游的三大国家分别是英国（占住宿游客总数的26.9%）、德国（14.6%）和西班牙（9.3%）。

（四）"紧缩开支"仍是财政预算的核心，但公众不满情绪上升

2013年11月26日，葡萄牙议会以132票赞成，最终通过了2014年政府

预算案。2014年度预算案以严肃财政纪律为核心,计划通过大幅削减公共开支和增加税收等紧缩措施,削减开支约39亿欧元,力争实现占GDP 4%的预算赤字目标。具体减支征税措施主要有:在2014年,政府将继续削减公务员的工资待遇,月收入在600欧元以上者的工资降幅为2.5%~12%。公共部门雇员的平均工作时间将从每周35小时延长至40小时。政府将提高柴油汽车车辆使用税及烟草税,公司税率从25%下调至23%。在养老金方面,预算案中还包括将退休年龄从目前的65岁延长至66岁,每月养老金超过600欧元的公务员,养老补贴将削减10%等项措施。[1]

这份预算将削减开支目标对准了在职国有部门的薪水和退休公务员的养老金,招致公众极大不满。2013年10月19日至2013年11月8日,葡萄牙主要城市均爆发了游行示威活动。政府提出的这份财政预算案,是迫于"三驾马车"的压力,也是解决葡萄牙严重的预算赤字和公共债务问题的对策之一,由此产生的政府代表的国家利益与市民利益之间的矛盾,很可能会引发更大的社会危机,值得关注。

(审稿人:陈新;编辑:莫伟)

---

[1] EIU,"Country Report:Portugal",December 2013.

B.39 瑞 典

秦爱华

摘　要：

2013年瑞典经济缓慢增长，国内需求是经济增长的主要驱动力。失业问题是困扰瑞典经济发展的一个主要因素，瑞典的青年失业率较高。2013年5月，瑞典发生青年移民骚乱事件，凸显了瑞典青年移民的就业和社会融入问题。中国与瑞典的双边关系发展稳定。

关键词：

瑞典　经济　失业　青年移民骚乱

一　经济形势

2013年瑞典经济增长缓慢，增长率预计为1.1%，与上年基本持平，2014年预计为2.8%。2013年国内需求是经济增长的主要驱动力，对经济增长贡献率为0.8%，比上年略有下降，2014年预计将升至2.8%；2013年投资的贡献率为0.5%，比上年（-1.2%）有较大幅度增长；2013年对外贸易的贡献率降至-0.1%，随着出口增长，2014年贡献率预期将转负为正。

失业问题是困扰瑞典经济发展的一个主要因素。瑞典的失业率维持在较高水平，2013年和2014年预计分别为8.1%和7.9%。瑞典青年失业率居高不下，部分地区的青年失业率超过25%。在2013年秋季财政预算中，瑞典政府明确提出其首要目标是协助成长型企业创造就业岗位，并将通过减税、加强区域经济发展和基础设施建设等措施，增加就业和促进经济增长。此外，2014～2015年欧盟将拨付7.8亿瑞典克朗用于帮助瑞典缓解青年失业问题。①

瑞典的通货膨胀率较低，2013年为0.6%。政府的通货膨胀率目标是2%，如果持续低于1%，瑞典经济将有通货紧缩的风险，可能导致需求下滑、失业率上升、产品价格下跌等。因此，有分析认为瑞典央行将可能下调当前为1%的基准利率。预期2014年通货膨胀率有可能回升至1.3%。

瑞典以"高税收，高福利"而著称，2013年的边际税率高达56.6%，又一次高居经合组织国家的榜首，这已是瑞典连续第四次蝉联第一。

为应对金融危机，提高经济活力和竞争力，瑞典采取了一系列减税措施，从2013年起，企业税从26.3%降至22%，成为这一税种最低的欧洲国家之一。为促进个人投资，从2013年9月起，瑞典对小企业个人投资者实施减税。②

相比之下，瑞典的政府财政状况较好。2012年之前瑞典财政处于盈余状态，2012年开始出现财政赤字，受减税政策的影响瑞典的财政赤字仍将持续几年，2013年和2014年政府的赤字率将分别为-0.9%和-1.2%，2015年有可能回落至-0.5%，低于欧盟规定的3%上限。政府的债务率也处于较低水平，为40%左右。③

近年来，瑞典的经济竞争力出现下滑。根据2013年9月世界经济论坛公布的《2013～2014年全球竞争力报告》，瑞典的竞争力排名再次后退，由上年的第四位跌至第六位。④ 瑞典竞争力下降的主要原因是经济不景气和青年失业率较高，但是在公共机构、社会和环境、创新⑤、企业文化等方面，瑞典的表

---

① 欧盟国家的青年失业问题较为普遍，除瑞典以外，接受这一援助的欧盟国家还包括西班牙、意大利、希腊、爱尔兰、罗马尼亚和斯洛文尼亚。
② 根据规定，对于小于130万瑞典克朗投资的小企业个人投资者，每年可获得最高65万克朗的税收减免。
③ European Commission，*European Economic Forecast*，Autumn 2013.
④ Klaus Schwab ed.，*The Global Competitiveness Report 2013-2014*，published by World Economic Forum，p. 15，2013.
⑤ 世界知识产权组织发布的《2013年全球创新指数报告》显示，瑞典的创新能力依然名列前茅，位居第二，仅次于瑞士。

现仍然十分突出。为了提升竞争力和提高创新能力，瑞典采取了一些措施，包括减免税收、高薪吸引优秀科研人员、降低社会保障支出比重[①]等。

二 政治和社会形势

2014年9月瑞典将举行议会大选，瑞典执政联盟的支持率持续下降增加了大选的不确定性。瑞典执政党是由温和党、自由人民党、中间党和基督教民主党组成的中右翼四党联盟，在野的中左翼红绿联盟是由社会民主党、绿党和左翼党三个政党组成。民调显示，2013年在野的红绿联盟支持率超过了执政联盟，二者支持率的差距从2012年开始逐渐减小。执政联盟中，除了第一大党——温和党的支持率保持在30%以外，其他3个政党的支持率都较低（2个政党低于4%），将有可能无法进入议会。因此，2014年大选的结果不确定性较大。

2013年5月19日，瑞典首都斯德哥尔摩的胡斯比区发生了为期5天的移民骚乱事件。因警察射杀一名葡萄牙裔移民，引发了当地移民的反抗，骚乱很快蔓延到了其他地区。有上百人袭击警察和警车，破坏学校、商店和警察局，导致60多人被逮捕，7名警察受伤。

欧洲主权债务危机爆发后，瑞典采取的财政紧缩政策加剧了青年移民的失业和贫困，加上种族歧视和不公平待遇等因素，使得瑞典积聚已久的移民问题终于爆发。

骚乱事件凸显了瑞典移民面临的就业困境和社会融入难题。第一，20世纪以来瑞典奉行宽松的移民政策，目前移民约占15%，其中以难民和劳工为主。瑞典政府将60%的福利补贴用于移民，进一步增加了经济和社会的负担。第二，移民就业困难，过度依赖福利，政府为了应对债务危机采取减少福利的措施，使得移民群体的生活大受影响，进一步滋长了面临教育和就业困境的年轻移民的不满情绪。第三，移民不断涌入导致犯罪率上升，警察和移民的关系日趋紧张。

骚乱事件对瑞典政坛也具有深远影响，有可能影响2014年的大选结果。

---

① 瑞典的社会保障支出占GDP比例从1993年的39.3%降至2011年的29.4%。

受骚乱事件的影响，民众对移民持反对态度的人数增加，对移民持反对态度的政党（瑞典民主党）支持率也呈上升趋势，从第六位上升至第三位。瑞典民主党成立于1988年，具有民族主义特色，在2010年大选时因为反对伊斯兰移民而支持率大幅上升，首次进入国会。尽管民主党进入执政联盟的可能性很小，但是它对瑞典政坛的影响仍然不容忽视。

这起骚乱是继法国、英国之后的又一次移民骚乱，有人称这是"阿拉伯之春"抵达瑞典。这三起骚乱具有共同之处，都是在移民聚集区，因警察致移民死亡而引发的青年移民骚乱。这显示出瑞典的移民融入存在问题，特别是受失业和贫困困扰的青年移民最为严重。骚乱事件在欧洲连发，显示移民问题不仅是瑞典的问题，也是欧洲国家共同面临的问题。

瑞典是世界上最廉洁的国家之一。2013年12月，透明国际组织公布了"全球清廉指数"报告，在177个国家中，瑞典与芬兰并列第三，丹麦名列第一。北欧国家的排名历年来都名列前茅，2013年排名前五位的国家中有四个是北欧国家，显示了北欧国家整体良好的廉洁状况。

瑞典曾经连续三年蝉联世界最和平国家，但是由于受到种族歧视、收入差距扩大等不利因素影响，特别是2013年5月的骚乱事件，使得瑞典在2013年的排名退居第二。[①] 总体而言，瑞典仍然是安全感较强的国家之一。另外，瑞典也是全球最具幸福感的国家之一，在2013年5月经济合作与发展组织关于最具幸福感的评比中，瑞典位居第二，表明瑞典民众对本国的物质和精神生活满意度较高。

三 对外关系

瑞典是未加入欧元区的欧盟国家。尽管瑞典政府对欧盟政策持积极态度，但目前瑞典公民加入欧元区的意愿较低。欧盟委员会2013年7月的一份调查显示：瑞典人对欧元的支持率较低，仅为19%，略高于支持率最低的英国

---

① 2013年11月18日，世界和平论坛公布了《2013年世界和平指数报告》，在世界和平指数（WPI）排名中德国名列第一，瑞典位居第二。

(15%)：在欧盟国家中，约有51%的人口支持欧元，欧元区和非欧元区的支持率分别为62%和29%。① 调查还表明，欧洲债务危机的不利影响仍在持续，欧洲国家对经济预期并不乐观。瑞典对欧盟提出的金融改革方案提出质疑，认为这项改革将会对瑞典经济产生不利影响。瑞典认为拆分大银行会提高金融服务业成本，不利于瑞典的出口行业和养老基金。由于欧洲经济和瑞典经济存在不确定性，瑞典人对加入欧元区持谨慎态度。

中国与瑞典的双边关系发展稳定。瑞典是第一个与中国建立外交关系的西方国家，与中国具有深厚的外交基础。中瑞建交63年来，两国在经贸、政治、教育、文化等领域的合作与交流日益深化，取得了丰硕的成果。2013年8月2日至4日，瑞典举行了中国节活动，② 这是北欧地区首次举办的规模最大的文化交流活动。这次活动展现了中国文化的博大精深，加深了瑞典人民对中国的了解，增进了中瑞两国人民之间的友谊。中国节活动进一步推动了双方的文化交流，为深化和发展中瑞之间的双边关系，起到了积极的作用。

（审稿人：张敏；文字编辑：莫伟）

---

① *Standard Eurobarometer* No. 79, published by European Commission, July 2013, p. 24.
② 2010年，习近平访问瑞典时签署了《中国和瑞典政府间2010～2014年文化交流与合作谅解备忘录》，这次活动是为了落实其中推动中瑞文化交流的内容而举办的，这是瑞典举办的首届中国节。

B.40 瑞士

孙莹炜

摘　要：

2013年，瑞士国内政治环境稳定。本届政府的主要施政方向是继续控制最高汇率上限、维持银行业稳定，压缩财政开支，确保本国经济持续良性运转。尽管全球需求低迷，瑞士经济还是出现强劲反弹。2012年，瑞士的国内需求，特别是私人消费需求对瑞士国民经济起到明显支撑作用。外交方面，瑞士2013年与欧盟间的合作，以及与美国等国家就银行保密制度、合作纳税的谈判是本年度的外交重点。

关键词：

政治稳定　汇率　银行业　私人消费　国内需求

一　政治形势

2013年，瑞士国内政局稳定。现任瑞士政府（瑞士联邦委员会）于2011年就职，是由五个党派共同组成的联合政府：社民党（SP）和自民党（FDP）占据议会多数，各占2个内阁席位，瑞士人民党（SVP）、基民党（CVP）和保守自由党（BDP）各占1席。2013年12月4日，联邦委员兼外长布尔克哈特（Didier Burkhalter）当选为下一任联邦委员会主席；联邦委员兼司法警察部长索玛鲁贾（Simonetta Sommaruga）当选为副主席，于2014年1月1日上任。

瑞士每年会进行3～4次全民公投（Referendum），共同决定国家的某些具体事务。"全民公投"是瑞士直接民主的体现，公民拥有对国家决策的最终决

定权。全民公投的政治权益被体现在1874年修改的瑞士联邦宪法中。2013年11月24日,瑞士就三项议题进行了全民公投,此次全民公投的参与率达到53%,是近三年来最高的一次,而且此次公投中关于"收入公平"(Für gerechte Löhne)的议题不仅为瑞士人所重视,也得到了其他国家的广泛关注。这项由瑞士社会青年党提出"企业中最高管理人员的工资不能高于最底层员工工资的12倍"的动议,最后未获通过。但假如获得通过,有可能会影响到瑞士目前的就业形势和税收,并加重社会保障负担,这对正处于缓慢复苏的瑞士经济将会造成影响。

二 经济形势

瑞士在近几年一直是最具国际竞争力的国家,其较低的通胀率、外资大量流入以及国家大量的外汇储备等都成为瑞士经济在全球独树一帜的重要支撑因素。因此,尽管全球经济需求低迷,瑞士经济在2013年还是出现了强劲反弹,国内生产总值(GDP)比上年增长2.1%。[①] 国内消费将继续是瑞士经济增长主要动力。

2013年1~11月,瑞士出口总额为1865.55亿瑞郎,进口总额为1706亿瑞郎,增长幅度与上年同期基本持平。截至2013年11月,瑞士继续保持较高的贸易顺差,为235.26亿瑞郎。[②]

2012年瑞士联邦财政实现盈余约13亿瑞郎(相当于GDP的0.2%),明显好于预期,瑞士政府压缩开支的政策发挥了巨大作用。预计2014年瑞士财政状况将进一步好转。[③]

自瑞士央行2011年12月出台瑞郎兑欧元汇率下限政策以来,瑞郎升值势头得以有效遏制,通货紧缩风险也有所降低。尽管如此,瑞士法郎依然强势,2013年瑞士继续实施汇率下限政策。瑞士央行通过大量增持外汇来稳定汇率

---

① Staatssekretariat für Wirtschaft (SECO), BIP und Verwendungskomponenten (Jahres-und Quartalsdaten), Nov. 11, 2013.
② Eidgenössische Zollverwaltung (EZV), Medienmitteilung, Dec. 19, 2013, S. 1 – 3.
③ Eidgenössisches Finanzdepartement (EFD), Medienmitteilung, Aug. 29, 2013.

以维持市场价格稳定。

自2013年3月开始,瑞士失业率缓慢下降,到第三季度,瑞士失业率一直保持在3.0%左右。青年人的失业率高于平均失业率,10~11月的青年失业率为3.4%。[①]

瑞士物价稳定,通胀率近年来始终维持在较低水平,2013年甚至出现了轻微的通货紧缩。

2012年,瑞士政府推行宽松的财政政策,推进劳动市场法与社会保障法改革,将女性退休年龄从64岁提高到65岁,实施更为灵活的退休制度。上述社会保障制度改革在一定程度上改变了国家财政的支持体系,有效控制了医疗费用的上涨,为瑞士经济的中长期发展奠定了良好的财政基础。在能源方面,瑞士的长期目标是降低能源消耗,逐步放弃使用核能,并加大力度开发使用可再生能源和提高能源使用率。

三 对外关系

(一)中瑞关系持续健康发展

中瑞两国经济互补性强,合作潜力巨大,双方互为重要经贸伙伴,经贸合作是发展中瑞关系的重要基础和持续动力。在新形势下,中瑞经贸关系将继续加强贸易投资、加强金融领域合作、深化节能环保合作、深化高新技术合作、深化中小企业合作,在新的发展起点上把握机遇、凝聚共识。

2013年5月24日,中国国务院总理李克强对瑞士进行正式访问,这是李克强出任总理后出访的首个欧洲国家,体现出中国新一届政府和领导人对中瑞关系的重视,同时为中瑞关系持续、健康的发展注入了新活力。李克强总理与瑞士领导人就中瑞自由贸易协定等议题进行了会晤,有效推动了该协定的正式签署。7月6日,中瑞双方在北京正式签署中瑞自由贸易协定,这是中国与欧洲大陆国家签署的首个自由贸易协定。12月11日,中瑞自由贸易协定经瑞士

---

① Staatssekretariat für Wirtschaft (SECO), *Die Lage auf dem Arbeitsmarkt*, December 2013, S. 5.

联邦议会国民院审核通过且无须就该协定进行全民公投。2014年3月，该协定将提交瑞士联邦议会联邦院进行审议。中瑞自由贸易协定的签署牵动着中瑞双方巨大的经济利益，将为双方提供更为广阔的贸易合作平台，对两国的共同繁荣发挥积极作用。

瑞士至今已有20多个自由贸易的伙伴国，其大部分自由贸易协定都是在欧洲自由贸易联盟（EFTA）的框架下达成的（瑞士是该联盟的4个成员国之一）。中国是瑞士在亚洲最大的贸易伙伴和世界第三大贸易伙伴，仅次于欧盟和美国；瑞士是中国在欧洲的第八大贸易伙伴和第六大外资来源国。

此外，中国与瑞士重视加强在联合国等重要国际组织中的合作，在重大国际事务中，两国也保持着良好的沟通，特别是在面临全球性金融危机的背景下，中国与瑞士更是始终保持互利合作，加强对话，积极扩大贸易与投资规模，深化金融合作，共同抵御经济危机带来的风险。

（二）瑞士与美国在银行、税收方面的合作取得新进展

2010年以来，瑞士银行业开始遭遇连绵不断的麻烦。特别是瑞银客服因涉嫌逃税而遭到美国税务部门调查后，瑞士与美国在银行保密制度方面发生了一系列摩擦。这也成为瑞、美两国关系中引人关注的焦点。此后，欧盟诸国也纷纷与瑞士就银行保密制度和处理逃税问题进行磋商。面对来自各国的压力，瑞士不得不就银行保密制度做出让步，与相关国家共同寻找杜绝逃税问题的方案。

2013年2月14日，瑞士与美国签署了关于在瑞士执行美国《海外账户纳税法案》（Foreign Account Tax Compliance Act，FATCA）的协定，成为与美国签署该协议的第8个国家，这表明瑞士愿意配合美国打击离岸避税的行为。但两国也在协议中规定，美国公民在瑞士金融机构的账户信息只可在账户持有人同意或是瑞政府根据双边税务协定协助美方打击涉税犯罪时方可提交美国当局。

2013年8月，瑞士与美国签署了反避税的协议。根据该协议，瑞士银行将向美国政府提供瑞士银行美国储户的信息，以协助调查美国储户是否涉嫌逃税。协议的达成将有助于缓解两国围绕瑞士银行保密规定引发的外交摩擦，为历时近5年之久的瑞、美避税纠纷暂时画上了句号。

（三）瑞士加强对欧盟国家的入境管理

2012年4月瑞士宣布限制8个东欧国家（爱沙尼亚、拉脱维亚、立陶宛、波兰、斯洛伐克、斯洛文尼亚、捷克、匈牙利）公民入境和工作。2013年4月24日，瑞士联邦委员会宣布将延长该措施，即继续给予上述国家公民5年期的B类居留许可实行配额，并自6月1日起将配额制度范围扩大至欧盟其余17个国家。未来一年，欧盟8国的B类签证配额为2180个，欧盟17国的配额为5.37万个。近年来，瑞士每年平均移民净增长6万~8万人，联邦委员会明确表示，这对瑞士经济增长带来积极的影响，但同时也对社会各方面造成压力，希望通过临时性的限制措施减缓移民增长速度，并将研究采取可持续的措施解决该问题。

（审稿人：田德文；文字编辑：莫伟）

B.41 塞尔维亚

刘作奎

摘　要：

2013年塞尔维亚政治局势相对稳定，塞尔维亚进步党进一步加强了在政府机构的影响力。在欧盟的斡旋下，塞尔维亚和科索沃达成了双边关系正常化的协议，为入盟扫清了重要障碍。2013年塞尔维亚经济形势不佳，财政赤字较高。中塞关系2013年呈积极、快速发展态势。

关键词：

政治稳定　塞科关系正常化　财政赤字　中塞关系

一　政治形势

2013年塞尔维亚政治局势比较稳定，塞尔维亚进步党巩固了自身在政府中的地位。7月，塞尔维亚进步党开始推动政府重组，8月末，财政和经济部长丁吉奇（Mladjan Dinkic）和他所在的党——塞地区联合党退出联合政府。尽管社会党总理达契奇试图保住他的位子（总理和内部事务部长），但考虑到进步党地位的上升和它的领导人、副总理武契奇（Aleksandar Vucic）呼声日高，英国经济学家情报社预测达契奇的地位可能不会持久。

武契奇强有力地领导政府进行反腐败行动使他赢得了公共尊重，成为塞尔维亚最受欢迎的政治家。进步党可能决定在2014年提前举行选举来巩固其地位，这可能让社会党和达契奇付出一定的代价。①

---

① Economist Intelligence Unit, "Country Report: Serbia," December 9th, 2013, p.2.

2013年1月17日，在欧盟外交和安全政策高级代表凯瑟琳·阿什顿的斡旋下，塞尔维亚与科索沃就双方关系正常化以及北科索沃问题在布鲁塞尔进行了对话。在进行了十轮会谈之后，双方在2013年4月19日草签了塞科关系正常化协议。随后，塞尔维亚和科索沃议会陆续批准了该项协议。协议主要涉及科北部塞族聚居区法律地位及权利义务等内容，但并未涉及塞尔维亚承认科索沃独立问题。

尽管塞科关系面临诸多问题，但关系正常化协议的达成为塞尔维亚的入盟进程打开了"机遇之门"。欧盟理事会2013年6月28日决定，如果塞尔维亚全面执行了与科索沃的关系正常化协议，将支持塞尔维亚开启入盟谈判。但英国经济学家情报社预测认为，即使塞尔维亚在2014年开启入盟谈判，未来10年内加入欧盟的可能性仍很小。[1]

在2013年12月17日召开的包括欧盟各国外交和欧洲事务部长等在内的理事会议上，各方就塞尔维亚入盟问题进行了讨论，理事会在会议结论中强调，理事会将继续密切关注和跟踪塞尔维亚在推进与科索沃关系正常化上所能做出的"明显的和可持续的"进展。塞尔维亚和科索沃将独立寻求入盟之路。塞尔维亚仍需要在改革司法体系、打击腐败和有组织犯罪、改革公共行政管理制度、保证媒体自由和保护弱势群体等方面付出努力。[2]

2013年11月3日，科索沃举行了地方政府选举，该项选举是塞科关系正常化协议的一项重要内容。居住在科索沃北部塞族社区的不少居民反对并拒绝参加由科索沃组织的地方政府选举。总理达契奇等在选举前亲赴科索沃北部以塞族为主的城镇，动员塞族居民积极参加竞选和投票，以便在科索沃北部形成一个由塞族人领导的城镇联盟，为当地的塞族居民争取更多权益。最终，得到贝尔格莱德当局支持的塞族公民倡议党（Srpska Civic Initiative）代表潘蒂奇（Krstimir Pantic）获得北米特罗维察（科索沃最大的塞族聚居区）市长选举的胜利。整个科索沃地方政府选举最终得以成功举行。选举的成功举行确保了塞尔维亚可以开启入盟谈判。

---

[1] Economist Intelligence Unit, "Country Report: Serbia," December 9th, 2013, p. 2.
[2] http://www.consilium.europa.eu/uedocs/cms_data/docs/pressdata/EN/genaff/140144.pdf.

二 经济形势

塞尔维亚经济在2012年步入衰退（1.7%）后，一直萎靡不振。农产品产值下滑最为厉害，达到17.1%。根据官方统计，从2013年第三季度开始，塞尔维亚经济开始反弹，第二季度比上年同期增长0.2%，第三季度比上年同期增长3.2%。这种增长表现主要是受到出口增长以及农业丰收的驱动。英国经济学家情报社预计全年GDP增长为2%，而塞尔维亚共和国统计局预估为2.4%。在拉动经济增长的主要产业中，农业贡献最大，英国经济学家情报社评估为6%，工业为2.2%，服务业为1.4%。商品和服务出口增长10%，进口增长4%。政府负债总量为351亿美元，占GDP的80%。①

塞尔维亚财政赤字问题较为严重。2012年财政赤字达到GDP的7.6%，2013年政府推行经济改革计划，计划将财政赤字控制到5.3%。但英国经济学家情报社认为实现这一目标需要时间，预计2013年财政赤字将会为7.9%。②2013年的经常性账户赤字将达到23.66亿美元，占GDP的比重约为5.4%。③

塞尔维亚失业率较高，且呈逐年增长态势。据英国经济学家情报社统计和评估，从2010年到2013年，每年的失业率均超过20%。从2010年到2013年分别为20.1%、23.7%、25.9%和27.2%。④尽管政府推出了一系列促进就业措施，但考虑到国内诸多企业进入破产清理或私有化，就业形势未来几年仍不乐观。

2013年10月8日新政府出台了新的经济改革计划，主要集中在一些财政巩固措施上，如缩减公共部门工人的工资、减少国家对国有企业的补贴等。政府正与世界银行合作通过重组和私有化来推进国有企业改革，计划在2014年6月末通过破产、金融重组和私有化来解决所有国有企业的身份问题。在179家企业中，有27家无法私有化的企业进入破产清理程序，66家在2013年末

---

① Economist Intelligence Unit, "Country Report: Serbia," January 2014, p. 8.
② Economist Intelligence Unit, "Country Report: Serbia," December 9th, 2013, p. 4.
③ Economist Intelligence Unit, "Country Report: Serbia," January 2014, p. 8.
④ Economist Intelligence Unit, "Country Report: Serbia," January 2014, p. 8.

出售，16家公司重组，29家大型国有企业将在2014年寻找战略投资伙伴，但仍有41家具有战略敏感性的企业没有提出具体改革计划。政府的企业私有化计划进展并不顺利。这主要是由于在执行私有化计划时，缺乏透明度、贪污腐败现象严重，大部分企业几经"折腾"后，优质资产流失殆尽，生产经营活动趋于停止，负债累累，这些企业很难找到投资者。塞政府无奈只能以财政补贴方式，勉力维持经营状况相对较好的企业日常生产运营。对于其他资产、债务等问题更为严重的企业，塞政府实无更好的解决办法，只能启动破产程序。世界银行正在讨论新的贷款方案，计划2013~2014年每年提供2亿美元贷款来支持塞尔维亚结构改革计划。①

三　中塞关系

2013年6月14日，中国常驻联合国副代表王民大使在安理会科索沃问题公开会上发言，阐明中方对科索沃问题的立场：中方认为安理会第1244号决议是解决科索沃问题的重要法律基础，解决科索沃问题应在相关决议框架内，由当事方通过对话谈判，达成彼此均可接受的解决方案。塞尔维亚的主权和领土完整应得到充分尊重。中方欢迎贝尔格莱德和普里什蒂纳举行多轮高层政治对话，并取得积极成果。鼓励双方继续保持务实和建设性的对话进程，寻求解决科索沃问题的持久方案，努力维护巴尔干乃至整个欧洲地区的和平与稳定。②

2013年8月25~29日，应国家主席习近平邀请，塞尔维亚总统托米斯拉夫·尼科利奇访华。26日，国家主席习近平在人民大会堂同塞尔维亚总统尼科利奇举行会谈。两国元首就深化中塞战略伙伴关系达成重要共识。会谈后，两国元首共同签署《中塞关于深化战略伙伴关系的联合声明》并见证了两国政府经济技术合作协定等双边合作文件的签字仪式。③ 同日，全国人大常委会委员长张德江和国务院总理李克强分别会晤尼科利奇。

11月25日，国务院总理李克强在加勒斯特会见塞尔维亚总理达契奇。李

---

① Economist Intelligence Unit, "Country Report: Serbia," December 9th, 2013, p. 3.
② http://www.fmprc.gov.cn/mfa_chn/wjdt_611265/zwbd_611281/t1050486.shtml.
③ http://politics.people.com.cn/n/2013/0826/c1024-22700001.html.

克强说，中方鼓励本国企业投资塞尔维亚农业和电力产业，促进两国贸易快速、平衡发展，推动两国各领域合作全面深入发展。达契奇表示，愿与中方密切高层交往，扩大能源、铁路等基础设施建设、农业、通信等领域互利合作，支持并积极参与中东欧国家与中国的合作。会见后，中匈塞三国总理共同宣布，合作建设连接贝尔格莱德和布达佩斯的匈塞铁路，并成立联合工作组落实推进工作。李克强表示，匈塞铁路是中国-中东欧合作中的标志性项目。中国装备走出国门，特别是加强与新兴市场国家的合作，既可以帮助这些国家基础设施转型升级，也有利于消化中国过剩的产能，提高装备的质量和服务水平，将造福双边、多方，不仅有利于中欧合作，也有利于世界。中方愿与塞尔维亚以及有关国家一道，将铁路合作打造成中国与中东欧合作的新亮点，使其成为中国与中东欧、中欧的友谊新纽带。①

（审稿人：孔田平；文字编辑：莫伟）

---

① http：//news.xinhuanet.com/politics/2013-11/26/c_118288290.htm.

B.42 塞浦路斯

宋晓敏

摘　要： 2013年,"三驾马车"批准塞浦路斯100亿欧元救助计划,塞浦路斯面临紧缩改革的压力。而塞浦路斯经济陷入严重的衰退,增长面临诸多困难。2013年2月大选,塞浦路斯最大反对党——中右翼民主大会党获胜,阿纳斯塔夏季斯当选总统。南北和谈有望重启,但统一遥遥无期。围绕海洋经济区的天然气开发,希族塞浦路斯和土族塞浦路斯的矛盾加深。

关键词： 塞浦路斯　大选　银行业危机　救助计划　经济衰退

一　经济形势①

(一)"三驾马车"批准塞浦路斯100亿欧元救助计划

2012年6月,塞浦路斯政府正式向欧盟提出救助申请后,双方在救助的方式和力度等问题上进行了拉锯式的谈判,迟迟未能达成协议的主要原因是纾困方案存在分歧。如何救助深陷危机的塞浦路斯银行业?欧盟和欧元区领导人认为,经历了爱尔兰和西班牙银行的纾困后,解决危机的思路应该得到根本性改变。如果银行发生破产,应由投资者,而不是纳税人承担损失。② 因此,

---

① 本报告中,塞浦路斯是指国际社会承认的"塞浦路斯共和国",不包括北部土耳其族控制区。其数据来源于英国经济学家情报社(EIU)报告,"Country Report:Cyprus",2013年第一、第二、第三、第四季度报告。

② http://www.ftchinese.com/tag/%E5%A1%9E%E6%B5%A6%E8%B7%AF%E6%96%AF#utm_campaign=1D110215&utm_source=EmailNewsletter&utm_medium=referral.

"三驾马车"（欧盟、欧洲中央银行和国际货币基金组织）在救助方案中提出，塞浦路斯政府估算的170亿欧元左右的救助金额，其中1/3应通过"银行自救"（bail-in）的方式筹集。自救的手段包括对塞浦路斯银行存款进行征税。2013年3月16日，"三驾马车"同意为塞浦路斯提供100亿欧元的救助，条件是：对10万欧元以下的银行存款一次性征收6.7%的税，10万欧元以上征收9.9%的税；储户通过银行股份来获得补偿；缴税之前，不得取款和转账。

塞浦路斯政府不愿意接受"三驾马车"的立场。一是10万欧元以下储户主要是本国居民，征税势必侵害选民利益；二是10万欧元以上储户以俄罗斯人为主，征税势必惹怒俄罗斯，在影响两国传统友好关系的同时，也损害了塞浦路斯作为地中海金融中心的信誉。

在民众的抗议下，塞浦路斯议会于3月19日否决了上述救助方案。3月25日，塞浦路斯新总统、欧元区国家财政部长、国际货币基金组织官员提出新的纾困计划：10万欧元以下存款不予征税，关闭第二大银行——大众银行（Laiki Bank），对塞浦路斯银行（Bank of Cyprus）未投保的存款征收40%的税。按照这个方案，大众银行中10万欧元以下信用良好的资产和存款被转移到塞浦路斯银行，股东资产被注销，未投保的10万欧元以上的存款将受到不同程度的损失。大众银行的关闭和塞浦路斯银行的资本重组计划大大减少了需要救助的金额。①

4月2日，塞浦路斯新政府与"三驾马车"最终达成100亿欧元的救助计划（备忘录），4月24日获得批准。这项救助为期三年（2013年5月13日~2016年3月31日），由欧洲稳定机制提供90%的款项，国际货币基金组织提供其余的10%。其中41亿欧元用于债务的分期偿还，34亿欧元用于弥补财政赤字，25亿欧元用于银行的资本重组。与此同时，塞浦路斯在此期间需要完成以下任务：（1）从政府资产的私有化中收入10亿欧元；（2）保证到期国库券和国内债权人持有的到期债券的自动转存；（3）降低银行再资本化的出资需求，包括未来塞浦路斯央行赢利的再注资。有舆论认为，与希腊的救助计划相比，这份救助协议"更似自救计划"。"三驾马车"还在备忘录中提出了财政紧缩、银行体系改革和结构改革等要求。

2013年7月17日，"三驾马车"抵达尼科西亚，对救助计划的备忘录

---

① http://en.wikipedia.org/wiki/2012%E2%80%9313_Cypriot_financial_crisis.

(塞浦路斯经济调整计划）进行第一次评估。9月，国际货币基金组织和欧盟委员会相继发布报告，对塞浦路斯的措施给予积极评价，同时指出下行风险仍然很大，尤其是金融业。报告认为，塞浦路斯的经济调整计划已步入正轨；塞浦路斯政府已采取果断措施稳定了金融业，并逐步放松存款限制和资本管制；通过重大的财政紧缩措施和审慎的预算政策实现了初步的财政目标，市场对银行系统的信心正在恢复；结构改革也在一些重要领域中得到落实，例如塞浦路斯政府出台了延长退休年龄、降低养老金津贴水平等措施。但从短期来看，塞浦路斯经济增长困难，未来前景面临很大的不确定性。①

（二）公共财政状况继续恶化

2013年，得益于发放天然气开发执照的收益，塞浦路斯财政赤字略微下降，从2012年占GDP的6.3%降至5.7%。在经济调整计划框架下，塞浦路斯政府应"三驾马车"的要求，实施了紧缩措施，公共支出下降明显。但政府债务总额占GDP的比重上升很快，已从2012年的85.8%上升至113%。为了达到备忘录提出的到2016年财政赤字达到GDP的3%的目标，塞浦路斯已同意实施如下措施。在增加收入方面：（1）增加公共部门和私营部门收入和养老金的临时缴费；（2）提高增值税率，从18%增至19%；（3）提高燃油税。在削减支出方面：（1）减少社会保障的转移支付；（2）减少雇员、小时工和公共部门退休人员的薪酬等。尽管有上述措施的保障，但由于塞浦路斯经济衰退严重，2014年的财政赤字仍将高于2013年，有可能接近GDP的7%。

（三）经济陷入衰退，增长面临困难

受债务和银行业危机的冲击，塞浦路斯经济陷入严重的衰退状态。从2011年开始出现的经济萎缩一年更甚一年。2012年，实际GDP增长率为-2.4%。2013年，经济持续下滑，实际GDP增长率降至-6.2%。据英国经济学家情报社（EIU）预测，经济萎缩将会持续三年，到2017年才能实现正增长。

---

① "The Economic Adjustment Programme for Cyprus First Review-Summer 2013," http：//ec.europa.eu/economy_finance/publications.

由于银行业是国家支柱产业,也是吸纳就业的主要部门。银行业危机不可避免地带来了失业率的大幅攀升,加上财政紧缩措施的施行,导致私人消费和公共消费双双下滑。2013年,私人消费同比下降5.7%,公共消费下降6%。2012年,由于房地产市场的疲软,投资已大幅萎缩。2013年,国债利率的继续攀升,致使塞浦路斯无法在国际市场上融资,加上商业景气信心不足、信贷条件的收紧,固定投资总额继续下滑,达到25%。

国内财政紧缩措施的进一步推进,以及国内需求一路下滑,致使外部需求也受到抑制。2013年,塞浦路斯的货物和服务出口下降5.9%,进口下降19.5%,但经常账户收支状况近年来显著改善。尽管增值税和其他间接税有所增长,但国内需求下降过快带来了通货紧缩的压力。2013年,通货膨胀率(按欧盟消费者价格调和指数计算)仅为0.3%。

2013年,塞浦路斯经济衰退在加快。银行业的危机效应已"溢出"到实体经济。制造业、建筑业和服务业等主要行业的不景气进一步推高失业率。曾是欧洲失业率最低的塞浦路斯受银行业危机影响,失业率飙升。2013年,平均失业率达到17.4%,在建筑业和银行业失业率更高。青年失业率从2012年的27.8%上升至37.8%,已跻身希腊、西班牙、葡萄牙、意大利等高失业率国家行列。

预计2014年,塞浦路斯的经济衰退会进一步持续,但相比2013年更为缓和。未来几年,塞浦路斯处于经济重大调整时期,但是能源领域的投资和旅游业的好转会在近期推动经济的复苏,良好的经商环境和受过良好教育的劳动力仍然会在中长期支撑塞浦路斯的经济发展。鉴于塞浦路斯经济的开放性和小规模,国际环境的好坏仍然是决定塞浦路斯经济前景的关键因素。

二 政治形势

(一)最大反对党——民主大会党主席赢得大选

2013年2月17日,塞浦路斯举行总统大选,现任总统赫里斯托菲亚斯宣布不参加竞选。在其任期内,塞浦路斯经济接连遭受希腊主权债务危机和本国银行业危机的冲击,陷入40年来最为严重的衰退。国内相关调查报告认为,赫里斯托菲亚斯总统对国家经济危机负有主要责任。此外，2011年7月，利马索海军基地弹药爆炸造成人员伤亡和电站事故，经济损失达到24亿欧元，占GDP的13.8%。调查报告声称，总统对此负有不可推卸的责任。[①] 受此影响，赫里斯托菲亚斯的支持率近年来一路下滑，大选时降到低谷。其所在执政党的候选人斯塔夫罗斯·马拉斯（Stavros Malas）在首轮投票中仅获26.91%的选票，大大落后于最大反对党——民主大会党候选人尼科斯·阿纳斯塔夏季斯45.46%的支持率。因无人获得过半选票，塞浦路斯于24日举行第二轮选举。阿纳斯塔夏季斯最终获得57.48%的选票，当选总统。

相比于赫里斯托菲亚斯，作为中右翼党领袖的阿纳斯塔夏季斯更受布鲁塞尔的欢迎。民众选择阿纳斯塔夏季斯，也是在向布鲁塞尔释放信号，即使需要承受苛刻的财政紧缩条件，塞浦路斯也要申请欧盟救助，在俄罗斯驰援无望的情况下，这是唯一可行的办法。

（二）南北和谈有望重新启动，统一依然遥遥无期

持续四年的南北统一和谈于2012年终止，新的谈判有望在新总统任期内重启，但难以取得有效成果。和谈最大的障碍仍然在于统一面临的政治成本，双方在权力分享上很难做出让步。近年来，南部希腊族和北部土耳其族之间的不信任持续增加。此外，自塞浦路斯共和国宣布在海洋经济区开发天然气以来，能源利益的竞争加剧了和谈的难度。在未来的谈判中，希族塞浦路斯将力图避免讨论天然气问题，但北部土耳其族明确表态不会放弃自己的开发权。土耳其也已声称地中海西部五区都是本国大陆架的组成部分，并支持土族塞浦路斯在开发海上天然气上拥有与南部希族同等权力的诉求。

（审稿人：孔田平；文字编辑：宋晓敏）

[①] "Cypriot Election: The Political Problem and the Financial Crisis," http://www.euractiv.com/euro-finance/cyprus-2013-presidential-electio-analysis-516955.

B.43 斯洛伐克

傅聪

摘　要： 2013年斯洛伐克经济增长几近停滞，经营环境和竞争力排名下降。方向党控制了政治大局，总理罗伯特·菲乔正式宣布将作为方向党候选人参加2014年总统竞选。在年末举行的地方政府和议会选举中，极右翼党人当选州长。斯洛伐克与中国高层互访频繁，经贸、投资合作发展良好。斯洛伐克举办2013年中欧国家峰会。斯洛伐克与日本建交20周年，日本皇室文仁亲王携王妃对斯进行正式访问。

关键词： 经济停滞　政治稳定　斯中关系良好

一　政治形势

2013年斯洛伐克政局较为平稳。方向党牢牢控制了国民议会的多数席位，右翼反对派因处于分裂状态，并未造成较大影响。但是，在年末举行的地方政府和议会选举中，极右翼党人当选州长，或将加强欧洲的极右翼势力，对即将于2014年举行的欧洲选举形成冲击。

2013年圣诞前夕，斯洛伐克总理罗伯特·菲乔（Robert Fico）正式宣布将作为方向党候选人参加2014年总统竞选。现任总统伊万·加什帕洛维奇（Ivan Gasparovic）将于2014年6月结束任期，斯洛伐克定于2014年3月15日举行总统选举。

菲乔2012年出任政府总理。菲乔参选总统的策略显而易见，即借助方向党目前的高支持率争取竞选总统成功。

斯洛伐克在2013年10月和12月进行的两次民调结果显示，方向党的支持率达到39%，特别是12月的支持率远远超过支持率为9.6%的最大反对党基督教民主运动。① 菲乔目前是总统职位最有力的竞争者。在11月进行的一项选前民意调查中，菲乔以36.9%支持率居于榜首。② 由于担心方向党独揽总统、总理大权而破坏国家权力制衡，反对党中的基督教民主运动、匈牙利族裔人党Most-Hid和斯洛伐克民主基督教联盟已结成联盟，共同支持前议长帕沃尔·赫鲁绍夫斯基（Pavol Hrusovsky）竞选总统，与菲乔抗衡。此外，富商兼独立竞选人安德烈·基什卡，前总理、前基督教民主运动党主席扬·采诺古尔斯基，自由团结党代表等14位候选人也宣布参选。③

斯洛伐克的极右翼党人首次当选地方政府首脑，但方向党仍旧可以掌控斯的政治全局。在2013年11月举行的全国性自治州州长和议会选举中，新纳粹党——斯洛伐克的领导人马里安（Marian Kotleba）在班斯卡-比斯特里察州以55.5%的选票打败了方向党候选人，成为1989年剧变后首次当选地方政府最高职务的极右翼政治家。不同于西欧极右翼政党对伊斯兰移民的歧视，包括斯洛伐克在内的中欧国家的极右翼党反对少数族裔罗姆人。马里安将斯洛伐克经济低迷归咎于罗姆人，主张减少其社会福利。他还主张对斯洛伐克具有战略意义的公司进行私有化、恢复本国货币、退出北约，并否认纳粹大屠杀。观察家指出，所有政党都应为极右翼党的这次获胜承担责任，因为政治家们没有避开那些破坏人权标准的观点，特别是在罗姆人问题上。政府没有妥善安置罗姆人、没有处理好仇恨犯罪，以及主流政治家倾向于支持民族主义都是极右翼政党获胜背后的因素。总理菲乔认为，极右翼获胜是左右翼党派的竞争和中右翼阵营分裂而没有共同支持的候选人造成的。总统加什帕罗维奇则表示感到震惊，并警告政治家们不要遗忘和无视人民长期面对的问题。④ 在同时举行州长

---

① http://spectator.sme.sk/articles/view/52485/2/smer_maintains_firm_grip_so_does_high_unemployment.html.
② http://news.xinhuanet.com/world/2013-12/19/c_118614641.htm.
③ http://spectator.sme.sk/articles/view/52486/2/presidential_race_on_deck.html.
④ http://www.euractiv.com/eu-elections-2014/neo-nazi-wins-local-election-slo-news-531952.

选举的其他七个州中,方向党和其盟友支持的候选人获得了六个州的胜利。在全国总共408个州议会席位中,方向党取得118席,占28.92%。① 除布拉迪斯拉发地区外,方向党单独或与盟友在其余七个自治州中都占据优势地位。

二 经济形势②

2013年,斯洛伐克经济增长继续减缓,欧盟委员会预期GDP增长仅为1.1%。经济增长速度缓慢的原因在于国内外需求持续疲软。2013年斯洛伐克外贸保持顺差,2月外贸实现顺差4.59亿欧元,占当月GDP的5.4%,创历史最高纪录。③ 1~10月斯洛伐克出口总额同比增长2.9%,进口同比增加0.8%。高失业率是困扰斯洛伐克经济发展的重大问题。劳动部抽样调查显示,2013年前三个季度的失业率分别达到14.5%、14.0%和14.1%。

2012年底,斯洛伐克政府公共债务达到373亿欧元,占GDP的比重为52.1%,较2011年底上升了8.8个百分点。2013年第二季度斯洛伐克外债占GDP的比重由第一季度的54.8%上升至58%,逼近国家外债占GDP比重60%的警戒线。斯洛伐克在不抑制经济增长的前提下增加税收、打击逃税等减少赤字的措施受到了欧盟委员会的肯定。斯洛伐克财政赤字占GDP的比重已由2010年的7.7%降至2012年的4.3%,平均每年降低1.4%,高于欧盟委员会此前对成员国建议的年均降幅1%的平均水平。2013年第一季度国家预算赤字9.527亿欧元,同比下降17.6%。上半年财政赤字为16.6亿欧元,占全年赤字预算总额的54%,与上年同期相比降低近30%,减少金额6.6亿欧元。截至11月底,斯洛伐克财政赤字为19.63亿欧元,同比减少7.8亿欧元,削减幅度超过28%。

2013年,斯洛伐克经营环境在"世界经济论坛"排行榜上名列第78位,较上一年下降7位。与前两届政府执政时期相比,2005年斯洛伐克排名曾列第41位,2011年上届政府时期排名第69位,目前为历史最低。此外,在竞

---

① http://www.volbysr.sk/VUC/Tabulka3_en.html.
② 本部分内容如无特殊标注均引自斯洛伐克统计局网站,参见 http://portal.statistics.sk/showdoc.do?docid=359。
③ http://sk.mofcom.gov.cn/article/jmxw/201304/20130400085876.shtml.

争力排名方面，斯洛伐克在欧盟内仅高于希腊，位列成员国倒数第二。专家分析，斯洛伐克排名下滑的主要原因是高税费和劳动法的相关规定，这将对斯洛伐克吸引外资和创造就业产生不利影响。①

三 对外关系

斯洛伐克东部最大城市科希策市因修建罗姆人隔离区，受到了欧盟的强烈批评。科希策与法国马赛同为2013年欧洲文化首都。在申请成为欧洲文化首都的竞标中，科希策市承诺加强少数民族政策，关注罗姆人文化。然而，该市在西部郊区罗姆人聚居的社区外修建隔离墙，破坏了欧洲文化首都蕴含的城市文化多元及加深欧洲公民相互理解之意。欧盟教育和文化委员瓦西利乌要求科希策市市政当局迅速拆除隔离围墙，尊重欧盟的价值观和人权。②

2013年6月12~13日，第18届中欧国家峰会——"危机后复兴的增长战略"在布拉迪斯拉发举行。③ 此峰会是欧盟成员国和非成员国之间的一个交流平台。奥地利、罗马尼亚、爱沙尼亚、保加利亚、匈牙利、捷克等19个国家元首或政府高官参加了峰会。各国领导人重点围绕应对欧债危机、发展本地区经济进行了热烈讨论。除经济领域外，各国领导人还就后欧债危机时代各国所面临的共同的政治、社会、安全问题进行了交流。

2013年斯洛伐克与中国高层互访频繁。9月，全国人大常委会委员长张德江，应斯洛伐克国民议会议长帕沃尔·帕什卡（Pavol Paška）的邀请，在布拉迪斯拉发会见斯洛伐克总统加什帕罗维奇，会晤总理菲乔，与议长帕什卡举行会谈，会见国民议会斯中友好小组成员。④ 此外，斯洛伐克外交部，文化部，交通、建设与地方发展部国务秘书先后访问中国，分别与中国外交、文化和其他相关部门举行会晤，交换意见。

2013年斯中经贸、投资合作发展良好。斯洛伐克负责大项目和投资的副

① http：//sk.mofcom.gov.cn/article/jmxw/201309/20130900288375.shtml.
② http：//www.euractiv.com/culture/commissioner-tells-slovakia-put-news-529868.
③ http：//www.thedaily.sk/slovakia-welcomes-european-heads-of-state-to-summit/.
④ http：//www.china.com.cn/news/world/2013-09/22/content_30095128.htm.

总理瓦日尼在总理府会见了参加2013年"中国-斯洛伐克企业家洽谈会"的中方企业主要代表,表示斯方高度重视与中国开展经贸、投资合作,斯方将创造良好的条件,欢迎更多的中国企业来斯投资兴业。①

2013年是斯洛伐克与日本建交20周年。受斯总统加什帕罗维奇的邀请,日本天皇次子文仁亲王携王妃对斯进行正式访问。斯总统、总理、国民议会副发言人与文仁举行了会见。斯总统发言人表示,此次访问巩固了斯洛伐克与日本的友好关系,加深了双方间的理解和友谊。斯洛伐克视日本为具有相似观点的合作伙伴,认为其是亚洲最重要的国家之一。②

---

① http://sk.china-embassy.org/chn/dongtai1/t1058172.htm.
② http://spectator.sme.sk/articles/view/50508/10/japanese_prince_and_princess_visit_bratislava.html.

B.44 斯洛文尼亚

刘作奎

摘　要：

斯洛文尼亚政局不稳，扬沙政府因政治腐败和经济停滞于2013年2月倒台。2013年3月，以布拉图舍克为总理的新政府成立。斯洛文尼亚经济衰退的趋势会持续，但政府在解决银行业危机上采取了有力措施，危机有望逐步缓解。中国和斯洛文尼亚关系2013年发展顺利。

关键词：

政治不稳　经济衰退　银行业危机　中斯关系

一　政治形势

斯洛文尼亚政局近两年一直不稳。2011年帕霍尔政府因内部纷争提前选举，扬沙政府在2012年初执政，但因政治腐败和经济停滞于2013年2月倒台。

3月20日，来自积极的斯洛文尼亚党的布拉图舍克（Alenka Bratušek）联合中左翼的社会民主党、中右翼的公民名单党和斯洛文尼亚退休者民主党组成新政府，并担任总理。布拉图舍克承诺拯救存在问题的银行，复兴经济，创造就业，提高竞争力并坚持该国不接受国际救助。根据联合政府达成的协议，如果政府各方能够在私有化和处理坏账问题上达成一致，则会持续到2015年末的下一届议会选举。

斯洛文尼亚内部一直存在政治纷争。退休者民主党坚持认为，如果政府试图削减那些享受最低退休金的人的退休金和假日补贴，退休者民主党将退出联合政府。联合政府第二大党社会民主党也反对削减社会补贴。公民名单党反对增加部分税收。如果各方无法达成一致,政府的稳定和存续将面临挑战。

重要部长连续辞职也影响到政府稳定。2013年11月20日,来自斯洛文尼亚积极党的财政部长斯蒂皮斯尼克(Stanko Stepisnik)宣布辞职,原因是其私人经营的公司涉嫌获取国家补贴。11月25日,来自退休者民主党的卫生部长甘塔尔(Tomaz Gantar)宣布辞职,原因是他无法接受政府提出的卫生系统改革计划。

2013年11月15日,布拉图舍克政府关于提高税收和削减财政花费方案赢得了议会的信任投票,政府在解决银行业危机和避免国际救助上得到了国内政治力量的关键性支持。

2013年12月12日,斯洛文尼亚银行压力测试报告公布,报告认为该国不需要国际救助,可自我修复银行系统。根据压力测试结果,在最坏情况下,所有八家银行的资金短缺估计在48亿欧元以下。12月18日,经欧盟委员会批准,斯洛文尼亚向三家最大国有银行注入30.1亿欧元资金。其中2/3是现金,1/3将通过发行债券募集。下一步,斯洛文尼亚两家大的国有银行将进行私有化,预计分别在2016年和2017年予以出售,政府将保留25%的股份。

12月18日,欧盟通过了斯洛文尼亚政府对5家银行的注资计划,斯洛文尼亚当日开始将30多亿欧元的资金注入银行,银行与坏账银行间的坏账转移合同也正式签署。在斯洛文尼亚政府积极努力下,解决银行业危机的前景较为乐观。2013年12月国际评级机构惠誉对斯洛文尼亚三大银行Nova Ljubljanska、Nova KBM、Abanka进行了评级,将三家银行的评级由原来的CCC和CC级调高到B-级。

二 经济形势

斯洛文尼亚经济一直萎靡不振,2009年陷入衰退,2010~2011年一直增长乏力,2011年增长只达到1.1%,2012年再次陷入衰退,国内生产总值萎缩2.4%,2013年衰退的情况持续,英国经济学家情报社预计斯洛文尼亚经济会萎缩2.6%。①

---

① Economist Intelligence Unit, "Country Report: Slovenia," 19 November 2013, p. 2.

2013年5月，临时政府采取了一系列改革措施，旨在巩固国家财政并避免国际救助。7月，政府把增值税从20%提到22%。政府也计划削减公共开支，5月与工会达成一致，当年减少公共部门工资1.1亿欧元（1.4亿美元）。政府也计划在未来5年每年减少公共部门雇员1%。前任政府的财政赤字目标2013年是国内生产总值的2.8%，但根据目前的经济形势看，可能会达到4.9%。为了达到缩减赤字的目标，政府不得不承诺缩减公共部门工资、社会福利和养老金。[1] 根据2013年1月采取的养老金改革方案，将逐渐把退休年龄提高到65岁。

2013年6月，议会表决支持政府执行私有化方案。该方案计划卖掉15家国有公司，包括最大的电信运营商——斯洛文尼亚电信（Telekom Slovenije）、第二大银行Nova Kreditna Banka Maribor（Nova KBM）、卢布尔雅那机场和国营航空以及阿德里亚（Adria）铁路。但政府实施私有化计划仍有很大的不确定性，斯洛文尼亚国民一贯反对最大的银行和公司私有化。出售斯洛文尼亚电信已引发国际市场的广泛关注。国家占斯洛文尼亚电信75%的股份，这是迄今为止将要出售的最大的国有公司，市值高达7.254亿欧元。约有15家国家投资公司应标，然而私有化仍没有明确的时间表，但布拉图舍克坚持私有化将通过透明的公开招标来实现。

2013年5月，斯洛文尼亚政府向欧盟提交了国家改革计划和稳定计划，涉及政府决策程序的完善、短期刺激经济措施以及保障经济持续发展的措施。欧盟专家组通过对斯洛文尼亚一系列总体情况的考察、调研和评估，提出了9项具体整改建议，并将整改时间宽限至2015年。具体包括完善银行监管机制、推动私有化进程、处理企业负资产、展开养老保险制度改革、提高劳动力竞争力、聘用外国经济咨询员等。欧盟经济与货币事务委员瑞恩（Ollie Rehn）在5月29日的工作例会上表示，危机下的各国应该首先进行积极的自我整改，如果政府肯采用欧盟提出的相关建议，必能走出困境。瑞恩还要求斯洛文尼亚积极把握各种机遇开展政治经济改革，例如斯洛文尼亚新政府在4月进行的银行业整改便是非常成功的案例。尽管欧盟对斯洛文尼亚提交的改革和稳定计划

---

[1] Economist Intelligence Unit, "Country Report: Slovenia," 19 November 2013, p.3.

做出了一定的正面评估，但仍要求斯洛文尼亚尽快实施银行业改革、加快私有化进程、帮助企业削减债务并采取积极措施巩固公共财政。

三 中斯关系

2013年，中国和斯洛文尼亚的政治和经济关系发展均得到积极推动。4月26日，中国恒天集团与国际合作方联合收购的斯洛文尼亚 TAM-DuraBus 客车公司开业仪式在斯洛文尼亚第二大城市马里博尔市举行。斯洛文尼亚总统帕霍尔、中国驻斯洛文尼亚大使张宪一、中国恒天集团副总裁叶茂新、客车公司员工及斯洛文尼亚各界人士出席了仪式。TAM-DuraBus 客车公司原为 TAM 客车公司，两年前因经营不善破产，2013年由中国恒天集团及其合作伙伴联合收购，中方控股。收购完成后，该公司将致力于机场大巴、旅游大巴、中巴和底盘的生产及销售。张宪一大使在致辞中指出，TAM-DuraBus 客车公司是中斯建交20多年来中方在斯洛文尼亚投资的首家生产型企业，具有重要意义。相信在各方的共同努力下，这一合作项目将会取得多赢的成果。大使强调，该公司开业典礼恰逢温家宝总理提出中国关于促进与中东欧国家友好合作十二项举措一周年，必将为中斯经贸关系注入新的活力。

2013年11月27日，李克强访问罗马尼亚并会晤中东欧16国领导人。在会见布拉图舍克时，李克强说，中斯合作成果丰硕，中方愿积极参与斯方铁路和港口改扩建等基础设施建设，与该地区国家一道推动中东欧国家铁路交通网络建设。布拉图舍克表示，斯方欢迎中国企业扩大对斯洛文尼亚投资，积极参与斯方私有化进程和铁路、港口建设，愿与中方加强金融、高科技和旅游合作。

（审稿人：孔田平；文字编辑：莫伟）

B.45 西班牙

张 敏

摘　要：

西班牙首相拉霍伊涉嫌卷入政治贿赂案，但对政局影响不大。中央政府推行的紧缩财政政策招致地方不满，加泰罗尼亚民族主义情绪持续高涨，希望寻求更大的自治权。直布罗陀主权之争再起波澜，困扰西英关系。西班牙经济呈复苏迹象，走出危机尚需时日。中西建交40周年之际，两国开展了一系列高质量、注实效的互动，推动双方关系健康发展。

关键词：

政治贿赂　地方独立　主权争议　经济复苏

一　政治形势

（一）首相涉嫌卷入高官贪腐案

2013年初，西班牙《国家报》曝光首相拉霍伊卷入"巴塞纳斯贪腐案"，引发西班牙股市暴跌和债券收益率再次飙升，危及执政党地位和首相公众威信。巴塞纳斯是人民党政府前财长，负责政党竞选经费的筹措与使用。据披露，巴塞纳斯在瑞士银行高达2200万欧元存款来自一家建筑公司的合同贿赂款，人民党高官每月可从这笔资金中获得额外补贴，首相收取的贿赂金可能高达80万欧元。2013年7月初，西班牙高院在审理此案时，出具了收取建筑公司合同回扣的有关证据，巴塞纳斯默认存在公司隐性捐款和对政府高官的现金贿赂。然而，首相拉霍伊声称：自己是清白的，遭人陷害和勒索。他否认各项指控，对反对党提出的辞职抗议也置之不理。目前此案还在进一步调查中。

就目前情况看，这一事件还不足以引发政局动荡，其主要原因是：第一，缺乏确凿证据。第二，当前西班牙经济形势趋于好转，公民对政府重振经济有所期待。第三，尽管西班牙政党法严禁用私人捐款从事政党竞选，高官贪腐在西班牙司空见惯，涉及的面较广。不同党派在竞选活动中，或多或少会与私人企业之间暗中进行财权交易。

（二）加泰罗尼亚独立公投悬而未决

地方自治问题一直是阻挠国内政治稳定发展的主要因素之一。近年来加泰罗尼亚州（以下简称加州）要求自治和独立的呼声不断，2006年加州自治新宪章被西班牙高院仲裁为非法后，这种独立主义势头暂时有所收敛。主权债务危机下，西班牙中央财政预算赤字和公共债务不断高企，地方债务问题也很严重，加州承担的财政转移负担加重，再次激起了地方自治和民族独立情绪。以加州自治区主席马斯（Artur Mas）为首的加州地方党，坚持地方独立诉求，提议将在2014年11月举行独立公投。

马斯在2013年11月9日提出，参与公投者必须回答两个问题：你承认加泰罗尼亚国家吗？如果回答肯定，接着回答第二个问题：你希望这个国家独立吗？法律专家认为：这两个问题均模棱两可。法律规定，所有国家均是独立的，因此第一个问题是多余的。如果支持第一个问题同时反对第二个问题，则可以解释为公民希望寻求更大的地方自治权。

对这一公投倡议，首相拉霍伊斩钉截铁地表示反对："我保证这次公投不会举行。"举行地方独立公投是违宪的。在主权问题上，中央与地方政府之间没有任何协商和谈判的余地。中央政府警告加州独立可能带来的一系列负面影响：比如，西班牙将被排除在欧盟成员国之外，将不再是北约成员国，也不可能从欧洲中央银行获得各种融资，等等。

西班牙议会中的主要反对党工社党对公投也持反对意见。在加泰罗尼亚地方135个议员中，支持独立公投提案的议员有88人，其中来自马斯的联合团结党和左翼分裂主义党派的议员人数为71人。这种强硬的民族独立姿态对西班牙现行宪法提出了挑战。未来公投前景如何？修宪是否可能？一系列的问题都将是西班牙内政事务中不可回避的。

二 经济形势

(一)经济呈复苏迹象,走出危机尚需时日

西班牙经济改革措施取得初步成效。从2013年第二季度以来,西班牙经济呈温和增长,结束了连续9个月的下降态势。但是,预计2013年仍然是负增长(-1.3%),仅仅略高于2012年的-1.6%。按照这一趋势,预计2014年西班牙GDP将增长0.5%。

2013年西班牙经济形势的总体特征是:第一,净出口依然是拉动经济的主要因素。经常项目从赤字转向盈余。第二,内需依然不足。信贷紧缩趋势未改,家庭和企业的融资条件依然困难。第三,仍将推行的紧缩性财政政策将继续抑制经济增长。第四,在金融改革计划下,银行结构调整和重组有助于银行在竞争的资本市场提高其融资能力。

(二)外贸逆差缩小,经常项目顺差扩大

外部需求扩大提振了商品出口。2013年1~10月,西班牙的出口形势明显好于其他欧盟主要国家,同比增长6.2%,出口额1966.1亿欧元;进口下降2%,进口额2089.7亿欧元;贸易赤字123.7亿欧元,同比下降了56%(上年同期水平为280.6亿欧元)。2013年,预计货物贸易逆差由2012年的319亿美元,缩小为61亿美元;经常项目由逆差转为顺差,从2012年的151亿美元的逆差,转变为35亿美元的顺差。[①]

(三)2014年预算案将继续采取谨慎财政紧缩政策

2013年12月19日,西班牙众议院批准了2014年财政预算案。[②] 从2014年起,政府对现行紧缩财政政策进行谨慎调整,偏向略微宽松,以刺激经济增

---

① 西班牙政府门户网站,http://www.lamoncloa.gob.es/IDIOMAS/9/Gobierno/News/2013/20131220_Export.htm。
② EIU,"Country Report: Spain," November 2013.

长。计划削减实际公共支出2.9%，同时上调税率，保障公务员工资和福利水平平稳，不受借贷成本的影响。预算案提出了财政赤字达标路径：政府计划在未来2年内，将财政赤字控制在占GDP 3%的水平。预计2014年财政赤字将从2013年的6.5%下调至5.8%，2015年和2016年继续分别下调至4.2%和2.8%。

2014年的税收总收入（包括向地方政府的税收转移）预计为1798亿欧元，增幅2.4%，收入税、公司税、增值税、特别税均以一定幅度增长，其中收入税增长1.7%，达732亿欧元。中央政府税收收入为1286亿欧元。在支出方面，中央政府支出预算增长2.7%，为1333亿欧元，偿还借贷成本366亿欧元；各大部委预算削减4.7%，为346亿欧元，这一削减幅度也是近两年最小的。

三 社会形势

（一）劳动力市场改革初见成效，但就业前景仍不乐观

2013年9月，西班牙就业和社会保障部对2012年初推行的劳动力市场改革进行了评估。结果显示：这次改革有效地遏制了失业率的持续攀升，缓解了西班牙劳动力市场二元分隔问题，提高了就业市场的弹性和灵活性，西班牙企业及员工能够适应经济形势变化造成的劳动力市场的调整。这次改革，将集体谈判自主权下放到了企业层面，企业可以在工资制定、工作时间安排等方面具有决定权，从而至少挽救了22.5万个就业岗位，[①] 劳动力市场改革初见成效。

2013年9月的统计数据显示：西班牙的就业形势有好转迹象。按季节性调整，登记失业人数下降了35631人，创下月度最大降幅，也是2013年登记失业人数下降的第二个月。同期新增社保缴费人数5637人。截至2013年9月底，登记失业人数为472万人，环比上升25572人，结束了过去6个月连续下

---

① http://www.lamoncloa.gob.es/IDIOMAS/9/Gobierno/CouncilMinisters/2013/20130802_Council+of+Ministers.htm.

滑的态势。

但是，在欧元区国家中，西班牙的劳动力市场形势仍然十分糟糕，2013年底的失业率高达26.3%，青年的失业率尤其高，年龄在15~24周岁人群的失业率高达56%，是欧元区国家青年平均失业率的2倍。就业前景仍不乐观。

（二）教育质量仍低于OECD平均水平，教育改革被再次提上议程

国际学生评价项目（PISA）[①]在2012年12月的评价结果，西班牙的教育质量得分低于OECD国家平均水平。在65个被测试的国家中，西班牙科学水平排名在第29位，阅读和计算能力排名均在第32位。近10多年来，西班牙的教育水平几乎"原地踏步"。[②]

西班牙教育水平较低的原因主要有：（1）年龄在16周岁以下的学生辍学率相当高。2012年，年龄在18~24周岁的青年人离开学校的比率高达25%，即每4个人中就有1人不再继续求学，是欧盟平均水平的2倍。多数学生放弃继续学习，过早进入建筑行业和房地产市场。（2）近年来外来移民比重上升，在2000年外国出生人口的比率为2%，2013年上升到了13.5%。（3）教材内容陈旧、教师的水平和留级生人数上升等原因也导致了教育质量下降。（4）教育投入产出不成正比。[③]

针对教育质量问题，2013年初西班牙议会提出新的教育改革议案，这也是35年来西班牙推行的第七次教育改革计划。这次改革的重点是提高教育质量和降低16周岁以下学生的辍学率。主要改革措施包括：提倡中学生从14周岁时起选修专业课程，鼓励学生进入职校或高等院校学习；赋予教育机构在教学内容安排上更大自主权，赋予教育部在教材编排上更大主导权；尽可能对年龄在14~17周岁的学生开设两年制的技术培训课程；教育部将制定教育评价体系，并严格对各个阶段的教育质量进行综合评估。

---

① 国际学生评估项目（The Programme for International Student Assessment，PISA）每三年举行一次教育水平综合评分。
② 2000年西班牙的阅读能力得分为493分，2006年下降为461分，2009年略有上升，为481分，2012年的分值为488分。
③ 2000年以来，政府逐年加大教育投入，2010年政府用于每个中学生的教育开支为9608美元，高于芬兰（芬兰为9162美元），但芬兰在PISA中的排名是世界第一的。

这次改革还突出了宗教课程在教学中的重要性。要求加泰罗尼亚州地方学校教授西班牙语课程，在私人学校学习加泰兰语时，学生应额外付费，等等。受财政紧缩政策影响，这次改革对教育经费大幅削减，因而引起公众抗议，左翼党派对教育改革中轻视外来移民学生及扩大教会影响力等做法也颇有微词。

四 外交形势

（一）直布罗陀主权之争再起波澜，困扰西英关系

直布罗陀地处伊比利亚半岛南端，是西班牙与英国之间历史遗留的主权争议之地，是两国关系中的"老问题、老冲突"。直布罗陀作为战略要地，自古以来就是兵家必争之地。1704年，英国在直布罗陀建立军事要塞。1713年直布罗陀被割让给英国。在两次世界大战中，直布罗陀成为英国重要的海军基地。但西班牙从未放弃对直布罗陀的主权。因此，双方之间在此主权归属上的矛盾和摩擦时有发生。

近二三十年来，两国因直布罗陀主权归属问题时有冲突。2013年7月，直布罗陀当局在附近海域浇筑70个混凝土砌块，准备填海建岛礁，此举直接影响了西班牙渔民的捕鱼活动，遭到了渔民的强烈抗议。西班牙外交部要求直布罗陀当局立即停止造岛。然而，英国政府却强硬表态：西班牙无权干涉英国主权。作为回应，西班牙政府加强了对直布罗陀地区的出入境检查，甚至考虑采取包括向每辆机动车收取50欧元过境费、限制飞往直布罗陀的航班使用西班牙领空等多项反制措施。数十艘西班牙渔船持续多日连成一线横在水面上，抗议直布罗陀当局填海造岛礁。英国军舰2013年8月19日抵达直布罗陀后开始驱离这些抗议的渔船。直布罗陀主权争端不断升级，英国与西班牙的关系出现"从政府到民间的全面恶化"。

造成此次小摩擦快速升级的主要因素有：首先，西班牙与英国作为两大老牌殖民帝国，双方对直布罗陀主权争议问题历来非常敏感，即使是一点小摩擦，双方也互不相让。其次，受债务危机影响，捕渔业对西班牙渔民而言显得

尤为重要，任何不利于渔业发展的活动均会遭到渔民的抗议。再次，由于直布罗陀问题的主权性质没有改变，在双边框架下很难有所突破。双方均有意借事态升级，寻求在欧盟法律框架下的新的解决思路。与此同时，首相拉霍伊贪腐案缠身，公民威信度有所下降，于是高调出面干预这一争端，以表明政府在主权归属上不让步的态度，从而转移公众对贪腐案的过分关注。

（二）中国与西班牙庆祝建交40周年

2013年3月9日，中国与西班牙迎来建交40周年纪念日。40年来，中西两国在政治、经济、外交、科技、文化、教育等各领域的合作取得了丰硕的成果。

2013年，中西双方均以建交40周年作为加强务实合作、推进关系的新契机，在马德里、北京两地举行一系列以政治对话、经贸合作、文化交流为主题的庆典活动。2013年1月19日晚，浙江交响乐团音乐会在马德里纪念剧院举行，拉开了中西40周年庆典活动的序幕。3月21日，中国驻西班牙使馆在马德里中国文化中心隆重举办中西建交40周年图片展。9月10日晚，2013中国电影展开幕式在西班牙电影资料馆多雷影院成功举办。11月12日，中国西安兵马俑复制品展在马德里费尔南·戈麦斯城市文化中心拉开帷幕，12月9日，马德里中国文化中心揭牌仪式隆重举办。在北京庆祝中西建交40周年的最大亮点是2013年9月12日中西论坛成立十周年大会，并举办第七次论坛会议。会议期间，中西两国重点探讨了八大主题："中西企业：国际经济新模式下的全球合作伙伴""地方合作：城市综合可持续发展""第三方共同投资司法框架""旅游：架起中西合作之桥""汉语和西班牙语的社会经济价值""企业界性别机会平等""商科领域教育交流：协作、挑战与前景""食品安全和中西贸易：挑战与机遇"。两国开展了一系列高质量、重实效的互动，为开创建交40周年以后的新的双边关系，奠定了坚实的基础。

（审稿人：陈新；文字编辑：莫伟）

B.46 希腊

宋晓敏

摘 要: 2013年,因推行紧缩改革、裁撤公共部门,萨马拉斯政府遭遇不信任案。极端政治势力崛起与暴力事件频发,导致社会形势进一步动荡。希腊经济衰退速度放缓,即将迎来复苏的曙光。财政赤字显著下降,但公共债务居高不下,关于希腊债务减记和第三轮救助的争论再次搅动欧盟。

关键词: 希腊 经济衰退 预算盈余 政局动荡 社会危机

一 政治形势

2013年,两党联合政府支持率下降,在议会中仅占微弱优势,其推行的紧缩改革伴随着经济困境,导致极端政治势力崛起与暴力事件频发,政治形势进一步动荡。

(一)激进左翼发起不信任议案,新民主党联合政府涉险过关

2012年6月大选后,新民主党、泛希社运党和民主左翼联合组阁,形成三党政府。2013年6月21日,由于民主左翼反对关闭国家广播公司而退出联合政府。6月24日,政府重组。泛希社运党一些重要成员进入内阁任职。"瘦身"后的联盟凝聚力加强,但在议会中仅占微弱优势,时时受到最大反对党激进左翼党的牵制。在近期的民意调查中,激进左翼与新民主党的支持率不相上下。

2013年6月11日,为完成救助协议上削减财政赤字、裁撤公共部门的任

务，萨马拉斯政府下令关闭国家广播电视公司（ERT），解雇2600名员工，此举引发公共部门万人大罢工。2013年11月7日，防暴警察驱散了占据国家广播电视公司5个月之久的前雇员，双方发生严重冲突。最大反对党激进左翼乘机对现任政府提出不信任案。这是自2012年6月以来联合政府上台后首次遭遇不信任案。10日，投票结果显示，294票中有124票赞成不信任案，153票反对，联合政府涉险过关。但政府与"三驾马车"（欧盟、欧洲中央银行、国际货币基金组织）的谈判仍然受到干扰。大量民众在谈判会场外进行示威抗议，手拿横幅，高喊："拿上你的救助，滚出去。"激进左翼领导人齐普拉斯猛烈抨击政府实行"灾难性政策"，"扼杀"中产阶级，同时呼吁提前大选，让希腊人民对救助计划做出自己的选择。联合政府能否在余下任期平稳执政，仍是未定之数。

（二）极端势力的兴起凸显民主危机

持续推进的紧缩改革不仅助长了希腊的经济衰退，而且为反紧缩的极端势力的兴起提供了机会。反移民和反左翼的新纳粹主义政党——金色黎明党（XA）势力打着"反对紧缩"的旗帜迅速崛起，其暴力行径不仅危害了社会稳定，也彰显了希腊的民主危机。

2013年9月12日，50名金色黎明党积极分子用铁条和木棍袭击了30名希腊共产党党员。17日，受雇于金色黎明党的一群暴徒刺死34岁的说唱歌手帕夫洛斯·菲萨斯（反法西斯主义者）。接二连三的暴力行径遭到议会其他6个政党对金色黎明党的谴责，并呼吁政府予以取缔。希腊警方于28日逮捕极右翼政党金色黎明党领袖米哈洛里亚科斯和5名该党议员，并指控该党为"犯罪组织"。米哈洛里亚科斯由此成为自1974年恢复民主政体以来首位被逮捕的现任议员。但是，金色黎明党在2013年上半年的国内民意调查中最高曾达到17%的支持率，仅次于激进左翼联盟和新民主党两大党，位列第三。主张用暴力手段驱逐移民、反对左翼的极右翼政党——金色黎明党在希腊获得众多民意支持，无疑与经济凋敝、失业率飙升的社会背景密切相关。

11月1日，两名金色黎明党年轻成员在党部办公室门前受到两名不明身份者飞车枪击，一名死亡，另一名受伤。11月下旬，一个名为"激进人民的革命力量"组织声称对此负责,同时声明是为了报复金色黎明党杀害菲萨斯,扬言"这是人民运动的开始,要将金色黎明党的新纳粹人渣扔进历史的垃圾堆"。① 该枪击事件让希腊人震惊之余,也陷入了反思:一个深受危机冲击的国家为何陷入了暴力的怪圈。有评论认为,短短40天内两起血腥暴力事件,预示着希腊正在遭遇民主危机。

二 经济形势②

2013年,希腊经济下滑趋势放缓,财政赤字状况显著改善。是否对希腊进行第三轮救助,在欧洲掀起新的争论。

(一)六年衰退接近终点,经济复苏曙光初现

2013年,是希腊经济陷入衰退的第六年,实际GDP增长率为-3.6%左右,衰退速度明显放缓。希腊政府预测,2014年,旅游业和出口的强劲增长将拉动经济出现微弱复苏,实际GDP增长率将达到0.6%。希腊财政部副部长斯泰克拉斯(Christos Staikouras)对外宣布:"2013年希腊首次显露走出危机的征兆,牺牲开始奏效。"③ 希腊的经济正迎来拐点,而外界对此评判不一。英国经济学家情报社(EIU)预测,2014年希腊经济将继续萎缩0.3%,到2015年才能恢复增长。经济合作与发展组织同样认为,希腊经济出现正增长的时间应该在2015年。④ 但可以肯定的是,受外贸增长的驱动,以及商业和消费者信心指数的回升,希腊经济衰退的速度已大大放缓,并将迎来复苏的曙光。

由于紧缩改革持续深入,希腊居民实际收入急剧下降,失业率飙升、税收

---

① "'We Sent Neo-Nazi Scum to the Dustbin of History', Say New Greek Militant Group as They Claim Responsibility for Killing Two Golden Dawn Supporters," http://www.dailymail.co.uk/news/article - 2508788/Greek - group - claims - responsibility - drive - shooting - Golden - Dawn - members.html.

② 除注明以外,2013年的经济数据均为英国经济学家情报社(EIU)的估算,参见"Country Report: Greece",2013年1月~2013年12月。

③ "After Years of Pain, Greece Expects a Budget Surplus," http://www.nytimes.com/2013/10/08/business/greek - government - forecasts - budget - surplus.html?_r=0.

④ 《经合组织预测希腊经济衰退将持续》,http://china.huanqiu.com/News/mofcom/2013 - 11/4599337.html。

增加，从而侵蚀了私人消费潜力。2013年，希腊私人消费下降7%。随着公共部门裁员的增多，私营部门收入的减少，预计2014年私人消费将继续下降1.5%。受紧缩计划的影响，政府消费2013年下降了7.2%，预计2014年下降4%。住宅需求和政府投资的下滑以及信贷条件的收紧，导致投资萎缩更为严重。2013年，固定投资下降8.6%，2014年预计下降2%。

得益于劳动力成本的快速下降和出口手续的简化改革，希腊的出口竞争力明显提高，出口形势明显好转。2013年，希腊的货物和服务出口增长1.0%，2014年预计增长4.0%。出口将成为拉动希腊GDP增长的主要动力。由于国内需求不足，进口下降9.6%，2014年预计下降2.2%。2013年，经常账户平衡出现盈余，占GDP的0.8%，2014年将继续上升，达到1.8%。

2013年，希腊旅游业开始回暖。2012年大选尘埃落定后，相比主要竞争国家（如埃及），希腊政局更为稳定。而且，劳动力成本下降后，旅馆价格更具有竞争优势。受此影响，2013年头8个月，旅游业收入比上年增长17.9%。希腊旅游部长称："2013年是希腊旅游业创纪录的一年。"[1] 作为希腊的支柱性产业，在制造业复苏乏力的情况下，旅游业的增长有效减缓了国内的经济衰退。预计2014年，旅游业将增长10%，为经济复苏助上一臂之力。

2013年，希腊出现通货紧缩，按欧盟消费者价格调和指数（HICP）计算，通胀率为-0.8%，2014年预计为-0.6%。希腊国家统计局（Elstat）数据显示，希腊的消费者价格指数达到51年以来的最低水平，主要原因是经济衰退持续六年，家庭可支配收入下降30%。过去两年来，工资下降12%，给家庭支出带来了沉重压力。

希腊的失业率持续上升。2013年平均失业率为27.3%，是欧元区失业率的2倍、欧盟国家的3倍；预计2014年将增至28.1%。青年失业问题非常严重。据希腊国家统计局透露，2013年8月，青年失业率达到60.6%。

（二）2014年预算案引发争议

经过五年的努力，希腊的财政紧缩措施初见成效。2013年，财政赤字从

---

[1] "Kefalogianni: 2013 Is Undoubtedly a Record Year for Greek Tourism," http://news.gtp.gr/2013/10/16/kefalogianni-2013-undoubtedly-record-year-greek-tourism/.

2009年占国内生产总值的15.6%降至2.2%，已达到《稳定与增长公约》的3%的标准。这一良好表现得益于还贷利息的降低和税收的增加。2013年12月7日，希腊议会以微弱多数通过了2014年预算案。预算案提出，如果不计当年偿还债务的利息，2013年的预算盈余达到8.12亿欧元。2014年，政府将削减30亿欧元的开支，预算盈余将达到30亿欧元。按照救助协议，"三驾马车"应对希腊债务进行更多的减免。但欧盟和国际货币基金组织对2014年预算案并不认可。它们认为，2014年预算案对收入估计过高，预算目标缺口高达20亿欧元。而联合调查小组在11月的评估声明中指出，希腊的经济调整计划取得了"良好的进展，但一些问题仍然没有解决"，主要表现在偷税漏税、公共部门裁员和私有化的进展等方面。12月9日，欧元区财长会议敦促希腊政府要加大经济改革的力度，并指出，2013年结构改革的任务，希腊仅完成了一半。①

但是，萨马拉斯政府认为，未来的经济改革目标应更多地侧重增长，而不是紧缩。过去六年来，希腊的实际GDP下降了25%。伴随救助计划而来的严苛的紧缩改革使希腊人的生活水平下降了30%~40%。目前的财政紧缩已取得巨大进展，人民做出了重大牺牲。如果再采取紧缩政策，情况将十分危险，政府也会面临下台的威胁。希腊可以通过具有财政作用的结构型措施来达到目的；而从过去的经验来看，紧缩政策会陷入恶性循环的怪圈。失业率上升、收入下降，国内需求低迷，进而降低产出，经济进一步衰退，反过来，又影响紧缩政策的实施。因此，对希腊政府而言，必须谨慎选择政策手段。

财政部长约阿尼斯·斯图尔纳拉斯（Yiannis Stournaras）也提出，"三驾马车"在对希腊的改革要求上要更为现实，要考虑这些目标在议会通过的可能性。目前，联合政府在议会中仅占微弱多数（300席中拥有153席），紧缩改革的法案在议会中受到的阻力越来越大，政府的政策空间越来越小。

2014年预算案指出，2013年实际GDP增长率为-4%，2014年将走出衰退，恢复正增长，达到0.6%。而2013年公共债务占比为175.5%，2014年将

---

① "Backing for Greek 2014 Budget," http://www.europeanvoice.com/article/imported/backing-for-2014-budget/79036.aspx.

降至174.8%。但据EIU估计，由于2014年希腊经济继续萎缩、税收征收缺乏成效、私有化计划进展不顺，2014年的财政赤字会出现反弹，达到2.7%；公共债务占GDP的比重继续上升，从2013年的175.5%增至177%。

（三）第三轮救助争论再起

希腊的第二轮救助将于2014年到期。据"三驾马车"估计，2014年希腊仍有20亿欧元的资金缺口，2015～2016年缺口将达到65亿欧元。为了避免希腊债务的无序违约，早在2012年11月，欧元区集团和国际货币基金组织就已达成协议，将目标下调，即在2022年之前将希腊的公共债务占比减至110%以下。为此，将通过以下方式为希腊减免大量债务：（1）降低救助贷款的利息；（2）延长贷款期限；（3）将欧洲央行从希腊国债中获得的利息转给希腊等。

从目前来看，暂时排除以"官方介入"（OSI）的方式进行债务减记。因为经过"私人介入"之后，希腊大部分债务为官方债权人所持有，通过"官方介入"方式进行减记将面临政治上的困难。

如果2014年希腊的资金缺口仍然很大，且无法回到市场融资，那么第三轮救助是否必要？这场始于2013年夏季的争论，烽烟四起，甚至搅动了德国的大选。8月，德国财长朔伊布勒不顾选民的情绪，对外宣称，希腊将不可避免需要第三轮救助。据国际货币基金组织估计，这笔救助（2014～2016年）可能需要110亿欧元。有欧盟官员预测为150亿欧元。实际数额主要取决于2013年希腊实际财政状况是否实现基本预算盈余，以及盈余多少。正如欧元集团主席戴塞尔布勒姆所说，希腊政府公布的数据有待2014年4月欧盟统计局的核实。等核实后，关于第三轮救助的商议才算真正开始。[①]

三 外交形势

2014年1月，希腊开始担任欧盟轮值主席国，为期半年。希腊在年初发

---

① "Third Time Lucky? The Latest Plan to Rescue Greece," http：//www.ft.com/cms/s/0/d8bee48a－1ed2－11e3－9636－00144feab7de.html#slide0.

表了题为"欧洲：我们共同的追求"的工作计划，① 称"2014年是开局之年"。首先，它是2014～2020年跨年度财政框架的起始年；其次，是欧洲议会大选年；再次，是将产生新一届欧盟委员会和一位新的欧洲理事会主席。在欧盟发生重大变化的时刻担任轮值主席国，希腊政府认为，其职责和目标是帮助欧盟有效和平稳地度过这一重要时期，为未来几年的发展奠定基础；与此同时，推动欧盟在许多重要的议程上取得明显的成效和实际的解决方案。

希腊认为，欧盟目前面临的最大挑战是如何推动经济增长、培育竞争力和增加就业，以保障欧洲的稳定和繁荣。因此，欧盟应该通过经济与货币联盟的深化来确保金融稳定；通过促进增长的政策解决失业问题，协调移民和增长的关系，并恢复针对经济增长的借贷。在探索"欧洲：我们共同的追求"中，不仅要重振联盟的团结，而且要与公民的日常生活紧密相关。为此，希腊制定了轮值主席国工作的指导原则：（1）促进公民和社会对欧盟事务的参与；（2）深化联盟尤其是经济与货币联盟的建设；（3）巩固欧盟的民主合法性和责任。希腊将以下三个政策领域作为优先考虑：（1）加快增长、扩大就业和强化凝聚力；（2）推动欧盟和欧元区的一体化；（3）保护移民、稳定边界和促进流动性。

外界认为，希腊深陷债务危机，作为欧盟轮值主席国财力有限，加上国内事务麻烦不断，将限制其在欧盟轮值主席国任期内的作为。

（审稿人：孔田平；文字编辑：江时学）

---

① "Programme of the Hellenic Presidency of the Council of the European Union," http：//gr2014.eu/sites/default/files/gr%20pres%20programme_teliko_15.1.2014_0.pdf.

B.47 匈牙利

傅聪

摘　要：

2013年匈牙利经济转暖，但发展状况落后于本地区的波兰、捷克和斯洛伐克三国。匈牙利各政党为2014年大选积极备战。民族主义言论和一些极端的政治口号成为欧尔班的选举动员手段。匈牙利政坛正在形成反对青民盟的左翼势力和自由派大联盟。匈牙利极右翼势力不断增强。欧尔班政府推行不被欧盟认可的立法和政策措施，受到欧盟各机构的警告、批评，甚至是制裁。2013年匈中关系势头强劲，在基础设施建设、金融和直接投资等方面都有所进展。匈牙利总理欧尔班对日本进行了正式访问，与日本首相安倍晋三举行会晤。

关键词：

经济转暖　政局复杂　匈中关系　匈日关系

一　政治形势

备战2014年匈牙利议会选举和因宪法问题引发的与欧盟的纷争可以作为盘点匈牙利2013年政治形势的两条线索。

2013年匈牙利政坛为即将在2014年举行的欧洲议会和匈牙利议会大选积极备战。执政党和反对党纷纷为竞选提出新的举措。欧尔班政府推出限制能源价格的惠民政策争取选民支持。政府在2013年1月首先降低了10%的居民用电、天然气和供暖的费用。7月将水费、污水处理费、垃圾费、罐气费和烟道费平均降低了10%。11月又将电费、天然气费和供暖费再降低11.1%。政府考虑立法将公用事业公司转变为非盈利企业，并研究将此写入宪法。一些反对人士认为，降价的做法把居民负担转嫁到企业身上，增加了企业支出，会损害匈牙利的经济竞争力。

执政党利用宪法为其获得短期政治利益也遭到了许多批评。① 政府为能源定价的做法还引起了欧盟委员会对于能源市场竞争自由化的关注。② 匈牙利国会通过了新的税收法律，2014年开始对低收入家庭扩大现有的减免税优惠，维持对银行的征税。③ 为显示匈牙利政府的经济主权，欧尔班政府在8月12日提前归还了国际货币基金组织（IMF）和欧盟在2008年提供的紧急贷款。匈牙利央行行长呼吁 IMF 关闭其在布达佩斯的办公室，称它已没有存在的必要。④

在经济危机的阴霾下，民族主义言论和一些极端的政治口号成为欧尔班的选举动员手段。在纪念1956年革命和自由斗争57周年的国庆活动中，匈牙利总理欧尔班发表了充满火药味的讲话。他称匈牙利人要像1956年革命一样，与殖民者和前共产党人进行战斗，将反对其政策的人划归为前共产党人。欧尔班的此番讲话受到匈牙利左派政党的批评，认为其在歪曲历史，为自己的反民主和反欧洲政策美化和开脱。⑤ "为了自由人的匈牙利－自由主义党"则就此向最高检察长举报总理欧尔班犯有煽动战争罪。⑥ 青民盟执政以来，欧尔班政府的施政措施，特别是修改宪法等举动，受到了来自国内外的诸多批评，不仅左派和自由派势力对其强烈反对，越来越多的右翼政治家及专家学者也开始发出批评的声音。

为反对青民盟、备战议会大选，匈牙利左翼势力和自由派力量正在结成联盟。反对党们有着相同的目标，即反对欧尔班政府，避免掉进欧尔班

---

① http://blogs.wsj.com/emergingeurope/2013/09/30/hungary - mulls - cementing - utility - price - cuts - in - constitution/.
② http://www.xpatloop.com/news/hungarian_ government_ received_ european_ commission_ letter_ on_ utility_ price_ cuts.
③ http://www.xindb.com/news/xiongyalixinwen/2013/1126/10727.html.
④ http://www.euractiv.com/euro - finance/hungary - repays - imf - loan - earlier - news - 529790.
⑤ http://uk.reuters.com/article/2013/10/23/uk - hungary - rally - orban - idUKBRE99M0SG 20131023.
⑥ http://www.xindb.com/news/xiongyalixinwen/2013/1119/10673.html.

选举制度的陷阱,但在联合问题上仍存在不同意见。社会党和"集结 - 为了匈牙利而对话联盟"最早达成合作意向,并在 10 月签署了选举合作协议,它们将在 2014 年议会选举中推出共同候选人。费伦茨·久尔恰尼(Ferenc Gyurcsany)领导的民主联盟呼吁建立一个最广泛的反对党阵线,但由于与社会党在推举共同总理候选人问题上存在矛盾,被排除在上述两党联盟之外。① 其后又经过多次谈判,2014 年初,左翼政治力量,包括社会党、"集结 - 为了匈牙利而对话联盟"、民主联盟和自由党,出人意料地达成了联合竞选协议。左翼联盟推举社会党主席阿提拉·麦什戴尔哈兹(Attila Mesterházy)作为总理候选人。2014 年 1 月,消息公布后进行的最新民调显示,有 37% 的受访民众支持青民盟 - 基督教民主人民党联盟,21% 的民众支持左翼联盟。②

2013 年匈牙利的极右翼势力在不断增强。有报道指出,极右翼政党"更好的匈牙利运动"(尤比克党)在 2014 年议会选举中可能获得 8% ~ 9% 的选票。反犹主义在匈牙利复兴也引发了人们的忧虑。其集中表现为,极右派势力在离国会大厦一箭之遥的自由广场,为与纳粹德国结盟的前匈牙利领导人霍尔蒂树立塑像。各界纷纷谴责为霍尔蒂"招魂"的行为,对极右翼势力的做法表示强烈抵制。然而,青民盟对事件持态度暧昧,并没有公开谴责"复活"霍尔蒂的活动。分析家认为,欧尔班在为准备议会选举而极力拉拢极右派选民。③

2013 年匈牙利政府与欧盟之间因匈牙利宪法问题而引起的争议仍在继续。欧尔班政府由于推行不被欧盟认可的立法和政策措施,受到欧盟各机构的警告、批评,甚至是制裁。欧尔班也经常利用在国内外讲话的机会抨击布鲁塞尔的观点,质疑欧盟在欧洲经济危机中的作用。

2013 年 4 月,欧盟委员会主席巴罗佐致信欧尔班,表示对匈牙利第四次修改基本法是否符合欧盟法律严重忧虑。在青民盟操纵下通过的第四次宪法修正案削弱了宪法法院对法律和预算的审查权,一直被匈牙利宪法法院否定的一

---

① http://www.xindb.com/news/xiongyalixinwen/2013/1029/10484.html.
② http://www.bbj.hu/politics/election - 2014 - left - wing - in - unified - front_ 74571.
③ http://www.xindb.com/news/xiongyalixinwen/2013/1112/10607.html.

些措施也被写进新的修正案。巴罗佐表示，如确认匈牙利违反了欧盟法律，欧盟委员会将对匈牙利启动"违背义务程序"。①

7月，欧洲议会就匈牙利修宪问题举行辩论，欧尔班也亲赴会议为匈辩护。葡萄牙绿党议员向欧洲议会提出了《塔瓦莱斯报告》，指出欧尔班政府对涉及议会、新闻媒体、司法、选举、高等法院、宪法法院、数据保护方面的法律进行了500多项更改，破坏了法治并将权力集中到了执政党手中，其行为已经背离了欧盟条约第二条宣誓的欧盟价值观。报告指出，如果匈牙利不修改这些法规，部长理事会应根据欧盟条约第七条成立一个正式调查组对匈牙利是否符合欧盟成员国标准进行审查。欧尔班抨击这份报告采用了双重标准，成功的国家没有得到赞扬反而被惩罚。

欧洲议会的立场出现了分裂，左翼党团支持惩罚匈牙利，右翼党团则反对，温和派欧洲自由民主联盟党团表示现在的证据还远远不够。② 欧洲理事会最终没有对匈牙利启动正式的监督程序。对于欧盟的批评，欧尔班表示，"匈牙利政府愿意听取任何人的意见，但不会放弃民族主权"。

不知是否"有意的巧合"，欧盟审计署发现匈牙利在项目资金管理和系统控制方面存在缺陷，2013年8月，欧盟委员会决定暂缓支付包括欧盟地区发展基金、聚合基金和欧洲社会福利基金等对匈牙利的援助资金。在欧盟援助的15个大项中，被冻结资金的达到13个。③ 有评论认为这是欧盟委员会通过资金手段对匈牙利进行直接施压和制裁。

---

① 当发现违背欧盟法律的情形时，欧盟委员会可根据《欧盟运行条约》第258条发起"违背欧盟义务"之诉。在提起诉讼之前，欧盟委员会将采取无法律约束力的行政手段，敦促成员国遵守欧盟条约的规定（Infringement proceedings）。具体步骤包括：首先，欧盟委员会就违反欧盟法律的情况进行调查。其次，欧盟委员会发出正式信函，要求成员国在一定期限内就被调查事项提交说明报告。如果成员国提出的理由不能说服欧盟委员会改变立场，或未提交报告，欧盟委员会可发出一份理由充分的意见，允许成员国在两个月内遵照执行。两个月期限结束后，如果成员国仍然不遵守欧盟法律，欧盟委员会可就此向欧洲法院提起诉讼。欧洲法院的判决具有法律约束力。（http：//europa.eu/rapid/press-release_IP-13-327_en.htm）

② http：//www.euractiv.com/central-europe/parliament-divided-hungary-democ-news-529047.

③ http：//www.euractiv.com/central-europe/eu-suspends-funding-hungary-weak-news-529822.

二 经济形势①

2013年匈牙利经济增长率开始回升,但依然低于波兰、捷克和斯洛伐克等邻国。第一季度GDP同比下降0.9%,经季节调整环比增长0.7%;农业和建筑业情况有所好转,但工业产值仍在下降。第二季度同比增长0.5%,经季节调整环比增长0.1%,增长主要来自农业和建筑业。第三季度GDP同比增长1.7%,经季节调整环比增长0.8%,增长主要来自农业、制造业和建筑业。

2013年上半年中央政府赤字达到3815亿福林,占GDP的比重为2.6%;与上年同期相比,增加735亿福林,涨幅为0.4%。上半年赤字高于2012年的主要原因是政府支出高于收入。第一季度中央政府赤字为2721亿福林,占GDP的3.8%;与上年同期相比,增加563亿福林,占GDP的比重增长0.7%。第二季度中央政府赤字为1169亿福林,占GDP的比重为1.6%,同比增加了73亿福林。

匈牙利就业情况不佳。2013年1~3月,15~74岁人口的失业率高达11.8%,失业人数为508.7万人,是2008年以来的最高水平。此后,失业人数逐渐下降,8~10月失业率为9.8%,失业人数为433.7万人。其中,15~24岁人口的失业率高达26.8%,25~54岁人口的失业率为8.7%。

2013年8月,匈牙利经济部宣布,政府在过去三年中采取的措施让匈牙利已经开始了一段时间的可持续性经济增长。匈牙利提前偿还了国际货币基金组织的贷款,事实证明匈牙利是一个经济独立的国家,并已经有能力从市场中获得集资。总之,从一定程度上说,匈牙利已经走出了经济衰退,正向良性循环的方向发展。②

三 对外关系

在"向东开放"政策的指引下,2013年匈中在各领域的交流都达到了历

---

① 本部分内容如无特殊标注均引自匈牙利中央统计局网站,http://www.ksh.hu/gdp_preliminary_tn。
② http://www.xindb.com/news/xiongyalixinwen/2013/0827/9968.html。

史的新高度，特别是在金融、投资和基础设施建设等方面都有重大进展。2013年11月，中国－中东欧国家领导人会晤在罗马尼亚布加勒斯特举行，李克强总理与匈牙利总理欧尔班会晤，中方拥有先进的核电技术和雄厚的建设实力，愿意深入推进农业、清洁能源、金融、人文等方面合作。欧尔班表示，匈中商定的合作项目取得积极进展，合作规模不断扩大，有力促进了匈牙利经济、社会发展。匈方支持中国进一步发展与中东欧国家的关系，尤其是支持中国企业投资。同时，李克强、欧尔班和塞尔维亚总理达契奇共同宣布，三国合作建设连接贝尔格莱德和布达佩斯的匈塞铁路。匈塞铁路成为中国－中东欧合作中的标志性项目，中国具有成熟的铁路建设装备、技术和施工经验，性价比优势明显，中东欧国家有市场需求，双方完全可以实现互利共赢。①

2013年，匈牙利外交及对外经济国务秘书兼匈中双边关系政府专员彼得·西亚托（Péter Szijjártó）多次访问北京，推动中匈在基础设施建设、投资、文化等方面的合作。在4月的访问中，西亚托与外交部副部长宋涛举行了会谈，双方均表示继续发展匈中经济关系是两国的重要目标。西亚托还与中国商务部副部长蒋耀平、中国土木工程集团有限公司以及国家开发银行高层会晤，协商双方如何将10亿欧元中国贷款用于中土集团参与的匈牙利V0铁路线建设。

匈牙利成为一些中国公司进入欧洲市场的"桥头堡"。2013年4月，匈牙利政府与中国华为技术公司签订了战略合作协议。华为将在今后继续扩展匈牙利生产厂的业务，并将吸纳更多匈牙利本土供应商进入其供应链。华为科技公司12月在布达佩斯西部成立了3万平方米物流中心。华为的所有产品都将通过匈牙利进入欧洲市场，到2015年，所有定位欧洲市场的产品都将在匈牙利生产，或通过匈牙利物流中心中转。另外，作为世界第二大异氰酸酯生产商的中国万华集团，2013年在匈牙利继续拓展业务。该公司在2011年通过收购包思德公司进入匈牙利市场，后在2012年12月又与匈牙利政府签订了再投资16亿欧元的协议。

2013年，匈牙利启动了中国投资移民项目。为了让更多的中国投资者实现在匈牙利投资，匈政府于2012年12月底修改了第三国公民入境和居留法。

---

① http://news.xinhuanet.com/politics/2013-11/26/c_118288290.htm.

根据新法，投资者购买 25 万欧元的 5 年期国债，即可取得 5 年期的匈牙利居留许可，取得该居留 6 个月并满足一定条件后即可取得永久居留权。①

文化方面，2013 年 5 月，匈牙利人力资源部部长鲍洛格佐尔坦率团参加了中国 - 中东欧国家文化合作论坛；8 月中国在匈牙利成立了第三所孔子学院，由米什科尔茨大学与北京化工大学共同建设；② 11 月匈牙利文化中心在北京正式揭牌，西亚托出席仪式并致辞。

金融方面，2013 年 9 月中国人民银行与匈牙利中央银行在瑞士巴塞尔签署了中匈双边本币互换协议，旨在加强双边金融合作，促进两国贸易和投资，共同维护地区金融稳定。协议互换规模为 100 亿元人民币/3750 亿福林，有效期三年，经双方同意可以展期。匈牙利央行表示，人民币可以在需要时资助匈牙利市场的融资活动。③

匈牙利"向东开放"政策的另一个重要组成部分是与日本加强联系。2013 年 11 月，欧尔班对日本进行了正式访问，与日本首相安倍晋三举行会晤。随同访日的还有 61 名匈牙利企业家，他们主要来自汽车工业、信息技术、食品和葡萄酒业，以及机械和金属工业领域。同期，日本商业协会和匈牙利外经局共同举办了日本 - 匈牙利商业论坛，共有 150 名企业家参加了此次论坛。欧尔班在讲话中表示，匈牙利和中欧国家支持日本和欧盟尽早缔结自由贸易协定。两国首脑会晤之前，日本外交部长岸田文雄在 8 月先期访问了布达佩斯，与匈牙利外长亚诺什·马尔托尼（János Martonyi）举行会谈。双方外长签订了社会保障协议，协议规定匈牙利人在日本工作期间或日本人在匈牙利工作期间计算退休金的问题。马尔托尼表示，日本是匈牙利至为重要的策略伙伴，鼓励日本公司到匈牙利投资，推动两国经济关系发展。④

（审稿人：陈新；文字编辑：莫伟）

---

① http://www.xindb.com/news/xiongyalixinwen/2013/0423/8849.html.
② http://gb.cri.cn/42071/2013/12/20/6071s4364003.htm.
③ http://www.mofcom.gov.cn/article/i/jyjl/m/201309/20130900296953.shtml.
④ http://www.chinanews.com/gj/2013/08 - 22/5195276.shtml.

B.48 意大利

孙彦红*

摘　要： 2013年，意大利举行了战后第十七届议会选举，选举结果导致该国陷入长达两个月的政治僵局，而后组建起战后首届大联合政府。政党格局重趋"碎片化"也是该国政治值得关注之处，主要表现为非主流政党异军突出，同时两大主要政党内部均出现严重分裂。本年度意大利经济未能走出衰退泥潭，虽然已出现复苏迹象，但是从内外部环境与政策取向及影响等多方面看，目前仍缺乏强劲复苏的基础。在外交方面，延续了上年"经济外交"唱主角的特点，在欧盟框架下的"经济外交"又成为重中之重。

关键词： 政治僵局　大联合政府　经济衰退　经济外交　欧洲政策

一　政治形势

2013年2月24～25日，意大利举行了战后第十七届议会选举。鉴于欧债危机尚未得到有效解决，而意大利又是欧元区经济规模最大的重债国，此次大选备受国际社会关注。然而，选举结果颇出人意料，直接将意大利拖入了长达两个月的政治僵局，并最终催生了该国战后以来的首届大联合政府。

此次选举正值债务危机，民众政治热情不高，选民参与率为75.2%，明

---

* 孙彦红，经济学博士，中国社会科学院欧洲研究所副研究员。

显低于上届大选的80.2%。从参选的党派力量上看，由民主党、左翼生态自由党等组成了以时任民主党总书记贝尔萨尼为领导的中左竞选联盟，由自由人民党、北方联盟等组成了以贝卢斯科尼为领导的中右竞选联盟，由公民选择党、中间联盟等组成了由看守总理蒙蒂领导的中间派竞选联盟。由前喜剧演员格里洛领导的"五星运动"独立参选，在大选前民意调查中的支持率不断攀升。

根据意大利内政部的选举结果数据，在参议院选举中，中左联盟获得了117个席位，中右联盟获得116个席位，中间联盟获得19个席位，"五星运动"获得54个席位，其余席位为个别小党获得。在众议院选举中，中左联盟获得了345个席位，中右联盟获得125个席位，中间联盟获得了47个席位，"五星运动"获得109个席位，其余3个席位由一些小党获得。[①] 虽然中左翼联盟在众议院赢得了多数，但是没有任何党派或联盟在参议院赢得多数席位。若想成功组建政府，要么是中左翼与中右翼联手，要么是与"五星运动"结盟。然而，由于在理念与竞选纲领上大相径庭，这些结盟设想的实现难度都相当大。

上述大选结果集中反映了意大利民众对于国内经济政治状况的强烈不满。经受了两年债务危机的"心理冲击"后，该国民众对于依靠任何一个政党走出经济困境都没有信心，民众情绪处于迷茫、失望的状态。中左翼的贝尔萨尼虽然选前民调支持率很高，但是始终未能拿出一套令人信服的经济改革与提振方案；中右翼的贝卢斯科尼选前两个月大力鼓吹民粹主义，支持率一路上升，但是也未获得足够多的选票；大量选票流向同时反对中左翼与中右翼的"五星运动"，并非因为民众相信格里洛能够胜任新总理一职，而是借此表达对传统政党的失望甚至愤怒情绪；蒙蒂领导的中间派获得的低选票也表明了选民对于经济紧缩与结构性改革的强烈抵触。

自2月26日选举结果公布，至3月下旬中左联盟的组阁努力宣告失败，4月中旬总统选举艰难决出由87岁高龄的纳波利塔诺连任总统，4月24日民主党副书记恩里克·莱塔被任命为新总理，最后至4月底大联合政府正式运转，

---

① 大选具体结果参见意大利内政部网站：http://elezionistorico.interno.it/index.php，最后登录时间为2013年12月20日。

意大利经历了两个多月的政府空窗期。在此期间，鉴于欧债危机局势尚不稳定，意大利政治僵局曾一度引发国际金融市场的不安，推高了该国国债的收益率，也加剧了欧元区层面对于相关连锁反应的担忧。正是在强大的内外部压力下，由中左、中右和中间派共同组建的战后首届大联合政府才得以诞生。

大联合政府的组建避免了立即重新举行大选可能引发的政治动荡，然而，其执政基础从一开始就不稳固。首先，中左与中右党派在政治上是宿敌，虽然在危机中达成妥协，但是任何一方都缺乏真正合作的诚意，这难免造成执政过程中的龃龉。例如，对于当前颇受关注的选举法改革，虽然各主要政党已就改革的必要性达成一致，正式的立法流程也已启动，但是各党派均将自身参加下次大选的成败得失置于首位，因而迟迟难以就改革细节达成共识。① 其次，中左与中右党派在一些关键经济政策上的立场差距甚大，难以调和。虽然莱塔政府上台后贯彻紧缩措施的力度有所缓和，但是遵守欧盟财政契约、改善公共财政仍是其核心目标之一。这一政策取向与中右党派分歧甚大，在具体执行过程中频频受困。例如，莱塔政府有意维持蒙蒂时期开始征收的房产税，并将其视为至2014年底实现财政平衡的重要财源，却因遭到中右势力的强烈反对而不得不放弃征收，这直接导致2013年政府财政赤字增加了24亿欧元。

鉴于上述原因，大联合政府推行任何一项重要政策或改革措施都不得不在各党派之间寻求平衡，看似获得了广泛支持，实则极其脆弱。2013年11月底，在参议院即将通过取消贝卢斯科尼参议员资格的决议之前，贝氏重起炉灶再建"意大利力量党"，并带领该党议员宣称不再支持本届政府。得益于原自由人民党副主席阿尔法诺此前与贝氏决裂，率59名议员自立"新中右党"并且宣布支持现任政府，莱塔政府才得以渡过危机继续执政。这样，仅存续了7个月的战后首届大联合政府宣告终结，代之以微弱多数的新联合政府。目前看来，由于现存各执政党派在政治主张上更加一致，新联合政府内部应该更易达成共识，因而有利于改革措施的推行。然而，考虑到诸如选举法等重大领域改革需要议会2/3多数通过方为有效，今后的执政前景仍不容乐观。

---

① 有关现行意大利选举法的弊端与改革背景，笔者在2012年的意大利年度报告中有专门论述，参见孙彦红《意大利》，载周弘主编《欧洲发展报告（2012~2013）——欧洲债务危机的多重影响》，社会科学文献出版社，2013，第334~343页。

选举僵局以及大联合政府的组建与终结，还反映出当前意大利政治的一个新变化，即政党格局正在重趋"碎片化"。近几年，在欧债危机的影响下，欧洲政党格局普遍趋于"碎片化"，政党力量趋于分散。国内政治文化多元且身为重债国之一的意大利即是一个典型。2013年初以来的政治生态变迁表明，过去若干年该国政党政治趋于集中化，并向两党制靠拢的进程已被逆转。以下三个事实充分说明了这一趋势。

首先，与2008年大选中主要党派组建竞选联盟时强调政治取向的"一致性"、对竞选伙伴精挑细选不同，此次大选自由人民党和民主党都试图尽可能多地拉拢小党，各自组成了分别包括12个和6个党派的竞选联盟，说明两大主要政党对于赢得大选都缺乏信心。

其次，非主流政党"五星运动"异军突起，成为改变意大利政党格局的最突出力量。该党成立于2009年10月，持有较明显的民粹主义和欧洲怀疑主义观点。继在2012年的地方选举中出人意料地赢得了北方经济重镇帕尔马市的执政权之后，该党又成为2013年议会选举中的最大黑马：在众议院获得25.56%的选票，超过民主党（25.43%）成为第一大独立党派。刚刚成立三年多的小党在全国大选中取得如此成绩，在战后意大利政党发展史上实属罕见。

再次，大联合政府的诞生与终结伴随着两大主要政党的内部分裂。从自由人民党方面看，贝卢斯科尼为维持政治生涯重建"意大利力量党"直接宣告了该党的终结，而阿尔法诺组建"新中右党"则表明中右势力的严重分裂。从民主党方面看，无论是3月间时任总书记贝尔萨尼由于党内意见严重分歧在总统选举后愤而辞职，还是12月初当选总书记的伦齐曾多次公开质疑莱塔政府改革不力，都揭示了该党内部缺乏凝聚力的现状。

从总体上看，上述重回"碎片化"的政党格局，对意大利政党政治的健康发展以及中长期的政局稳定与政策推行都是不利的。

二 经济形势

根据意大利国家统计局（Istat）的数据，2012年意大利经济再度陷入衰退，连续四个季度负增长，全年国内生产总值实际增长率为 -2.5%。从总需求上看，内需萎缩是经济衰退的主要原因，国内消费下滑了3.9%，固定资本投资大幅下滑了8%，唯有出口实现了2.3%的增长。从总供给上看，几乎所有经济部门的生产都出现萎缩。年度公共财政赤字为476.33亿欧元，占国内生产总值的比重为3%，较2011年的3.9%进一步改善，已经接近2008年的水平。然而，政府公共债务累积额却升至2.02万亿欧元，占国内生产总值的比重高达127%（2011年为120.1%）。失业率攀升至10.5%。

2013年初，意大利经济仍延续了上一年的衰退局面。根据意大利国家统计局的数据，第一季度，该国国内生产总值环比下降0.6%，同比下降2.4%。从总支出上看，几乎所有项目都出现环比下滑：国内最终消费和投资分别下滑0.3%和3.3%，出口下滑1.9%。从生产上看，除农业产出有小幅增长之外，工业、建筑业、服务业均进一步萎缩。

第二季度萎缩程度有所缓和，但是仍延续了负增长态势：国内生产总值环比下降0.3%，同比下降2.1%。国内消费继续萎缩，直接拉动经济环比下滑-0.3%，出口为经济贡献了0.4%的增长率，又被投资的下滑所抵消。

第三季度，经济下滑幅度进一步收窄，国内生产总值环比持平，同比下滑1.8%。总支出变化的结构呈现出新特点：在环比变化中，固定资产投资和居民家庭消费下滑分别导致总支出减少0.1%，出口下滑造成总支出减少0.4%，而存货增加则贡献了0.6%的增长率。

据前三个季度的数据，可以给出当前意大利经济形势的两个判断。首先，与2012年底时的诸多乐观估计相反，2013年的意大利经济仍难以摆脱衰退。根据意大利国家统计局11月公布的预测报告，2013年经济增长率将为-1.8%，这一预测较4月份的-1.5%已明显调低。[①] 其次，虽然尚未摆脱负增长，但本年度的衰退幅度较2012年已明显收窄，且季度环比与同比增长率均呈现稳步上升态势，经济出现复苏迹象。

意大利经济出现复苏迹象，两个方面的因素不容忽视。一方面，欧债危机趋于平复，欧元区经济整体趋暖。自2012年9月欧洲中央银行推出直接货币交易计划（OMT）之后，欧元区重债国国债市场流动性频频告急的局面得到

---

① ISTAT, *Le Prospettive per L'economia Italiana nel 2013 – 2014*, 4 Novembre 2013.

了有效控制，欧债危机最紧急的阶段已经过去。2013年初以来，在德国与法国出现复苏的带动下，整个欧元区经济开始回暖。欧洲统计局（Eurostat）的数据显示，2013年第二季度，欧元区经济整体实现环比0.3%的增长，这是欧元区在连续六个季度经济萎缩后首次恢复增长。第三季度，虽然增长幅度有所减小，但是仍实现了0.1%的环比增长。基于此，国际货币基金组织（IMF）在10月公布的《2013年世界经济展望》中将对欧元区2013年经济增长率的预测由4月的-0.6%上调至-0.4%。[1] 欧元区经济整体向好，必然会通过信心与实际经济活动等渠道提振意大利经济。

另一方面，政府的经济刺激措施初见成效。2013年以来，欧元区经济政策的整体导向由严格紧缩开始向兼顾经济增长与就业倾斜。同时，由于2012年成功地将财政赤字降低至国内生产总值的3%，意大利于2013年5月底被欧盟批准退出强制过度赤字程序，从而在公共开支上增加了一些自主权。6月，莱塔政府公布了"一揽子经济刺激计划"，包括政府加快偿还拖欠企业款项（预计2013年共偿还300亿欧元），实施一项预算约30亿欧元的基础设施投资计划，投资1000万欧元用于加固和维修全国的校舍，等等。这些措施对于缓解流动性紧张、刺激短期经济复苏都有一定的积极作用。

然而，出现复苏迹象并不必然意味着即将实现稳步复苏。实际上，当前意大利经济的整体形势仍不容乐观。第一，从外部环境上看，虽然欧元区经济开始回暖，但是世界经济整体低迷的状况短期内难有改观。2013年，美国经济增长并未出现明显提振，尤其是包括中国、印度、俄罗斯在内的新兴经济体增长明显放缓，导致世界经济整体增长势头弱于2012年。在《2013年世界经济展望》中，IMF预计2013年美国经济增长为1.6%，将中国经济增长预期由7月的7.8%下调至7.6%，将印度经济增长预期由5.6%大幅下调至3.8%。[2] 上述国际经济环境对于高度依赖外部市场的意大利的负面影响不可低估。实际上，2013年第三季度的出口下滑已在一定程度上体现出上述负面影响。

第二，近几年累积而成的信心危机短期内难以摆脱。2008年底以来，随

---

[1] IMF, *World Economic Outlook-Transitions and Tensions*, October 2013.
[2] IMF, *World Economic Outlook-Transitions and Tensions*, October 2013.

着国际金融危机、主权债务危机的接踵而至，意大利成为受冲击最为严重的欧元区国家之一。正是危机持续时间之久与演变之复杂导致经济预期的不确定性有增无减，加之银行信贷持续收紧，在消费信心与商业信心之间形成了相互抑制的"死结"，投资与消费需求均难以快速复苏。当前意大利工业产出不仅远低于2008年金融危机爆发前的历史峰值，甚至还不及2001年的水平，其症结即在于工业投资迟迟难以恢复。目前看来，要在短期内打开这一"死结"并非易事。

第三，紧缩措施对经济的抑制效应仍在延续。自2011年底以来，意大利政府相继实施了一系列经济紧缩措施，核心内容是增加税收和削减公共开支。紧缩固然是巩固公共财政的必要手段，然而，在经济危机时期采取严厉的紧缩措施，难免造成就业与增长方面的负面效应。2013年10月，意大利的失业率已攀升至12.5%，为20世纪60年代以来的最高水平。虽然目前政府已在公共开支上获得了一些回旋余地，但是考虑到居高不下的公共债务，通过宽松的财政政策拉动复苏的空间实际上十分狭窄；同时，为实现原定的财政平衡目标，部分紧缩措施将继续实行，相应的经济抑制效应也将延续一段时间。

综上所述，加上经济结构性改革的推进与见效尚需时日等因素的影响，不难判断，意大利经济要实现结构性的复苏仍困难重重。

三 对外关系

2013年，意大利在外交上延续了上一年的基调，仍以"经济外交"为主，旨在通过加强对外经济联系促进国内复苏。由于国内经济衰退与失业问题严重，加上大联合政府始终处于风雨飘摇之中，无暇为国际事务分散过多精力，因此继承此前蒙蒂政府以谋求重振国内经济为主旨的外交导向也在情理之中。大体上看，在欧盟框架下的"经济外交"又是本年度意大利外交的重中之重。

考虑到大联合政府的国内根基不稳，莱塔政府上台之初的主要外交任务便是争取来自欧盟层面和主要欧洲伙伴的支持。莱塔就任总理后的首轮出访即充分体现了这一意图。在4月30日正式上任的当天下午，莱塔即闪电启动首轮出访，目的地依次是德国、法国、比利时、欧盟总部。在与德国总理默克尔召开的联合记者会上,莱塔强调意大利将用"坚决的行动与责任感"继续巩固公共财政,同时也希望能与欧洲(尤其是与德国)一道解决危机。在与法国总统奥朗德会晤时,莱塔强调了建设欧洲银行业联盟的重要性。在与比利时首相迪吕波的联合记者会上,莱塔强调了欧洲紧密团结的重要性。在访问欧盟总部时,莱塔表达了意大利新政府保持国内政治稳定的信心,同时提出了欧盟解决青年失业问题的紧迫性。意大利新政府很快获得了欧盟层面及欧洲重要伙伴的认可与公开支持,很大程度上也得益于上述一系列的积极表态。

由于欧债危机渐趋平复,与蒙蒂政府聚焦于巩固财政有所不同,莱塔政府上台时即宣称将刺激经济复苏、解决日益严重的失业问题作为另一关键任务。然而,鉴于政府债务规模仍居高不下,对于意大利而言,"巩固财政"与"刺激复苏"两个目标之间的调和余地实际上相当有限。为此,意大利试图通过自身影响来改变欧盟层面应对危机的主流思路,努力为经济增长争取更多回旋余地。与德国、法国与西班牙这三个在危机发展与解决上起关键作用的成员国之间的博弈与合作,则是意大利实现上述目标的主要手段。5月7日,莱塔造访西班牙,明确提出西班牙是"推动欧洲关注经济增长和社会问题的重要盟友",与后者联合呼吁欧洲在政策导向上更多关注经济增长。随着欧盟夏季峰会针对青年失业问题做出决定,意大利开始越来越多地公开要求欧盟层面更多关注增长与就业。11月中旬,在德国大选后组建政府的谈判期间,莱塔公开呼吁德国下届政府应采取更多措施促进欧元区的经济发展,以确保整个欧洲走出衰退。11月下旬,意大利又与法国达成一致,共同建议下一届欧洲议会应当为经济增长立法,推动欧盟弱化紧缩政策。

综上所述,意大利一方面寻求在欧元区与欧盟框架下为自身经济复苏开辟空间,另一方面则努力在推进欧洲一体化深化上扮演积极的角色。在实践中,上述两方面互相借重,共同服务于尽快走出经济困境这一当前首要目标。这充分体现了近年来意大利外交"灵活、现实、务实"的实用主义特点。

此外,意大利还尽可能地抓住机会加强与欧盟外重要国家的经济合作,为经济复苏寻求外部拉动力。这方面的最典型例子是意-俄峰会的重启。在意方

的积极主张下，中断了三年的意大利－俄罗斯峰会于11月26日得以再次举行。[①] 意大利总理莱塔、俄罗斯总统普京以及两国共20多位政府部长参加了峰会，重点讨论经济与社会合作，会上共签署了7个政府间协议与21个经贸合作意向书。峰会还决定由两国共同出资10亿欧元，成立专门的投资基金以支持双方企业的合作。

总之，受到世界经济整体低迷及国内政治僵局拖累，2013年意大利经济未能摆脱衰退，至今仍缺乏坚实的复苏基础。目前看来，2014年该国经济有望实现微弱增长。2014年是中意建立全面战略伙伴关系十周年，各种重要活动的开展有望推进双方关系上一个新台阶。

（审稿人：程卫东；文字编辑：莫伟）

[①] 由于意大利政局不稳，意大利－俄罗斯峰会自2010年底开始中断。

B.49 英 国

李靖堃

摘 要： 2013年，英国执政联盟总体稳定，但英国独立党的力量日益增强，给英国政治的未来走向增添了诸多不确定因素。经济形势持续向好，增长速度有望超过其他绝大多数发达经济体，但仍有一些不利于经济增长的因素，特别是政府债务继续攀升。为减少债务，英国政府继续实行紧缩政策，并大力改革福利制度。与此同时，英国政府推行了更为严格的移民政策。在外交方面，卡梅伦发表了退欧公投演说，使英国与欧盟的关系更趋紧张，但与中国关系恢复正常。

关键词： 英国 英国独立党 恢复增长 福利改革 退欧公投法案 中英关系

一 政治形势

（一）英国独立党（UKIP）影响力上升，将影响英国政治未来走向

到2013年底，卡梅伦首相领导的保守党和自由民主党联合政府任期已超过2/3，总体保持稳定。但其支持率自执政以来一直处于下滑趋势，经济形势长期没有得到好转是最主要的原因，此外《世界新闻报》"电话窃听门"等负面事件也造成了一定影响。根据2013年11月的一项调查，[1] 联合政府的支持

---

[1] YouGov, "Headline Voting Intention", 5-6 November 2013, http://cdn.yougov.com/cumulus_uploads/document/g6dfqcky99/YG-Archive-Pol-Sun-results-061113.pdf.

率仅为29%，而不支持政府的比例高达54%。在三个传统政党中，工党的支持率最高，为40%，保守党为33%，自民党仅为9%。

与此形成鲜明对比的是，近两年来，英国独立党的力量上升很快，不仅对传统政党造成了一定威胁，而且还有可能在某些方面影响英国政治的未来走向。

2013年5月，英格兰和威尔士举行了郡议会选举。① 三个传统政党的得票率均未超过30%：工党29%，保守党25%，自由民主党14%。此次地方选举是1982年以来保守党和自由民主党得票率最低的一次。而英国独立党则获得23%的选票，超过了自由民主党。这延续了此前的表现：它在2012年11月举行的两次地方议会补选中分别获得14%和22%的选票。

英国独立党近两年来的影响力与日俱增，主要有以下三个原因。第一，英国国内疑欧情绪十分普遍。第二，欧盟东扩导致大量移民进入英国，民众的反移民情绪日益强烈。英国独立党宣传的理念恰恰迎合了民众这两方面的诉求。第三，自由民主党进入议会后，独立党成为唯一的反体制党，从而成功吸引了部分对现有体制不满的选民。

尽管英国独立党的影响目前更多地局限于地方层面，而且，鉴于英国实行的简单多数投票制，它也不太可能在下届大选后进入下院，但是，它将不可避免地给英国政治的未来走向增添更多不确定性：一方面，可能造成大选中各政党的得票率进一步分散，从而再次出现"悬浮"议会，并加快英国从两党政治向三党政治或多党政治转变的步伐；另一方面，其政策取向也将在一定程度上影响其他政党的政策，特别是在移民和欧洲问题方面。

（二）苏格兰发表独立白皮书，规划独立前景

2013年，苏格兰民族党继续致力于推进苏格兰独立。3月15日，苏格兰地方政府将《苏格兰独立公投议案》（Scottish Independence Referendum Bill）提交苏格兰议会审议，提出2014年9月18日举行公投；如果公投通过，苏格兰将于2016年3月24日脱离英国独立。该议案还拟定了公投中要提出的问

---

① 选举结果参见BBC News, "Vote 2013: 35 Councils in England and Wales and 2 Mayoral elections", http://www.bbc.co.uk/news/uk-politics-21240020。

题,即"苏格兰是否应该成为独立国家",答案选项为"是"或"否"。2013年11月26日,苏格兰地方政府发表白皮书《苏格兰的未来:独立指南》。①该白皮书长达667页,描绘了苏格兰走向独立的过程以及独立后的国家建设蓝图。该白皮书还提出了促进经济增长、降低企业税、放松移民政策等主张,以及社会政策领域的多项承诺。

然而,正如一些评论所指出的,对于一些关键问题,特别是如何兑现减税和提高福利方面的一些承诺,白皮书并没有给出具体答案。另外,货币也是一个比较大的难题。白皮书提出,苏格兰独立后将继续使用英镑,并与英国结成"英镑区",但英国政府是否愿意做出有利于苏格兰的选择,特别是涉及未来货币政策和财政政策的决定权,这些都还是未知数。

目前,不仅英国所有的主流政党均反对苏格兰独立,绝大多数民众也都反对苏格兰独立。白皮书的发表并未改变这一状况:白皮书发表之后,支持苏格兰独立的比例为27%,与9月相同;反对苏格兰独立的比例为56%,略低于9月的59%;回答不知道的比例为17%,比9月(14%)有所上升。②若无重大变故,苏格兰独立公投通过的可能性并不大。

二 经济形势

(一)总体形势向好,增长速度有望高于其他发达经济体③

继2010~2011年恢复增长之后,英国经济于2012年上半年陷入二次衰退。2012年全年实际GDP仅增长0.2%,除第三季度环比增长0.9%之外,其他三个季度均为负增长。与前两年的情况相反,原本是拉动经济增长主要动力的出口仅增长1%,贸易净额则下降了0.6%。但国内需求的增长成为亮点,其中,家庭消费支

---

① "Scotland's Future—Your Guide to an Independent Scotland," http://www.scotreferendum.com/reports/scotlands-future-your-guide-to-an-independent-scotland/.
② Progressive Scottish Opinion, "Nobody's Noticed, but the White Paper on Scottish Independence Has Failed to Move Public Opinion," http://blogs.spectator.co.uk/coffeehouse/2013/12/nobodys-noticed-but-the-white-paper-on-scottish-independence-has-failed-to-move-public-opinion/.
③ 本部分数据若无特别说明,均来自英国国家统计局网站:http://www.statistics.gov.uk。

出全年增长0.7%，政府支出增加0.6%，但固定资本形成也略有上升（0.1%）。①

2013年初，英国经济表现差强人意，第一季度实际GDP环比仅增长0.4%（同比为0.2%），甚至令人担忧英国经济可能陷入第三次衰退。但从第二季度开始，英国经济复苏的步伐明显加快，第二和第三季度实际GDP环比分别增长0.7%和0.8%（同比为1.3%和1.9%），已经接近危机之前英国季度增长率的平均水平。

服务业再次成为经济增长的主要驱动力。2013年前三个季度，服务业环比分别增长0.5%、0.6%和0.8%（同比为1.3%、2.0%和1.8%），而且，第三季度服务业产出已经超出了2008年金融危机之前的最高水平。② 工业生产全面恢复，2013年前三个季度的环比增长率分别为0.6%、0.8%和0.6%，其中制造业第三季度环比增长率达到了0.8%，是2010年第三季度以来的最大增幅。建筑业增长更加迅速，尽管在第一季度环比略有下降（-0.4%），但第二和第三季度增幅均达到2.6%。

经济形势好转使个人消费信心增强，加之政府推出的低息政策降低了信贷成本，因此，居民消费得到增长。截至2013年第三季度，英国家庭最终消费支出已连续8个季度实现增长。特别是，房地产市场持续升温，截至2013年9月，房价已连续8个月上涨，其中，9月房价同比增加2.4%，是6年来的最大涨幅。与此同时，政府支出和固定资本形成在第二和第三季度均实现稳定增长，特别是固定资本形成第三季度的环比增长率高达8.5%。

鉴于以上种种情况，2013年英国经济形势比较乐观。例如，经合组织将英国2013年增长预期由0.8%上调至1.4%，并认为它将成为所有成员国中增长最快的国家③；这与英国财政部秋季财政报告的预期相同④。

---

① UK Office for National Statistics, "United Kingdom National Account, The Bluebook 2013 edition", http：//www.ons.gov.uk/ons/dcp171776_318931.pdf.
② 《英国第三季度经济环比增速创纪录》，新华网，http：//news.xinhuanet.com/world/2013-10/25/c_117878433.htm。
③ OECD, "Economic Outlook", Volume 2013/2, November 2013, http：//www.oecd.org/eco/outlook/preliminary_statistical_annex.pdf.
④ HM Treasury, "Autumn Statement 2013", December 2013, https：//www.gov.uk/government/uploads/system/uploads/attachment_data/file/263942/35062_Autumn_Statement_2013.pdf.

但英国的经济恢复仍面临一定挑战。首先,制造业和建筑业产出仍然低于金融危机前的水平,二者加起来比2008年的最高值低12%。① 其次,出口形势严峻:2013年前三个季度,除第二季度之外,另外两个季度出口均为负增长,其中第三季度环比下降高达3%(同比下降1.8%)。最后,0.5%的超低利率和量化宽松政策能持续多久,也具有一定的不确定性。

(二)财政赤字有所缓解,但政府债务继续攀升

为降低财政赤字和政府债务水平,英国政府出台了多项财政紧缩计划,也起到了一定的效果:2011/2012财政年度,财政赤字占GDP的比例为7.6%,比2009/2010年11.5%的峰值下降了1/3,但距3%的目标仍很遥远。另一方面,政府债务仍在继续攀升,自2009/2010年度超过万亿英镑之后,2012/2013财政年度达到13867亿英镑,占GDP的88.3%。英国财政部预计,2013/2014年度财政赤字将进一步下降到5.2%,并拟到2018年将其控制在2.5%以下。但政府债务还将进一步增加,直到2017/2018财政年度才会开始下降。② 因此,英国政府仍将继续实施紧缩政策。根据2013年6月公布的2015/2016财政年度预算审查报告,该财政年度将削减115亿英镑公共开支,仅有卫生服务、对外援助和学校教育等少数部门未受影响。此外,英国政府还将对福利支出设置新的上限,并拟提高个税起征点。③

(三)就业形势好转,失业率创三年最低

随着经济恢复增长,就业形势也出现好转,但2012年全年平均失业率仍高达8.0%。2013年前三个季度,失业率持续下降,第三季度降至7.4%,是2011年4月以来的最低水平。与此同时,长期失业(超过1年以上)和青年

---

① 中华人民共和国商务部:《英国经济复苏步伐加快》,http://www.mofcom.gov.cn/article/i/jyjl/m/201310/20131000370290.shtml。
② HM Treasury,"Budget 2013," March 2013, https://www.gov.uk/government/uploads/system/uploads/attachment_data/file/221885/budget2013_complete.pdf.
③ HM Treasury, "Spending Round 2013: Next Stage in Government's Plan to Move from Rescue to Recovery," June 2013, https://www.gov.uk/government/news/spending-round-2013-next-stage-in-governments-plan-to-move-from-rescue-to-recovery.

(16~24岁)失业人数也在持续下降。但英国的就业市场仍存在以下一些问题:第一,青年人失业率仍高达35.5%(其中18~24岁为18.6%),而65岁以上人员的就业率为10%,是1992年有记录以来的最高比例;第二,截止到第三季度,长期失业人口仍占全部失业人口的36.3%;第三,尽管到2013年9月底,就业率已达到72%,但兼职人员占到了26%,其中18.5%(146万)是由于找不到全职工作才不得不从事兼职工作,这是1996年以来的最高纪录。因此,稳定就业市场、解决结构性失业问题的任务仍很艰巨。

三 社会形势

(一)设置福利支出上限,延迟退休年龄

在紧缩政策指导下,英国政府2013年启动了近几十年来力度最大的福利改革,涉及法律援助、住房补贴、社会救济、残疾人福利等诸多领域。

第一,对工作家庭(16~64岁)获得的福利支出总额设置上限,单亲家庭或一对夫妇每周获得的福利上限为500英镑,单身家庭则为每周350英镑。第二,在3年之内,绝大多数以现金支付的就业适龄群体救济金(working-age benefits)年增幅不超过1%,远低于预计的通货膨胀率。第三,用"个人独立金"(personal independent payment)取代残疾生活补助(disability living allowance),并适用更严格的标准。第四,引入新的福利住房补贴标准,严格规定各类人群能够获得的住房补贴。第五,启动"有偿失业保障计划",要求所有不具有英语和数学基础的年轻人(18~21岁),从领取福利的第一天开始接受培训,否则将被剥夺为期4周的失业救济;若再次违反规定,则将被剥夺3个月的失业救济。另外,失业超过6个月的人员将被强制实习,以取得工作经验或是接受社区工作安排,否则将失去获得失业救济的资格。

英国政府还宣布了一项养老金改革计划,并拟从2017年开始实施,其主要举措为延迟退休年龄。该计划拟在2030年将退休年龄推迟到68岁,2060年推迟到70岁,届时,英国将成为退休年龄最高的国家之一。英国政府认为,采取这一措施的原因是由于人口老龄化给国家和政府造成的负担越来越重。目

前，英国公共部门养老金支出已占到 GDP 的 2%，延迟退休年龄之后，未来 50 年内可节省 5000 亿英镑。这被认为是自 1908 年英国实行国家养老金计划以来力度最大的一次改革。

（二）实施更严格的移民政策，控制外来移民数量

本届英国政府采取了多项措施控制移民数量，但 2012 年进入英国的净移民数量仍达到了 17.6 万，[①] 尽管比 2011 年有所减少，但为实现在下届大选之前将净移民数量控制在 10 万人以下的目标，英国政府 2013 年推出了更为严格的移民政策。

一项新的移民法案（Immigration Bill）已于 2013 年 10 月在下院通过了一读和二读，2013 年底完成了议会委员会的辩论阶段，即将进入三读。该法案规定，在银行开户、租房和考取驾照时，都要核查申请人或租房人是否拥有合法移民身份；雇主若雇用非法移民将遭到更加严厉的惩罚；海外留学生等在英国短期生活的外国人需要付费才能享受医疗服务。此外，非法移民对遣返令提出上诉的理由也从目前的 17 条减少到 4 条，而且非法移民必须先接受遣返回到原籍，然后才能提起上诉，从而使得驱逐非法移民及外籍罪犯的程序更加简便。

从 2014 年 1 月 1 日起，英国政府还将对在英国申请社会福利的移民实行一系列更为严格的新规则，这被视为政府长期经济计划的一部分，其目的是"确保只有合法移民且计划为英国经济做出贡献的人才能获得福利"。[②] 主要措施包括：第一，所有寻找工作的移民（包括在国外工作一段时间后回到英国的英国国民）在进入英国 3 个月之后才能申请以收入为基础的求职补贴（Income-based Jobseeker's Allowance），例如住房补贴、就业和支持津贴或养老金补贴。第二，在申请福利补贴之前首先要接受更为严格的"常住地审核"（Habitual Residential Test）。新政策增加了更多审核内容，特别是英语语言能

[①] Office of National Statistics, "Statistical Bulletin: Migration Statistics Quarterly Report," August 2013, http://www.ons.gov.uk/ons/rel/migration1/migration-statistics-quarterly-report/august-2013/msqr-august-2013.html.

[②] Department for Work and Pensions, "Improved Benefit Test for Migrants Launched," 13 December 2013, https://www.gov.uk/government/news/improved-benefit-test-for-migrants-launched.

力将首次成为审核内容之一。第三，通过常住地审核后才可申请求职补贴，但最长期限是6个月。如果6个月之后希望继续申请，则必须有充分理由能够证明申请人的确有机会找到工作。

由于从2014年1月1日起，罗马尼亚和保加利亚两国公民可不受任何限制在英国寻找工作，上述举措被认为是英国政府为阻止东欧移民而采取的措施，从而招致了欧盟委员会的批评。但英国首相卡梅伦表示，欧盟的人员自由流动原则不能"毫无限制"，平均收入远低于欧盟平均水平的国家应被排除在该原则之外。①

四 对外关系

（一）发表退欧公投演说，未来欧洲政策不确定性增加

2013年1月23日，英国首相卡梅伦在伦敦发表演说，正式承诺，若保守党赢得2015年大选，则将在2017年底之前就英国是否退出欧盟举行全民公决。② 此外，卡梅伦的演说中还包含三个核心思想：一是欧盟需要改革，特别是需要提高竞争力和加强民主；二是希望通过与欧盟谈判，拿回部分权力；三是英国继续留在欧盟符合英国的国家利益。因此，对于英国与欧盟的关系，卡梅伦的态度还是比较明朗的，他明确希望英国留在欧盟。之所以承诺就是否退出欧盟举行全民公决，很大程度上是出于国内政治的考虑，特别是迫于保守党内部强硬疑欧派的压力。在大选即将来临之际，为避免保守党内部再次由于欧洲问题而出现严重分裂，同时也是由于以反对欧洲一体化为主旨的英国独立党力量上升，卡梅伦不得不做出这样的表态。

2013年6月，保守党议员沃顿（James Wharton）提出《欧洲联盟（全民

---

① 《欧盟不满英国"卡"移民福利》，中国网，http：//news.china.com.cn/live/2013-12/17/content_23913609.htm。
② David Cameron, "EU Speech at Bloomberg: On the Future of the EU and the UK's Relationship with It," Prime Minister's Office, London, 23 January 2013, www.gov.uk/government/speeches/eu-speech-at-bloomberg.

公决）议案》［European Union（Referendum）Bill 2013］。该议案明确提出，全民公决的内容是"关于英国在欧洲联盟的成员国地位问题"，时间是2017年12月31日之前，公投将只提一个问题："您认为英国应当是欧洲联盟的成员国吗？"① 议案还就全民公决的组织方式和程序、参加公投的选民资格以及公投所需经费来源等做出了规定。该议案已于2013年11月底通过下院三读；截至2014年1月10日，上院也已通过了二读。

当然，即使该议案最终成为法律，公投是否能够如期举行以及公投结果如何，仍将取决于诸多复杂因素。在英国国内，不仅工党、自由民主党和绝大多数保守党成员支持英国留在欧盟，一部分利益团体，特别是绝大多数企业，也希望英国留在欧盟。而就英国民众而言，支持和反对英国留在欧盟的比例相差并不大。当然，英国公众的选择还将取决于欧盟自身的发展，取决于欧盟是否具有足够的吸引力。

（二）议会否决军事干预叙利亚的动议，对英美关系造成一定影响

2012年以来，英国对叙利亚政策日趋强硬，除单独或与其他国家共同在联合国发起谴责叙利亚的声明之外，还敦促美国尽早采取军事行动。但是，2013年8月29日，英国下院经过长达8个小时的激烈辩论之后，以285∶272票的比例否决了政府拟对叙利亚采取军事行动的提案。尽管下院的此项投票不具有法律约束力，但首相卡梅伦表示尊重议会的决定。出现这样的结果，最主要的原因在于，2003年伊拉克战争留下的阴影仍然影响着英国民众。事实上，英国民众从一开始就极为反对政府军事干预伊拉克。关于伊拉克是否拥有大规模杀伤性武器的质疑，更降低了民众对本国政府乃至美国政府的信任。这一点不可避免地影响到了他们对叙利亚问题的看法。一项民调显示，超过半数的英国民众反对军事干预叙利亚，40%的民众反对任何形式的干预，只有25%的人赞成军事干预。② 而且，政府并没有足够有力的证据证明

---

① House of Commons, "European Union (Referendum Bill) 2013," Bill 11, 2013, 55/3, London, p.1.
② 《民调显示多数英国人反对英国军事干预叙利亚》，新华网，http://news.xinhuanet.com/world/2013 - 08/28/c_ 125267536.htm。

叙利亚政府拥有化学武器,反对党工党也正是以此为依据强烈反对政府军事干预叙利亚。当然,工党也是希望借此机会扭转伊拉克战争给本党造成的不利影响。

但这样的结果可能给英美关系造成一定影响,尤其是如今双方的"特殊关系"已经不再那么"特殊"。德国《明镜周刊》评论认为,这一决定使得20年来英美"如亲兄弟一般"的关系遭遇严重考验,[1] 因为这可能意味着美国必须寻求与法国结盟。与此同时,英国不参与在叙利亚的军事行动也有可能给欧洲大国之间微妙的平衡造成影响,特别是法国在欧洲军事领域的"领导"作用可能会更加突出。

(三)卡梅伦访华,中英关系恢复正常

2012年下半年以来,中英政治关系几乎降到冰点,在长达18个月的时间内双方之间没有部级以上的官员互访。

但自2013年初,特别是中国新一届政府成立之后,中英双方都在努力使双边关系重回正轨。2013年5月,卡梅伦在议会下院表示,英国政府承认西藏是中国的一部分,不支持"西藏独立"。英国希望与中国建立强劲、积极的双边关系,并对未来两国紧密合作充满期待。[2] 2013年6月,中国外交部长王毅应约同英国外交大臣黑格通电话。黑格表示,英方欢迎中国的强大、繁荣和成功,希望看到中国在国际事务中发挥更加重要的作用。英方高度重视对华关系,希望进一步密切与中国在各个领域的往来。英方尊重中国的主权和领土完整,承认西藏是中国的一部分,不支持"西藏独立",充分认识到涉藏问题的敏感性,愿在尊重中方关切的基础上予以妥善处理。[3] 2013年9月,英国能源和气候变化大臣爱德华·戴维(Edward Davey)访问中国,他是2012年5月以来第一位访华的英国内阁官员,标志着中英关系开始回暖。10月,英国财

---

[1] 《叙利亚战争:英美新关系的起点》,http://epaper.oeeee.com/C/html/2013-09/15/content_1935090.htm。

[2] 中国驻英使馆:《英国首相卡梅伦表示"不支持西藏独立"》,http://www.chinese-embassy.org.uk/chn/zywl/t1038986.htm。

[3] 《王毅同英国外交大臣黑格通电话》,新华网,http://news.xinhuanet.com/2013-06/24/c_116271180.htm。

政大臣奥斯本访华,被认为意味着中英关系"陡然升温"。[1] 2013年12月初,英国首相卡梅伦对中国进行国事访问。随行访问的有多位部长级官员和约150位工商界领袖,是迄今为止中英关系史上规模最大的代表团,标志着中英关系在经历波折之后恢复正常。在卡梅伦访华期间,中英双方在投资、科技创新、金融、司法、文化、卫生等领域签署了10个合作文件。与此同时,中英双边经贸关系继续呈增长态势:2013年1~9月,中英双边货物进出口额为541.5亿美元,同比增长3.4%。[2] 在将伦敦建成离岸人民币市场方面也取得了实质性进展:2013年6月22日,中国人民银行与英格兰银行签署了规模为2000亿元人民币/200亿英镑的中英双边本币互换协议。[3]

(审稿人:程卫东;文字编辑:莫伟)

---

[1] 《财长访华陡然升温中英关系》,新华网,http://news.xinhuanet.com/world/2013-10/15/c_125537209.htm。

[2] 商务部:《国别贸易报告:2013年1~9月英国货物贸易及中英双边贸易概况》,http://countryreport.mofcom.gov.cn/record/view110209.asp?news_id=37023。

[3] 中国人民银行:《中英两国央行签署双边本币互换协议》,http://www.pbc.gov.cn/publish/goutongjiaoliu/524/2013/20130623012047459276821/20130623012047459276821_.html。

资料篇

Data and Statistics

B.50

统计资料

钱小平*

目录

表1　欧洲主要国家国内生产总值（GDP）及增长率 …………………… / 370
表2　欧洲主要国家工业生产指数 ……………………………………… / 371
表3　欧洲主要国家货物和服务贸易收支差额 …………………………… / 372
表4　欧洲主要国家货物与服务进出口额 ………………………………… / 373
表5　欧洲主要国家调和消费者物价指数 ………………………………… / 374
表6　欧洲主要国家名义长期利率和名义短期利率 ……………………… / 375
表7　欧洲主要国家经常项目收支差额 …………………………………… / 376
表8　欧洲主要国家经常项目收支差额占GDP比重 …………………… / 377
表9　欧洲主要国家固定资本形成总额增长率 …………………………… / 378
表10　欧洲主要国家财政收支差额占GDP比重 ………………………… / 379
表11　欧洲主要国家政府债务总额占GDP比重 ………………………… / 380

---

* 钱小平，中国社会科学院欧洲研究所副研究馆员。

表12	欧洲主要国家失业率	/ 381
表13	欧洲主要国家对外直接投资净额占GDP比重	/ 382
表14	欧盟成员国主要经济指标预测（2014年）	/ 383
表15	欧盟成员国政府主要税收项目占GDP的比重	/ 385
表16	欧盟成员国主要政府支出项目占GDP的比重	/ 387
表17	欧盟27国与主要贸易伙伴的进出口额	/ 389
表18	中国与欧盟成员国的进出口贸易情况（2013年1～10月）	/ 389
表19	欧盟27国对华直接投资情况（2013年1～9月）	/ 390
表20	欧盟国家的主要社会指标	/ 392
表21	2013年阿尔巴尼亚议会选举结果	/ 393
表22	2013年奥地利议会选举结果	/ 394
表23	2013年保加利亚议会选举结果	/ 394
表24	2013年冰岛议会选举结果	/ 395
表25	2013年德国联邦议院选举结果	/ 395
表26	2013年捷克共和国议会众议院选举结果	/ 396
表27	2013年捷克共和国总统选举结果	/ 397
表28	2013年卢森堡议会选举结果	/ 397
表29	2012年罗马尼亚议会选举结果	/ 398
表30	2013年马耳他议会选举结果	/ 398
表31	2013年挪威议会选举结果	/ 399
表32	2013年塞浦路斯总统选举结果	/ 399
表33	2013年意大利议会选举结果	/ 400

表1 欧洲主要国家国内生产总值（GDP）及增长率

国家\项目	GDP（亿欧元）①				GDP 增长率(%)②		
	2011年	2012年	2013年③	2014年③	2012年	2013年③	2014年③
比利时	3693	3759	3841	3934	-0.1	0.1	1.1
保加利亚	385	397	410	424	0.8	0.5	1.5
捷克	1555	1529	1499	1544	-1.0	-1.0	1.8
丹麦	2405	2453	2489	2567	-0.4	0.3	1.7
德国	26099	26664	27375	28324	0.7	0.5	1.7
爱沙尼亚	162	174	185	197	3.9	1.3	3.0
爱尔兰	1626	1639	1657	1699	0.2	0.3	1.7
希腊	2085	1937	1828	1830	-6.4	-4.0	0.6
西班牙	10463	10290	10199	10314	-1.6	-1.3	0.5
法国	20014	20323	20665	21191	0.0	0.2	0.9
克罗地亚	444	439	441	448	-2.0④	-0.7	0.5
意大利	15804	15670	15588	15924	-2.5	-1.8	0.7
塞浦路斯	179	177	163	158	-2.4	-8.7	-3.9
拉脱维亚	202	223	234	248	5.0	4.0	4.1
立陶宛	310	329	347	368	3.7	3.4	3.6
卢森堡	417	429	453	474	-0.2	1.9	1.8
匈牙利	989	970	980	1028	-1.7	0.7	1.8
马耳他	66	68	71	74	0.8	1.8	1.9
荷兰	5990	5993	6029	6130	-1.2	-1.0	0.2
奥地利	2992	3070	3146	3251	0.9	0.4	1.6
波兰	3709	3812	3886	4067	1.9	1.3	2.5
葡萄牙	1711	1651	1653	1682	-3.2	-1.8	0.8
罗马尼亚	1313	1317	1416	1479	0.7	2.2	2.1
斯洛文尼亚	362	353	350	350	-2.5	-2.7	-1.0
斯洛伐克	690	711	728	756	1.8	0.9	2.1
芬兰	1887	1925	1957	2011	-0.8	-0.6	0.6
瑞典	3855	4078	4218	4314	0.9	1.1	2.8
英国	17710	19296	18872	19662	0.1	1.3	2.2
欧盟28国	127116	129678	131632	135396	-0.4	0.0	1.4
欧盟27国	126672	129239	131188	134942	-0.4	0.0	1.4
欧元区17国	94241	94835	95888	98299	-0.7	-0.4	1.1
冰岛	101	106	110	114	1.4	1.7	2.3
挪威	3530	3891	3875	3895	2.9	1.9	2.6
瑞士	4747	4910	4999	5254	1.0	1.7	1.8
美国	111593	126437	126068	128105	2.8	1.6	2.6
日本	42408	46401	37595	37928	1.9	2.1	2.0

说明：①按当前价格计算。
②与上一年数据相比的百分比变化。
③欧盟委员会预测数字。
④暂定值。
资料来源：Eurostat（2013年12月5日）。

表2 欧洲主要国家工业生产指数[①]

(2010年=100)

年份 国家	2011	2012	2013		
			第一季度	第二季度	第三季度
比利时[②]	104.43	101.02	100.95	101.97	97.83
保加利亚	105.74	105.49	101.29	101.14	105.52
捷克	105.67	104.81	102.46	105.20	102.11
丹麦	103.88	103.80	103.53	101.89	100.69
德国	106.66	106.29	104.10	105.57	105.97
爱沙尼亚	119.49	119.76	121.83	126.09	122.28
爱尔兰	100.02	98.73	101.51	103.48	92.92
希腊	91.96	88.58	81.49	87.96	89.64
西班牙[②]	98.25	91.48	90.77	91.56	86.85
法国	102.03	99.26	103.30	100.05	90.08
克罗地亚	98.85	93.57	88.61	93.51	91.08
意大利	101.05	94.52	92.54	95.11	86.84
塞浦路斯	91.56	83.10	68.64	75.51	76.16
拉脱维亚	108.33	114.98	105.18	113.49	118.90
立陶宛	106.73	110.57	116.13	108.43	114.44
卢森堡	102.02	98.11	93.76	93.87	92.86
匈牙利	105.62	104.10	102.03	103.96	105.22
马耳他[②]	99.86	106.25	103.54	105.66	101.57
荷兰	99.25	98.70	109.02	95.14[②]	88.58[②]
奥地利	106.83	106.55	101.18	107.62	106.94
波兰	107.12	108.90	106.57	110.13	112.22
葡萄牙	98.97	92.90	93.64	95.76	90.97
罗马尼亚	107.70	110.73	113.81	117.48	117.96
斯洛文尼亚	101.18	100.55[②]	99.03	101.66[②]	96.81[②]
斯洛伐克	105.45	113.85	115.38	121.76	114.39
芬兰	102.00	100.40	89.43	94.39	95.58
瑞典	105.15	103.98	102.77	101.24	91.70
英国	104.43	96.32	97.02	94.93	94.34
欧盟28国	103.16	100.93	100.44	100.70	97.29
欧盟27国	103.17	100.95	100.49	100.72	97.32
欧元区17国	103.37	100.79	100.30	100.73	96.61
挪威	95.55	98.17	95.14	93.06	88.95

说明：[①]工业生产部门主要指由采矿业（包括石油开采）、制造业，以及电力、天然气和水力等部门。

[②]暂定值。

资料来源：Eurostat（2014年1月16日）。

表3 欧洲主要国家货物和服务贸易收支差额[①]

单位：亿欧元

国家\年份	2011	2012	2013[②]	2014[②]
比利时	30.63	41.47	87.67	91.63
保加利亚	-0.08	-14.66	-7.02	-8.07
捷克	64.49	85.62	101.34	115.87
丹麦	126.062	124.61	131.34	141.53
德国	1356.50	1579.10	1634.39	1606.97
爱沙尼亚	5.98	0.40	0.16	0.26
爱尔兰	351.25	397.45	404.10	430.94
希腊	-168.71	-97.44	-41.54	-10.24
西班牙	-109.90	76.65	282.35	415.51
法国	-593.09	-450.47	-347.15	-308.85
克罗地亚[③]	-0.29	3.02	1.31	4.56
意大利	-220.85	176.63	400.97	439.80
塞浦路斯	-7.78	-4.70	4.07	6.51
拉脱维亚	-9.70	-8.77	-6.80	-8.39
立陶宛	-8.42	2.70	3.26	3.32
卢森堡	126.74	124.98	138.13	145.73
匈牙利	63.89	71.25	75.81	80.31
马耳他	-2.56	3.78	5.12	5.42
荷兰	514.24	503.49	643.79	684.08
奥地利	89.52	98.76	129.61	140.25
波兰	-42.68	11.47	89.04	109.07
葡萄牙	-74.78	-10.03	32.63	55.52
罗马尼亚	-69.89	-67.93[③]	-21.87	-26.27
斯洛文尼亚	5.59	17.03	22.07	26.18
斯洛伐克	3.77	37.26	57.20	61.96
芬兰	-13.58	-16.44	-7.49	-12.24
瑞典	214.88	236.73	232.20	212.58
英国	-268.01	-427.22	-360.34	-284.86
欧盟28国	1368.31	2494.73	3669.71	4109.07
欧盟27国	1368.60	2491.70	3668.39	4104.46
欧元区17国	1298.08	2477.91	3446.06	3779.43
冰岛	8.44	6.47	7.90	7.63
挪威	481.30	518.49	473.83	469.83
瑞士	492.71	512.35	540.87	622.02
美国	-4085.49	-4259.03	-3904.85	-4096.19
日本	-386.03	-919.37	-999.13	-1032.02

说明：①按当前价格计算。
②2013年、2014年为预测数字。
③暂定值。
资料来源：Eurostat（2013年12月5日）。

表4 欧洲主要国家货物与服务进出口额[1]

单位：亿欧元

项目 国家	出口额				进口额			
	2011	2012	2013[2]	2014[2]	2011	2012	2013[2]	2014[2]
比利时	3138.11	3237.34	3266.26	3420.51	3107.48	3195.87	3178.59	3328.89
保加利亚	256.05	264.30	282.76	300.25	256.13	278.96	289.78	308.32
捷克	1133.35	1193.26	1180.56	1239.50	1068.85	1107.64	1079.23	1123.62
丹麦	1290.61	1344.01	1363.50	1429.05	1164.55	1219.41	1232.16	1287.53
德国	13214.30	13810.30	13801.39	14477.44	11857.80	12231.20	12167.01	12870.47
爱沙尼亚	146.78	157.72	160.34	170.15	140.80	157.32	160.17	169.89
爱尔兰	1669.64	1767.36	1794.52	1861.46	1318.40	1369.90	1390.42	1430.52
希腊	522.48	523.09	529.75	551.92	691.19	620.53	571.29	562.17
西班牙	3227.17	3360.07	3474.02	3679.30	3337.07	3283.42	3191.67	3263.79
法国	5382.82	5575.74	5667.36	5973.91	5975.91	6026.21	6014.51	6282.76
克罗地亚[3]	187.59	190.44	188.74	196.35	187.88	187.42	187.43	191.79
意大利	4555.69	4734.72	4741.10	4938.94	4776.54	4558.09	4340.13	4499.13
塞浦路斯	77.84	77.10	74.01	73.12	85.62	81.80	69.94	66.61
拉脱维亚	118.82	137.08	143.27	151.91	128.52	145.85	150.07	160.29
立陶宛	239.08	276.50	292.70	317.41	247.50	273.80	289.44	314.09
卢森堡	744.20	760.88	797.10	842.25	617.47	635.89	658.97	696.52
匈牙利	906.33	917.95	936.17	1005.07	842.44	846.70	860.36	924.76
马耳他	65.91	69.98	68.79	71.93	63.35	66.20	63.67	66.51
荷兰	5023.93	5275.83	5385.21	5575.82	4509.69	4772.34	4741.43	4891.74
奥地利	1714.68	1755.94	1780.37	1873.84	1625.16	1657.18	1650.77	1733.59
波兰	1671.45	1779.69	1884.66	2001.63	1714.13	1768.22	1795.62	1892.56
葡萄牙	610.60	638.82	672.30	711.86	685.38	648.86	639.67	656.35
罗马尼亚	525.93	526.93[3]	580.89	611.38	595.82	594.87[3]	602.75	637.65
斯洛文尼亚	263.89	268.70	274.68	285.43	258.30	251.67	252.62	259.25
斯洛伐克	617.47	686.85	728.99	773.12	613.70	649.59	671.79	711.17
芬兰	773.13	781.18	771.41	804.73	786.71	797.62	778.89	816.97
瑞典	1921.68	1978.85	1925.23	1966.29	1706.81	1742.12	1693.03	1753.72
英国	5679.17	6090.57	5954.10	6214.27	5947.18	6517.79	6314.43	6499.14
欧盟28国	55678.69	58181.19	59049.62	61857.30	54310.38	55686.46	55379.91	57748.23
欧盟27国	55491.10	57990.75	58859.52	61658.46	54122.50	55499.04	55191.13	57554.01
欧元区17国	41748.64	43481.61	43987.60	46085.75	40450.56	41003.70	40541.54	42306.31
冰岛	59.59	62.80	63.10	64.98	51.15	56.34	55.20	57.35
挪威	1480.25	1591.49	1560.46	1575.79	998.95	1073.00	1086.63	1105.97
瑞士	2432.89	2568.06	2602.80	2763.13	1940.18	2055.71	2061.92	2141.12
美国	15094.83	17091.38	17085.66	17900.13	19180.32	21350.41	20990.51	21996.32
日本	6424.69	6803.97	6289.08	6519.70	6810.73	7723.34	7288.21	7551.72

说明：①按当前价格计算。

②2013年、2014年为预测数字。

③暂定值。

资料来源：Eurostat（2013年12月5日）。

表5 欧洲主要国家调和消费者物价指数[①]

(2005年=100)

国家\年份	2011	2012	2013
比利时	115.14	118.16	119.57
保加利亚	141.21	144.58	145.14
捷克	116.2	120.3	121.9
丹麦	113.8	116.5	117.0
德国	111.1	113.5	115.3
爱沙尼亚	133.40	139.02	143.53
爱尔兰	106.6	108.7	—
希腊	121.35	122.61	121.56
西班牙	116.35	119.18	121.00
法国	111.28	113.75	114.88
克罗地亚	118.49	122.46	125.31
意大利	113.8	117.5	119.0
塞浦路斯	115.93	119.52	119.98
拉脱维亚	143.73	147.02	147.03
立陶宛	133.90	138.14	139.75
卢森堡	117.32	120.72	122.77
匈牙利	134.79	142.42	144.85
马耳他	115.19	118.91	120.07
荷兰	110.23	113.34	116.24
奥地利	113.42	116.34	118.80[②]
波兰	120.1	124.5	125.5
葡萄牙	112.72	115.85	116.36
罗马尼亚	143.04	147.88	152.61
斯洛文尼亚	118.03	121.35	123.68
斯洛伐克	116.79	121.16	122.93
芬兰	114.16	117.77	120.38
瑞典	112.31	113.36	113.86
英国	119.6	123.0	126.1
欧盟28国	115.38	118.43	120.21[②]
欧盟27国	115.38	118.43	120.21[②]
欧元区17国	112.89	115.70	117.27[②]
冰岛	159.22	168.79	175.77
挪威	113.1	113.6	115.8
瑞士	104.2	103.4	103.5
美国	116.55	119.01	—

说明:①年平均指数。
②估算、暂定值。
资料来源:Eurostat(2014年1月16日)。

表6 欧洲主要国家名义长期利率和名义短期利率

单位：%

年份 国家 利率	2010 长期利率	2010 短期利率	2011 长期利率	2011 短期利率	2012 长期利率	2012 短期利率	2013 长期利率	2013 短期利率
比利时	3.46	—	4.23	—	3.00	—	2.41	—
保加利亚	6.01	8.40	5.36	7.26	4.50	5.17	—	
捷克	3.88	1.86	3.71	1.77	2.78	1.48		
丹麦	2.93	1.78	2.73	1.93	1.40	1.17	1.75	
德国	2.74	—	2.61	—	1.50	—	1.57	
爱沙尼亚		—		—		—		
爱尔兰	5.74		9.60		6.17		3.79	
希腊	9.09		15.75		22.50		10.05	
西班牙	4.25		5.44		5.85		4.56	
法国	3.12		3.32		2.54		2.20	
克罗地亚	—		6.54		6.13			
意大利	4.04	—	5.42		5.49		4.32	
塞浦路斯	4.60	—	5.79		7.00		6.50	
拉脱维亚	10.34	4.11	5.91	2.30	4.57	1.98	—	
立陶宛	5.57	3.13	5.16	2.50	4.83	1.82	—	
卢森堡①	3.17		2.92		1.82		1.74	
匈牙利	7.28		7.64		7.89			
马耳他	4.19		4.49		4.13		3.36	
荷兰	2.99		2.99		1.93		1.96	
奥地利	3.23		3.32		2.37		2.01	
波兰	5.78	4.28	5.96	4.76	5.00	4.92	—	
葡萄牙	5.40	—	10.24	—	10.55	—	6.29	
罗马尼亚	7.34	6.88	7.29	6.36	6.68	5.50		
斯洛文尼亚	3.83	—	4.97	—	5.81	—	5.81	
斯洛伐克	3.87		4.45		4.55			
芬兰	3.01		3.01		1.89		1.86	
瑞典	2.89	1.42	2.61	2.85	1.59	2.40	2.12	
英国	3.36	1.41	2.87	1.64	1.74	1.56	2.03	
欧盟28国	—		4.28	—	3.66			
欧盟27国	3.82	1.61	4.30	—	3.68			
欧元区	3.61	1.35	4.35	2.01	3.88	1.11	3.00	

说明：①卢森堡对长期名义利率的定义与欧盟对长期利率的定义不同。

资料来源：Eurostat（短期利率更新：2013年10月17日；长期利率更新：2014年1月14日）。

表7 欧洲主要国家经常项目收支差额

单位：亿欧元

国家① \ 年份	2010	2011	2012	2013 第一季度	2013 第二季度
比利时	68.48	-41.18	-75.70	-55.73	13.66
保加利亚	-5.34	0.33	-5.21	-3.90	5.17
捷克	-58.94	-42.47	-37.35	5.34	-1.97
丹麦	138.04	142.99	146.64	18.77	50.95
德国	1559.91	1611.96	1856.18	451.40	458.72
爱沙尼亚	4.08	2.91	-3.11	-0.88	-0.24
爱尔兰	17.82	20.02	72.92	11.96	29.00
希腊	-225.01	-206.29	-46.07	-22.44	-1.60
西班牙	-469.63	-397.88	-115.19	-46.82	31.39
法国	-254.58	-352.08	-444.24	-123.88	-62.46
克罗地亚	-3.65	-3.63	0.44	-14.16	-2.59
意大利	-545.15	-482.64	-60.07	-58.29	38.59
塞浦路斯	-17.11	-6.01	-12.16	-4.62	3.11
拉脱维亚	5.32	-4.34	-5.52	-1.10	0.46
立陶宛	0.20	-11.51	-0.68	-2.10	4.37
卢森堡	30.27	27.73	28.33	4.49	5.08
匈牙利	2.04	4.52	9.99	6.72	6.16
马耳他	-3.85	-0.33	1.09	-1.14	0.85
荷兰	433.18	568.43	564.98	210.81	135.58
奥地利	97.40	49.01	49.30	42.91	11.86
波兰	-181.21	-185.16	-141.90	-23.10	3.65
葡萄牙	-182.91	-120.07	-33.25	-1.55	0.78
罗马尼亚	-54.76	-59.21	-58.49	2.66	3.05
斯洛文尼亚	-0.50	1.45	11.60	4.79	6.85
斯洛伐克	-24.54	-25.97	15.92	7.27	9.49
芬兰	27.09	-28.31	-31.99	-4.71	-6.97
瑞典	221.56	245.97	243.83	67.26	54.71
英国	-567.49	-235.71	-740.45	-282.83	-143.41
欧盟28国②	-664.34	-378.91	542.33	184.13	375.06
欧盟27国	—	—			
欧元区17国③	52.77	81.78	1262.16	245.97	528.17
冰岛	-7.69	-6.44	-5.66	0.23	-0.68
挪威	386.97	453.49	557.83	115.11	118.14
美国	-3569.54	-3397.93	—	—	—
日本	1537.22	855.63	—	—	—

说明：①国别数据是该国经常项目收支差额。
②欧盟与成员国以外国家的经常项目收支差额。
③欧元区与成员国以外国家的经常项目收支差额。
资料来源：Eurostat（2013年11月5日）。

表8 欧洲主要国家经常项目收支差额占GDP比重

单位：%

年份 国家	2010	2011	2012	2013①	2014①
比利时	2.6	0.5	-0.2	0.9	0.9
德 国	6.4	6.3	7.0	7.0	6.6
爱沙尼亚	3.5	0.3	-2.8	-2.1	-2.2
爱尔兰	1.1	1.2	4.4	4.1	4.6
希 腊	-12.8	-11.7	-5.3	-2.3	-1.9
西班牙	-4.4	-4.0	-1.2	1.4	2.6
法 国	-1.9	-2.5	-2.1	-1.8	-1.5
意大利	-3.5	-3.1	-0.5	1.0	1.2
塞浦路斯	-9.2	-4.3	-6.6	-2.0	-0.6
拉脱维亚	2.9	-2.3	-2.5	-1.6	-2.0
卢森堡	8.4	7.3	5.9	6.7	6.8
马耳他	-5.4	-1.0	1.1	1.8	1.4
荷 兰	5.0	7.4	7.7	9.6	10.0
奥地利	3.6	1.5	1.8	2.5	2.8
葡萄牙	-10.4	-7.2	-1.9	0.9	0.9
斯洛文尼亚	-0.2	0.2	3.1	5.0	6.0
斯洛伐克	-3.7	-2.6	1.6	4.3	4.3
芬 兰	1.7	-1.5	-1.8	-1.2	-1.3
欧元区	0.3	0.4	1.8	2.7	2.9
保加利亚	-0.4	0.1	-1.3	0.3	0.0
捷 克	-5.0	-3.5	-2.6	-1.6	-1.1
丹 麦	5.9	5.6	5.8	5.4	5.6
克罗地亚	-0.9	-1.1	-0.2	0.1	0.7
立陶宛	-0.4	-3.9	-1.1	-0.5	-0.8
匈牙利	0.4	0.6	1.1	3.0	2.7
波 兰	-4.3	-4.5	-3.3	-1.5	-1.3
罗马尼亚	-4.4	-4.5	-4.0	-1.2	-1.5
瑞 典	6.9	6.6	6.2	5.9	5.6
英 国	-2.7	-1.5	-3.8	-4.3	-4.4
欧盟28国	-0.1	0.2	0.9	1.6	1.7

说明：①2013年、2014年为预测数字。

资料来源：European Commission, "Statistical Annex of European Economic Forecast," Autumn 2013。

表9 欧洲主要国家固定资本形成总额增长率[1]

单位：%

国家＼年份	2010	2011	2012	2013[2]	2014[2]
比利时	-1.1	4.1	-2.0	-2.6	1.0
保加利亚	-18.3	-6.5	0.8	2.1	2.4
捷克	1.0	0.4	-4.5	-4.4	0.3
丹麦	-2.1	3.3	0.8	0.2	2.7
德国	5.7	6.9	-2.1	-0.9	4.4
爱沙尼亚	-7.3	37.6	10.9	0.0	3.6
爱尔兰	-22.7	-9.1	-0.6	2.9	4.4
希腊	-15.0	-19.6	-19.2	-5.9	5.3
西班牙	-5.5	-5.4	-7.0	-6.6	-2.4
法国	1.4	2.9	-1.2	-2.3	0.6
克罗地亚[3]	-15.0	-6.4	-4.6	0.0	2.0
意大利	0.6	-2.2	-8.3	-5.2	2.7
塞浦路斯	-4.9	-8.7	-19.6	-29.5	-11.9
拉脱维亚	-18.1	27.9	8.7	0.3	5.5
立陶宛	1.9	20.7	-3.6	4.9	6.8
卢森堡	-0.7	12.1	3.5	1.1	2.7
匈牙利	-8.5	-5.9	-3.7	-0.4	3.8
马耳他	6.2	-14.6	-3.9	-2.0	0.5
荷兰	-7.4	6.1	-4.0	-8.5	0.9
奥地利	-1.4	8.5	1.6	-1.7	2.2
波兰	-0.4	8.5	-1.7	-3.8	2.9
葡萄牙	-3.1	-10.5	-14.3	-8.5	1.2
罗马尼亚	-1.8	7.3	4.9	-2.0	3.5
斯洛文尼亚	-15.3	-5.5	-8.2	-4.2	-2.7
斯洛伐克	6.5	14.2	-10.5	-5.3	1.2
芬兰	1.7	5.7	-1.0	-1.1	1.0
瑞典	7.2	8.2	3.3	-2.6	5.1
英国	2.8	-2.4	0.9	-0.8	5.0
欧盟28国	-0.2	1.6	-3.0	-2.9	2.5
欧盟27国	-0.1	1.6	-3.0	-2.9	2.5
欧元区17国	-0.4	1.6	-4.1	-3.4	1.9
冰岛	-9.4	14.3	5.0	-4.0	12.0
挪威	-8.0	7.7	8.3	3.7	3.9
瑞士	4.8	4.5	-0.4	-0.1	0.8
美国	1.1	3.5	5.6	3.5	6.3
日本	-0.2	1.1	4.4	2.9	4.6

说明：[1]与上一年度数据相比的百分比变化。
[2]2013年、2014年为欧盟委员会预测数字。
[3]暂定值。
资料来源：Eurostat（2013年12月5日）。

表10　欧洲主要国家财政收支差额占GDP比重

单位：%

国家＼年份	2010	2011	2012
比利时	-3.7	-3.7	-4.0
保加利亚	-3.1	-2.0	-0.8
捷克	-4.7	-3.2	-4.4
丹麦	-2.5	-1.8	-4.1
德国	-4.2	-0.8	0.1
爱沙尼亚	0.2	1.1	-0.2
爱尔兰	-30.6	-13.1	-8.2
希腊	-10.7	-9.5	-9.0
西班牙	-9.6	-9.6	-10.6
法国	-7.1	-5.3	-4.8
克罗地亚	-6.4	-7.8	-5.0
意大利	-4.5	-3.8	-3.0
塞浦路斯	-5.3	-6.3	-6.4
拉脱维亚	-8.1	-3.6	-1.3
立陶宛	-7.2	-5.5	-3.2
卢森堡	-0.8	0.1	-0.6
匈牙利	-4.3	4.3	-2.0
马耳他	-3.5	-2.8	-3.3
荷兰	-5.1	-4.3	-4.1
奥地利	-4.5	-2.5	-2.5
波兰	-7.9	-5.0	-3.9
葡萄牙	-9.8	-4.3	-6.4
罗马尼亚	-6.8	-5.6	-3.0
斯洛文尼亚	-5.9	-6.3	-3.8
斯洛伐克	-7.7	-5.1	-4.5
芬兰	-2.5	-0.7	-1.8
瑞典	0.3	0.2	-0.2
英国	-10.1	-7.7	-6.1
欧盟28国	-6.5	-4.4	-3.9
欧盟27国	-6.5	-4.4	-3.9
欧元区17国	-6.2	-4.2	-3.7
冰岛	-10.1	-5.6	-3.8
挪威	11.0	13.3	13.6
瑞士	—	—	—

资料来源：Eurostat（2013年11月25日）。

表 11　欧洲主要国家政府债务总额占 GDP 比重

单位：%

国家\年份	2010	2011	2012	2013①	2014①
比利时	95.7	98.0	99.8	100.4	101.3
德　国	82.5	80.0	81.0	79.6	77.1
爱沙尼亚	6.7	6.1	9.8	10.0	9.7
爱尔兰	91.2	104.1	117.4	124.4	120.8
希　腊	148.3	170.3	156.9	176.2	175.9
西班牙	61.7	70.5	86.0	94.8	99.9
法　国	82.4	85.8	90.2	93.5	95.3
意大利	119.3	120.7	127.0	133.0	134.0
塞浦路斯	61.3	71.5	86.6	116.0	124.4
拉脱维亚	44.4	41.9	40.6	42.5	39.3
卢森堡	19.5	18.7	21.7	24.5	25.7
马耳他	66.8	69.5	71.3	72.6	73.3
荷　兰	63.4	65.7	71.3	74.8	76.4
奥地利	72.3	72.8	74.0	74.8	74.5
葡萄牙	94.0	108.2	124.1	127.8	126.7
斯洛文尼亚	38.7	47.1	54.4	63.2	70.1
斯洛伐克	41.0	43.4	52.4	54.3	57.2
芬　兰	48.7	49.2	53.6	58.4	61.0
欧元区	85.6	87.9	92.6	95.5	95.9
保加利亚	16.2	16.3	18.5	19.4	22.6
捷　克	38.4	41.4	46.2	49.0	50.6
丹　麦	42.7	46.4	45.4	44.3	43.7
克罗地亚	44.9	51.6	55.5	59.6	64.7
立陶宛	37.8	38.3	40.5	39.9	40.2
匈牙利	82.2	82.1	79.8	80.7	79.9
波　兰	54.9	56.2	55.6	58.2	51.0
罗马尼亚	30.5	34.7	37.9	38.5	39.1
瑞　典	39.4	38.6	38.2	41.3	41.9
英　国	78.4	84.3	88.7	94.3	96.9
欧盟 28 国	80.0	82.9	86.6	89.7	90.2

说明：①2013 年、2014 年为预测数字。

资料来源：European Commission，"Statistical Annex of European Economic Forecast," Autumn 2013。

表12 欧洲主要国家失业率

单位：%

国家 \ 年份	2010	2011	2012	2013 第一季度	2013 第二季度	2013 第三季度
比利时	8.3	7.2	7.6	8.3	8.4	8.5
保加利亚	10.3	11.3	12.3	12.9	12.9	12.8
捷克	7.3	6.7	7.0	7.2	7.0	6.9
丹麦	7.5	7.6	7.5	7.2	6.8	7.1
德国	7.1	5.9	5.5	5.4	5.3	5.3
爱沙尼亚	16.9	12.5	10.2	9.3	8.2	8.4
爱尔兰	13.9	14.7	14.7	13.7	13.7	12.8
希腊	12.6	17.7	24.3	26.6	27.4	27.6
西班牙	20.1	21.7	25.0	26.4	26.5	26.6
法国	9.7	9.6	10.2	10.8	10.8	10.9
克罗地亚	11.8	13.5	15.9	17.0	17.1	17.8
意大利	8.4	8.4	10.7	11.9	12.1	12.3
塞浦路斯	6.3	7.9	11.9	14.5	15.8	16.6
拉脱维亚	19.5	16.2	15.0	12.7	11.6	12.0
立陶宛	18.0①	15.4	13.4	12.6	11.9	11.5
卢森堡	4.6	4.8	5.1	5.6	5.8	6.0
匈牙利	11.2	10.9	10.9	10.9	10.4	10.1
马耳他	6.9	6.5	6.4	6.4	6.5	6.4
荷兰	4.5	4.4	5.3	6.2	6.7	7.0
奥地利	4.4	4.2	4.3	4.9	4.7	4.9
波兰	9.7	9.7	10.1	10.6	10.5	10.3
葡萄牙	12.0①	12.9	15.9	17.5	16.9	16.0
罗马尼亚	7.3	7.4	7.0	7.1	7.4	7.3
斯洛文尼亚	7.3	8.2	8.9	10.5	10.6	9.8
斯洛伐克	14.5	13.7	14.0	14.2	14.3	14.3
芬兰	8.4	7.8	7.7	8.1	8.1	8.2
瑞典	8.6	7.8	8.0	8.1	8.0	7.9
英国	7.8	8.0	7.9	7.8	7.7	7.5
欧盟28国	9.7	9.7	10.5	11.0	10.9	10.9
欧盟27国	9.7	9.7	10.5	10.9	10.9	10.9
欧元区17国	10.1	10.1	11.4	12.0	12.1	12.1
冰岛	7.6	7.1	6.0	5.6	5.6	5.5
挪威	3.6	3.3	3.2	3.6	3.4	3.5
美国	9.6	8.9	8.1	7.7	7.6	7.3
日本	5.1	4.6	4.3	4.2	4.0	4.0

说明：①估计值。

资料来源：Eurostat（2014年1月23日）。

表13 欧洲主要国家对外直接投资净额占GDP比重

单位：%

国家\年份	2010	2011	2012	2013 第一季度	2013 第二季度
比利时	-5.2	-18.9	7.0	3.1	-4.2
保加利亚	-0.5	-0.3	-0.7	-0.1	-0.3
捷克	-0.6	0.2	-0.7	-3.3	-1.2
丹麦	0.0	-3.8	-2.5	-3.5	-2.8
德国	-3.7	-1.4	-2.0	-3.0	-0.7
爱沙尼亚	-0.7	6.5	-4.2	-2.6	0.7
爱尔兰	-10.7	0.5	-8.8	-25.2	1.7
希腊	-0.5	-0.6	-0.3	-0.2	0.2
西班牙	-2.7	-2.5	0.3	-2.2	-0.1
法国	-2.5	-2.1	-1.4	-0.2	-0.3
克罗地亚	0.3	-0.1	0.2	0.3	-0.4
意大利	-1.6	-2.4	-0.4	-0.6	1.5
塞浦路斯	-2.9	-8.9	1.2	1.2	-0.4
拉脱维亚	-0.1	-0.2	-0.7	-1.3	-1.7
立陶宛	0.0	-0.1	-0.9	0.4	-0.2
卢森堡	-394.9	-644.6	-486.5	-509.5	-420.5
匈牙利	-0.9	-3.4	-8.9	-1.5	-0.6
马耳他	-1.6	0.0	1.1	0.5	1.0
荷兰	-8.8	-4.9	-0.6	-7.1	2.8
奥地利	-2.6	-5.3	-3.9	-5.2	2.1
波兰	-1.5	-1.6	-0.1	1.1	2.9
葡萄牙	3.3	-6.3	-0.3	-1.8	-0.4
罗马尼亚	0.0	0.0	0.1	-0.1	-0.1
斯洛文尼亚	0.4	-0.2	0.6	-1.2	0.7
斯洛伐克	-1.1	-0.7	0.1	-0.1	-0.1
芬兰	-4.3	-1.9	-3.0	0.6	-2.9
瑞典	-4.4	-5.3	-5.8	-14.5	-1.8
英国	-1.4	-4.3	-3.1	9.4	-0.8
欧盟28国	-4.7	-7.7	-3.7	-3.5	-2.2
欧盟27国	-4.7	-7.7	-3.7	-3.5	-2.2
欧元区17国	—	—	—	—	—
冰岛	18.8	-0.2	23.6	1.7	0.0
挪威	-2.9	-5.4	-4.2	-7.7	-2.4
美国	-2.3	-2.6	—	—	—
日本	-1.0	-2.0	—	—	—

说明：数值为负说明该国为直接投资的净流出国。

资料来源：Eurostat（2013年12月6日）。

单位：%

	捷克	丹麦	克罗地亚	立陶宛	匈牙利	波兰	罗马尼亚	瑞典	英国	欧盟28国	斯洛伐克
											1.8
											-0.3
											1.8
.3	1.0	1.4	-0.5	3.8	1.2	1.6	1.6	3.3	1.7	0.9	1.9
.2	1.2	0.6	0.5	1.6	1.5	1.9	1.8	1.1	-0.1	0.3	
.4	0.3	2.7	2.0	6.8	3.8	2.9	3.5	5.1	5.0	2.5	0.3
.0	1.5	0.6	—	9.8	4.0	2.0	4.0	6.2	6.9	—	69.9
.4	-1.0	4.8	—	4.8	3.7	3.5	3.3	4.0	4.3	—	60.4
.4	3.8	3.4	2.5	6.7	5.3	5.1	5.0	3.5	3.4	4.1	13.7
.7	3.2	3.1	1.7	7.1	5.5	3.8	5.1	3.9	2.3	3.7	
.5	1.8	1.7	0.5	3.6	1.8	2.5	2.1	2.8	2.2	1.4	3.0
											1.2
.2	0.8	0.9	-0.2	2.7	1.0	1.3	1.3	1.9	1.1	0.6	1.3
.5	0.1	0.5	0.4	1.1	0.6	0.5	0.9	0.9	0.7	0.4	-0.5
.7	1.1	1.3	0.2	3.9	1.6	1.8	2.2	2.7	1.9	1.1	1.8
.4	3.0	1.8	1.1	5.7	5.1	2.4	2.1	1.6	1.1	1.8	1.8
.0	4.0	3.2	1.3	9.5	6.7	4.3	4.3	4.3	3.0	2.9	
.6	-2.3	-1.5	-0.8	-5.9	-4.9	-1.8	-2.2	-1.5	-0.8	-1.6	37.0
.2	0.7	0.3	0.3	-0.3	0.2	0.7	-0.1	0.1	0.3	0.3	33.7
											-3.2
.5	19.7	22.4	24.2	18.5	20.1	18.9	21.1	22.3	13.2	19.6	57.2
	—	—	—	—	—	—	—	—	—	—	
.0	0.3	0.7	-3.8	-0.6	-0.3	-1.3	2.8	2.1	-2.9	-0.3	—
.5	20.0	23.1	20.4	17.9	19.8	17.6	24.0	24.4	10.4	19.3	0.3
.4	21.1	17.4	19.7	18.7	17.1	18.9	25.5	18.8	14.8	17.6	129.7
.0	-1.1	5.6	0.7	-0.8	2.7	-1.3	-1.5	5.6	-4.4	1.7	
.1	0.8	0.5	1.0	3.6	0.5	3.9	4.2	1.9	1.3	0.9	

续表

芬兰	欧元区18国	保加利亚	捷克	丹麦	克罗地亚	立陶宛	匈牙利	波兰	罗马尼亚	瑞典	英国	欧盟28国
2.7	3.2	2.7	3.2	2.4	2.4	1.8	2.2	2.1	2.1	3.0	2.7	3.1
1.1	0.4	2.9	0.8	0.2	0.9	2.1	-0.2	3.8	3.5	1.0	0.4	0.5
0.6	0.8	1.2	1.7	1.3	0.4	2.1	1.0	2.4	1.5	1.9	1.3	1.0
0.2	0.7	-0.2	1.4	1.2	0.0	1.0	1.1	0.6	0.0	1.5	1.2	0.8
0.0	0.2	0.2	0.0	0.4	0.1	1.4	0.8	0.1	0.6	0.9	0.9	0.3
78.2	75.3	75.3	77.0	82.4	57.3	73.8	64.6	63.7	69.5	84.0	77.1	74.2
71.7	66.4	66.9	71.8	76.6	47.7	66.2	57.8	56.8	64.6	77.4	71.3	66.3
8.3	12.2	12.4	7.0	7.2	16.7	10.4	10.4	10.8	7.1	7.9	7.5	11.0
1.6	1.6	3.6	1.7	1.8	1.5	3.8	4.1	3.1	4.4	3.0	1.7	1.7
-0.2	0.1	1.8	1.0	0.3	-0.2	1.8	1.9	1.0	1.4	1.4	-0.4	0.1
1.0	0.7	2.3	-0.1	0.5	1.1	1.6	3.1	0.6	2.9	1.0	0.3	0.7
-1.1	-0.7	0.4	-0.9	-1.0	-0.7	-0.8	0.4	-1.1	-0.1	-0.1	-1.1	-0.8
2.2	1.4	1.9	0.8	1.5	1.9	2.4	2.7	1.8	3.0	1.1	1.4	1.5
1.8	1.5	1.7	0.6	1.5	1.8	1.9	2.2	2.0	2.9	1.5	2.1	1.6
58.0	49.3	38.1	43.2	57.0	47.5	34.5	50.8	40.7	36.2	51.7	46.1	48.5
55.7	46.7	36.1	40.3	55.4	41.0	32.0	47.8	45.3	34.2	50.5	40.8	45.8
-2.3	-2.5	-2.0	-3.0	-1.7	-6.5	-2.5	-3.0	4.6	-2.0	-1.2	-5.3	-2.7
61.0	95.9	22.6	50.6	43.7	64.7	40.2	79.9	51.0	39.1	41.9	96.9	90.2
—	—	—	—	—	—	—	—	—	—	—	—	—
1.0	1.6	1.0	0.4	0.8	0.0	0.6	0.1	0.0	-0.1	0.4	2.1	3.0
121.4	103.6	141.7	115.7	106.9	103.1	106.6	89.4	97.7	121.7	107.0	88.6	102.3

表15 欧盟成员国政府主要税收项目占GDP的比重①

单位：%

项目 国家	间接税占GDP比重②				直接税占GDP比重③				社会保险税占GDP比重				其他收入占GDP比重				政府总收入占GDP比重			
年份	2011	2012	2013	2014	2011	2012	2013	2014	2011	2012	2013	2014	2011	2012	2013	2014	2011	2012	2013	2014
比利时	12.6	12.9	12.8	13.0	16.0	16.5	16.7	17.2	16.7	17.1	17.0	17.0	3.5	3.6	3.6	3.3	49.6	51.0	51.2	51.4
德国	11.2	11.2	11.1	11.0	11.5	12.0	12.2	12.3	16.7	16.8	16.6	16.4	4.5	4.4	4.4	4.5	44.3	44.8	44.6	44.5
爱沙尼亚	13.6	13.9	13.4	13.2	6.5	6.8	7.2	6.8	12.1	11.6	11.4	11.2	5.1	5.0	4.7	4.8	38.7	39.2	38.2	37.5
爱尔兰	10.8	11.0	10.9	11.0	11.9	12.6	12.9	13.3	6.2	5.9	6.0	6.0	4.4	4.4	4.4	4.0	34.0	34.5	34.9	35.1
希腊	12.8	12.5	12.5	12.9	8.6	10.1	9.4	10.4	13.1	13.7	13.6	13.2	5.4	5.7	6.4	6.2	42.4	44.6	44.6	45.1
西班牙	10.0	10.4	11.2	11.2	9.7	10.2	10.2	10.4	13.3	13.0	12.9	12.7	3.2	3.3	3.4	3.3	36.2	37.1	37.8	37.8
法国	15.3	15.4	15.6	16.0	11.2	12.0	12.6	12.3	18.8	19.0	19.2	19.2	5.1	5.0	5.0	5.1	50.6	51.8	52.9	53.0
意大利	14.0	14.7	14.7	14.9	14.3	14.6	14.4	14.3	13.7	13.6	13.9	13.8	3.3	3.4	3.5	3.5	46.1	47.7	48.1	47.8
塞浦路斯	14.6	14.9	14.2	14.4	11.7	7.7	7.7	7.6	8.8	9.1	8.5	8.8	4.8	4.8	5.6	5.5	39.9	40.0	39.8	39.6
拉脱维亚	11.4	11.5	11.5	11.8	7.4	7.7	7.7	7.6	8.7	8.6	8.3	8.2	5.9	5.6	5.7	5.8	34.9	35.1	34.8	34.7
卢森堡	12.4	12.8	13.1	13.1	14.4	14.6	14.4	14.3	12.2	12.5	12.2	12.1	3.6	3.5	3.3	3.2	42.7	43.7	43.2	43.0
马耳他	13.7	13.3	13.3	13.2	12.8	13.7	14.1	14.1	7.3	7.4	7.4	7.5	3.3	3.4	3.4	3.4	38.9	40.1	41.0	41.0
荷兰	11.6	11.4	11.8	12.1	11.5	10.9	11.0	11.2	15.5	16.6	16.7	17.3	6.8	7.2	7.1	6.7	45.6	46.4	46.9	47.6
奥地利	14.4	14.6	14.6	14.6	13.0	13.4	13.8	13.9	16.3	16.6	16.6	16.6	4.5	4.5	4.5	4.5	48.3	49.2	49.6	49.7
葡萄牙	13.7	13.7	13.5	13.4	9.9	9.3	11.2	11.1	12.3	11.6	12.0	11.6	4.6	4.9	5.6	5.5	45.0	40.9	43.2	42.8
斯洛文尼亚	13.9	14.3	15.1	14.8	8.0	7.8	7.6	8.8	15.3	15.5	15.1	14.9	6.4	6.5	6.4	6.1	43.6	44.2	44.3	45.0
斯洛伐克	10.5	9.9	10.0	9.9	5.5	5.6	5.6	5.8	12.5	12.7	13.6	13.0	4.0	4.4	3.6	4.8	33.3	33.2	33.0	33.7

续表

项目 年份 国家	间接税占GDP比重[2]				直接税占GDP比重[3]				社会保险税占GDP比重				其他收入占GDP比重				政府总收入占GDP比重			
	2011	2012	2013	2014	2011	2012	2013	2014	2011	2012	2013	2014	2011	2012	2013	2014	2011	2012	2013	2014
芬兰	14.2	14.4	14.7	14.8	16.4	16.0	16.4	16.3	12.7	13.3	13.2	13.5	10.4	10.3	10.5	10.7	54.1	54.4	55.2	55.7
保加利亚	14.5	15.2	15.2	15.2	4.9	5.0	5.1	5.1	7.3	7.2	7.3	7.4	5.5	6.0	6.1	6.2	33.6	35.2	35.5	36.1
捷克	11.6	12.0	12.2	12.0	7.2	7.2	7.2	7.3	15.5	15.6	15.6	15.6	4.3	4.3	4.3	4.2	40.0	40.1	40.5	40.3
丹麦	16.8	16.7	16.8	16.7	29.7	30.2	31.5	31.1	2.0	1.9	1.8	1.8	6.4	6.0	5.6	5.3	55.7	55.3	56.3	55.4
克罗地亚	17.4	18.2	18.4	18.6	6.2	6.1	5.7	5.4	11.7	11.5	11.0	10.8	4.5	4.0	4.2	4.9	40.1	40.6	40.4	41.0
立陶宛	11.5	11.1	10.8	10.6	4.4	4.9	4.8	4.8	11.6	11.3	11.7	11.6	3.5	4.0	3.3	3.2	33.2	32.7	32.5	32.0
匈牙利	16.9	18.2	18.5	18.5	6.4	7.0	6.9	6.9	13.3	13.3	13.3	13.0	5.1	5.3	5.4	5.8	54.3	46.6	47.2	47.8
波兰	13.8	12.9	12.2	12.1	7.0	7.2	6.9	7.0	11.4	12.3	12.2	12.3	4.4	4.6	4.4	4.1	38.4	38.3	36.7	45.3
罗马尼亚	13.1	13.2	13.4	13.4	6.2	6.1	6.3	6.5	9.1	9.0	8.8	8.8	4.9	4.6	4.7	4.7	33.9	33.6	33.9	34.2
瑞典	18.6	18.5	18.8	18.7	18.5	18.5	18.5	18.2	7.7	7.7	7.5	7.4	6.5	6.5	6.4	6.1	51.5	51.6	51.6	50.5
英国	13.2	13.3	13.3	13.3	15.5	14.9	14.9	14.6	8.3	8.4	8.4	8.4	3.1	3.1	3.9	4.2	40.3	41.8	40.8	40.8
欧元区18国	12.7	13.0	13.1	13.2	11.9	12.4	12.7	12.7	15.7	15.9	15.9	15.8	4.5	4.4	4.6	4.6	45.2	46.2	46.7	46.7
欧盟28国	13.1	13.3	13.4	13.4	12.6	12.9	13.1	13.9	13.9	14.0	14.0	13.9	4.4	4.4	4.6	4.6	44.6	45.4	45.6	45.8
欧盟27国	13.1	13.3	13.4	13.4	12.6	13.0	13.2	13.1	13.9	14.0	14.0	13.9	4.4	4.4	4.6	4.6	44.6	45.4	45.6	45.8
美国	7.1	7.3	7.3	7.4	11.4	12.2	12.8	13.1	5.9	5.9	6.6	6.7	7.4	—	—	—	30.5	29.8	31.6	31.8
日本	8.5	8.5	8.6	9.8	8.1	8.0	8.0	8.2	12.5	12.5	12.6	13.1	5.9	—	—	—	33.1	32.7	32.9	34.4

说明：① GDP按当年市场价格计算。表中数据按1995年欧洲国家和地区核算体系计算。2013年、2014年为预测数字，根据2013年10月22日数据预测。
② 与进口和生产相关的税收。
③ 与收入和财产相关的税收。

资料来源：European Commission, "Statistical Annex of European Economy," Autumn 2013.

表 16 欧盟成员国主要政府支出项目占 GDP 的比重[①]

单位：%

项目 年份 国家	社会转移支付占GDP比重				政府消费支出占GDP比重				经常性开支占GDP比重				政府支出总额占GDP比重			
	2011	2012	2013	2014	2011	2012	2013	2014	2011	2012	2013	2014	2011	2012	2013	2014
比利时	15.6	16.0	16.1	16.2	24.4	25.0	25.0	25.0	50.2	51.3	51.3	51.2	53.3	54.9	54.0	54.0
德 国	12.2	12.3	12.5	12.5	19.1	19.3	19.5	19.6	42.4	42.1	42.3	42.1	45.2	44.7	44.7	44.5
爱沙尼亚	10.7	10.5	10.4	10.3	19.2	19.2	19.1	18.7	34.0	33.2	33.1	32.7	37.6	39.5	38.6	37.6
爱尔兰	12.9	12.7	12.6	12.2	18.4	18.0	17.7	17.0	40.2	40.0	39.5	37.9	47.2	42.7	42.3	40.1
希 腊	10.4	10.1	9.6	9.2	20.5	20.6	19.9	18.7	48.7	46.9	43.6	43.2	51.9	53.6	58.2	47.1
西班牙	12.3	11.8	11.6	11.2	21.2	20.2	19.9	19.4	41.6	41.5	42.2	41.7	45.7	47.8	44.6	43.8
法 国	16.0	16.2	16.3	16.2	24.5	24.7	24.9	24.8	51.9	52.6	53.0	52.9	55.9	56.6	57.0	56.8
意大利	11.9	11.9	11.7	11.4	20.4	20.1	19.9	19.4	46.8	47.6	48.0	47.6	49.9	50.7	51.2	50.5
塞浦路斯	8.8	8.5	7.2	6.6	20.1	19.3	19.3	19.4	41.7	42.6	45.8	44.8	46.3	46.4	48.1	48.0
拉脱维亚	7.9	7.4	7.6	8.0	17.7	16.0	16.2	16.4	33.2	31.4	31.5	31.6	38.4	36.4	36.2	35.7
卢森堡	10.3	10.7	10.9	11.1	16.7	17.5	17.5	17.7	37.6	39.2	39.3	39.3	42.6	44.3	44.0	44.0
马耳他	10.9	11.3	11.2	11.2	20.4	21.2	21.2	21.2	38.5	39.8	40.1	39.9	41.7	43.4	44.5	44.3
荷 兰	17.1	17.5	17.3	17.2	27.9	28.5	28.4	28.4	45.9	46.4	46.8	46.5	49.9	50.5	50.2	51.0
奥地利	11.2	11.2	11.2	11.1	18.9	19.0	18.9	18.8	47.3	47.7	48.1	48.0	50.8	51.7	52.1	51.7
葡萄牙	10.8	9.9	10.1	9.6	19.9	18.2	18.7	17.7	45.4	44.5	46.4	44.7	49.3	47.4	49.1	46.8
斯洛文尼亚	12.4	12.3	12.2	11.7	20.8	20.8	20.5	20.0	44.7	44.5	44.9	44.9	49.9	48.1	50.1	52.0
斯洛伐克	8.7	8.8	8.7	9.4	18.0	17.6	17.5	18.0	35.0	35.0	34.6	35.2	38.4	37.8	36.0	37.0

续表

项目 国家	社会转移支付占GDP比重				政府消费支出占GDP比重				经常性开支占GDP比重				政府支出总额占GDP比重			
年份	2011	2012	2013	2014	2011	2012	2013	2014	2011	2012	2013	2014	2011	2012	2013	2014
芬兰	16.4	16.9	17.1	17.3	24.5	25.1	25.4	25.6	52.0	53.3	54.6	55.1	54.8	56.2	57.5	58.0
保加利亚	7.9	7.8	8.0	8.1	15.7	15.6	15.9	16.0	31.9	31.9	32.9	33.1	35.6	35.9	37.6	38.1
捷克	10.8	10.8	11.0	11.0	20.7	20.5	20.8	20.7	38.1	38.1	38.8	38.9	43.2	44.5	43.4	43.2
丹麦	20.3	20.4	20.1	19.7	28.4	28.6	28.5	28.1	54.1	54.6	55.0	53.9	57.5	59.4	58.0	57.0
克罗地亚	10.5	10.4	—	—	20.6	20.4	—	—	41.9	41.8	42.2	43.5	47.9	45.5	45.9	47.5
立陶宛	10.8	10.0	9.7	9.5	18.7	17.6	17.2	16.8	33.8	32.2	31.7	30.8	38.7	36.0	35.5	34.5
匈牙利	10.8	10.5	10.9	11.1	21.0	20.4	21.0	21.5	44.1	43.8	44.4	44.3	50.0	48.6	50.2	50.8
波兰	10.4	10.3	10.3	10.2	18.0	17.8	17.9	17.8	37.2	37.3	37.6	36.9	43.4	42.2	41.5	40.7
罗马尼亚	8.7	8.8	8.7	8.7	15.1	15.2	14.9	14.8	31.5	30.8	30.5	30.6	39.5	36.6	36.3	36.2
瑞典	19.1	19.4	19.7	19.6	26.6	26.9	27.3	27.2	47.7	48.1	48.9	48.2	51.3	51.8	52.5	51.7
英国	13.8	13.8	12.9	12.0	21.8	21.7	20.9	19.8	44.9	45.0	44.4	43.4	48.0	47.9	47.2	46.1
欧元区18国	13.4	13.4	13.4	13.3	21.6	21.6	21.6	21.4	46.0	46.3	46.5	46.3	49.5	49.9	49.8	49.3
欧盟28国	13.5	13.6	—	—	21.7	21.7	21.6	—	45.4	45.6	45.8	45.4	49.0	49.3	49.1	48.5
欧盟27国	13.5	13.6	13.5	13.2	21.7	21.7	21.6	21.3	45.5	45.7	45.8	45.4	49.1	49.3	49.1	48.5
美国	6.3	—	—	—	16.7	16.7	16.0	15.6	34.9	35.3	34.7	34.4	40.2	38.8	38.0	37.6
日本	11.9	12.1	12.1	12.0	20.4	20.5	20.5	20.2	39.3	39.3	39.1	38.2	42.0	42.3	42.4	41.6

说明：①GDP按当年市场价格计算。表中数据按1995年欧洲国家和地区核算体系计算。2013年、2014年为预测数字，根据2013年10月22日数据预测。

资料来源：European Commission, "Statistical Annex of European Economy," Autumn 2013。

表17 欧盟27国与主要贸易伙伴的进出口额

单位：亿欧元

国家和地区	出口额			进口额		
	2010年	2011年	2012年	2010年	2011年	2012年
美国	2424.51	2637.91	2918.32	1730.67	1915.55	2052.94
中国(不含香港)	1134.26	1363.72	1438.65	2825.09	2936.93	2899.96
俄罗斯	861.34	1083.55	1231.64	1607.09	1999.22	2131.85
瑞士	1104.01	1420.22	1333.39	852.28	932.02	1045.33
挪威	419.14	466.78	498.31	789.81	938.13	1004.39
日本	439.48	490.18	554.90	672.58	695.49	638.61
土耳其	617.47	730.96	752.01	423.97	481.43	478.36
印度	348.66	405.58	384.70	333.08	399.06	373.19
韩国	279.57	325.10	377.58	393.91	361.75	378.59
巴西	314.66	357.52	396.08	332.38	389.39	371.52
加拿大	267.58	298.85	312.93	246.97	307.08	302.21
新加坡	245.50	272.56	303.42	187.60	191.84	215.17
南非	217.55	262.12	256.69	204.06	218.07	205.25
沙特阿拉伯	232.16	264.01	300.30	163.00	284.40	346.01
中国台湾	147.82	162.12	157.99	241.38	242.30	225.21
中国香港	272.50	307.63	336.57	143.02	109.69	105.46
澳大利亚	269.55	311.59	338.49	124.54	149.44	144.80
阿尔及利亚	155.84	172.79	210.32	210.69	278.44	325.97
利比亚	70.87	20.93	63.77	292.30	104.44	327.68
墨西哥	213.42	239.08	279.23	137.48	169.85	193.94

资料来源：Eurostat。

表18 中国与欧盟成员国的进出口贸易情况（2013年1～10月）

单位：亿美元

项目 国家	2012年1～12月						2013年1～10月		
	进出口 总额	增长率[①] （%）	中国对该 国的出口	增长率[①] （%）	中国从该 国的进口	增长率[①] （%）	进出口 总额	中国对该 国的出口	中国从该 国的进口
比利时	263.41	-9.5	163.77	-13.7	99.64	-1.6	208.66	128.72	79.94
丹麦	94.45	2.0	65.42	1.5	29.03	3.2	75.06	46.83	28.23
英国	631.05	7.5	462.99	4.9	168.06	15.5	561.29	410.41	150.89
德国	1611.30	-4.7	692.18	-9.4	919.12	-0.9	1325.24	547.56	777.69
法国	510.22	-2.0	269.00	-10.3	241.22	9.3	408.50	219.20	189.30

续表

国家 \ 项目	2012年1~12月						2013年1~10月		
	进出口总额	增长率①（%）	中国对该国的出口	增长率①（%）	中国从该国的进口	增长率①（%）	进出口总额	中国对该国的出口	中国从该国的进口
爱尔兰	58.96	0.5	20.98	-3.1	37.97	2.6	56.61	20.60	36.01
意大利	417.25	-18.6	256.57	-23.9	160.68	-8.6	354.94	211.28	143.67
卢森堡	22.23	16.7	19.56	22.6	2.67	-13.6	14.72	12.56	2.16
荷兰	676.09	-0.8	589.04	-1.0	87.05	0.5	560.36	484.31	76.05
希腊	40.21	-6.6	35.94	-9.0	4.28	20.9	30.72	27.36	3.36
葡萄牙	40.15	1.3	25.01	-10.7	15.14	30.3	32.14	20.34	11.81
西班牙	245.69	-9.9	182.38	-7.5	63.31	-16.2	203.07	152.21	50.86
奥地利	67.60	-3.3	20.40	-8.4	47.20	-0.9	57.53	16.61	40.92
保加利亚	18.95	29.4	10.55	4.9	8.40	83.0	16.99	9.18	7.81
芬兰	112.76	0.8	74.41	12.1	38.34	-15.6	80.96	48.75	32.21
匈牙利	80.61	-12.9	57.38	-15.7	23.23	-5.3	70.99	48.73	22.26
马耳他	31.39	-1.3	22.45	-3.6	8.94	4.9	27.38	21.34	6.04
波兰	143.84	10.8	123.87	13.2	19.97	-2.5	121.78	103.70	18.07
罗马尼亚	37.77	-14.2	27.97	-19.0	9.80	3.5	32.67	23.03	9.65
瑞典	133.36	-2.5	64.16	-2.3	69.19	-2.8	114.76	56.54	58.22
爱沙尼亚	13.69	2.5	12.34	9.1	1.36	-34.0	11.04	9.48	1.56
拉脱维亚	13.82	10.0	13.13	10.0	0.69	8.5	12.31	11.50	0.81
立陶宛	17.21	21.0	16.32	22.2	0.89	2.0	14.92	13.90	1.02
斯洛文尼亚	18.23	-2.9	15.67	-6.5	2.56	26.7	17.78	15.24	2.54
克罗地亚	13.74	-15.2	13.00	-15.6	0.75	-6.3	13.23	12.35	0.89
捷克	87.30	-12.6	63.23	-17.6	24.07	3.8	75.76	54.24	21.51
斯洛伐克	60.78	1.8	24.23	-3.6	36.55	5.7	53.45	25.48	27.97
塞浦路斯	12.12	5.4	10.93	-2.7	1.19	351.6	8.02	7.58	0.44
欧洲联盟②	5460.43	-3.7	3339.88	-6.2	2120.55	0.4	4560.89	2759.02	1801.88

说明：①增长率为与上一年同期相比的±百分比变化。欧盟增长率为27国平均数。
②欧盟27国数据。
资料来源：中华人民共和国海关总署：《海关统计》，2012年第12期、2013第10期。

表19 欧盟27国对华直接投资情况（2013年1~9月）

单位：万美元

国家/地区	新批项目个数					实际使用外资金额				
	2012年1~12月	2011年1~12月	增幅（%）	2012年比重	2013年1~9月	2012年1~12月	2011年1~12月	增幅（%）	2012年比重	2013年1~9月
欧盟27国	1605	1665	-3.60	6.44	1043	534536	526695	1.49	4.78	547303
塞浦路斯	15	15	0.00	0.06	5	863	667	29.39	0.01	1769
比利时	37	29	27.59	0.15	23	3821	12101	-68.42	0.03	2713

续表

国家/地区	新批项目个数					实际使用外资金额				
	2012年1～12月	2011年1～12月	增幅（％）	2012年比重	2013年1～9月	2012年1～12月	2011年1～12月	增幅（％）	2012年比重	2013年1～9月
丹 麦	57	43	32.56	0.23	31	13048	18021	-27.60	0.12	18297
英 国	246	246	0.00	0.99	178	40960	58152	-29.56	0.37	32226
德 国	419	458	-8.52	1.68	249	145095	112896	28.52	1.30	182887
法 国	153	188	-18.62	0.61	128	65242	76853	-15.11	0.58	66339
爱尔兰	21	21	0.00	0.08	16	11192	13091	-14.51	0.10	3515
意大利	226	214	5.61	0.91	145	24576	38779	-36.63	0.22	27492
卢森堡	25	34	-26.47	0.10	21	22702	51450	-55.88	0.20	36346
荷 兰	104	121	-14.05	0.42	73	114358	76137	50.20	1.02	103827
希 腊	8	6	33.33	0.03	4	140	215	-34.88	0.00	158
葡萄牙	7	7	0.00	0.03	9	48	1334	-96.40	0.00	948
西班牙	95	99	-4.04	0.38	55	34717	27070	28.25	0.31	27898
奥地利	43	44	-2.27	0.17	32	21626	10478	106.39	0.19	13295
保加利亚	5	2	150.00	0.02	2	747	1441	-48.16	0.01	165
芬 兰	29	27	7.41	0.12	13	10891	5949	83.07	0.10	8109
匈牙利	10	6	66.67	0.04	5	615	1309	-53.02	0.01	311
马耳他	0	2	-100.00	0.00	0	54	170	-68.24	0.00	0
波 兰	13	11	18.18	0.05	5	357	701	-49.07	0.00	153
罗马尼亚	5	9	-44.44	0.02	5	456	517	-11.80	0.00	90
瑞 典	58	60	-3.33	0.23	32	20250	17502	15.70	0.18	18850
爱沙尼亚	2	0	0.00	0.01	2	9	4	125.00	0.00	0
拉脱维亚	1	1	0.00	0.00	1	0	200	-100.00	0.00	0
立陶宛	3	2	50.00	0.01	0	0	30	-100.00	0.00	8
斯洛文尼亚	5	3	66.67	0.02	1	269	410	-34.39	0.00	69
捷 克	13	15	-13.33	0.05	5	2071	732	182.92	0.02	972
斯洛伐克	5	2	150.00	0.02	2	429	486	-11.73	0.00	845
美 国	1301	1426	-8.77	5.22	783	259809	236932	9.66	2.33	245164
日 本	1579	1859	-15.06	6.34	753	735156	632963	16.15	6.58	593087

资料来源：《国际贸易》2013年第2期、第11期。

表20 欧盟国家的主要社会指标

国家\指标	基尼系数[1]	贫困率(%)[2]	住房拥有率(%)[3]	平均养老金水平(欧元)[4]	社保支出占GDP的比重(%)[5]	高等教育人口比重(25岁以上,%)[6]
比利时	26.5	21.6	72.3	3626.3	30.4	30.4
保加利亚	33.6	49.3	87.4	352.7	17.7	21.5
捷克	24.9	15.4	80.4	1068.9	20.4	17.3
丹麦	28.1	19.0	64.3	5452.9	34.3	30.5
德国	28.3	19.6	53.3	3635.7	29.4	25.6
爱沙尼亚	32.5	23.4	82.2	741.6	16.1	36.1
爱尔兰	33.2	29.4	70.2	2550.8	29.6	35.3
希腊	34.3	34.6	75.9	2327.1	30.2	21.2
西班牙	35.0	28.2	78.9	2228.7	26.1	26.9
法国	30.5	19.1	63.7	4052.4	33.6	25.9
克罗地亚	30.5	32.3	89.5	881.6	20.6	16.3
意大利	31.9	29.9	74.1	3719.3	29.7	12.9
塞浦路斯	31.0	27.1	73.2	1576.5	22.8	34.1
拉脱维亚	35.9	36.6	81.2	595.4	15.1	27.2
立陶宛	32.0	32.5	91.9	578.3	17.0	29.1
卢森堡	28	18.4	70.8	6702.9	22.5	35.2
匈牙利	26.9	32.4	90.5	934.4	23.0	21.0
马耳他	27.2	22.2	83.1	1290.4	18.9	14.0
荷兰	25.4	15.0	67.5	4289.9	32.3	29.3
奥地利	27.6	18.5	57.5	4641.7	29.5	18.0
波兰	30.9	26.7	82.4	956.6	19.2	21.8
葡萄牙	34.5	25.3	74.5	2167.1	26.5	15.4
罗马尼亚	33.2	41.7	96.6	497.8	16.3	13.3
斯洛文尼亚	23.7	19.6	76.0	1724.9	25.0	23.7
斯洛伐克	25.3	20.5	90.4	701.5	18.2	17.2
芬兰	25.9	17.2	73.9	3822.0	30.0	34.5
瑞典	24.9	18.2	69.9	4095.6	29.6	33.7
英国	32.8	24.1	66.7	3497.9	27.3	37.3
欧盟28国	30.6	24.8	70.6	2989.7	29.1	24.2
欧元区17国	30.4	23.2	66.8	3413.5	30.0	23.3

续表

国家\指标	基尼系数[1]	贫困率(%)[2]	住房拥有率(%)[3]	平均养老金水平(欧元)[4]	社保支出占GDP的比重(%)[5]	高等教育人口比重(25岁以上,%)[6]
冰岛	24.0	12.7	77.3	3590.0	25.0	33.1
挪威	22.6	13.8	84.8	5184.0	25.2	36.6
瑞士	28.7	17.5	43.9	5511.9	26.6	32.3

说明：① 爱尔兰为2011年数据，其余国家为2012年数据，其中比利时为暂定值，欧盟和欧元区为估计值。
② 爱尔兰为2011年数据，其余国家为2012年数据，其中比利时、瑞典为暂定值，欧盟和欧元区为估计值。
③ 爱尔兰为2011年数据，其余国家为2012年数据，其中比利时为暂定值，欧盟和欧元区为估计值。
④ 2011年数据，其中德国、爱尔兰、希腊、西班牙、法国、意大利、拉脱维亚、立陶宛、荷兰、葡萄牙、斯洛文尼亚、斯洛伐克、瑞典、瑞士、欧盟、欧元区为暂定值。
⑤ 2011年数据，其中德国、爱尔兰、西班牙、法国、意大利、拉脱维亚、立陶宛、荷兰、葡萄牙、斯洛文尼亚、斯洛伐克、瑞典、瑞士、欧盟、欧元区为暂定值。
⑥2012年数据。
资料来源：Eurostat。

（李罡）

表21 2013年阿尔巴尼亚议会选举结果

选举时间:2013年6月23日
登记选民:3271885人
选票数:1744261张
投票率:53.50%
有效票数:1720162张
无效票与空白票数:24099张
有效票率:98.6%

联盟	党派	获得投票数（张）	百分比（%）	获得席位（个）
就业、繁荣与一体化联盟	民主党	528373	30.63	50
	共和党	52168	3.02	3
	正义、统一与团结党	44957	2.61	4
	总计	680667	39.46	57
欧洲阿尔巴尼亚同盟	社会党	713407	41.36	65
	一体化社会运动	180470	10.46	16
	人权统一党	14722	0.85	1
	基督教民主党	7993	0.46	1
	总计	993904	57.63	83

说明：表中只统计在议会中占有席位的政党。
资料来源：http://www.parties-and-elections.eu/albania.html。

（刘作奎）

表22　2013年奥地利议会选举结果

选举时间:2013年9月29日
登记选民:6384308人
选票数:4871913张
投票率:74.9%
有效选票数:4782410张
无效票与空白票数:89503张
有效票率:98.12%

政党	得票数(张)	得票率(%)	获得席位(个)
奥地利社会民主党(SPÖ)	1258605	26.8	52
奥地利人民党(ÖVP)	1125876	24.0	47
奥地利自由党(FPÖ)	962313	20.5	40
绿党－绿色选择(GRüNEN)	582657	12.4	24
奥地利未来联盟(BZÖ)	165746	3.5	0
斯特罗纳克队(FRANK)	268679	5.7	11
新奥地利自由论坛(NEOS)	232946	5.0	9
奥地利共产党(KPÖ)	48157	1.0	0
奥地利海盗党(PIRAT)	36265	0.8	0
奥地利基督教党(CPÖ)	6647	0.1	0
变革党(WANDEL)	3051	0.1	0
男士党(M)	490	0.0	0
退出欧盟党(EUAUS)	510	0.0	0
社会左翼党(SLP)	947	0.0	0

资料来源：Republik Österreich Parlament, Nationalrat Bilanz 2008 – 2013。

（孙莹炜）

表23　2013年保加利亚议会选举结果

选举日期:2013年5月12日
登记选民:6919260人
选票数:3541745张
投票率:51.2%
有效选票数:3451698张
无效票与空白票数:90047张
有效票率:97.5%

政党或政党联盟	得票数(张)	获得席位(个)	得票率(%)
争取欧洲进步公民党(公民党)	1081605	97	30.5
"为了保加利亚"联盟(社会党)	942541	84	26.6
争取权利和自由运动	400466	36	11.3
阿塔卡	258481	23	7.3
总　计	—	240	—

说明：表中只统计在议会中占有席位的政党。"为了保加利亚"联盟：2001年成立，由社会党领导的中左政治联盟，成员屡有变化；目前包括社会党、保加利亚社会民主党、农民联盟、保加利亚共产党、社会人文主义运动等政党。

资料来源：http：//www.parliament.bg/en/electionassembly；http：//en.wikipedia.org/wiki/Coalition_for_ Bulgaria2013；http：//en.wikipedia.org/wiki/Bulgarian_ parliamentary_ election,_ 2013。

（贾瑞霞）

表24 2013年冰岛议会选举结果

选举时间:2013年4月27日

选民人数:237957人

选票数:193792票

投票率:81.44%

有效票数:188990票

无效票与空白票数:4802张

有效票率:97.5%

政党名称	得票数(张)	得票率(%)	获得议席数(个)
独立党	50454	26.70	19
进步党	46173	24.43	19
社会民主联盟	24292	12.85	9
左翼绿色运动	20546	10.87	7
明亮未来党	15583	8.25	6
海盗党	9647	5.10	3
黎明党	5855	3.10	0
家庭党	5707	3.02	0
冰岛民主党	4658	2.46	0
右翼绿色人民党	3262	1.73	0
彩虹党	2021	1.07	0
地方党	326	0.17	0
Sturla Jónsson党	222	0.12	0
人道主义党	126	0.07	0
冰岛人民阵线	118	0.06	0

资料来源:http://www.statice.is/Statistics。

(秦爱华)

表25 2013年德国联邦议院选举结果

选举日期:2013年9月22日

有选举权的选民数:61946900人

收回选票数:44309925张

投票率:71.5%

有效选票数:43726856张

有效票率:98.5%

党派	得票数(张)	得票率(%)	获得席位(个)
基督教民主联盟(CDU)	14921877	34.1	255
社会民主党(SPD)	11252215	25.7	193
左翼党(DIE LINKE)	3755699	8.6	64

续表

党派	得票数(张)	得票率(%)	获得席位(个)
绿党(GRÜNE)	3694057	8.4	63
基督教社会联盟(CSU)	3243569	7.4	56
自由民主党(FDP)	2083533	4.8	
德国选择党(AfD)	2056985	4.7	
海盗党(PIRATEN)	959177	2.2	
国家民主党(NPD)	560828	1.3	
自由选民党	423977	1.0	
其他政党	774939	1.7	

资料来源：http：//www.bundeswahlleiter.de/de/bundestagswahlen/BTW_BUND_13/ergebnisse/bundesergebnisse/index.html；http：//www.bundeswahlleiter.de/de/bundestagswahlen/BTW_BUND_13/ergebnisse/bundesergebnisse/grafik_sitze_99.html。

（杨解朴）

表26　2013年捷克共和国议会众议院选举结果

选举日期：2013年10月25～26日

登记选民数：8424227人

发出选票数：5010944张

投票率：59.48%

收回选票数：5007212张

有效选票数：4969984张

有效票率：99.26%

政党名称	得票数(张)	得票率(%)	获得议席数(个)
捷克社会民主党	1016829	20.45	50
ANO 2011(不满公民运动)	927240	18.65	47
捷克和摩拉维亚共产党	741044	14.91	33
TOP 09党	596357	11.99	26
公民民主党	384174	7.72	16
直接民主曙光党	342339	6.88	14
基督教民主联盟－人民党	336970	6.78	14

资料来源：捷克议会选举办公室，http：//www.volby.cz/pls/ps2013/ps5？xjazyk=EN。

表27　2013年捷克共和国总统选举结果

选举日期:2013年1月11~12日
登记选民数:8435522人(第一轮),8434941人(第二轮)
发出选票数:5171666张(第一轮),4986040张(第二轮)
投票率:61.31%(第一轮),59.11%(第二轮)
收回选票数:5168161张(第一轮),4983481张(第二轮)
有效选票数:5143966张(第一轮),4958576张(第二轮)
有效票率:99.53%(第一轮),99.50%(第二轮)

候选人	政党	第一轮投票		第二轮投票	
		得票数(张)	比例(%)	得票数(张)	比例(%)
米洛斯·泽曼	公民权力党	1245848	24.21	2717405	54.80
卡雷尔·施瓦岑贝格	TOP 09	1204195	23.40	2241171	45.19
约翰·费舍尔	无党派	841437	16.35	—	—
伊里·丁斯特比尔	社会民主党	829297	16.12	—	—
弗朗茨·弗拉基米尔	无党派	351916	6.84	—	—
Roithova Zuzana	基督教民主联盟-人民党	255045	4.95	—	—
Fischerova Tatana	KH	166211	3.23	—	—
Sobotka Premysl	公民民主党	126846	2.46	—	—
Bobosikova Jana	主权党	123171	2.39	—	—

资料来源:捷克议会选举办公室,http://volby.cz/pls/prez2013/pe?xjazyk=EN。

(傅聪)

表28　2013年卢森堡议会选举结果

选举时间:2013年10月20日
登记选民人数:239668人
选票数:218453张
投票率:91.1%
有效票数:203557张
无效票与空白票数:14896张
有效票率:93.2%

政党名称	得票数(张)	得票率(%)	获得议席数(个)
基督教社会党(CSV)	63962	34.1	23
卢森堡社会工人党(LSAP)	36084	19.2	13
民主党(DP)	35828	19.1	13
绿党(The Greens)	19374	10.3	6
选择民主改革党(ADR)	12740	6.8	3
左派党(The Left)	8388	4.5	2
海盗党(PP)	5554	3.0	0
整体民主党(PID)	3200	1.7	0
卢森堡共产党(KPL)	2700	1.4	0

资料来源:http://electionresources.org/lu/chamber.php?election=2013。

(张金岭)

表29 2012年罗马尼亚议会选举结果

选举日期:2012年12月9日
登记选民:16269839人
选票数:7666169张
投票率:47.1%

参议院
有效选票数:7390037张
无效票与空白票数:275524张
有效票率:96.4%

众议院
有效票数:7383236张
无效票与空白票数:283025张
有效票率:96.3%

政党、政党联盟	参议院选举			众议院选举			两院议席总数
	得票数（张）	得票率（%）	获议席数（个）	得票数（张）	得票率（%）	获议席数（个）	
社会自由联盟（USL）	4457526	60.1	122	4344288	58.6	273	395
罗马尼亚右翼联盟（ARD）	1239318	16.7	24	1223189	16.5	56	80
人民党（PP－DD）	1086822	14.7	21	1036730	14.0	47	68
匈牙利族民主联盟（HUDR）	388528	5.2	9	380656	5.1	18	27
少数民族代表	—					18	18
议院席位合计（个）			176			412	588

资料来源：Central Electoral Bureau，转引自EIU，"Country Report：Romania"，Jan. 2013，p. 21；参考http：//en.wikipedia.org/wiki/Romanian_legislative_election,_2012；http：//en.wikipedia.org/wiki/Romanian_legislative_election,_2012。

（贾瑞霞）

表30 2013年马耳他议会选举结果

选举时间:2013年3月9日
登记选民人数:333072人
选票数:309600张
投票率:92.95%
有效票数:305556张
无效票与空白票数:4044张
有效票率:98.69%

政党名称	得票数(张)	得票率(%)	获得议席数(个)
工党	167533	54.83	39
国民党	132426	43.34	30
民主选择党	5506	1.80	0
Ajkla党	47	0.02	0
自由联盟党	12	0.00	0
独立候选人	32	0.01	0

资料来源：http：//www.gov.mt/en/Government/Government%20of%20Malta/Election%20Results/Pages/General-Election-2013-Results.aspx；http：//www.osce.org/odihr/elections/102176。

（宋晓敏）

表31　2013年挪威议会选举结果

选举时间:2013年9月9日

选民人数:3641753人

选票数:2851014张

投票率:78.3%

有效票数:2836029张

无效票与空白票数:14985张

有效票率:99.5%

政党名称	得票数(张)	得票率(%)	获得议席数(个)
工党	874769	30.8	55
保守党	760232	26.8	48
进步党	463560	16.3	29
基督教人民党	158475	5.6	10
中间党	155357	5.5	10
自由党	148275	5.2	9
社会主义左翼党	116021	4.1	7
绿党	79152	2.8	1

资料来源:http://www.valgresultat.no/bs5.html。

(秦爱华)

表32　2013年塞浦路斯总统选举结果

第一轮选举

选举时间:2013年2月17日

登记选民人数:545491人

选票数:453498张

投票率:83.14%

有效票数:441212张

无效票与空白票数:12286张

有效票率:97.29%

第二轮选举

选举时间:2013年2月24日

登记选民人数:545491人

选票数:445009张

投票率:81.58%

有效票数:412232张

无效票与空白票数:32777张

有效票率:92.63%

候选人/政党	第一轮选举		第二轮选举	
	得票数(张)	得票率(%)	得票数(张)	得票率(%)
阿纳斯塔夏季斯(Nicos Anastasiades)-民主大会党(DISY)	200591	45.46	236965	57.48
马拉斯(Stavros Malas)-劳动人民进步党(AKEL)	118755	26.91	175267	42.52
利利卡斯(Giorgos Lillikas)-社会民主运动党(EDEK)	109996	24.93		

续表

候选人/政党	第一轮选举		第二轮选举	
	得票数(张)	得票率(%)	得票数(张)	得票率(%)
哈拉兰普斯(Giorgos Charalambous) – 国民阵线(ELAM)	3899	0.88		
安东尼亚多(Praxoula Antoniadou) – 联合民主党(EDI)	2678	0.61		
斯塔利亚诺(Makaria – Andri Stylianou) – 独立候选人	1898	0.43		
约安努(Lakis Ioannou) – 人民社会主义运动党(LASOK)	1278	0.29		
格雷戈里乌(Solon Gregoriou) – 独立候选人	792	0.18		
卡利亚科(Kostas Kyriacou) – 独立候选人	722	0.16		
埃夫斯特拉丘(Andreas Efstratiou) – 独立候选人	434	0.10		
斯塔夫罗(Loukas Stavrou) – 独立候选人	213	0.05		

资料来源：http://www.ekloges.gov.cy。

（宋晓敏）

表33　2013年意大利议会选举结果

选举时间：2013年2月24~25日

众议院
登记选民：50399841人
选票数：36374914张
投票率：72.1%
有效票数：34988706张
无效票与空白票数：1386235张
有效票率：96.2%

参议院
登记选民：45420325人
选票数：32761271张
投票率：72.1%
有效选票数：31513096张
无效票与空白票数：1248121张
有效票率：96.2%

众议院选举结果

政党/政党联盟	得票数(张)	得票率(%)	获得席位(个)
国内选民选举结果			
中左竞选联盟	10049393	29.55	340
民主党	8646034	25.43	292
左翼生态自由党	1089231	3.20	37
民主中间派	167328	0.49	6
南蒂罗尔民众党(SVP)	146800	0.43	5
中右竞选联盟	9923600	29.18	124
自由人民党	7332134	21.56	97
北方联盟	1390534	4.09	18
意大利兄弟党	666765	1.96	9
其他党派	533929	1.57	—

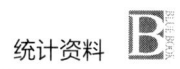

续表

政党/政党联盟	得票数(张)	得票率(%)	获得席位(个)
五星运动	8691406	25.56	108
中间派竞选联盟	3591541	10.56	45
公民选择	2823842	8.30	37
中间联盟	608321	1.79	8
其他党派	159378	0.47	—
其他党派合计	1749815	5.11	—
无效投票	1265127	0.04	—
总计	35270925	100	617
注册投票人数/投票率	46905154	75.20	—
海外选民选举结果			
民主党	287975	29.30	5
公民选择	181041	18.42	2
自由人民党	145751	14.83	1
海外意大利人联合运动(MAIE)	140868	14.33	2
五星运动	95173	9.68	1
南美洲意大利移民联盟(USEI)	43918	4.47	1
其他党派合计	88155	7.99	—
无效投票	121108	10.97	—
总计	1103989	100	12
注册投票人数/投票率	3494687	31.59	—

参议院选举结果

政党/政党联盟	得票数(张)	得票率(%)	获得席位(个)
国内选民选举结果			
中左竞选联盟	9685437	31.63	113
民主党	8400851	27.44	105
左翼生态自由党	911486	2.98	7
扩音器运动	138564	0.45	1
其他党派	234536	0.76	—
中右竞选联盟	9405652	30.72	116
自由人民党	6828994	22.30	98
北方联盟	1328534	4.34	17
伟大的南方	122262	0.40	1
其他党派	1125862	3.68	—
五星运动	7286550	23.80	54

续表

政党/政党联盟	得票数(张)	得票率(%)	获得席位(个)
中间派竞选联盟	2797734	9.14	18
公民选择	2797734	9.14	18
其他党派合计	1749815	5.51	—
无效投票	1133449	3.56	—
总计	31751350	100	301
注册投票人数/投票率	42270824	75.11	—
海外选民选举结果			
民主党	274743	30.69	4
公民选择	177402	19.82	1
自由人民党	136052	15.20	—
海外意大利人联合运动(MAIE)	120290	13.44	1
其他党派合计	186672	18.48	—
无效投票	114762	11.36	—
总计	1009921	100	6
注册投票人数/投票率	3149501	32.07	—

资料来源：意大利内政部网站，http：//elezionistorico. interno. it/index. php。

（孙彦红）

B.51 欧洲大事记

(2013年1月1日~12月31日)

牟薇*

1月

1月1日

爱尔兰接替塞浦路斯担任欧盟轮值主席国。

英国担任八国集团轮值主席。

1月9日

塞尔维亚新一届政府举行特别会议,一致通过了涉及科索沃问题的决议草案。

1月11日

捷克首次总统直选于1月11~12日举行。

1月16日

国际货币基金组织(IMF)宣布,向希腊发放约43亿美元的救助贷款。

1月17日

欧盟27国外长在布鲁塞尔就西非国家马里局势召开紧急会议。

1月21日

欧元集团任命荷兰财政大臣戴塞尔布卢姆接替容克成为该集团新任主席。

秘鲁总统乌马拉和西班牙首相拉霍伊在秘鲁首都利马签订《战略合作更新计划》。

1月26日

第七届拉美-欧盟国家首脑会议在智利首都圣地亚哥开幕。

---

* 牟薇,中国社会科学院欧洲研究所助理研究员。

1月29日

欧洲委员会表示,将再向叙利亚提供1亿欧元人道主义援助。

1月30日

欧洲军团司令德巴凡考夫将军宣布,欧洲军团完成了在阿富汗国际安全援助部队任务,已于本月全部撤离阿富汗。

葡萄牙总理科埃略新任命7名国务秘书。

2月

2月5日

第46届慕尼黑安全政策会议开幕。

2月6日

欧盟委员会通过了两项法案,一项是新的反洗钱法案,另一项是打击制造假钞法案。

欧洲联盟、非洲联盟、西非国家经济共同体和联合国代表在布鲁塞尔集会商讨马里局势并发表声明。

2月7日

欧盟领导人在布鲁塞尔召开为期两天的特别峰会,讨论欧盟2014~2020年的财政预算案。

2月12日

欧盟委员会在轮值主席国爱尔兰首都都柏林召开部长级会议,就"解冻"2.5亿欧元资助马里一事达成一致。

2月18日

欧盟外长会议做出决议,因朝鲜进行第三次核试验及"弹道导弹实验",决定追加对朝鲜的制裁。

2月21日

保加利亚国民议会通过了总理鲍里索夫递交的内阁总辞呈。

2月22日

西班牙政府推出了一项包括50多条具体措施的刺激就业计划。

2月26日

欧洲议会环境委员会通过了有关暂停向外国航空公司征收碳排放税的提案。

2月27日

斯洛文尼亚国民议会通过不信任投票,宣布解除保守党领导的政府,并任命布拉图舍克为新总理,组建新政府。

2月28日

欧盟修订针对叙利亚的制裁,有限制地允许向叙利亚反对派提供军事装备及技术援助。

教皇本笃十六世正式辞职。

3月

3月4日、5日

欧元区及欧盟财长会议分别在布鲁塞尔举行。

捷克参议院通过议案,决定以违背宪法、颠覆国家制度的"叛逆罪",起诉现任总统克劳斯。

3月5日

欧盟委员会宣布,欧盟向黎巴嫩增加3000万欧元援助,用于安置大批涌入的叙利亚难民。

拉脱维亚正式向欧盟委员会提交申请,希望在2014年1月1日正式加入欧元区。

3月6日

泰国总理英拉访问欧盟总部,与欧盟委员会主席巴罗佐启动了双边自贸协定谈判。

维谢格拉德集团四国(波兰、捷克、斯洛伐克和匈牙利)国防部长在波兰华沙签署成立战斗部队意向书。

欧洲专利局公布,中国企业已成为欧洲专利局专利申请数量的第一增长驱动力。

3月8日

捷克历史上首位由公民直接投票选举产生的总统米洛什·泽曼宣誓就职。

3月11日

英国女王伊丽莎白二世签署《英联邦宪章》。

葡萄牙国家统计局公布的数据显示，2012年葡萄牙经济萎缩3.2%，陷入自1975年以来最严重的经济衰退。

3月12日

保加利亚总统普列夫内利耶夫宣布，赖科夫将出任看守政府总理兼外交部长，本届议会于15日解散并宣布提前举行议会选举的日期。

波黑塞族共和国议会批准了以女总理茨维亚诺维奇为首的新一届政府。新政府宣誓就职。

3月13日

来自阿根廷的枢机主教贝戈利奥在罗马教皇选举中当选第266任天主教罗马教皇，称为方济各。

德国联邦政府通过财政预算计划，政府将从2015年起实现财政预算零借贷的目标。

3月14日

为期两天的欧盟春季峰会在比利时首都布鲁塞尔召开。

欧洲议会各成员在法国斯特拉斯堡举行的全体会议上发表决议，表示支持联合国安理会与欧盟制裁朝鲜。

3月15日

意大利新一届议会正式就职。

3月16日

欧元区财长会议通过塞浦路斯纾困方案，塞浦路斯得到了欧元集团100亿欧元的援助承诺，但须向银行储户征收最高达9.9%的一次性"存款税"。

3月19日

梵蒂冈罗马天主教新教皇举行就职典礼。

塞浦路斯议会以绝对优势否决存款税议案。

3月20日

斯洛文尼亚成立了以布拉图舍克为总理的新一届联合政府。

塞浦路斯政府和央行商议"B方案",取代遭议会否决的征存款税方案。

3月22日

意大利总统纳波利塔诺宣布授权贝尔萨尼组阁。

3月25日

日本与欧盟宣布启动"经济伙伴关系协定"(EPA)谈判。

欧元集团主席戴塞尔布卢姆宣布,塞浦路斯援助计划通过。

英国推出了号称欧盟史上最严厉的移民政策。

3月26日

欧盟委员会证实,克罗地亚如期完成欧盟提出的10项任务,将顺利成为欧盟成员国。

意大利外长泰尔齐日宣布辞职。

3月28日

北约批准布里德洛夫上将出任欧洲盟军最高司令。

4月

4月2日

塞浦路斯财长萨瑞斯辞职。劳工部长乔治亚德斯接任。

4月8日

俄罗斯总统普京与荷兰女王贝娅特丽克丝共同启动了俄荷友谊年,两国签署了15项合作协议。

英国前首相撒切尔夫人因中风去世。

4月11日

八国集团外长会议开幕,会议强烈谴责朝鲜近期的核活动及其"威胁"活动。

塞浦路斯允许在该国银行危机中损失300万欧元以上的外国投资者申请该国国籍。

4月13日

冰岛总理西于尔扎多蒂访华。两国签署了中冰自贸协定等合作文件。

4月15日

英法德等欧洲9国举行名为"联合勇士"的军事演习。

希腊与欧盟委员会、欧洲央行和国际货币基金组织组成的"三驾马车"达成协议,采取进一步财政紧缩措施,以获得进一步经济救助。

4月19日

塞尔维亚总理和科索沃总理达成了试探性的"欧盟引荐"协议。

4月22日

在卢森堡举行的欧盟外长会议决定取消除武器禁运之外的对缅甸的一切制裁措施。会议同意"放宽"对叙利亚的油气制裁。

欧盟委员会主席巴罗佐在第四届布鲁塞尔智库对话开幕式上再次呼吁建立欧洲"国家联邦"。

为期两天的第四届中欧政党高层论坛在苏州举行。

再次当选的意大利总统纳波利塔诺在议会宣誓就职。

4月25日

欧盟外交与安全政策高级代表阿什顿于25~28日访华。

法国总统奥朗德于25~26日访华。

莱塔被任命为新一届意大利政府总理。

4月28日

内迪克松宣布担任冰岛总理。

4月30日

荷兰女王贝娅特丽克丝正式退位,新国王威廉-亚历山大宣誓登基。

5月

5月10日

俄罗斯政府同意延长塞浦路斯偿还债务的期限,并降低还款利率。

5月12日

欧盟委员会宣布拨款6500万欧元,作为向叙利亚难民紧急提供人道主义援助的资金。

5月13日

欧元区国家财政部长会议召开。

欧元集团同意向希腊发放下一批共75亿欧元的救助贷款。

欧洲稳定机制（ESM）发布公告称，根据相关协议，ESM向塞浦路斯交付了20亿欧元的救助资金。

5月14日

欧盟国家财政部长会议召开。会议重点讨论了打击逃税的问题。

5月21日

欧洲议会在斯特拉斯堡通过两项决议，要求欧盟成员国进一步采取有力措施，加强协调，共同打击偷漏税。

5月22日

以打击偷漏税、降低能源成本为核心议题的欧盟峰会在布鲁塞尔闭幕。欧洲理事会主席范龙佩强调，在2020年前欧盟在能源技术研发领域的投入将不低于一万亿欧元。

5月23日

李克强总理于23~25日访问瑞士，会晤瑞士联邦主席。

5月25日

李克强总理访问德国，全方位推进中德合作。

5月27日

欧盟外长会议宣布，成员国决定在现行对叙利亚制裁措施到期后，解除对叙利亚武器禁运。欧盟还将对叙利亚实施新一轮为期12个月的制裁。

5月31日

欧盟正式修改了针对叙利亚阿萨德政权的新一轮制裁措施。

6月

6月3日

第三十一届俄罗斯-欧盟峰会在叶卡捷琳堡召开。

6月4日

欧盟委员会宣布，欧盟自6月6日起对产自中国的太阳能电池板及关键器件征收11.8%的临时反倾销税。

欧盟负责卫生与消费者事务的委员博尔格开始为期四天的访华行程。

6月5日

中国商务部宣布对欧盟葡萄酒启动反倾销、反补贴调查。

6月6日

欧盟交通、电信和能源部长会议在卢森堡举行。

6月7日

法国总统奥朗德与日本首相安倍晋三在东京举行会谈，并发表了《日法联合声明》和发展关系的路线图。

6月8日

英国首相卡梅伦主持八国集团有关营养和饥饿的高峰会。英国承诺捐助将近6亿美元救助世界贫困儿童。

6月9日

瑞士全民公投通过一项旨在严格难民法的动议。

6月12日

欧洲议会在斯特拉斯堡通过申根区边检治理一揽子措施。

6月15日

意大利政府宣布推出刺激经济一揽子计划。

6月16日

捷克总理内恰斯宣布辞职。

日本首相安倍晋三在华沙与波兰、捷克、斯洛伐克、匈牙利东欧四国首脑会谈，发表了旨在加深原子能和可再生能源领域合作的联合声明。

6月17日

八国集团峰会在英国北爱尔兰的厄恩湖开幕。会议当天美国和欧盟宣布正式启动自由贸易协定谈判。

塞尔维亚与科索沃执行双方关系正常化协议，于当日正式互派联络官。

6月18日

八国集团峰会结束，会议发表《厄恩湖宣言》。八国首脑决定对叙利亚增加约15亿美元的人道主义援助。

美国总统奥巴马访问德国。

6月21日

欧盟成员国财长在卢森堡召开会议，讨论如何关闭破产银行。

希腊执政联盟中的民主左派党宣布退出政府，执政联盟解体。

6月22日

中国人民银行与英格兰银行签署了规模为2000亿元人民币/200亿英镑的中英双边本币互换协议。

6月23日

阿尔巴尼亚举行全国议会选举。

6月24日

欧盟外长会议在卢森堡通过了对叙利亚政府的第十六轮制裁措施。

西班牙外交与合作大臣马加略于6月24～28日访华。

6月25日

欧盟总务理事会决定，原则同意重启停滞3年的土耳其入盟谈判。

希腊新一届联合政府宣誓就职。

6月27日

为期两天的欧盟夏季峰会在布鲁塞尔举行。

欧盟委员会、欧洲议会就欧盟2014～2020年预算案达成一致。

欧盟成员国就受困银行重组及清算规定达成一致。

6月28日

欧盟夏季峰会闭幕。会议正式批准开启塞尔维亚加入欧盟的谈判，同意推出包含至少80亿欧元专项基金的一系列刺激和保障方案，妥善安排560万失业青年。

6月30日

欧盟对外行动署要求美方就窃听门事件作出紧急澄清。

7月

7月1日

立陶宛正式接替爱尔兰开始担任欧盟轮值主席国。

葡萄牙总统席尔瓦接受财长加斯帕尔的请辞,并同意阿尔布克尔克接任。

7月2日

维谢格拉德集团四国首脑在波兰维斯瓦市举行会晤。

国家主席习近平分别会见马其顿总理格鲁埃夫斯基和罗马尼亚总理蓬塔。

中国-中东欧国家地方领导人会议商务主题活动在重庆正式启动。

7月3日

欧洲议会在斯特拉斯堡通过决议,支持拉脱维亚2014年1月1日正式加入欧元区。

欧盟劳工部长会议在柏林召开。

7月4日

欧洲议会通过决议,要求美国立即向欧盟澄清间谍活动的真相并责成议会下属委员会展开调查。

7月5日

为期两天的世界卫生组织欧洲高官会通过《维也纳宣言》后闭幕。

7月9日

欧盟财政经济理事会正式批准拉脱维亚于2014年1月1日加入欧元区。

7月10日

卢森堡首相容克因情报丑闻辞职。

以鲁斯诺克为总理的捷克新政府正式成立。

7月16日

希腊政府的新紧缩法案在议会获得通过。

7月19~20日

二十国集团财长和央行行长会议在莫斯科举行,通过了要求各国优先促进就业与经济增长的共同声明。

7月21日

比利时王储菲利普王子继承王位，成为国王菲利普一世。

7月26日

欧元区成员国批准了一项约40亿欧元的资金用于援助希腊。

7月28日

爱尔兰副总理兼外交贸易部长吉尔摩于7月28日~8月3日访华。

8月

8月5日

德国终止了与英国、美国签署了几十年之久的"信息共享"协议。

8月6日

欧盟委员会批准的中欧光伏贸易争端的"价格承诺"协议正式实施。

8月19日

法国总统奥朗德召集内阁全体会议，提出制定一项名为"法国2025"的十年发展计划。

8月21日

欧盟外长特别会议在布鲁塞尔就对埃及实施武器禁运达成了共识。

8月29日

在英国议会投票否决对叙利亚进行军事干预的提案后，英国防长哈蒙德表示，英国将不会参与任何形式的对叙利亚的军事行动。

9月

9月4日

瑞典、丹麦、挪威、芬兰、冰岛北欧五国领导人会晤到访瑞典的美国总统奥巴马，多数北欧国家领导人表示不支持美国单方面对叙利亚动武。

9月6日

为期两天的二十国集团领导人第八次峰会在圣彼得堡落幕，峰会通过了

《二十国集团领导人圣彼得堡宣言》。

9月7日

欧盟成员国外长在立陶宛首都维尔纽斯会晤，谴责叙利亚政府军使用化学武器的行为，呼吁美法等国不要在联合国调查报告出台前军事干预叙利亚。

9月9日

美国白宫发表的声明透露，德国等14国在联合声明上签字支持美国对叙利亚动武，使得迄今美国获得的国际支持增至25国。

9月10日

欧盟委员会内政事务委员马尔姆斯特伦表示，欧盟将要求美国政府澄清有关其秘密监控全球金融交易系统的报道。

9月12日

欧洲议会在斯特拉斯堡通过一项决议，要求俄罗斯"放弃对欧盟的东部伙伴关系国家施加压力"，并"充分尊重这些国家与欧盟谈判、签署合作协议的权利"。

9月17日

欧盟委员会及北约－俄罗斯理事会相继发表声明，呼吁联合国安理会尽快采取措施，迅速、安全地销毁叙利亚境内化学武器。

瑞士全民投票决定保留义务兵役制。

9月24日

第三届国际北极论坛在俄罗斯萨列哈尔德市开幕。俄罗斯总统普京、冰岛总统格里姆松、芬兰总统尼尼斯特出席论坛。

9月25日

英国承诺向叙利亚难民提供一亿英镑援助。

9月28日

为遵守意大利向欧盟作出的有关控制政府赤字的承诺，莱塔决定强行提高增值税，并就此向议会提起信任案寻求支持。

西班牙有关"购房换居留"的新法规正式生效。

瑞士表示愿意为销毁叙利亚化武提供100万瑞士法郎。

10 月

10 月 1 日

意大利总理莱塔宣布，拒绝接受前总理贝卢斯科尼阵营 5 位内阁成员提交的辞职申请。

10 月 2 日

西非国家冈比亚宣布退出英联邦。

10 月 4 日

为避免欧盟财政制裁，克罗地亚议会通过有关实施"欧洲逮捕令"的法律修正案。

10 月 10 日

欧洲议会在斯特拉斯堡批准欧盟建立新的欧洲边界监视系统。

10 月 13 日

英国财相奥斯本访华。

10 月 14 日

挪威首相斯托尔滕贝格向国王哈拉尔五世提出辞呈并获准。当日，索尔贝格受命组建新政府。

10 月 15 日

欧盟国家财长在卢森堡集会，一致通过了建立银行业单一监管机制的议案。

中英经济财金对话在京重启。

爱尔兰政府向议会提交 2014 财年预算案，将推行新一轮紧缩政策。

10 月 16 日

挪威新一届政府宣布成立。

10 月 18 日

欧盟成员国贸易部长会议在卢森堡举行。

欧洲理事会授权欧盟委员会与东盟国家在自贸协定谈判中增加投资保护条款。

法国国民议会批准在今明两年内针对年薪超过 100 万欧元的个人征收高税

率的"特别富人税"。

10月20日

卢森堡官方宣布,在当天举行的立法选举中,容克所领导的基督教社会党居于首位。

10月21日

欧洲议会公民自由、司法与内政事务委员会(LIBE)通过了新版数据保护法。

10月22日

德国新一届联邦议院举行首次会议。

10月24日

为期两天的欧盟峰会在布鲁塞尔召开。最受瞩目的议题是德国总理默克尔的手机及法国电话通信可能遭美国窃听一事。

10月30日

欧盟理事会表示,欧盟对白俄罗斯的制裁将延长至2014年10月底。

法国总统奥朗德在巴黎会见中国外交部长王毅。

英国正式修改皇家宪章,规定将设立独立的媒体监管机构。

11月

11月3日

科索沃单方宣布独立后首次举行地方政府选举。

11月10日

巴勒斯坦民族权力机构主席阿巴斯与比利时外交大臣雷恩代尔在约旦首都安曼会晤时表示,巴决定将驻欧盟代表处的地位提升到"巴勒斯坦外交使团"。

11月11日

联合国气候变化大会于11~22日在波兰首都华沙举行。

11月12日

欧盟领导人峰会在法国巴黎决定,欧盟各成员国应在未来两年内建立起"青年就业保障机制"。

欧盟宣布，欧盟各国已就2014财年预算达成一致。2014财年欧盟"预算承诺"和"预算支出"将分别高达1426亿欧元和1355亿欧元。

11月13日

英国当选联合国人权理事会成员，任期两年。

11月14日

欧盟-缅甸商务、社会和发展论坛在仰光举行，欧盟表示每年将向缅甸提供1.2亿美元援助。

11月15日

欧盟委员会表示，欧盟专家小组未在英国与西班牙的"争议发生地"直布罗陀发现西班牙方面违反欧盟法律的证据。

11月24日

伊核问题六国与伊朗在日内瓦达成伊核问题第一份协议。在未来6个月时间内，伊朗将暂停部分铀浓缩活动以换取减轻制裁。

11月25日

欧洲理事会主席范龙佩和欧盟委员会主席巴罗佐发表联合声明，强烈指责俄罗斯向乌克兰施压，以反对乌克兰与欧盟签署联系国协定。

俄罗斯总统普京当日在访问梵蒂冈期间会见了罗马教皇弗朗西斯一世。

11月27日

拉脱维亚总理东布罗夫斯基斯因超市坍塌事件宣布辞职。

11月28日

为期两天的欧盟第三届"东部伙伴关系"峰会在立陶宛首都维尔纽斯召开。

11月29日

在当日结束的欧盟峰会上，乌克兰拒绝与欧盟签署加强双边政治及经贸合作的联系国协议。

12月

12月2日

英国首相卡梅伦12月2~4日访华并举行新一轮中英总理年度会晤。

12月5日

法国总理埃罗开始为期5天的访华行程。

12月10日

瑞士联邦议会国民院表决通过瑞中自由贸易协定。

12月12日

欧洲议会投票确认将邀请斯诺登为美国国家安全局监控事件作证。

12月17日

德国总理默克尔及各内阁部长宣誓就职。

12月19日

欧盟国家领导人在巴黎举行为期两天的峰会。

欧盟财长正式商定,设立一个单一清理机制,以关闭破产银行。

12月23日

马耳他政府宣布修订后的入籍法,包括115万欧元的投资额。

(审稿人:张敏;文字编辑:莫伟)

B.52 后　记

为最大限度地使用2013年全年的数据，本年度的发展报告将完稿日期定为2013年12月31日。但是，有些文章依然只能使用2013年第三季度的数据。

感谢《欧洲研究》编辑部的宋晓敏、张海洋和莫伟三位同志。他们利用春节的美好时光，对全书的文字进行了编辑和修改。

李靖堃翻译了前言，并校对了各篇的英文摘要，再次向她表达谢意。

江时学

2014年2月14日

Abstract

Since May 1 2004, the EU has completed three rounds of enlargement, with its members expanding from 15 to 28. This is the very reason why we choose "A Decade of EU Eastern Enlargement: Achievements, Significance and Impacts" as the keynote report of this year's Europe Yearbook. It concludes that EU accession contributes a great deal to the democratic consolidation, economic development and promotion of the international status of the new member states, as well as to the safeguarding of regional peace and security. However, the increasing number of the member states highlighted the diversified preferences of the different member states, which makes coordination in EU decision-making more difficult.

In addition to the keynote report, we choose 6 topics as special reports, to conduct an in-depth discussion on the trade dispute between China and the EU on China's solar panel products, the construction of European banking union, the accession to the EU of Croatia, the EU's youth employment, Europe's new energies and the latest development of EU-ETS.

As is the regular practice, the reports on the European Union analyze the EU's internal and external affairs from the six perspectives including politics, economy, foreign policy, social situations, legal development and science and technological policies. At last, the country reports discuss the political, economic and social situations and foreign relations of the European countries in 2013.

Foreword

Jiang Shixue

The European economy started to grow again in 2013 after a long period of recession. As stated by the European Commission in its Autumn Economic Forecast on November 5, 2013, "The signs of hope that we saw last spring have started to turn into tangible positive outcomes. After six consecutive quarters of stagnation or contraction, the EU economy has posted positive growth in the second quarter of 2013."

And what is more reassuring is that the European Commission expects that the recovery is to continue and to gather some speed in 2014.① The Eurostat Newsrelease published by the Eurostat on December 4 2013, the statistical office of the European Union, estimated that GDP rose by 0.1% in the euro area and by 0.2% in the EU28 during the third quarter of 2013②, the second consecutive quarter of positive growth after the breakout of the European debt crisis.

The European economy is projected to strengthen in 2014, with growth picking up. The *World Economic Outlook Update* released on January 21 2014 by the IMF points out that the euro area is turning the corner from recession to recovery, and that growth in the euro area is expected to strengthen to 1% in 2014 and 1.4% in 2015③.

Ireland becomes the first country to get rid of the European debt crisis. The Irish government announced on November 14 2013 that Ireland would exit the bailout programme funded by the IMF, the European Commission and the ECB on December 15. Mr. Rehn, Vice President of the European Commission and

---

① http://ec.europa.eu/economy_finance/publications/european_economy/2013/pdf/ee7_en.pdf.
② http://epp.eurostat.ec.europa.eu/cache/ITY_PUBLIC/2-04122013-BP/EN/2-04122013-BP-EN.PDF.
③ IMF, *World Economic Outlook: Update*, January 21, 2014, http://www.imf.org/external/pubs/ft/weo/2014/update/01/pdf/0114.pdf.

Commissioner for Economic and Monetary Affairs, expressed his congratulations in the statement released on that same day that "Today is a good day for Ireland and the Irish people. It provides clear evidence that determined implementation of a comprehensive reform agenda can decisively turn around a country's economic fortunes and put it back to a path of sustainable growth and rising employment."①

It is true that no consensus has yet been reached as to the criteria clearly defined and internationally accepted by which to judge the end of the European debt crisis, and that most of the EU countries still record a high debt-to-GDP ratio and large financial deficits, however, the signs of economic recovery tell us that Europe is getting close to the end of a crisis lasting more than 3 years and that at least the "most dangerous moment", that is, the risk of the collapse of the euro area which might have been caused by Greek exit of the euro area due to its default, is over.

However, the after-effects of the European debt crisis cannot be ignored, among which the most remarkable is unemployment. According to the Eurostat Newsrelease issued on January 31 2014, the unemployment rate in the euro area and the EU 28 was 12.0% and 10.7% respectively in December 2013, with no great changes from that of 11.9% and 10.8% in December 2012. 10 euro countries and 12 EU countries recorded a higher unemployment rate than the average in the euro area and that in the EU 28 respectively. But the highest rates were registered in Greece and Portugal, which was 27.8% and 25.8% respectively②. In addition, the situation is especially severe for young people.

In the recent years, shifts have taken place in the balance of power between the various political forces in Europe, and those with strong anti-austerity and anti-European stance and drawing on anti-immigrant feelings and antipathy towards Islam have gained growing public support.

Internationally, such political parties have been labeled as right-wing, extreme right-wing, anti-establishment or non-traditional ones. The *Economist* even names them as populist parties, Europe's 'Tea Parties', Eurosceptic parties, or insurgent parties.③

---

① http://europa.eu/rapid/press-release_MEMO-13-997_en.htm.
② http://epp.eurostat.ec.europa.eu/cache/ITY_PUBLIC/3-31012014-AP/EN/3-31012014-AP-EN.PDF.
③ "Europe's Tea Parties," *The Economist*, January 4, 2014, p. 7.

It appears that these parties further expanded their influences in 2013, which can be attributed to the following reasons. Firstly, ahead of the 2014 European Parliamentary election, all the parties and party groups have been struggling to win as many seats as possible. Secondly, the lasting economic recession makes it much easier for the voters to be affected by the gorgeous rhetoric put forward by those parties. Thirdly, the policies of the left-wing and some other traditional parties have failed to produce satisfactory results. And fourthly, the diversified political ecology in Europe has provided sufficient space for the political forces representing quite different political ideas.

At present, Eurosceptic parties on the right and far right having seats in the European Parliament come from 17 countries, namely, Austria, Belgium, the UK, Bulgaria, Croatia, Denmark, Finland, France, Greece, Hungary, Italy, Lithuania, the Netherlands, Norway, Poland, Romania and Slovakia. ① They are likely to increase their number of seats in the European Parliament after the May 2014 election.

Europe ranks high in political stability. However, turmoil and chaos always present themselves in each year, with no exception in 2013. On February 21 the Bulgarian Parliament accepted the resignation of Prime Minister Boriso and his cabinet after the anti-government protests against the high electricity price turned into bloody clashes with the police in Sofia, Bulgaria's capital, and other cities. On February 27 the Slovenian Parliament held a no-confidence vote spelling the end of Prime Minister Janez Jansa's government. On August 20 the lower House of the Czech parliament voted to dissolve itself, the first time in Czech history that such a motion has actually been passed since the 1990s. On July 10, Luxembourg's long-serving Prime Minister Jean-Claude Juncker resigned following a secret service scandal, the first time since the end of the Second World War that a cabinet collapsed in Luxembourg, a country well-known for its political stability.

The European integration progressed arduously in 2013. On January 23 2013 the UK Prime Minister David Cameron delivered a speech on the relationship between the UK and the EU. He highlighted in his speech the three challenges to which the EU is exposed. First, the problems in the eurozone are driving

---

① "Turning Right," *The Economist*, January 4, 2014, p. 17.

fundamental changes in Europe. Second, there is the crisis of European competitiveness. Third, there is a gap between the EU and its citizens. He promised that if a Conservative Government is elected in the 2015 election, a referendum will be held within the first half of the next parliament on whether the UK will continue to remain as a member of the EU. He argues that the very reason for the proposed referendum is that the British people feel that the EU is heading in a direction they have never signed for and that they resent the interference in their national life by what they see as unnecessary rules and regulations of the EU. PM Cameron's judgment is that democratic consent for the EU in Britain is now wafer thin and simply asking the British people to carry on accepting all the EU decisions is much more likely that the British people will reject the EU.

In Norway, a general election was held on September 9 2013. However, what the international community is concerned about is an opinion poll published ahead of the general election rather than the result of the election itself. According to this poll, less than 20% of Norwegian voters wanted their country to join the EU, while nearly 8 out of 10 voters said no to Norway's EU membership, a ratio much higher than the 52.2 percent in 1994 and 53.5 percent in 1972①.

Iceland applied officially to join the EU on July 16 2009. However, the newly-elected Icelandic Government after the April 2013 election announced a halt to its EU accession talks until Icelanders vote in a referendum within the next four years②.

However, it seems that the European integration continue to advance in spite of either Mr. Cameron's speech or the attitudes of Norway and Iceland towards EU accession. In fact, German Chancellor Merkel's call for "more Europe, not less" ③ after the breakout of the debt crisis has become a consensus among most of the European politicians, which has been embodied in the following achievements.

Firstly, on March 26 2013 the European Commission adopted the last *Monitoring Report on Croatia's Accession Preparations*, concluding that Croatia had fulfilled all the commitments and requirements arising from the accession negotiations④. After 10

---

① http://www.euractiv.com/enlargement/norwegians-eu-membership-ahead-g-news-529950.
② http://www.euractiv.com/enlargement/iceland-quits-eu-talks-news-529923.
③ http://www.spiegel.de/international/germany/merkel-accused-of-campaigning-for-reelection-at-eu-expense-a-908789.html.
④ http://ec.europa.eu/commission_2010-2014/fule/docs/news/20130326_report_final.pdf.

years' preparations, Croatia finally joined the EU on July 1 2013 and became the 28th member of the EU and the EU has therefore finished its 7th enlargement.

Secondly, on June 5 2013 a final decision was given by the European Commission on Latvia's entry into the eurozone as of January 1 2014, which was approved by the European Parliament on July 3 and by the EU Financial and Economic Council on July 9 2013. Latvia became the 18th member of the eurozone as well as the 2nd Baltic county after Estonia to use euro as its national currency. On the New Year Day of 2014, Latvia stopped distributing Lat and adopted euro.

Thirdly, on October 15 2013, the EU Council adopted a regulation conferring single supervisory tasks on the ECB as of November 4 2014①. On December 18 2013 the eurozone finance ministers struck a deal on building up a 55 billion euro fund by national sources as a backstop to deal with problem banks should a bank need more capital in the next 10 years. This deal was approved by the EU Summit held on the next day.

Another eye-catching achievement in 2013 is related with the EU's financial budget. After 26 hours' discussions, the February 7 – 8 EU Summit adopted the *Multiannual Financial Framework for 2014 – 20*, which started the difficult negotiations among the European Parliament, the European Council, the European Commission and the member states. The European Parliament gave its formal consent in a vote on November 19 2013 by 537 votes to 126, with 19 abstentions. And the Council formally adopted it on December 2 2013②.

In the year 2013, the EU continued playing an important role in international affairs. For example, Germany, France and the United Kingdom, the United States, Russia and China carried out effective cooperation in resolving the Iran nuclear crisis and reached agreement on a first-stage joint plan of action on the morning of November 24. The EU named the cooperation among the six countries as a model of "E3 + 3". In the Joint Statement issued by EU High Representative Catherine Ashton and Iran Foreign Minister Zarif on 24 November 2013, this agreement was said to be "a significant step towards developing the relationship between the EU and

---

① http://www.ecb.europa.eu/ssm/establish/html/index.en.html.
② http://europa.eu/newsroom/highlights/multiannual – financial – framework – 2014 – 2020/index_en.htm.

Iran in a more constructive way."①

Both progresses and setbacks existed in the EU-US relations in 2013. The first three rounds of the Transatlantic Trade and Investment Partnership (TTIP) negotiations were held on July 12, November 15 and December 20 respectively in Washington and Brussels. It is reported that consensus has been reached between the two sides on some of the core issues including market access and related rules. However, some analysts point out that it is still uncertain whether the negotiations could be completed as scheduled.

The US NSA spying on the European citizens and governments, including some European leaders such as German Chancellor Merkel, invoked outrage from the Europeans and damaged the relationships between Europe and the United States. In the statement issued after the EU Summit held on October 24 – 25 2013, the European Heads of State or Government underlined the close relationship between Europe and the USA and the value of that partnership. But they also expressed their conviction that the partnership must be based on respect and trust②. Chancellor Merkel even told the media that spying among friends was unacceptable.③ The members of the European Parliament voiced their strong dissatisfaction and set up a special working group to open an inquiry into the effects on Europe of the US intelligence activities.

Progresses have been achieved as to the EU's Eastern Partnership. The third EU – Eastern Partnership Summit was hosted in Lithuania's capital city Vilnius on November 28 2013. One of the most remarkable achievements of the Summit is the signing of the draft association agreements between the EU and Georgia and Moldova. However, Ukraine announced on November 21 2013 its decision to temporarily suspend the preparations for signing the Associate Agreement and the Deep and Comprehensive Free Trade Agreement with the EU. The EU believes that it was a result of the pressure that Russia was putting on Ukraine, as is expressed in a joint statement issued by the President of the European Commission José Manuel Barroso and the President of the European Council Herman Van Rompuy released on

---

① http://www.eeas.europa.eu/statements/docs/2013/131124_02_en.pdf.
② http://www.consilium.europa.eu/uedocs/cms_data/docs/pressdata/en/ec/139197.pdf.
③ http://www.telegraph.co.uk/news/worldnews/europe/germany/10402570/Angela-Merkel-spying-between-friends-is-unacceptable.html.

November 25 2013 that they "strongly disapprove of the Russian position and actions"①. In fact, as early as on September 12 2013, the European Parliament passed a resolution calling on Russia to refrain from exerting pressures on Eastern Partnership countries.②

The year 2013 is the first year in office for China's new leadership. It is also the 30th anniversary of the diplomatic relationships between China and the European Coal and Steel Community, the European Atomic Community and the European Community and the 10th anniversary of the establishment of China – EU Comprehensive Strategic Partnership and of the publication of China's first EU policy document. In May 2013 Chinese Premier Li Keqiang concluded his first overseas trip after taking office, and Switzerland and Germany were the two European countries that he visited in this trip. At the same time, a number of European leaders paid visits to China in 2013, among whom the most visible was UK Prime Minister Cameron, whose visit to China symbolized a return to the normal track of China – UK relationships after suffering from severe damages by the meeting between the UK leaders and Dalai Lama in May 2012.

At the invitation of Chinese Premier Li Keqiang, Herman Van Rompuy, President of the European Council, and José Manuel Barroso, President of the European Commission, travelled to Beijing for the 16th China-EU Summit from 20th to 21st November 2013. The two sides jointly adopted the *China-EU 2020 Strategic Agenda for Cooperation*, a comprehensive document setting out the shared aims of China and the EU to promote cooperation in the areas of peace and security, prosperity, sustainable development and people-to-people exchanges, which will take forward the China-EU Comprehensive Strategic Partnership over the coming years.

Another significant achievement in China-EU relations in 2013 is the launch of the China-EU investment agreement negotiations. Despite the number of the bilateral investment agreements China has already signed with individual EU member countries, updates have to be made to adapt to the demands from the fast-developing trade and economic relations between China and the EU. For example, at the same time when China receives investment from the European countries, it has been

---

① http://europa.eu/rapid/press-release_MEMO-13-1052_en.htm.
② http://www.europarl.europa.eu/sides/getDoc.do?type=MOTION&reference=P7-RC-2013-0389&language=EN.

investing in Europe driven mainly by the "going out" strategy. However, there is a lack of measures protecting and encouraging China's investment in Europe in the current agreements between China and the European countries. Therefore, the new comprehensive China-EU Investment Agreement will contribute to the promotion of the two-way investments, help to provide a stable, transparent, predictable and open legal environment and deepen the China-EU strategic partnership.

It is undeniable that the 2013 EU-China economic and trade relations experienced great challenges. On June 4 2013, EU Trade Commissioner Karel De Gucht announced that following a 9-month legal investigation the European Commission decided to impose a provisional tariff of 11.8% as of June 6 on solar panels imported from China in order to counter the dumping of these products on the European market and that two months later, as of August 6 2013, the average tariff would rise to 47.6%. He added that "this is not protectionism. Rather it is about ensuring international trade rules also apply to Chinese companies".① On the next day, Shen Danyang, spokesman of Chinese Ministry of Commerce, said that China firmly opposed the European Commission's decision to slap provisional anti-dumping duties on Chinese solar panels, which came despite herculean effort and utmost sincerity from the Chinese government and industry. And he announced that China decided to open an anti-dumping and anti-subsidy probe into European wine exported to China②.

What is reassuring is that a solution acceptable to both sides has at last been reached after weeks of negotiations. On July 27 2013, China Chamber of Commerce for Import and Export of Machinery and Electronic Products declared that a price undertaking arrangement had been reached between China's solar panel exporters and the European Commission③. On the same day, Mr. De Gucht expressed in a statement in Brussels his satisfaction with the offer of a price undertaking submitted by China, and believed it was the "amicable solution"④ that both the EU and China were looking for.

It should be pointed out that Japan, denying its war crime and defying the post-

---

① http://europa.eu/rapid/press-release_ MEMO-13-499_ en.htm.
② http://news.xinhuanet.com/fortune/2013-06/05/c_ 116041603.htm.
③ http://www.gov.cn/gzdt/2013-07/27/content_ 2456527.htm.
④ http://europa.eu/rapid/press-release_ MEMO-13-729_ en.htm.

war international order, has set up a variety of barriers to China-EU relationships. Mr. Shinzo Abe, Prime Minister of Japan, Mr. Herman Van Rompuy, President of the European Council, and Mr. José Manuel Barroso, President of the European Commission, met in Tokyo on 19 November 2013 for the 21st Summit between Japan and the European Union. In the joint statement issued after the Summit, the EU and Japan confirmed the importance of cooperation in sanction policies, and reaffirmed their commitment to responsible export controls of arms and dual-use items and technologies, especially in view of the preservation of regional peace, security and stability[1]. It is obvious that the so-called "sanction policies" refer to the EU's embargo on arms export to China which have lasted more than 20 years.

Since May 1 2004, the EU has completed three rounds of enlargement, with its members expanding from 15 to 28. The population of the EU is three times of that in 1957, covering a wide range of territory from the Atlantic to the Black Sea, and from the Mediterranean to the Arctic. Regardless of the truthfulness or not of the "enlargement fatigue", it is beyond doubt that the EU enlargement has exerted great influences on the world pattern and the development of the EU itself. In view of this, we choose "A Decade of EU Eastern Enlargement: Achievements, Significance and Impacts" as the keynote report of this year's *Europe Yearbook*. It concludes that EU accession contributes a great deal to the democratic consolidation, economic development and promotion of the international status of the new member states, as well as to the safeguarding of regional peace and security. However, the increasing number of the member states highlighted the diversified preferences and interests from different member states, which makes coordination in EU decision-making more difficult.

In addition to the keynote report, we choose 6 topics as special reports, to conduct an in-depth discussion on the trade dispute between China and the EU on China's solar panel products, the construction of European banking union, the accession to the EU of Croatia, the EU's youth employment, Europe's new energies and the latest development of EU-ETS. In "China-EU Solar Panel Trade Disputes", after making a comprehensive analysis of this trade dispute, the author puts forward the following proposals: first, it is necessary to improve the dialogues between China

---

[1] http://europa.eu/rapid/press-release_ MEMO-13-1015_ en.htm.

and the EU; second, an early-warning mechanism for trade disputes should be set up as early as possible; and third, a resort to trade protectionism should be avoided and trade disputes resolved by the way of consultations.

Reducing youth unemployment is one of the difficulties that the EU is facing in the recent years. The author in "Youth Unemployment in the EU: Problems and Countermeasures" tells us that affected by the economic recession, the heavily indebted southern European countries suffer severely from soaring youth unemployment rates, while the situation in Germany, the Netherlands, Luxembourg and Austria is comparatively better. In order to effectively address this issue, the EU adopted a series of common measures such as the "Youth Guarantee" and "Youth Employment Initiative" in 2013.

Building a banking union is one of the most important measures that the EU is implementing in order to improve the economic and monetary union and strengthen economic governance. The author in "the Construction of the European Banking Union" analyzes the integration process of the EU banking market before the breakout of the European debt crisis and the characteristics of the EU's banking supervisory system, and discusses the components of the EU banking union and its significance from the perspective of the Trilemma that the EU banking supervision is encountered with.

The definition of an energy resource as a "new energy" is made in coneparison of that of the traditional ones. The EU attaches great importance to the research and development, production and marketing of new energies and has already formed industrial clusters of a certain scale. In view of this, the author in the "Development and Features of New Energies in Europe" makes an exploration into the driving forces and the features of the EU's new energies, and the challenges that the new energy sector will meet in the future.

In the "Transformation of Croatia: from 'Euroscepticism' to 'Integration into the EU'", the author sorts out the idea of Euroscepticism held by Franjo Tudjman, "father of Croatia", his influences on the transformation of Croatia and the debates between the Eurosceptics and integrationists in Croatia, analyzes the Europeanization policy of Croatia's Social Democratic Party, and introduces the accession negotiations between Croatia and the EU. The author believes that Croatia's EU accession has enhanced its international status and influences. In addition, it has obtained more opportunities for further development and gotten capital and technical assistance from the EU. What's more, Croatia will become a second country linking the EU and West Balkan countries and has set a good example for the other countries hoping to join the EU.

On November 19 2008, the EU adopted a regulation deciding to include the international aviation in the emissions trading scheme (ETS) of the EU. Due to strong protests from a number of countries, in April 2013 the EU made a decision to take no action against emissions from all flights arriving at and departing from the EU aerodromes during 2012-2013. The "Latest Development and Prospect of EU-ETS" analyzes the first roadmap for developing a global market-based measure (MBM) for international aviation which was drawn at the 38th Assembly of the International Civil Aviation Organization on October 4 2013 and the EU's attitude towards it. The author holds that due to the EU's insistence on introducing the "airspace model" to include the emissions from international aviation within the EU airspace in the EU-ETS, a new round of debates in this regard has been triggered. Since it appears that the EU has no willingness to terminate its ETS on international aviation at this moment, the most realistic option for the EU may be to extend its policy of "stopping the clock" until the application of a global MBM agreement.

As is the regular practice, the reports on the European Union analyze the EU's internal and external affairs from the six perspectives including politics, economy, foreign policy, social situations, legal development and science and technological policies. At last, the country reports discuss the political, economic and social situations and foreign relations of the European countries in 2013.

(translated by Li Jingkun)

Contents

B I Keynote Report

B. 1 A Decade After EU Eastern Enlargement: Achievements, Significance and Impacts

Kong Tianping, Liu Zuokui / 001

Abstract: On May 1st 2004 the EU experienced an unprecedented and the biggest-ever expansion in its history. This enlargement had profound impacts both on the new CEE member states and on the EU itself. Generally speaking, EU accession contributes a lot to democratic consolidation of the new member states, with the exception of Hungary, which demonstrates the limitation of the EU's political influence on the new member states. In addition, the EU accession promotes the economic development, enhances the economic potential and improves the international status of the new CEE members. However, the eastern enlargement has both a positive and negative impact on the EU itself. In the political and security fields, the eastern enlargement expands the community of peace, security and European values, but it at the same time leads to "enlargement fatigue". In economic and social terms, the eastern enlargement has positive effects on EU economic growth, competitiveness and the free movement of labor, however, the problem of the division between East and West remains unresolved. The enlargement as well helps the EU decision-making mechanism become more flexible and efficient, but the lack of transparency still exists. As to the external relations, the eastern enlargement extends the area that the EU's external policy covers, but the diversified preferences and interests from different member states make coordination in decision-making more difficult.

Keywords: EU Enlargement; Central and Eastern Europe; Politics and Security; Economy and Society; Decision-Making Systems; External Relations

B Ⅱ Special Reports

B.2 China-EU Solar Panel Trade Disputes

Chen Xin / 037

Abstract: The EU's anti-dumping and anti-subsidy measures imposed on China's solar panel products carried special significance for China-EU economic and trade relationships. The EU's investigation was launched in September 2012 and met firm protests from China. This case became white-hot in the first half of 2013. China had hoped to reach a price-undertaking solution through negotiations, in order to avoid being imposed with high anti-dumping tax which could be devastating for China's PV industry. However, the EU wished to take the advantage of the Solar Panel case to press China to further open its market. At the end, the two sides successfully reached a deal on price-undertaking and solved appropriately the biggest trade dispute in the history of China-EU trade and economic relationships. At the same time, China and the EU announced officially the start of the negotiation on a China-EU investment agreement, which will promote the further development of the bilateral economic and trade relationships.

Keywords: Solar Panel Products; Trade Dispute; China-EU Trade and Economic Relationships

B.3 Youth Unemployment in the EU: Problems and Countermeasures

Tian Dewen / 050

Abstract: High youth unemployment is one of the most serious challenges confronting most of the EU member states. In the context of the European debt crisis, the heavily indebted southern European countries were straggling with unacceptably high youth unemployment due to their poor macroeconomic performances, and the situation in most of the new Member States was not optimistic. In addition, both the

Nordic countries and the UK have their own problems as well. In contrast, the labour market — youth employment included — in Germany, a typical corporatist continental European country, performs relatively well, which has much to do with its "dual apprenticeship system" that has operated for years. In 2013, the EU adopted a series of common measures such as the "Youth Guarantee" and "Youth Employment Initiative" in order to effectively reduce youth unemployment.

Keywords: EU; Youth Unemployment; Dual Apprenticeship; Youth Guarantee; Youth Employment Initiative (YEI)

B. 4 The Construction of the European Banking Union

Hu Kun / 061

Abstract: The European debt crisis makes it clear that with the deepening of the EU banking integration process, the decentralized banking supervision and regulation system has increasingly met challenges from the "Trilemma" that the stability of a highly integrated financial system cannot be guaranteed if the banking supervision authority is reserved in the hands of the member states. It therefore leads to the shift of the concept and mode of the EU banking supervision from the "home country control" principle to that of "prudential supervision". The member states transferred the banking supervision authority to the European level and began to establish a banking union with a single supervisory mechanism, single resolution mechanism and single deposit insurance scheme.

Keywords: EU; Banking Union; Banking Supervision; European Debt Crisis; Trilemma

B. 5 The Development and Features of New Energies in Europe

Xue Yanping / 073

Abstract: The new energy industries have developed rapidly in the European countries over the last ten years with EU policy support. Today, the new energy sectors such as photovoltaic energy, wind energy and bio-energy are playing very important roles in guaranteeing EU economic growth, environmental protection and energy security. EU Energy Road Map 2050 shows that Europe will continue to keep its leadership in some of the new energy sectors in the next 30 years.

Keywords: EU; New Energy; Industrial Policy

B. 6 Transformation of Croatia: From "Euroscepticism" to "Integration into the EU"

Liu Zuokui / 083

Abstract: Croatia's accession to the EU is a story of the transformation from Euroscepticism to Europeanism. Fighting against corruption and cooperation with the International Criminal Tribunal for the former Yugoslavia were the two major problems encountered during its accession negotiations with the EU. Its final accession to the EU has exerted positive influences on not only Croatia and the western Balkan region, but on the whole of the EU.

Keywords: Euroscepticism; Europeanism; Transformation; Fighting Against Corruption; EU Accession

B. 7 The Latest Development and Prospect of EU-ETS

Liu Heng / 093

Abstract: The conflicts between the EU and the rest of the world concerning the inclusion of international aviation in the emissions trading scheme (ETS) of the European Union (EU) have entered a new stage since 2013. The decision adopted by the EU in April 2013 provides that it will take no action against emissions from all flights arriving at and departing from EU aerodromes during 2012-2013. Historically, the first roadmap for developing a global market-based measure

(MBM) for international aviation was drawn at the 38th Assembly of the International Civil Aviation Organization, which was welcomed by the EU at that time. However, the following proposal of the European Commission triggered a new round of debates in this regard, since it insisted on introducing the "airspace model" to include the emissions from international aviation within the EU airspace in the EU-ETS. No matter what kind of amendments the EU will make in the future, its actions in 2013 show clearly the new trends of the EU-ETS on international aviation. Since it appears that the EU has no willingness to terminate its ETS on international aviation at this moment, maybe the most realistic option for the EU is to extend its policy of "stopping the clock" until a global MBM agreement is applied.

Keywords: EU ETS; Stop the Clock; Global MBM Roadmap; Airspace Model

₿ Ⅲ The European Union

B.8 EU Politics

Zhang Lei / 103

Abstract: In 2013, the European political situation presented the following characteristics. Firstly, the far right-wing parties gained visible strength in many member states, a great challenge to the mainstream parties. Secondly, the campaign for 2014 European Election has already been launched. There will be a fierce competition between the European People's Party and Social Democratic Party, and either of them could have a chance to become the biggest party group in the next European Parliament. The European transnational parties are preparing their candidate nomination for the next European Commission President, but whether there will be a link between the result of the European Election and the next Commission President is still quite uncertain. Thirdly, the agreement for Multiannual Financial Framework 2014-2020 was finally reached after tough negotiations between the EU institutions.

Keywords: Far Right-wing Parties; European Election; Multiannual Financial Framework 2014 −2020

B. 9   EU Economy

Li Gang / 113

Abstract: Since the second quarter of 2013, the EU's economy has shown signs of recovery, which is still fragile. Both the speed of economic growth and the extent of economic recovery remain uneven among the EU member countries. In addition, almost all the EU member countries are confronted with severe employment situation. Nevertheless, some bright spots could be seen in the EU's economy in 2013, including, notably, reduced budget deficit, falling inflation rate and improved current account. In order to maintain the momentum for economic recovery, the EU has adopted various measures to stimulate and sustain economic growth, such as the modest relaxation of fiscal austerity, an accommodative monetary policy to inject liquidity into economic activity, and the uniform measures to promote employment. Economic recovery and growth is expected to gradually accelerate in 2014 with the implementation of favourable measures and the end of the European sovereign debt crisis.

Keywords: European Economic Recovery; Fiscal Policy; Monetary Policy; Economic Outlook

B. 10   EU External Relations

Cao Hui / 123

Abstract: During the year of 2012 – 2013, the American National Security Agency spying on Europe damaged the relationship between the US and European countries, nevertheless, the long-term political foundation of transatlantic relations will remain solid and the process of the ongoing TTIP negotiations unchanged. The EU – Russia relations have been undergoing severe test by the Ukraine crisis and the NATO's deployment of missiles. The European Union's external relations with the eastern partners became a highlighted spot. Although the Ukrainian government suspended the signature of the Association Agreement, the influence of the EU on it has not been weakened at all.

Keywords: EU; External Relations; ENP; Agenda for Change; Ukraine

B.11 EU Social Situations

Guo Lingfeng / 133

Abstract: The financial and economic crisis led to persistently high unemployment and deteriorated poverty and social exclusion in Europe. The adequacy and sustainability of social protection in many member states is at risk, which makes it necessary to reform the European social policy. The European Union has created lots of policy tools and financial instruments, including the "European Semester", the "open method of coordination" and the European social funds, to guide and coordinate the social policy reforms in the member states. The "Social Investment Package for Growth and Cohesion" delivered by the European Commission in 2013 sets out a policy framework to modernize the social security system in Europe.

Keywords: EU; Economic Crisis; European Social Policy; Social Investment

B.12 EU Legal Development

Ye Bin / 142

Abstract: During the period from September 2012 to December 2013, the EU adopted or initiated a number of important acts. The most significant secondary legislations aimed at reforming the structure of the EMU include the Two-Pack and the Single Supervisory Mechanism, in order respectively to enhance the supervision of the Euro zone and to establish the banking union. In the field of internal market, the EU launched the Single Market Act II to improve the market's capacity to promote economic growth and competitiveness. In terms of the Area of Freedom, Security and Justice, the famous Brussels Regulation II on civil and commercial jurisdiction and several other acts relating to international protection have been amended extensively. The EU also reformed the Generalized Scheme of Preferences and trade

Contents

defence instruments, which will exert significant influences on China's exports to the EU. Furthermore, the TTIP negotiations, a part of the EU's new FTA strategy, not only soars up the proliferation of regional trade agreements around the world, but also makes potential impacts on the international trade regime and global economic pattern. After the EU and USA officially launched the TTIP negotiations, the EU and China initiated a bilateral investment treaty negotiation.

Keywords: EU Law; Two Packs; Single Supervision Mechanism; Single Market Action Plan; Free Trade Agreement

B. 13　EU Science and Technological Policy

Zhao Junjie / 156

Abstract: Affected by the debt crisis that broke out in 2009, Europe is now facing a lot of difficulties. In order to solve the economic and social problems effectively, the EU tries to combine its economic structural reform with R&D innovation, in order to revive Europe through a long-term strategy of technological innovation. In 2013, the EU launched the "Horizon 2020" work programmes, the "Joint Technology Initiatives" and "Connected European Projects", which constitute not only the core components of the "Europe 2020" strategy, but are closely linked with each other. At the same time, the EU pays great attention to the links between technological innovation and its relationship with the outside world, which is highlighted by the scientific and technological cooperation between China and the EU.

Keywords: European Dream; Europe 2020 Strategy; "Horizon 2020"; Joint Technology Initiatives; Connected European Projects

ℬ Ⅳ　European States

B. 14　Albania

Liu Zuokui / 164

Abstract: Albania held the parliamentary elections in June 2013 resulting in the

439

victory of the coalition led by the Socialist Party, whose leader Edi Rama was elected as prime minister. Albanian economic situation in 2013 was less optimistic, with slower GDP growth and rising budget deficit. As a response, the new government has taken measures to improve the investment environment. As to Albanian foreign relations, the European Commission recommended in the 2013 Enlargement Progress Report that the European Council grant EU candidate status to Albania. In addition, Albania still keeps close relationships with USA and Kosovo. China-Albania relationship has been pushed further under the framework of China-CEE cooperation.

Keywords: Parliamentary Election; EU Candidate Status; Budget Deficit; China-Albania Cooperation

B.15 Ireland

Li Jingkun / 169

Abstract: In the end of 2013, Ireland declared a "clean exit" of the bailout programme, symbolizing an upward trend of its economic growth. However, it is still facing serious challenges, especially concerning the labour market and public debt. In the political arena, the government's initiative to abandon the Senate was vetoed by a referendum, a heavy blow to the Coalition. The passing of the Abortion Bill is undoubtedly a historic progress in protecting women's rights, however, it has caused contentions and oppositions from some social groups. As the rotating Presidency of the Council in the first half of 2013, Ireland finished its tasks smoothly.

Keywords: Ireland; Slow Economic Growth; Bail-out Exit; Abortion Law; EU Presidency

B.16 Estonia

Kong Tianping / 174

Abstract: The center-right coalition of the Reform Party and the Pro Patria-

Res Publica Union still dominate the political arena in Estonia and it is difficult for the main opposition parties to challenge its ruling position. Due to the falling domestic demand, the Estonian economy slowed down in 2013. The budget deficit in Estonia has been reduced and its public debt was at a low level. Estonia and the United States strengthened cooperation in the field of cyber security. Estonia fully supports the idea of strengthening defense cooperation within the EU. After Estonia reached the border treaty, the bilateral relations have been improved.

Keywords: Estonia; Political Situation; Economic Growth; Foreign Relations

B. 17   Austria

Sun Yingwei / 179

Abstract: In the year 2013 Austria kept a generally stable political situation. An early election was held on September 28, 2013 and the new grand coalition government by SPÖ and ÖVP was sworn in in December 2013. Slow economic recovery continued in 2013, but no optimistic prospect can been seen. Despite the fact that the performance of the labor market in Austria is one of the best among that of the EU countries, its unemployment rate kept rising. The economic policy in Austria will focus on stabilizing public finance and promoting social security reform. As regards the foreign affairs, Austria will continue to support the EU's policy in reaction to debt crisis and its further enlargement towards east Europe. At the same time, it attaches great importance to its relationships with China, South Africa and the other emerging countries.

Keywords: Early Election; Grand Coalition Government; Unemployment Rate; Fiscal Deficit

B. 18   Bulgaria

Jia Ruixia / 184

Abstract: The CEDB government resigned in February and an early

parliamentary election was held in May 2013. Political stability will remain under strain following the formation of a ruling coalition comprising the Bulgarian Socialist Party (BSP) and the Movement for Rights and Freedoms (MRF), representing the ethnic Turks. Bulgarian economy recovered slowly. The centre-left coalition lays an emphasis on tackling unemployment, promoting economic growth and improving business environment. Bulgaria is actively developing relationships with China.

Keywords: Bulgaria; BSP-MRF Coalition Government; Slow Recovery; EU; China

B. 19   Belgium

Zhang Jinling / 189

Abstract: In 2013, Prince Philippe became the 7th King of the Belgians after the abdication of his father. The fiscal austerity targets of the coalition government suffered from resistance and risks still existed as to its stability. Belgian economic outlook for 2013 remained weak with sluggish growth, while the number of corporations declared bankruptcy broke new record. At the same time, various measures were taken by the government to alleviate the rising public debts. Unemployment had been aggravated, for which the high labor cost is one of the most important reasons. China and Belgium maintained frequent and extensive exchanges and cooperation.

Keywords: New King; Corporation Bankruptcy; Unemployment; Labor Cost

B. 20   Iceland

Qin Aihua / 195

Abstract: The economy in Iceland continued to recover in 2013, for which the main driving force came from foreign trade. The budget deficit in Iceland was put in a declining path, but the government debt ratio remained at a high level. On April 15 2013, China signed a free trade agreement with Iceland, the first of such kind with a European country. On April 27 2013, the parliamentary election was held in Iceland, following which the Independence Party and Progressive Party formed a new coalition government.

Keywords: Iceland; Economy; Parliamentary Election; Free Trade Agreement between China and Iceland

B. 21 Bosnia and Herzegovina

Liu Zuokui / 200

Abstract: The political situation in Bosnia and Herzegovina was quite unstable, with severe rivalries between the different parties and a difficult and slow process of constitutional reforms. All of these have seriously impacted upon its accession process and there is no expectation for it to get the EU candidate status in the near future. Its economic growth in 2013 was still in low gear, but the budget deficit was alleviated in some degree. In 2013, China and BiH reached important cooperation agreements and the bilateral relations progressed further.

Keywords: Political Instability; Constitutional Reform; EU Candidate Status; Budget Deficit; China-BiH Relationship

B. 22 Poland

Fu Cong / 204

Abstract: In the year of 2013, Poland's economy grew slowly, but the quarterly GDP data showed a visible recovery. However, PM Tusk announced a set of policies resulting in widening deficit and public debts. The transfer of private pension funds by the government to the state may be unconstitutional. PM Tusk replaced some of the top cabinet officials in order to bolster his administrative control. Poland hosted COP19, but it was criticized for not having fulfilled its mission. Poland as well took some actions in the field of defense policy. Poland and China kept good relations in 2013. Poland-Japan Summit Meeting was held and a joint military exercise launched in this year.

Keywords: Economic Recovery; Pension Reform; Defense Policy; China-Poland Relations; Poland-Japan Relations

B.23 Denmark

Qin Aihua / 211

Abstract: After three years' standstill, Danish economy began to recover in 2013 with improved employment conditions. Its economic growth was mainly driven by domestic demand. Along with economic recovery, the public finance in Denmark has been improved, with the budget deficit and government debt ratio lower than 3% and 60% respectively of GDP, the upper limits set by the EU regulations. After delivering anti-China remarks, a Danish politician was fired by his party. According to the latest report of Transparency International, Denmark is named the cleanest country in the world once again.

Keywords: Denmark; Economy; Politics; Corruption Perceptions Index

B.24 Germany

Yang Xiepu / 216

Abstract: In the year 2013, after the German federal election, CDU/CSU and SPD formed a grand coalition government led by Chancellor Angela Merkel, who was elected for a third time. The economic situation in 2013 showed a moderate growth, with low inflation, reduced public debt and a balanced fiscal condition. The total number of the employed has reached a new record since 2007, which led to a prosperous labor market. The adjustments of pensions have been written in the Coalition Agreement to solve poverty in old age. The European debt crisis and the EU enlargement have caused the influx of immigrants into Germany from the neighbor countries. Chancellor Merkel began to develop a new European project in her third term as chancellor. China-Germany relations in 2013 develop stably, which

have been further expanded and deepened in many fields.

Keywords: Germany; Federal Election; Economic Growth; Immigrants; Poverty in Old Age; China-Germany Relations

B. 25   France

Peng Shuyi / 227

Abstract: The French politics in 2013 is characterized by rows and chaos, with divergences emerging within the left-wing government, clashes between the right-wing parties and a rising position of the extreme wings. The poor performance of the "new" Hollande government led to a continuous fall of its popular support. After stagnation in 2012, the economic situation of France recovered slowly since the second quarter of 2013. However, its economic growth was not faring well, especially with unemployment climbing to a record level since 1997. In order to deal with the unemployment issue, the French government has carried out a series of policies. And at the same time, it began to reform the retirement system in order to cut down the huge financial deficit. Sustained protests led by opposition conservatives against gay marriages broke out in 2013, which was one of the largest-scale demonstrations in the recent 30 years. After the breaking out of the Mali Crisis, France launched military interventions against the terrorists in Mali. In addition, economic diplomacy has been taken as France's priority in its foreign policies.

Keywords: France; Sluggish Economic Growth; Reform of Retirement System; Military Interventions in Mali; Economic Diplomacy

B. 26   Finland

Qin Aihua / 236

Abstract: Driven by the foreign trade, the Finnish economy was slowly coming out of recession. However, the rising unemployment rate, weak domestic

demand and weak investment led to a negative annual GDP growth. The support rate of the main ruling parties rose gradually. During the visit to China by Finnish President Sauli Niinisto in April 2013, China and Finland announced the upgrading of the two countries' relations to a future-oriented new-type cooperative partnership.

Keywords: Finland; Economy; Unemployment; A New-type Cooperative Partnership

B. 27　The Netherlands

Zhang Jinling / 240

Abstract: Dutch Prince Willem-Alexander succeeded his mother to become the new king of the Netherlands. The government lost support in polls and the balance between different political parties experienced new changes. The sluggish economic growth, weak domestic demand and rising unemployment pushed the government to launch structural reforms to boost medium-term growth. The government continued to take various measures to tighten its immigration policy and a number of social policy reforms concerning housing, healthcare, retirement and pension had been carried out. China and the Netherlands maintained frequent high-level exchanges with rich fruits achieved.

Keywords: New King; Balance of Political Parties; Unemployment; Immigration Policy; Social Policy Reforms

B. 28　Montenegro

Liu Zuokui / 248

Abstract: The Parliamentary and Presidential elections were held in Montenegro in October 2012 and April 2013 respectively and resulted in the winning of the Democratic Party of Socialist. The political situation in Montenegro was relatively stable, however, the high-level corruption impacted negatively the accession process. In spite of the growth of GDP in 2013, both the inflation and trade deficit remained at a high level and external debt was large. The practical cooperation between China and Montenegro in 2013 was further enhanced.

Keywords: Parliamentary Election; High-level Corruption; Accession Process; Budget Deficit; China-Montenegro Relations

B. 29   Czech Republic

Fu Cong / 252

Abstract: In the year of 2013, Czech economic situation was not so optimistic. The gross domestic product decreased in six consecutive quarters, clearly showing an economic recession. The political situation was marked by chaos and instability. The first direct presidential election was held in January. Before the new president took office, the outgoing President Klause was charged with treason over a controversial amnesty. PM Necas was forced to resign over corruption and spying scandal. Czech fell into government crisis after the caretaker government lost a vote of confidence in the Parliament. The Chamber of Deputies then passed a motion dissolving itself, and an early election was held. After gaining the most parliamentary seats, the Czech Social Democratic Party formed a centre-left government. High-level meetings between government leaders of China and Czech in 2013 promoted the bilateral relations.

Keywords: Economic Recession; Unstable Political Situation; Good Relations with China

B. 30   Croatia

Liu Zuokui / 257

Abstract: The political situation in Croatia was relatively stable in 2013. Its economy will be benefited from its accession to the EU on July 1, 2013. However, it still needs to overcome a great number of difficulties to get rid of the recession. China-Croatia relationship developed smoothly in 2013.

Keywords: EU Accession; Political Stability; Economic Recession; China-Croatia Relations

B. 31　Latvia

Kong Tianping / 261

Abstract: In November 2013, Latvia's prime minister Valdis Dombrovskis resigned over the supermarket roof collapse in Riga. A new government led by prime minister Laimdota Straujuma was formed in January 2014. It is expected that the new government will maintain policy continuity. Latvia's economic growth in 2013 slowed down compared with that in the previous year. Latvia joined the eurozone on January 1st 2014. Latvia-Russia relations have been improved, but Latvia's wariness towards Russia has not disappeared.

Keywords: Latvia; Political Situation; Economic Growth; Foreign Relations

B. 32　Lithuania

Kong Tianping / 265

Abstract: Despite the scandals that hit the Labor Party, the Social Democratic Party-led coalition remained stable. The government policy focused on fiscal consolidation and took joining the eurozone in 2015 as a major objective. In the second half of 2013, Lithuania held the EU's rotating presidency. Since Lithuania has been playing an active role in urging Ukraine to sign the associate agreement with the EU, its relations with Russia have been further complicated.

Keywords: Lithuania; Political Situation; Economic Growth; Foreign Relations

Contents

B. 33 Luxembourg

Zhang Jinling / 269

Abstract: Due to the dissolution of the government led by Juncker, Luxembourg held an early general election in October 2013. A centre-left coalition government was formed by three parties and the leader of the Socialist Workers' Party Xavier Bettel became the new Prime Minister. Luxembourg's Economy grew slowly and the government decided to reform its banking systems. Economic cooperation between China and Luxembourg was stronger than before.

Keywords: Snap General Election; Centre-Left Coalition Government; Banking System Reforming

B. 34 Romania

Jia Ruixia / 275

Abstract: After parliamentary election in December 2012, the Social Liberal Union (USL) held a large majority in both the parliament and government. A constitutional revision commission began to work. One of the main objectives of the USL in changing the constitution is to circumscribe the powers of the president. Policy tensions between the SDP and NLP in the USL will probably come to surface after the forthcoming presidential election in the end of 2014. Romanian economy has grown slowly on the road to recovery. The 2nd meeting between the Prime Ministers of Central and Eastern European countries and China was hosted by Romania in 2013. Romania is keeping active and deep-going cooperation with China.

Keywords: Romania; USL; Slow growth; EU; China

B. 35 Malta

Song Xiaomin / 280

Abstract: In the March 2013 election, the center-left Labour party achieved a landslide victory, ending the Nationalist Party's long-time monopoly on domestic

politics. In order to fulfill its promises made in the election, the new government implemented a set of policies aimed at reducing tax to promote growth and raise people's living standards. As Europe's debt crisis calmed down and the economies of euro zone countries rebounded, Malta's economy as well recovered slowly. But its budgetary deficit broke the line again, putting the long-term sustainability of its public debt at risk.

Keywords: Malta; General Election; Economic Growth; Budgetary Deficit; Debt Risk

B. 36　Macedonia

Liu Zuokui / 285

Abstract: Contradictions between the political parties representing respectively the Macedonian and Albanian ethnic groups have always been existing although the ruling of the Macedonian government is relatively stable. The country name dispute between Macedonia and Greece blocked Macedonia's attempts at EU accession, which became even much harder because of its dispute with Bulgaria. Macedonia's economy kept contracting in 2013. The relationship between China and Macedonia ran smoothly.

Keywords: Political Stability; Accession Negotiation; Country Name Dispute; Economic Recession; China-Macedonia Relations

B. 37　Norway

Qin Aihua / 289

Abstract: The weakening global trade led to the shrinking of Norway's export in 2013, resulting in a slow economic growth, for which the main driving force came from domestic demand. The public finance in Norway was improved greatly, with the total value of Norway's Government Pension Fund growing to over NOK 5 trillion and a more than 10% budget surplus. The parliamentary election was held in September 2013, after which the Conservative Party and the Progress Party formed a new coalition government. Progresses have been made in the free trade agreement negotiations between China and Norway, which is expected to be concluded in the near future.

Keywords: Norway; Economy; Politics; Parliamentary Election; Free Trade Agreement Negotiations between China and Norway

B. 38 Portugal

Zhang Min / 293

Abstract: Real GDP growth in the second quarter of 2013 surprised on the upside, which was mainly driven by domestic demand. However, it will still take time for Portugal to fully get rid of the debt crisis, whose GDP is forecast to expand in 2014. The resignation of two ministers exposed the severe divisions on austerity policy and the political power shift within Portugal's coalition government. The Cabinet reshuffle finally helped it avoid the political crisis. Increasing dissatisfaction with the government's structural reforms gave rise to social crisis.

Keywords: Moderate Improvement; Cabinet Reshuffle; Social Crisis

B. 39 Sweden

Qin Aihua / 298

Abstract: The economic growth in Sweden slowed down in 2013. The domestic demand was the major impetus for its economic growth. Unemployment constituted of one of the key disadvantages to the recovery of Swedish economy, with youth unemployment one of the most outstanding problems. In May 2013, the youth immigrant riots occurred in Sweden, which highlighted the issues of youth immigrants' employment and their integration into the mainstream society.

Keywords: Sweden; Economy; Unemployment; Youth Immigrant Riots

B. 40　Switzerland

Sun Yingwei / 303

Abstract: The political situation of Switzerland in 2013 was favorable. The next general election is scheduled to be held in October 2015. In the following years the government will focus on defending the exchange-rate ceiling and maintaining banking sector stability, in order to maintain a virtuous cycle of national economy. The Swiss economy is surprisingly resilient in the face of the subdued global demand. Domestic demand, especially private consumption, propped up the economy throughout 2013 and is likely to remain reasonably solid over the coming years. Switzerland's foreign policies in 2013 centered on its relationship with the EU and the negotiations with the US on issues such as banking secrecy and corporate taxation.

Keywords: Political Stability; Exchange-rate; Banking Sector; Private Consumption; Domestic Demand

B. 41　Serbia

Liu Zuokui / 308

Abstract: The political situation in Serbia in 2013 was relatively stable, and the Serbian Progressive Party further expanded its influence in the government. Under the mediation of the EU, Serbia and Kosovo reached the Normalization Agreement which removed the barrier to Serbia's EU accession. There were no optimistic forecasts for Serbia's economic growth in 2013, and its budget deficit reached a high level. China and Serbia enjoyed smooth relationship in 2013.

Keywords: Political Stability; Normalization of Serbia-Kosovo Relations; Budget Deficit; China-Serbia Relationship

B. 42　Cyprus

Song Xiaomin / 313

Abstract: In the February 2013 presidential election, Nicos Anastasiades, leader of the largest opposition party in Cyprus-the center-right Democratic Congress Party, was elected president. The North and South peace talks were expected to restart, but unification was nowhere in sight. Contradictions between the Greek Cypriots and Turkish Cypriots have been worsened over the exploitation of natural gas in the marine economic zone. The troika approved a 10 billion bailout plan to Cyprus and the latter faced the pressure of engaging in austerity reforms. Cyprus' economy slipped into a severe recession. It must overcome lots of difficulties before restoring economic growth.

Keywords: Cyprus; Presidential Election; Banking Crisis; Bailout Plan; Economic Recession

B. 43　Slovakia

Fu Cong / 318

Abstract: The Slovak economy almost fell into stagnation in 2013. Its world rating on business environment and competitiveness declined as well. President Smer remained firm grips on Slovak politics and PM Fico announced his candidacy for 2014 Presidential race. At the end of the year, a far-right politician won the local election for governor of Banská Bystrica. Slovak and Chinese top leaders kept frequent meetings and the bilateral cooperation in the field of trade and investment developed well. Slovakia hosted the Summit 2013 on Central European Affairs. On the occasion of the 20th anniversary of establishment of diplomatic relations between Japan and the Slovak Republic, Japanese prince and princess Akishino made an official visit to Slovakia.

Keywords: Economic Stagnation; Political Stability; China-Slovakia Relationships

B. 44　Slovenia

Liu Zuokui / 323

Abstract: The political situation in Slovenia was not so stable. Jansa government collapsed in February 2013 due to political corruption and economic stagnation. A new government led by Bratusek was formed in March 2013. Economic recession continued in 2013, but the banking system crisis was expected to be alleviated due to the measures that the government had adopted. The relationship between China and Slovenia in 2013 developed smoothly.

Keywords: Political Instability; Economic Recession; Banking Crisis; China-Slovenia Relations

B. 45　Spain

Zhang Min / 327

Abstract: Spanish Prime Minister Mariano Rajoy was allegedly involved in a political corruption scandal "Luis Bárcenas Affair", which, however, would not affect the political stability. The current austerity measures have fuelled social discontents at the regional level, helping the separatist ideas to gain momentum. The Catalan nationalists are attempting to seek for greater political autonomy. Recently, the centuries-old dispute between the UK and Spain over Gibraltar escalated, posing great challenges to the Spain-UK relations. In spite of the signs of economic recovery, it will still take some time for Spain to fully overcome the debt crisis. Both Spain and China organized a series of activities and conferences for cerebrating the 40th anniversary of the diplomatic relations between the two countries.

Keywords: Political Corruption Scandal; Regional Autonomy; Sovereignty Dispute; Economic Recovery

B. 46　Greece

Song Xiaomin / 334

Abstract: In 2013, due to the implementation of austerity reforms and the slashing of public sectors, the Samaras administration suffered a vote of no confidence. The rise of the extreme political forces and frequent violent cases resulted in further instability of the society. Meanwhile, the Greek economic recession slowed down and the dawn of recovery was on the way. The budget deficit decreased significantly, but public debt remained at high levels. Initiatives for write-down on the Greek debt and a third round of bailout stirred controversies again in the European Union.

Keywords: Greece; Economic Recession; Budget Surplus; Political Turmoil; Social Crisis

B. 47　Hungary

Fu Cong / 341

Abstract: As the worst performer among the central European countries, Hungary in 2013 observed slight positive growth. The Hungarian political parties were preparing actively for the 2014 legislative elections. A union of the left-wing and liberal parties against the Fidesz was forming. And at the same time, the far right-wing forces had gained in strength. After approving legislations and policies against the EU values, criticism and even warning and punishment had been incurred against the Orban government by the EU institutions. China-Hungary relations progressed further in the fields of infrastructure, finance and direct investment. PM Orban visited Japan officially and met with Japanese PM Shinzō Abe.

Keywords: Positive Growth; Complicated Political Situation; China-Hungary Relations; Hungary-Japan Relations

B.48 Italy

Sun Yanhong / 348

Abstract: Italian parliamentary elections took place in February 2013, resulting in a political deadlock which lasted two months. Finally, the first grand coalition since the end of WW II between the Centre-left, Centre and Centre-right parties was formed. A return to "fragmentation" of the political party structure is another noticeable phenomenon of Italian politics, highlighted by the sudden and rapid rise of a peripheral party and serious internal splits within the two main parties. In the year 2013, Italian economy was still stumbled in the mud of recession. In spite of some of the positive signs, Italian economy still lacks the solid basis to achieve a strong recovery given especially both the domestic and international economic environments and the trends and potential influence of its economic policies. "Economic diplomacy" still remains as the key part of Italian foreign affairs.

Keywords: Political Deadlock; Grand Coalition; Economic Recession; Economic Diplomacy; Policy towards Europe

B.49 The United Kingdom

Li Jingkun / 357

Abstract: The year 2013 saw the rising momentum of the UK Independence Party, which will bring about a number of uncertainties to the future of the UK politics. The UK experienced a rapid economic recovery since the 2nd Quarter of 2013, whose growth rate is expected to exceed that of all the other members of OECD. However, some negative factors still exist disfavoring the UK's economic growth including, in particular, the continuous expansion of the government debt. The UK government will continue to carry out austerity policies, among which the welfare reforms have caused great contentions. At the international arena, PM Cameron's speech on a referendum on the UK's EU membership has further worsened its relations with the EU, while the China-UK relationship has returned to normal track.

Keywords: UK; UK Independence Party; Economic Recovery; Welfare Reforms; European Union Referendum Bill; China-UK Relations

B V Data and Statistics

B. 50 Data and Statistics
Qian Xiaoping / 368

B. 51 Events of the Year (Jan. 1 – Dec. 31, 2013)
Mou Wei / 403

B. 52 Afterword
/ 419

权威报告　热点资讯　海量资源

当代中国与世界发展的高端智库平台

皮书数据库　www.pishu.com.cn

　　皮书数据库是专业的人文社会科学综合学术资源总库，以大型连续性图书——皮书系列为基础，整合国内外相关资讯构建而成。该数据库包含七大子库，涵盖两百多个主题，囊括了近十几年间中国与世界经济社会发展报告，覆盖经济、社会、政治、文化、教育、国际问题等多个领域。

　　皮书数据库以篇章为基本单位，方便用户对皮书内容的阅读需求。用户可进行全文检索，也可对文献题目、内容提要、作者名称、作者单位、关键字等基本信息进行检索，还可对检索到的篇章再作二次筛选，进行在线阅读或下载阅读。智能多维度导航，可使用户根据自己熟知的分类标准进行分类导航筛选，使查找和检索更高效、便捷。

　　权威的研究报告、独特的调研数据、前沿的热点资讯，皮书数据库已发展成为国内最具影响力的关于中国与世界现实问题研究的成果库和资讯库。

皮书俱乐部会员服务指南

1. 谁能成为皮书俱乐部成员？
- 皮书作者自动成为俱乐部会员
- 购买了皮书产品（纸质皮书、电子书）的个人用户

2. 会员可以享受的增值服务
- 加入皮书俱乐部，免费获赠该纸质图书的电子书
- 免费获赠皮书数据库100元充值卡
- 免费定期获赠皮书电子期刊
- 优先参与各类皮书学术活动
- 优先享受皮书产品的最新优惠

卡号：8985507636609305
密码：

3. 如何享受增值服务？

（1）加入皮书俱乐部，获赠该书的电子书

　　第1步 登录我社官网（www.ssap.com.cn），注册账号；

　　第2步 登录并进入"会员中心"—"皮书俱乐部"，提交加入皮书俱乐部申请；

　　第3步 审核通过后，自动进入俱乐部服务环节，填写相关购书信息即可自动兑换相应电子书。

（2）免费获赠皮书数据库100元充值卡

　　100元充值卡只能在皮书数据库中充值和使用

　　第1步 刮开附赠充值的涂层（左下）；

　　第2步 登录皮书数据库网站（www.pishu.com.cn），注册账号；

　　第3步 登录并进入"会员中心"—"在线充值"—"充值卡充值"，充值成功后即可使用。

4. 声明

　　解释权归社会科学文献出版社所有

皮书俱乐部会员可享受社会科学文献出版社其他相关免费增值服务，有任何疑问，均可与我们联系
联系电话：010-59367227　企业QQ：800045692　邮箱：pishuclub@ssap.cn
欢迎登录社会科学文献出版社官网（www.ssap.com.cn）和中国皮书网（www.pishu.cn）了解更多信息

社会科学文献出版社　　　皮书系列

"皮书"起源于十七、十八世纪的英国，主要指官方或社会组织正式发表的重要文件或报告，多以"白皮书"命名。在中国，"皮书"这一概念被社会广泛接受，并被成功运作、发展成为一种全新的出版形态，则源于中国社会科学院社会科学文献出版社。

皮书是对中国与世界发展状况和热点问题进行年度监测，以专业的角度、专家的视野和实证研究方法，针对某一领域或区域现状与发展态势展开分析和预测，具备权威性、前沿性、原创性、实证性、时效性等特点的连续性公开出版物，由一系列权威研究报告组成。皮书系列是社会科学文献出版社编辑出版的蓝皮书、绿皮书、黄皮书等的统称。

皮书系列的作者以中国社会科学院、著名高校、地方社会科学院的研究人员为主，多为国内一流研究机构的权威专家学者，他们的看法和观点代表了学界对中国与世界的现实和未来最高水平的解读与分析。

自20世纪90年代末推出以《经济蓝皮书》为开端的皮书系列以来，社会科学文献出版社至今已累计出版皮书千余部，内容涵盖经济、社会、政法、文化传媒、行业、地方发展、国际形势等领域。皮书系列已成为社会科学文献出版社的著名图书品牌和中国社会科学院的知名学术品牌。

皮书系列在数字出版和国际出版方面成就斐然。皮书数据库被评为"2008~2009年度数字出版知名品牌"；《经济蓝皮书》《社会蓝皮书》等十几种皮书每年还由国外知名学术出版机构出版英文版、俄文版、韩文版和日文版，面向全球发行。

2011年，皮书系列正式列入"十二五"国家重点出版规划项目；2012年，部分重点皮书列入中国社会科学院承担的国家哲学社会科学创新工程项目；2014年，35种院外皮书使用"中国社会科学院创新工程学术出版项目"标识。

法律声明

"皮书系列"(含蓝皮书、绿皮书、黄皮书)由社会科学文献出版社最早使用并对外推广,现已成为中国图书市场上流行的品牌,是社会科学文献出版社的品牌图书。社会科学文献出版社拥有该系列图书的专有出版权和网络传播权,其 LOGO( )与"经济蓝皮书"、"社会蓝皮书"等皮书名称已在中华人民共和国工商行政管理总局商标局登记注册,社会科学文献出版社合法拥有其商标专用权。

未经社会科学文献出版社的授权和许可,任何复制、模仿或以其他方式侵害"皮书系列"和 LOGO( )、"经济蓝皮书"、"社会蓝皮书"等皮书名称商标专用权的行为均属于侵权行为,社会科学文献出版社将采取法律手段追究其法律责任,维护合法权益。

欢迎社会各界人士对侵犯社会科学文献出版社上述权利的违法行为进行举报。电话:010 - 59367121,电子邮箱:fawubu@ssap.cn。

社会科学文献出版社